Dietmar Bartz

Tampen, Pütz und Wanten

Vorwort zur 1. Auflage

»und wie das sonst Nahmen haben mag«
(aus einer Quelle von 1617 zum Stichwort →*Havarie*)

Obwohl Sprachforscher seit 150 Jahren die Geschichte der Wörter untersuchen und darüber ein enormes Wissen zusammengetragen haben, streiten sie bis heute über die Herkunft vieler Begriffe. Die maritimen Fachausdrücke bilden keine Ausnahme. Wer die etymologischen Standardwerke vergleicht, wird auf erstaunliche viele unterschiedliche Erklärungen stoßen, woher »Brackwasser« und »Reuse« stammen, »Pier« und »Heck«, »Dalbe« und »Pütz«.

Noch bis vor wenigen Jahrzehnten schien dies weiter niemanden zu stören, denn die Sprache der Seeleute galt als aussterbend. Längst war die Zeit der Großsegler mit ihren zahllosen Spezialwörtern vorbei. Technisches Englisch hielt Einzug in die Kommunikation auf See. Und an Bord wie in den Häfen wurden immer weniger Menschen gebraucht, die für ihre Arbeit auf ein Fachvokabular angewiesen waren. Kein Wunder, dass das letzte große einschlägige Wörterbuch mit etymologischen Erklärungen, Friedrich Kluges *Seemannssprache*, im Jahre 1911 erschien.

Aber diese Fachsprache ist nicht ausgestorben. Gerettet hat sie die seit vierzig Jahren anhaltende Begeisterung für den Wassersport. Vor allem die Freizeitsegler haben viel für den Erhalt seltener Wörter getan. Zudem wächst der Welthandel mit der Globalisierung; damit nimmt auch die Bedeutung der Hafenwirtschaft wieder zu. Schließlich steigt auch das Interesse an den Ozeanen, was vor allem den Umweltschützern und Marinebiologen zu verdanken ist.

Seemannssprache ist also keine Berufssprache mehr, sondern stellt heute ein Konglomerat dar, aus dem sich Seeleute und Marinesoldaten, Wassersportler und Bootsverkäufer, Hightech-Designer und Regatta-Besucher nach Gutdünken bedienen. Die Wörterbuch-Forscherin Undine Kramer hat darauf hingewiesen, dass es *den* Seemann als prototypischen Träger der Seemannssprache möglicherweise nicht einmal im Mittelalter, in der Anfangsphase ihres Bestehens, gegeben hat. Heutzutage ist sie eine lebendige Gruppensprache – für die im Übrigen eine weniger berufsorientierte und auch geschlechtsneutrale Bezeichnung angemessen wäre. Aber wie sollte sie lauten?

So erscheint – unter dem eingeführten Titel – nun zum ersten Mal seit fast hundert Jahren wieder ein ausführliches maritimes etymologisches Wörterbuch. Friedrich Kluge konzentrierte sich in seiner monumentalen *Seemannssprache* auf ein möglichst vollständiges Vokabular aus Seefahrt und Schiffbau seiner Zeit. Für das vorliegende Buch sind daraus die Stichwörter ausgewählt, die in der deutschen Umgangssprache und im Segelsport auch heute noch gebräuchlich sind. Hinzu kommen moderne Bezeichnungen von der »Genua« bis zum »Surfen« und vom »Radar« bis zum »Trimaran«. Zusätzlich sind Begriffe aus Topographie und Klimakunde aufgenommen – und rund 70 Namen bekannter Meeresbewohner vom »Aal« bis zum »Wal«. Viele neue Erkenntnisse der Wortforschung mussten eingearbeitet und irrige Ableitungen korrigiert werden.

Für ihre Hilfe bin ich zwei Experten zu besonderem Dank verpflichtet. Der Meeresbiologe Dr. Frank J. Jochem, Assistant Professor an der Florida International University in Miami (USA), hat die Stichwörter zu Biologie und Klimakunde geprüft. Dr. Anne Breitbarth, Linguistin an der Universität Cambridge, hat die sprachwissenschaftlichen Angaben durchgesehen.

Trotz aller Bemühungen lassen sich in einem Nachschlagewerk Fehler nicht vermeiden. Ebenso mag es Klagen darüber geben, dass Stichwörter fehlen oder unvollständig behandelt sind. Hinweise auf Korrekturbedürftiges und Anregungen nehme ich gern über die E-Mail-Adresse expertensprechen@gmx.net entgegen.

Vorwort zur 2. Auflage

Die erfreulich positive Resonanz unter den maritim Interessierten hat dazu geführt, dass in weniger als einem Jahr eine neue Auflage der *Seemannssprache* möglich wurde. Den Zuschriften von Leserinnen und Lesern ist zu verdanken, dass Fehler korrigiert und Erklärungen verbessert werden konnten. Für Hinweise ist der Autor auch weiterhin dankbar.

Vorwort zur 3. Auflage

Die neue Auflage der *Seemannssprache* hat an Umfang deutlich zugenommen. Der Anhang enthält nun einen ausführlichen Beitrag über die bekannte maritime Anrufung *ahoi*, mit ihren Wurzeln in der Seefahrts-, Technik-, Literatur- und politischen Geschichte. Verbunden ist dies mit der Schilderung, wie eine kleine Unaufmerksamkeit die jahrelange Beschäftigung mit diesem Wörtchen ausgelöst hat. Und dass – entgegen allgemeiner Ansicht – das Internet Fehler auch vergessen kann.

Dietmar Bartz

Einleitung und Hinweise zur Benutzung

Lesbarkeit

Dieses Buch wendet sich an alle sprachinteressierten Seeleute und Landratten, Freizeitskipper und Meeresfreunde. Es beruht auf wissenschaftlichen Arbeiten. Der Verständlichkeit zuliebe wurde weitgehend auf grammatische Fachbegriffe verzichtet.

In den etymologischen Fachbüchern ist es wegen der Platzersparnis üblich, die Sprachenbezeichnungen abzukürzen, etwa mit ndd., ndl., ndn. oder nwfr. Das hemmt den Lesefluss und erzwingt lästiges Nachschlagen, weil die Kürzel nicht standardisiert sind. Deswegen sind solche Abkürzungen hier weitgehend aufgelöst, etwa als niederdt., niederländ., neudän., neuwestfries. Wo keine Abgrenzung nötig war, ist auch die Bezeichnung »neu-« vor den lebenden Sprachen weggelassen.

Die Stichwörter

Die Wörterbucheinträge sind einheitlich gestaltet. Jeder Begriff wird zunächst knapp definiert. Dann wird seine sprachliche Herkunft zurück zu den Wurzeln verfolgt. Berücksichtigt sind auch die Wörter in den Nachbarsprachen und der Bedeutungswandel, dem viele Begriffe unterlagen. Generell blieben die unplausibelsten Deutungen zur Wortgeschichte unberücksichtigt. Aber wenn gut nachvollziehbare Differenzen auftraten, sind beide – oder drei, manchmal gar vier – Erklärungen berücksichtigt und vorsichtig bewertet.

Den Abschluss machen sorgfältig ausgesuchte historische Zitate, die das Stichwort im Originalton der letzten Jahrhunderte vorstellen. Viele sind der enormen Sammelfreude von Friedrich Kluge zu verdanken und nach dem Erstabdruck in seiner *Seemannssprache* jetzt wieder greifbar. Aber die Belegstellen sind auch aus dem *Deutschen Wörterbuch* der Gebrüder Grimm sowie aus vielen anderen alten und modernen Nachschlagewerken zusammengetragen. Die Übersetzungen aus dem Englischen, Niederländischen und Niederdeutschen sowie aus dem Alt- und Mittelhochdeutschen zielen weniger auf hochsprachliche Genauigkeit als auf die Wiedergabe möglichst vieler Begriffe aus dem zitierten Satz.

Aktualität und Quellenlage

Die meisten Angaben beruhen auf den deutschen und internationalen Standardwerken der Etymologie und den europäischen Großwörterbüchern, die restlichen überwiegend auf Beiträgen in Fachzeitschriften. Der Stand der Forschung ist so aktuell wie möglich dargestellt; viele Lieferungen neuer Nachschlagewerke konnten noch bis in dieses Jahr hinein berücksichtigt werden. Andererseits war eine knappe Darstellung geboten, die gelegentlich den »Mut zur Lücke« erforderte.

Gut ist zu erkennen, wie uneins sich manchmal die Fachleute sind. Deswegen ist es für einen einzelnen Autor auch ausgeschlossen, in allen Debatten Partei zu ergreifen. Dies gilt insbesondere für die vielen Differenzen zwischen den (westdeutschen) Bearbeitern des *Etymologischen Wörterbuchs der deutschen Sprache*, zuerst von Friedrich Kluge herausgegeben und in der 24. Auflage (2002) von Elmar Seebold bearbeitet, sowie den (ostdeutschen) Autoren um Wolfgang Pfeifer, die 1989 das *Etymologische Wörterbuch des Deutschen* vorgelegt haben; Pfeifer hat die 2. Auflage 1993 durchgesehen und ergänzt. Die Spuren beider Gruppen finden sich auch in der Neubearbeitung von Grimms *Deutschem Wörterbuch*, je nachdem, ob die Einträge von den Arbeitsstellen in Göttingen oder Berlin stammen. Vielleicht ist die gemeinsame Arbeit am »Grimm« auch der Grund, warum sich »Kluge« und »Pfeifer« kaum kritisch miteinander beschäftigt haben. Bedauerlich ist ferner, dass sich die deutschen Standardwerke so wenig mit ausländischen Erklärungen auseinandersetzen, wie sie etwa im *Oxford English Dictionary* oder in Alain Reys *Dictionnaire historique* in seinen Auflagen seit 1992 nachgelesen werden können.

Von einigen Rückgriffen auf die Online-Enzyklopädie *Wikipedia* abgesehen, wurden Internet-Veröffentlichungen nur benutzt, wenn sie von wissenschaftlichen Stellen stammten. So sind bereits viele Verbesserungen für eine Neuauflage des *Oxford English Dictionary* eingearbeitet, die von dessen Redaktion alle drei Monate auf einer gebührenpflichtigen Website bekannt gegeben werden.

Wer sich für Etymologie interessiert und weiterlesen will, wird über die genau belegten Quellen weitere Auskünfte finden. Bedauerlicherweise sparen manche Autoren an weiterführenden Hinweisen, einige haben ganz auf Literaturangaben verzichtet. Deswegen musste insbesondere die Herkunft aller Zitate aus Friedrich Kluges *Seemannssprache* über teilweise sehr spärliche Angaben rekonstruiert und manchmal korrigiert werden.

»Indogermanisch« oder »indoeuropäisch«?

Unter Sprachforschern herrschen auch unterschiedliche Ansichten über die Frage, ob die gemeinsame Ausgangssprache für die meisten Europäer und viele Asiaten »Indogermanisch« oder »Indoeuropäisch« heißen soll. »Indogermanisch« ist der klassische deutsche wissenschaftliche Begriff, der den östlichen und westlichen Rand dieses Sprachraums benennt. Aber vielerorts wird »Indoeuropäisch« bevorzugt, weil der Begriff die Weite des Sprachraums besser darstellt. Der Akzent auf dem Germanischen schiebt außerdem die anderen Sprachfamilien in den Hintergrund, vor allem die romanische und die slawische. Ferner ist das Wort durch den Sprachgebrauch der NS-Zeit verdorben. Aus diesen Gründen wird im vorliegenden Band durchgehend »indoeurop.« verwendet.

Sonderschreibweisen, Sonderzeichen

Einige Sonderzeichen konnten nicht vermieden werden. Das mit Abstand wichtigste, der Asterisk *, kennzeichnet »erschlossene Formen«: Wörter, die nicht belegt sind. Etymologen mussten sie aus dem vorhandenen Sprachmaterial konstruieren, weil eine sprachliche oder schriftliche Überlieferung fehlt. Der gesamte Bereich des Indoeuropäischen gehört dazu, aber auch viele Formen im Übergang vom Lateinischen zu seinen romanischen Nachfolgern.

Auf die in den letzten Jahren häufiger gewordene Schreibweise indoeuropäischer Wörter mit hochgestellten Buchstaben (etwa b^h statt bh, wenn es sich um einen Laut, nicht um zwei handelt) wurde hier verzichtet. Auch eine Vereinheitlichung der indoeuropäischen Wörter ist unterblieben, wenn sie in den Quellen unterschiedlich geschrieben wurden (etwa **uer-* und **wer-*). Maßgeblich war immer die zitierte Vorlage, auch hinsichtlich der gewählten grammatischen Form (Wurzel, Verb, Substantiv usw.).

Als die Gebrüder Grimm ihr *Deutsches Wörterbuch* verfassten, verwandelten sie alle ß in sz, selbst in Zitaten. Im Interesse der Lesbarkeit wurde dies hier rückgängig gemacht. Auch die zweite Auflage des *Deutschen Wörterbuchs* hat das ß (in amtlicher Rechtschreibung) wieder aufgenommen. Die durchgehende Kleinschreibung in beiden Auflagen ist in den hier ausgewählten Zitaten beibehalten worden.

Die häufig verwendeten altnordischen Zeichen ð und þ, verwandt mit den deutschen Zeichen d und t, konnten nicht in das einfacher lesbare th aufgelöst werden. Andernfalls wären die Belegstellen nicht mehr eindeutig gewesen: In vielen Fachwörterbüchern werden ð und þ als extra Buchstaben geführt. Folgende Sonderzeichen wurden für Schrift und Laut benutzt:

ā langes *a*
á in verschiedenen Sprachen ein langes *a* oder eine betonte Silbe
â französisches langes *a* vor weggefallenem *s*
ã portugiesisches nasaliertes *a* in Doppelvokalen
å nordisches langes *o* (wie in engl. *morning)*
æ altenglisches und skandinavisches *ä*
à italienische endbetonte Silbe, auf *a* endend
ç französisches *c* mit Cédille, *c* als *ss* gesprochen (wie in *façon*)
č slawisches *tsch*

ð germanischer stimmhafter Reibelaut (wie in engl. *the*)

ē langes *e*
é in verschiedenen Sprachen ein langes *e* oder eine betonte Silbe
è französisches *ä*
ê französisches *ä* vor weggefallenem *s*
ě slawisches langes *e*
ə unbetontes e (wie in *Türe*)
ë getrennt gesprochenes *e* nach anderem Vokal

ĝ indoeuropäischer Vordergaumenlaut *g*
ḥ indoeuropäischer Kehlkopflaut

ī langes *i*
ì litauisches *i* mit niedriger Tonhöhe
î französisches *i* vor weggefallenem *s*
ij niederländisches, fast getrennt gesprochenes *ei*
ï getrennt gesprochenes *i* nach anderem Vokal

ñ spanisches *nj*

ō langes *o*
ò italienische endbetonte Silbe, auf *o* endend
ó mit *o* betonte Silbe
ô französisches *o* vor weggefallenem s
ǫ nordisches offenes *o*
ø nordisches geschlossenes *ö* wie in *Öre*.
œ französisches offenes *ö* wie in *manœvre*

š in verschiedenen Sprachen *sch*

þ germanischer stimmloser Reibelaut (wie in engl. *thing*)

ū langes *u*
ú in verschiedenen Sprachen ein langes *u* oder eine betonte Silbe
ù litauisches *u* mit niedriger Tonhöhe
ů mittelhochdeutsch *uo*, wird neuhochdeutsch *ū*; auch tschechisch *uo*

ý in verschiedenen Sprachen ein langes *i* oder eine betonte Silbe

ž stimmhaftes *sch* wie in *Gelee*

* erschlossene (rekonstruierte) Form

Die Stichwörter nach Sachgruppen

Menschen an Bord:

Admiral. Albatross. Badegast. Bootsmann. Buddel/Buddelschiffe. Bukanier. Crew. Filibuster. Freibeuter. Gang. Gast. Grog. Heuer. Kapitän. Klabautermann. Kommandant. Kommodore. Korsar. Labskaus. Lotse. Maat. Malamok. Matrose. Meerschaum. Meuterei. Mollymauk. Moses. Musterung. Passagier. Pilot. Pirat. Proviant. pulen. shanghaien/schanghaien. Skipper. Skorbut. Smutje. Steward.

Boote und Schiffe:

Arche. Armada. Bark. Barkasse. Barke. Boot. Brigantine/Brigg. Bulk carrier. Dampfer/Dampfschiff. Dingi. Ewer. Fähre. Feeder. Floß. Flotte. Fregatte. Galeasse. Galeere. Galeone. Galion. Galiot. Geschwader. Gig. Jolle. Kahn. Kajak. Kanu. Karavelle/Kraweel. Katamaran. Klipper. Kogge. Konvoi. Korvette. Kreuzer. Kutter. Leichter. Linienschiff. Logger. Moses. Pinasse. Piroge. Prahm. Schaluppe. Schiff. Schlepper. Schoner. Schute. Tanker. Tender. Trawler. Trimaran. Windjammer. Yacht/Jacht.

Das Schiff und seine Teile:

achtern. Anker. Auge. back. Back. Backbord. Balje. Ballast. Baum. belegen. bergen. Besan. Bilge. Block. Bord. Bram. Brasse. Brücke. Bug. Bugspriet. Bullauge. Bunker. Davit. Deck. Dolle. Ducht. dümpeln. Elmsfeuer. entern. Fall. Fallreep. Fender. fieren. Fittings. Fock. Gaffel. Galionsfigur. Gang. Gangspill. Gangway. Gatt. Genua. Geschirr. Gräting. Gut. Hängematte. Harpune. Heck. hieven. hissen/heißen. Jakobsleiter. Kabel. Kabine. Kajüte. kalfatern. kapern. kappen. Kasko. Kausch. kentern. Kiel. Klampe. Klüse. Klüver. Knoten. Koje. Kombüse. Korb. Krähennest. kraweel. Lee. Leine. lensen/lenzen. lichten. Liek. Luk. Luv. Mars. Mast. Messe. Netz. Nock. ösen. Paddel. paddeln. Pall. Palstek. Pantry. Persenning. Pinne. Planke. Plicht. pullen. Pütz. Rah. Ree! Reep. reffen. Reling. Reuse. Riemen. Rigg. rojen. rollen. Ruder. Schäkel. schamfielen. Schanzkleid. Scheibe. Schlag. schlingern. Schot. Schott. Schwert. schwimmen. Segel. Seil. Skull. Spake. Spant. Speigatt. Spiere. Spill. Spinnaker. spleißen. Spriet. Stag. stampfen. stechen. Stek. Stenge. Steuer. Steuerbord. Steven. Stich. Stropp. Takelage/Takel. Talje. Tamp. Tau. Topp. Torpedo. trimmen. Trosse. Want. wenden. Winsch. wricken/wriggen. zurren.

Navigation und Kommunikation:

achtern. ahoi. Äquator. Atlas. back. Backbord. Bake. Boje. bugsieren. dippen. dwars. Echolot. Etmal. Faden. fahren/Fahrt. flott. Glas. Halse. Kabel. klar. Knoten. Kompass. kreuzen. Kurs. lavieren. Leuchtturm. Linie. Log. Logbuch. Lot. Lotse. manövrieren. Nautik. Navigation. Nord. Oktant. Ost. Pegel. peilen. Pilot. Pol. Portolan/Portulan. Pricke. Radar. Ree! Ruder. Seemeile. Sextant. staken. Steuer. Steuerbord. Süd. Tonne. Verklicker. Wache. wahrschauen. Wende. West. Wimpel.

Hafen, Werft und Wasserbau:

Baas. Ballast. Buhne. bulk. Charter. Container. Dalbe. Deich. Dock. Duckdalben. Embargo. Fracht. Gut. Hafen. Hanse. Helling/Helgen. Kai/Kaje. Kargo/Cargo. Konterbande. Ladung. Last. Linie. löschen. Marina. Marine. Mole. Mooring/Muring. Passage/

Passagier. Pier. Poller. Quarantäne. Reede. Reeder. Salz. Schauermann/Schauerleute. Schleuse. schmuggeln. Siel. Slip. Stapel/Stapellauf. stauen. Tallymann. Tonnage. Ultramarin. Werft.

Sport und Freizeit:

Dingi. Genua. Jolle. Kajak. Kanu. Katamaran. Korsar. Marina. paddeln. Pirat. Regatta. rudern. Skipper. Spinnaker. stechen. Surfen. Tauchen. Törn. Trimaran. Yacht/Jacht.

Unglück und Unrecht:

Bukanier. Filibuster. Freibeuter. Grund. Havarie. Hurrikan. Klabautermann. Konterbande. Korsar. krängen/überkrängen. leck/Leck/Leckage. Mahlstrom. Meerfräulein/-jungfrau/Mermaid. Meuterei. Nixe. Orkan. Panne. Pirat. Prise. Schlagseite. schmuggeln. shanghaien/schanghaien. sinken. Sintflut. Sog. Strudel. Sturm. Tsunami. Untiefe. Wache. wahrschauen. Zyklon.

Wasser, Wind und Wetter:

Auge. Beaufort. Bö. Brackwasser. Brandung. Brecher. Brise. Doldrums. Drift/Trift. Dünung. Ebbe. Eis. Flaute/flau. Flut. Gezeiten. Gischt. Hurrikan. kabbeln. Kalmen. klar. Mahlstrom. Meer. Mist. Monsun. Orkan. Passat. Rossbreiten. Salz. Sintflut. Sog. Strömung/Strom. Strudel. Sturm. Taifun. Tide/Tidenhub. Tsunami. Wasser. Welle. Wetter/Witterung. Wind. Woge. Zyklon. Zyklone.

Meere und Küsten:

Antarktis. Archipel. Arktis. Ärmelkanal. Atlantik. Atoll. Bai. Barre. Bodden. Bucht. Busen. Delta. Düne. Eiland. Fjord. Förde. Gatt. Gestade. Golf. Haff. Hallig. Insel. Kanal. Kap. Kliff. Klippe. Küste. Lagune. maritim. Meer. Meerbusen. Nehrung. offshore. Ozean. Pazifik. Polder. Priel. Riff. Sand. Schäre. Schelf. Schlick. See. Sieben Meere. Strand. Sund. Tropen. Ufer. Untiefe. Watt.

Tiere und Pflanzen:

Aal. Albatros. Alge. Alk. Anchovis. Auster. Barsch. Bernstein. Butt. Calamaris. Delfin. Dorsch. Finne. Fisch. Flosse. Flunder. Garnele. Gräte. Hai. Hering. Heuler. Hummer. Kabeljau. Kalmar. Kelp. Kieme. Klippfisch. Koralle. Krabbe/Krabben. Krake. Krebs. Laberdan. Lachs/Salm. Languste. Langustine. Makrele. Malamok. Manta. marin. Meduse. Meerkatze. Meerrettich. Meerschwein. Meerschweinchen. Meerstein. Meerwolf. Mollymauk. Möwe. Muschel/Miesmuschel. Oktopus. Perle. Pinguin. Plankton. Plattfisch. Polyp. Qualle. Robbe. Rochen. Sardellen. Sardine. Scampo. Schellfisch. Scholle. Schuppe. Seehund. Shrimp. Sprotte. Stockfisch. Stör. Tang. Thunfisch. Tintenfisch. Tran. Tümmler. Wal. Walross.

A

Aak, die, »flachbodiges Lastschiff« auf dem Rhein und an der friesischen Wattenseeküste.

Niederdt., niederländ. verkürzte Nebenform zu *Nachen*, fries. *āk* »Nachen mit flachem Boden«, *but-āk* »Nachen für den Butt-Fang«. Die Grundform geht mit althochdt. *nahho*, altsächs. *nako*, altengl. *naca* »Nachen, Einbaum«, altnord. *nǫkkvi* »Boot« zurück auf german. **nakwōn*, **nakwan* und ist vielleicht verbunden mit altind. *nágah* »Baum«, wahrscheinlicher aber als german. Weiterentwicklung der indoeurop. Wurzel **nāu* →*Nautik*.

Wigardus à Winschooten, Seeman (1681): »een soort van Lastscheepen, die met Wijnen van Keulen koomen afdrijven, en daarom Keulseaaken, ook van sommige Haaken, werden genaamd.«

Aal, der, »schlangenförmiger Speisefisch«, »Angehöriger der Familie der Anguillidae«; namengebend ist der *Europäische Aal* (Anguilla anguilla).

Mittel-, althochdt. *āl*, niederländ. *aal*, altengl. *æl*, engl. *eel*, altnord. *áll*, norw., dän. *aal*, schwed. *ål*, isländ. *áll* gehen alle auf german. **æla-* zurück; keine außergermanischen Verwandten. Herkunft ungewiss: ⮪ wie altnordisch *áll* »Rinne im Fluss« aus german. **āl-* »Streifen, Strich« im Sinne von »Aalstrich, Streifen längs des Rückens von Tieren« aus altind. *āli* »Streifen, Linie«, doch diese Bezeichnung ist eher vom Aal auf das Pferd übergegangen als umgekehrt, ⮫ als »der sich Windende« zu german. **alīnō*, indoeurop. **el(ə)-* oder **hel(ə)* »biegen, krümmen« wie

Europäischer Aal *(Anguilla anguilla)*.

in *Elle, Ellenbogen*, ⮯ aus vorgerman. **ēlaz* zu indoeurop. **wēl-os* »Wurm, Schlange«, Tocharisch B *yel*, Balutschi *wal* »Wurm«. Dazu passt auch hethit. *illuyankaš* »ein mythisches Ungeheuer, wörtl. Aalschlange«; danach ist der erste Wortteil *illu(y)-* als »Aal-« zu lesen und die Wurzel des zweiten, *-ank-*, als »-schlange« wie in lat. *anguis* »Schlange« zu verstehen; damit wäre die Komposition entgegengesetzt zu lat. *anguilla* wörtl. »Schlangenaal«, dies aus *ang-* »Schlange-« und *-ill-* »-Aal«. Die Hethiter dürften den Aal gekannt haben, denn ihr Reich, heute etwa in der Türkei, grenzte sowohl an die Ägäis als auch an das östlichste Mittelmeer, von wo Aale in die Flüsse aufstiegen. Unklar bleibt, warum die Hethiter den Aal mythisch überhöht haben sollen. Die romanischen Formen, italien. *anguilla*, katal., port., span. *anguila*, port. *enguila*, französ. *anguille* gehen mit lat. *anguilla* und griech. *egchelys*, litauisch *ungury*, russ. *ugor* über lat. *anguis* »Schlange« auf indoeurop. **ang-* »biegen, krümmen« zurück; verwandt mit →*Anker*. Im dt. Marinejargon seit Ende der 1930er-Jahre ist *Aal* die Bezeichnung für einen →*Torpedo*; eine engl. Verwendung in diesem Sinn ist schon für 1683 belegt.

Der *Aal* ist der erste Fisch, der in der antiken Literatur mit Namen genannt wird, obwohl er noch nicht als Fisch erkannt und fälschlich als Aasfresser dargestellt wird; Homer, Ilias (8. Jahrh. v. Chr.): »Ihn dann ließ er daselbst, nachdem er den Geist ihm genommen, / Hingestreckt auf dem Sande, bespült vom dunklen Gewässer. / Ringsher schlängelten Aal' und wimmelnde Fisch' um den Leichnam; / Gierig das weiße Fett, das die Nieren umwuchs, ihm benagend.«

Heinrich von Neustadt, Appolonius (13. Jahrh.): »ain al, was sechtzig schuch [Schuh] lang«.

Albrecht von Eyb, Spiegel der Sitten (ca. 1475): »ain pöße zunge … ist schlüpfferig als eine ale.«

Johann Wolfgang von Goethe, Brief des Pastors zu … an den neuen Pastor zu … (1773): »Man hält [eher] einen Aal am Schwanze fester, als einen Lacher mit Gründen.«

Aap, der, »Besanstagsegel«, »Kreuzstagsegel«, ein kleines Segel.

Niederdt., niederländ. *aap* »Affe«, althochdt. *affo*, altengl. *apa*, könnte auf einem german. Grundwort **ap-* beruhen, Affen waren aber im german. Sprachraum lange unbekannt. Unklar ist, ob eine Analogiebildung zum Englischen vorliegt. Dort sind Bildungen mit *monkey* »Affe« häufig und bedeuten »klein, eng«: *monkey gaff* »kleines Segel am oberen Vordermast«, *monkey island* »Schiffsbrücke«, *monkey jacket* »enge Jacke der Matrosen«, *monkey march* »Marsch des US Marine Corps in dichter Formation«. *Monkey* hieß im 16. und 17. Jahrh. ein Einmaster für den Frachtverkehr entlang der Küsten. Das mittelengl. Wort *Monekin* mit Diminutivendung *-kin* »-chen« könnte auf frühneufranzös. *monne*, italien. *mona* »weibl. Affe«, verkleinernd *monnino* zurückgehen. Ein lateinisches Ausgangswort ist unbekannt. Ein diminutiver Gehalt klingt auch im Deutschen beim Adjektiv »affig« (nicht ernst zu nehmen, klein) an.

Friedrich Gerstäcker, Reise um die Welt (1847): »das schiff legte übrigens, so weit das bei diesem Winde möglich war, bei, und lag jetzt einzig und allein unter dem halbgereeften Vormarssegel und dem Aap.«

achtern, »hinten«, als **achter-** Bestandteil vieler nautischer Begriffe.

Niederdt. Form, die seit dem 18. Jahrh. hochdt. *after* »hinter« ersetzt hat, weil die Nähe zu dessen Substantiv *After* »Anus« anstößig wurde. Mittelhochdt. *after*, althochdt. *afta*, altnord. *eptir*, got. *aftaro*, geht auf german. **after* zurück. Herkunft umstritten: ① von indoeurop. **apo* »ab, weg, zurück, hinter« und damit verwandt mit *aber*; ② von in-

Achterschiff. Römischer Segler beim Ablegen, mit Steuermann, Matrosen und sitzendem Fahrgast. Ende des 19. Jahrh. von einem römischen Mosaik abgezeichnet.

doeurop. **opter* »(von) hinten, hinterher« zu indoeurop. **epi/*opi* »hinter«. Vermittelnd Lloyd/Springer, *Althochdeutsches Wörterbuch* (1988, gekürzt): »Der alte Streit darüber wird wohl kaum zu schlichten sein. Am wahrscheinlichsten sind die verschiedenen germanischen Bildungen als eine nicht mehr aufzulösende Mischung von *ap(o)-* und *op(i)* zu erklären.«

Johann von der Behr, Diarium einer neunjaehrigen Reise (1668): »Weiln es still Wetter war, liesse der Admiral seine weisse bescharr Flagge von Achtern abwehen, auch einen Schuß aus einem Stücke [Geschütz] hören.«

Wigardus à Winschooten, Seeman (1681): »agterschip, dat deel van een Schip, dat van de Besaansmast af, tot het end toe, naa agteren staat«, »Achterschiff, der Teil eines Schiffes, der vom Besanmast ab bis zum Ende nach achtern geht«.

Johann Hinrich Röding, Allgemeines Wörterbuch der Marine (1794/96): »auf Schiffen versteht man unter agter die Weite vom besahnmast bis an den hackebord.«

→Kajüte (1864), →Spinnaker (1905)

Admirale der französischen, österreichischen, deutschen und englischen Marine, um 1900. Österreich war über seine Besitzungen an der Adria mit dem Kriegshafen Triest zeitweilig Seemacht.

Admiral, der, »Oberbefehlshaber einer Flotte, General zur See«.

Den ältesten Beleg bietet der Hofgelehrte Einhard in seiner Vita Karls des Großen (801), der den nordafrikanischen Herrscher Ibrahim ibn Ahmad *amiratus* nennt, abgeleitet von *amīr* »Befehlshaber, Emir«. Die Bedeutung verengt sich auf den Rang in der Marine und orientiert sich an arab. *amir-al-ma*, *amir-al-bahr* etwa »Befehlshaber zur See«, *amir-ar-rahl* »Befehlshaber der (Transport-) Flotte«. Das Wort *amiratus* erscheint in Sizilien im 12. Jahrh. in lateinischen Urkunden als Statthalter von Palermo und ist am Normannenhof der Titel einiger Würdenträger, seit 1178 für den Befehlshaber der normannisch-sizilianischen Flotte, seit Friedrich II. (1210–1250) als *ammiratus* nur noch hierfür. Über aus Genua stammende Inhaber dieses Amtes gelangt der Titel schon 1195 nach Genua selbst und mit der Übernahme genuesischer Schiffe bzw. der Berufung von Genuesen als Kommandanten bald nach Frankreich, wo *admiratus* 1248 für einen Genuesen, 1271 für einen Franzosen nachweisbar ist. Um 1300 trägt der Genuese Rainier Grimaldi den Titel *amiral*. Die schon davor allgemeiner verstandene altfranzös. Form *amiral* entwickelt sich unter dem Einfluss von lat. *admirari* »bewundern« (wegen der herausgehobenen Stellung des Titelinhabers) zu *admiral*. Daher stammen erste dt. Entlehnungen ab dem 12. Jahrh. wie *amiral* (Rolandslied, 1170), *ammiralt*, zunächst in der allgemeinen Bedeutung »Oberbefehlshaber, Fürst (der Sarazenen)«. Seit dem 16. Jahrh. verdrängt die Neuentlehnung *admiral* aus dem Französischen die frühen dt. Formen. *Admiral* war auch die Kurzbezeichnung für das Admiralsschiff.

Erasmus Francisci, Historisches Rauchfaß (1673): »wobey dieser Portugisische Admiral, nach einem sehr tapffrem Streit, beydes das Leben, und die See einbüßte.«

Carl Günther Ludovici, Eröffnete Akademie der Kaufleute oder vollständiges Kaufmanns-Lexicon (1767): »admiral … also wird bisweilen auch sowohl das Hauptschiff bey einer flotte, als auch das vornehmste schiff von einer kauffahrteyflotte … genennet.«

Johann Christoph Adelung, Grammatisch-Kritisches Wörterbuch (1811) über Admirale: »Der Plural, die Admiräle, ist eine Unart der Niedersachsen, welche auch Generäle, Herzöge, u.s.f. haben«. Adelung erwähnt auch, dass der Name für die Kegelschnecke Conus ammiralis an die prächtige Uniform des Admirals anknüpft: »Eine Art seltener und theurer Meerschnecken, welche unter allen Schalthieren die schönsten Farben zeiget.«

→Kiel (1598), →Mast (1618), →Matrose (1629), Admiralität →Bram (1627)

Ahm, **Ahming**, die, »Tiefgangsmarke am Schiff«.

Mittelniederdt., -länd. *ame*, mittelhochdt. *āme, ōme* »Ohm«, ein Flüssigkeitsmaß oft zu 150 Litern; auch »das bei der Obrigkeit aufbewahrte Richtmaß, nach dem die Maßgefäße geprüft und geeicht werden«. Das Wort ist verwandt mit *nachahmen* (ursprüngl. »nachmessen«) und geht zurück über spätlat. *ama* »Gefäß, Weinmaß« auf lat. *hama* »Feuereimer« und griech. *ámē* »Eimer«. *Eimer* ist mit *Ahm* aber nicht sprachverwandt, sondern geht über althochdt. *eimbar* auf lat. *amphora* und griech. *amphoréus* zurück. →*Pütz*

Johann Hinrich Röding, Allgemeines Wörterbuch der Marine (1794/96): »das in Fuß eingeteilte Maß, welches sich an den Seites der Vorder- und Hinterstevens befindet, und woran man siehet, wie tief das Schiff ins Wasser geht«.

Heinrich Paasch, Vom Kiel zum Flaggenknopf (1901): »Das in Fuss oder Decimeter eingetheilte Maas am Vor- und Hintersteven, welches den Tiefgang des Schiffes anzeigt«.

ahoi, »Anruf eines Schiffes«, mit vor- oder nachgestelltem Adressaten.

Im 19. Jahrh. aus engl., niederländ. *ahoy* entlehnt. Die Silbe *a-* dient der Schallverstärkung; die Herkunft des zweiten Wortteils ist zurückzuführen auf das seit dem 14. Jahrh. belegte engl. *hoy*, einem Befehl für Tiere ähnlich, dt. *hü*, in maritimer Verwendung als

Eine Hoy, vielleicht Namensgeber für die Anrufung »ahoi«.

hoay 1769 belegt. Für eine Ableitung von niederländ. *hoie*, einem Fracht- und Passagiersegler der Nordsee, fehlen Belege.

William Falconer, An universal dictionary of the Marine (1769): »If the master intends to give any order to the people in the main-top, he calls, Main-top, hoay! To which they answer, Holloa!«, »Wenn der Kapitän den Matrosen oben im Großmast Befehle zu geben beabsichtigt, ruft er: ›Main-top, hoay!‹ Worauf sie antworten: ›Holloa!‹«

Heinrich Smidt, Michael de Ruiter (1846): »bestieg herr van W. mit dem sprachrohr die galerie und rief mit starker stimme: ›schiff ahoi!‹ nicht lange darauf erschien auf der hütte jenes schiffes ein mann.«

Franz Reuleaux, Buch der Erfindungen (1889): »so ertönte … durch ein sprachrohr eine brüllende stimme: ›schiff ahoi!‹ der obersteuermann ergreift das sprachrohr und antwortet ›halloi!‹ passagiere und mannschaften eilen auf deck, in der meinung, es solle mit einem vorbeikommenden schiffe gesprochen werden.«

Albatros, der, »Angehöriger einer Familie der Sturmvögel, Diomediidae«, mit drei Gattungen und 13 Arten.

Entlehnt aus engl. *albatross, albitross*, niederländ. *albatros*, dies aus französ. *alcatrace*, span., port. *alcatraz*, in Europa zuerst andalus.-arab. *al-gattas*, entweder von *al-gattas* »Taucher, ein Wasservogel, der unterzutauchen pflegt, der Seeadler Haliaëtus albicilla« oder *al-kadus* »Krug« wegen der Schnabelform des Vogels. Vielleicht nannten die Araber in Spanien zuerst den Pelikan so, der in seinem großen Schnabel Wasser aufnimmt und seinen Jungen in der Wüste bringt; das Wort wurde auch auf andere große Meeresvögel übertragen, etwa auf Seemöwen. Wohl in England beginnt, um den Fregattvogel *alcatras* abzugrenzen, ab der 2. Hälfte des 17. Jahrhunderts die Umbildung in *albatross* unter dem Einfluss von lat. *albus* »weiß«. Seeleute haben den Schwarzbrauenalbatros (Diomedea melanophris) und weitere Formen **Mollymauk** getauft, von niederländ. *malemok* »närrische Möwe«, auch: →*Mallemucke*. *Albatros* ist ein Ehrenname für den Kapitän eines Segelfrachtschiffs, der auf Ost-West-Kurs um Kap Horn gesegelt ist, **Malamok**/*Mollymauk* für die anderen Seeleute an Bord.

Wander-Albatros *(Diomedea exulans)*.

George Forster, Reise um die Welt (1778): »fiengen wir bey schönem gemäßigten wetter, nach vorhergegangenem harten sturm, neun albatrosse an schnur und angeln.«

Lorenz Oken, Allgemeine Naturgeschichte für alle Stände (1833): »es sind sehr große vögel auf der südlichen erdhälfte, welche, wegen ihres weißen gefieders, albatros heißen.«

Alge, die, »Angehörige einer Gruppe niederer Pflanzen mit rund 40 000 Arten«, besonders »Seetang«.

Lat. *alga* galt bis zur Neuzeit als allgemeine Bezeichnung für Salz- und Süßwasserpflanzen. Der Naturforscher Carl von Linné führte 1737 *alga* »Tang« als botanische Bezeichnung ein. Im 18. Jahrh. entstand aus *algae* verdeutscht *Algen*, woraus als Singularform

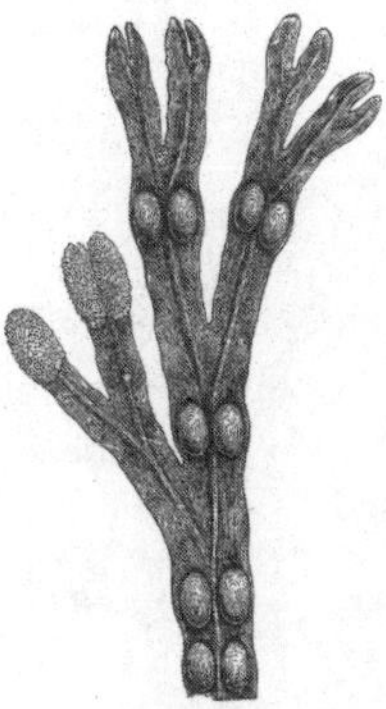

Blasentang
(Fucus vesiculosus),
eine Braunalge.

Alge rückgebildet wurde. Die engl. Bezeichnung lautet bis heute *alga*, *algae*. Verwandt sind norw. *ølke* »anhaftender Schleim nach Überschwemmungen«, dort dialektal *ulka* »Schimmel, Schleim«, dän. *ulk* »Frosch«, aus indoeurop. **el-/*ol-* »modern, faulen«. Lateinisch hießen die größeren Meeresalgen und Seegräser *fucus*, griech. *phykos*. Daraus ist die taxonomische Endung *-phyceae* für die Algenklassen abgeleitet. In Homers Ilias (8. Jahrh. v. Chr.) ist *Phykos*, oft mit »Meertang« oder dem nur fern verwandten »Seegras« übersetzt, eine Meerespflanze, die einen roten Farbstoff für Schminke liefert; damit verwandt ist hebr. *pūk* »Augenschminke«. Im Meerwasser kommen vor allem Braun-, Rot- und Grünalgen vor. Blaualgen sind keine Pflanzen, sondern Cyanobakterien. Passiv treibende Algen gehören zum →*Plankton*. **Tang** »größere und derbere Formen der Braun- und Rotalgen«, mittelniederdt. *dank*, ist eine Entlehnung des 18. Jahrh. aus Skandinavien, norw. dän. *tang*, schwed. *tång*, isländ. *þang*, auch zu engl. *tang*, französ. *tangue*, aus altnord. *þang* »Tang«, wohl zu german. **þeng-* »dichte, verfilzte Masse« und indoeurop. **tenk-* »(sich) zusammenziehen, fest werden«, dann verwandt mit *dicht*, *gedeihen*. Größere Arten der Braunalgen heißen **Kelp**, von engl. *kelp*, mittelengl. *culp* unbekannter Herkunft.

Lorenz Diefenbach, Glossarium Latino-Germanicum (1857, Beleg von 1440): »alga, schum der uff dem mere lit«.

Johann Spreng, Ilias (1610): »die wällen … treiben an das land zu hauff / algam das meerkraut wohlbekant.«

Adelbert von Chamisso, Uebersicht der nutzbarsten und der schädlichsten Gewächse (1827): »pilze, … wasseralgen und … flechten. alle drei werden auch unter dem gemeinsamen namen algen im weiteren sinne des wortes begriffen.«

Alexander von Humboldt, Kosmos, Entwurf einer physischen Weltbeschreibung (1845): »Dort liegt die große fucus-Bank, welche Oviedo die tang-wiesen … nennt.«

Alk →Pinguin

Alte, der, »Kapitän«.

Niederdt. *Olle*, engl. *Old*, eine informelle Respektbezeigung. Das Ausgangswort *alt* ist ähnlich in vielen german. Sprachen belegt und von german. **al-a-* »wachsen, nähren« abgeleitet, dies von indoeurop. **al-* »nähren«. Die Bezeichnung für den Schiffsbefehlshaber ist also der Urbedeutung »gewachsen, erwachsen« nahe. Verwandt mit *Eltern, Alter*, lat. *altus* »hoch«.

Friedrich Gerstäcker, Ausgewählte Erzählungen [o.J.]: »ändern kannst du nichts an der Sache, so viel solltest du vernünftigerweise einsehen, denn wir sind schon aus Sicht vom Land, und daß der alte nicht wegen dir noch einmal umdreht.«

Hans Parlow, Die Kaptaube (1902): »dein Geschäft ist an Deck zu bleiben; wir werden schon ohne Dir fertig werden; wenn der Alte ruft, muß einer an Deck sein.«

Anchovis →Sardine

anfahren, »landen«, **Anfurt**, die, »Landungsstelle«.

Niederländ. *aanvaren*. Heute ungebräuchlich. →*fahren*

Luther, Biblia, Apg 27, 26 (1545): »wir müsen aber anfaren an eine Insulen.«

Nicolaus Federmann, Indianische Historia (1557): »vom widerwindt [Gegenwind], so uns die nachfolgendt nacht ergriffe, zu einer Insel, Lamona geheissen, anzufaren getrungen [gedrängt] wurden, daselbst wir biß an den andern tag, das was den sibenten tag gemelts [gemeldeten] monats, bliben.«

Jürgen Andersen, Orientalische Reise-Beschreibungen (1669): »als wir auff das Land getreten, giengen wir geschwinde zu einem Rivir [Fluß], welches nicht ferne von unser Anfuhrt, labeten und erquicketen unsere matte durstige Seele.«

Daniel Defoe, Robinson Crusoe, übersetzt von Ludwig Friedrich Vischer (1720): »Ich beorderte Freytag und den Steuermann, gegen Westen über die kleine Anfuhrt nach dem Platz, wo die Wilden ehmals ... gelandet, hinzugehen.«

Anker, der, »hakenförmiges Gerät zum Festmachen von Schiffen auf dem Meeresgrund«.

Mittelhochdt. *anker*, althochdt. *ankar*, altengl. *ancor*, engl. *anchor*, altnord. *akkeri* (daraus entlehnt finn. *ankkuri*), französ. *ancre*, span. *ancla*, *áncora*, ital. *ancora* gehen zurück auf lat. *ancora*, griech. *agkyra* »Anker mit gekrümmten Eisenhaken«, zu indoeurop. **ang-* »krümmen, biegen«. Mit der Übernahme dieses Gerätes von den Römern geraten die am Rhein, an Nord- und Ostsee üblichen Ankersteine außer Gebrauch, die althochdt. *senkil*, *senkilstein* hießen. Verwandt mit *Angel*, *Unke*, lat. *anguilla* (→*Aal*).

Pfaffe Lamprecht, Alexander (um 1170): »grōz was ir nōt ... sō wurfen si ūz ir anker.«

Jürgen Andersen, Orientalische Reise-Beschreibungen (1669): »in der mitten der Flotte steht der Mastbaum, welches Seegel von Coquer [Kokos] Nuß Bast gemachet, führet an jedem Ende Holtzerne Anckers, durch welche sie zur Nacht am Lande befestiget.«

Stockanker, zweiarmig mit hölzernem Stock und Ankerleine.

Ludwig Theobul Kosegarten, Rhapsodieen (1794): »frisch Bursche! den Buganker ausgebracht! Aber das kostete Künste, den Buganker auszubringen; binnen den wenigen Minuten, da die gantze Mannschaft mit dem Ausbringen des mächtigen Eisenblocks beschäfftigt war, trieben wir der Spitze von Wittmund so nahe, daß wir jeden Augenblick zu scheitern fürchten mußten.«

→lichten (15. Jahrh.), →Rah (1430), →fieren (1564), →Boje (1665), →Bootsmann (1720)

Antarktika, Antarktis →Arktis

Antenne, die, »Vorrichtung zum Senden und Empfangen elektromagnetischer Wellen«.

In ursprüngl. maritimer Bedeutung lat. *antenna* »Segelstange«, ital. *antenna* »Rah« von lat. *ante* »vor« als »das Vorstehende, das davor Befindliche«. Seit dem 16. Jahrh. auch als Bezeichnung für die Fühler von Insekten verwendet, geht die heutige funktechnische

Bedeutung auf den Radiopionier Marconi (1895) zurück.

Johann Heinrich Zedler, Universal-Lexikon (1733): »Antenna, ist das Creutz woran die Seegel hiengen, welche Daedalus erfunden haben soll.«

Johann Heinrich Zedler, Universal-Lexikon (1740): »Nock, Extremitas antennae, ist auf einem Schiffe der äußerste Theil der grossen Raa, an welchen die peinlichen Hals-Gerichte; als Hencken, Kielholen u.s.w. geschehen.«

Äquator, der, »größter Breitenkreis auf der Erde; der Kreis, der sie in eine Nord- und eine Südhalbkugel teilt«.

In der neuzeitlichen Astronomie seit dem frühen 16. Jahrh. zunächst eine Bezeichnung für den Himmeläquator, entwickelt aus lat. *aequator* »Münz-Eicher, Gleichmacher der Münze« zu »Gleichmacher von Tag und Nacht«, von lat. *aequāre* »gleichmachen« zu *aequus* »gleich«, weil die Sonne, wenn sie im Himmelsäquator steht, Tag- und Nachtgleiche bedeutet. Diese →*Linie* wurde Anfang des 17. Jahrh. auf die Erde übertragen und zum 0. Breitengrad gemacht. Analoge Bildungen in vielen europäischen Sprachen.

Als »Himmelsäquator« bei Gualtherus H. Rivius, Vitruvius (um 1543): »warhafftige / ab vn zu nemung des tagleng diser vn jener seid des Aequators / vnter welchem der tag vnd die nacht allezeit in gleicher lenge / nemlich jedes zwelff stund / darum ist von nöten gewesen das man zu beyder seid solchs Aequators zirckels sonderliche ander Circkel in gleicher weit vom selben hat ziehen müssen.«

Als »Erdäquator« frühe dt. Nennung bei Levinus Hulsius, Schiffart (1606): »seynd wir [mit dem Schiff] den Äquatorem passirt«.

Monatlicher Auszug aus allerhand neu-herausgegebenen nützlichen und artigen Büchern (August 1700): »Die alten Weltbeschreiber können nicht begreiffen / wie der Nil sich ins Mittel-Ländische Meer ergiessen könne / da er jenseits des Aequatoris entspringe / und die Erde kugelrund sey.«

Äquinoctialische Linien →Atlantik (1599), →Ost, West (1794/96)

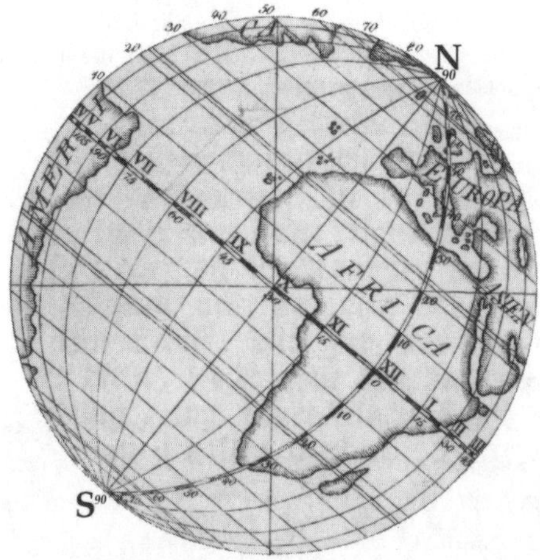

Äquator, Pole, Polar- und Wendekreise und der Nullgrad-Merian auf einer Erdkugelhälfte mit Gradnetz; Stich vom Anfang des 19. Jahrhunderts.

Arche, die, »Schiff Noahs, in dem Menschen und Tiere die →*Sintflut* überlebten«.

Mittelhochdt. *arche, arke*, althochdt. *arka, archa*, mittelniederdt., -länd. *arke*, niederländ. *ark*, franz. *arche*, altengl. *earc, ærc*, engl. *ark*, altnord. *ǫrk*, schwed. *ark*, got. *arka* aus lat. *arca* »Verschluss, Kasten, Lade«, zu *arcanus* »verschlossen, geheim« und *arcēre* »verschließen«. Hebräisch hieß die Arche *tēbāh* »Kasten« wie das Rohrkästchen, in das Moses gelegt wurde. Nicht verwandt mit griech. *archáios* »alt« wie in *archaisch* oder der griech. Vorsilbe *arch-* »Haupt-« wie in →*Archipel, Archetyp*.

Früh im Althochdeutschen Tatian (um 830): »then tag tho do ingieng in thia arca Noe.«

Als »Kahn« bei Herbert Helbig, Quellen zur älteren Wirtschaftgeschichte Mitteldeutschlands (vor 1440): »die van Meideborch van yslicker [jeder] arcke dry Brandemborghische schillinghe synt sy plichtich.«

Johann Heinrich Zedler, Universal-Lexikon (1732): »sodann heisst das wort arche ein schiffs gefäß mittler grösse mit einem platten boden, forne spitzig, hinten breit und stumpf.«

Übertragen als »Schutzversprechen« bei Abraham a Santa Clara, Geistlicher Kramer-Laden (1710/19): »Oesterreich … ist … eine archen der scienz und wissenschaft.«

Archipel, der, »Inselgruppe«.

Entlehnt im 16. Jahrh. von italien. *arcipelago*, als Kunstwort aus *arc-* »haupt-« und *pelago* »Gewässer« etwa als »Große See« für das Ägäische Meer, gebildet aus gleichbed. griech. *arch-* und *pelagos*, vielleicht auch direkt verballhornt als Aigaiisches Meer nach der Insel Aigai; diese Bezeichnung ist im 13. Jahrh. in Venedig belegt. Im dt. Sprachraum zunächst nur für die Inselwelt zwischen Griechenland und Kleinasien geltend, wird das Wort seit dem frühen 18. Jahrh. auch allgemeiner für »Inselgruppe mit umgebendem Meer« gebraucht. Die italienische Form wird in dt. Quellen zunächst zu *archipelagus* latinisiert und seit dem 19. Jahrh. unter französischem Einfluss gekürzt, französ., niederländ. *archipel*, engl. *Archipelago,* span. *archipiélago*. Nicht verwandt mit →*Arche*.

Die italienische Form bei Jobst Ruchamer, Newe vnbekanthe Landte (1508): »nanthen dises orthe Arcipelago, umb der menge willen der selbigen so vil inseln, das ist ein Ertzmere.«

Die latinisierte Form bei Johann Hübner, Reales Staats- und Zeitungs-Lexicon (1704): »archipelagus heisst eine gegend im meer, wo viele insulen nahe bey einander liegen.«

Die gekürzte Form bei Johann Hinrich Röding, Allgemeines Wörterbuch der Marine (1794/96): »Archipel, eine ansehnliche Strecke des Meeres, welche mit Inseln gleichsam besäet ist.«

→Galeasse (1694)

Arktis, die, »Gebiet um den Nordpol«; **Antarktis**, die, »Gebiet um den Südpol«.

Die Bezeichnungen der beiden Polargegenden wurden im 18. Jahrh. gelehrt gebildet und sind abgeleitet aus lat. *arcticus*, griech. *arktikos* »nördlich« bzw. mit griech. *anti* »gegen« als *antarcticus, antarktikos* »dem Norden gegenüber, südlich«. Zugrunde liegt griech. *arktos* »Bär, Sternbild des großen/kleinen Bären«. Der lat. Begriff ist in dt. Texten seit dem Mittelalter belegt. Ähnliche Entlehnungen in vielen europäischen Sprachen. Der südpolare Kontinent trägt die geographische Bezeichnung **Antarktika**.

Hl. Elisabeth (um 1300): »orizon unde … der polus arcticus, des firmamentes ummeganc«.

Lorenz von Westenrieder, Erdbeschreibung der baierisch-pfälzischen Staaten (1784): »der nördliche oder arktische polarzirkel.«

Theoretisch über den Südpol bereits Wolfram von Eschenbach, Willehalm (ca. 1217): »der pōlus antarcticus / unt den anderen sternen«.

Johann von Würzburg (1314): »von polis antartico biz durch daz firmamente«.

John Maundeville, Travels (1366): »In Lybye men seen first the sterre antartyk«, »in Libyen sieht man den Stern Antarktis zuerst.«

Paracelsus, Schriften zur Meteorologie (1931, Quelle von 1530/31): »die region arcticam oder antarcticam«.

Spekulativ noch bei Ioannes Mayr, Epitome Cronicorum (1604): »dz die wilden thier, so wol von dem arctico als antarctico polo in Americā (welches sich zu bemelten beden polis erstreckt) … kom[m]en mögen.«

Armada, die, »bewaffnete Streitmacht zu Wasser«.

Zugrunde liegt entweder eine direkte Entlehnung aus span. *armada* »Kriegsflotte, -heer« oder über eine Zwischenform *armat(a), armad(e)* eine ältere Übernahme aus italien. *armata*, venezian. *armada*; beides von lat. *armatus* »bewaffnet« zu *armare* »bewaffnen, ausrüsten«, *arma* »Kriegsgerät, Waffen«. Zugrunde liegt indoeurop. **ar-* »(an-)fügen« wohl in der ursprünglichen Bedeutung »den Arm mit einer Waffe verlängern«, wie lat. *arma* »Oberarm, Schulter«; auch german. **armoz*, althochdt. *ar(a)m*, altnord. *armr*, got. *arms* »Arm«, altengl., engl. *arm* auch »Waffe«. Verwandt mit *Armee, Gendarm, Alarm, Armatur*. Das Wort *Armada* war sowohl für See- als auch für Landstreitkräfte in Gebrauch und wurde weithin bekannt, nachdem die britische Flotte 1588 der spanische Armada eine vernichtende Niederlage zugefügt hatte.

Pilgerbüchlein (1444): »do kam die armat der hoden [Wächter] von Rodis gefarn.«

Wolder, New Türckenbüchlin (1558): »die Johanniter von Rodis oder Malta sollen auch jre höchste macht mit Galleiden vnd Schiffen auffbringen, vnd die Italianische oder Teutsche Armada stercken helffen.«

Leonhart Frönsberger, Kriegssbuch (1571): »erstlich erfordert ein Armada vor allem zu dem wenigsten ein groß gewaltigs Schiff.«

→Brigantine (1521), →Wimpel (1627), →Barre (1672)

Ärmelkanal →Kanal

Arsenal, das, »Gebäude oder Gelände mit Werkstätten zur Ausrüstung und Instandhaltung von Kriegsschiffen«.

In Deutschland seit dem Ende des 15. Jahrh. zunächst nur auf die große Anlage für Kriegsschiffbau und Kanonenherstellung in Venedig bezogen, seit dem Ende des 16. Jahrh. verallgemeinert. Italien. *arsenale* »Zeughaus« geht zurück auf arab. *dār as-sinā'a* »Haus, wo etwas hergestellt wird, Fabrik, Werft«.

Petrus Apherdianus, Tyrocinium latinae linguae [1581]: »Navalia, loca in quibus stant naves, vel fiunt Arcynaal, dar man die schiff machet oder haltet.«

Kaspar von Stieler, Zeitungs Lust und Nutz (1695): »Arsenal, Zeughauß und Schiffstand«.

August Moritz von Thümmel, Sämmtliche Werke, Bd. 5 [o.J.]: »Ich will nicht zweifeln, daß selbst ein Preuße dieses Gefühl mit ihm theilen kann, wenn er die Docke zum Schiffbau, den Waffensaal, die ungeheuern Vorräthe in den Magazinen an Tauen, Ankern und Segeln, die Werkstätte des Schreckens in voller Arbeit, das viele kostbare Geschütz und mehrere andere Wunder dieses Arsenals zu Gesicht bekommt.«

→Dock (1774)

Atlantik, der, »Ozean zwischen Europa und Afrika im Osten sowie Amerika im Westen«.

Erst im 19. Jahrh. verkürzend aus *Atlantischer Ozean* gebildet, dies nach engl. Vorbild *atlantic* aus *atlantic ocean*. Der dt. seit dem 15. Jahrh. verwendete Lehnbegriff geht unmittelbar zurück auf lat. *atlanticus oceanus*, griech. *atlantikós pélagos,* sinngemäß »das Meer, das an den Titanen Atlas stößt«. Namengebend ist der personifizierte nordwestafrikanische Gebirgszug Atlas, auf dessen Schulter nach der griechischen Mythologie die Säule ruht, die den Himmel stützt; hinter ihm beginnt das Weltmeer, der *→Ozean*. **Atlas** für »Kartenwerk« ist seit Mercators Landkartensammlung von 1595, die ein Abbild des Titanen zeigt, gebräuchlich.

In drei Stufen zum Atlantik:

1. In Homers Dichtung (oben, 8. Jahrh. v. Chr.) ist die Erde eine Scheibe, die ringsum vom Strom Okeanos umflossen ist. Unklar ist, ob ihm bereits das Atlas-Gebirge bekannt war.
2. Bei Herodot (rechte Seite oben, ca. 485–424 v. Chr.) ist der Okeanos das Weltmeer, der Atlas ist bekannt, und der westliche Teil des Ozeans heißt Atlantischer Ozean.
3. Auf der Weltkarte des Eratosthenes (rechte Seite unten, ca. 276–196 v. Chr.) ist die Erde eine Kugel mit einem bereits annähernd korrekt berechneten Umfang und einem endlichen Atlantischen Ozean. Sie hat einen Äquator gleicher Tag- und Nachtdauer sowie ein Gradnetz. Auch andere Teile des Ozeans sind bekannt; die Vorstellung, dass er das Weltmeer ist, braucht nicht revidiert zu werden.

Die drei Karten sind Rekonstruktionen von Albert Forbiger (1842) mit dem überlieferten geografischen Wissen der jeweiligen Zeit. →*Ozean*

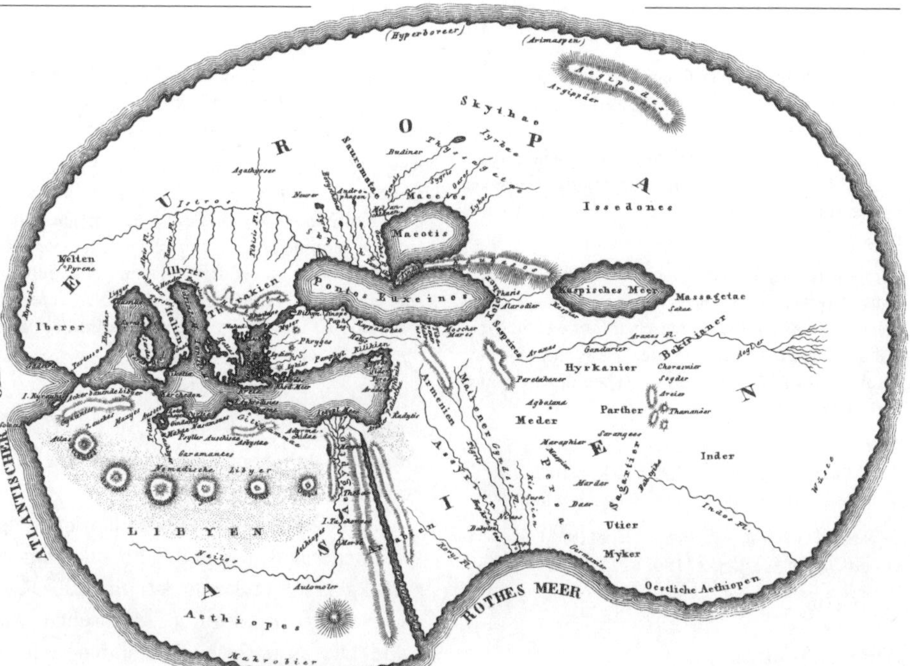
(Hyperboreer)
(Arimaspen)
Aegipodes
Skythae
EUROPA
Issedones
Maeotis
Pontos Euxeinos
Kaspisches Meer
Massagetae
Kelten
Iberer
Illyrer
Thrakien
Italien
Hyrkanier
Parther
Meder
Inder
ASIEN
Armenien
Utier
Myker
LIBYEN
Aethiopes
ROTHES MEER
Oestliche Aethiopen
ATLANTISCHER OKEANOS

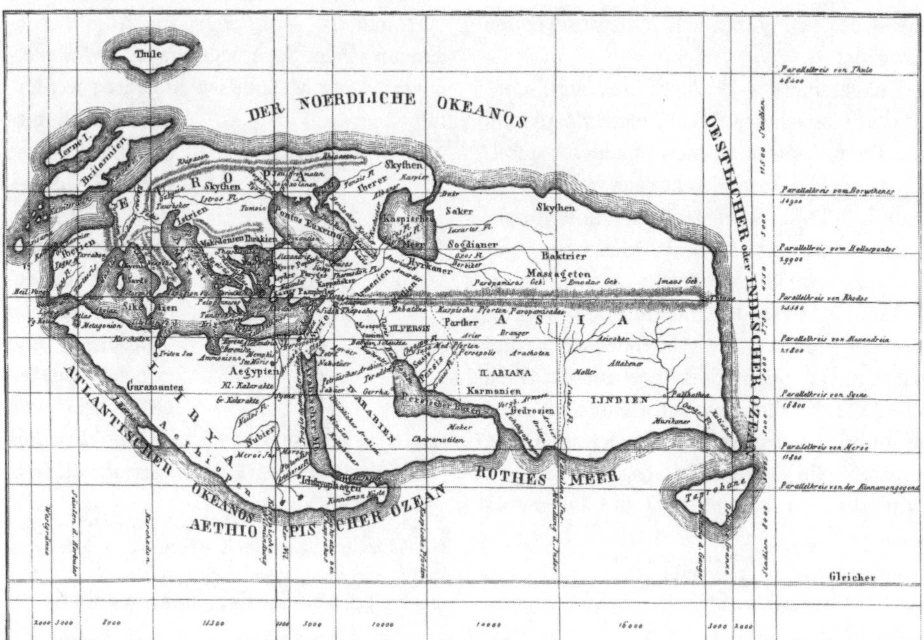
Thule
DER NOERDLICHE OKEANOS
OESTLICHER oder INDISCHER OZEAN
Ierne I.
Britannien
Skythen
Iberer
Kaspisches Meer
Pontos Euxeinos
Saker
Sogdianer
Baktrier
Massageten
Hyrkaner
Parther
ASIA
II. PERSIS
II. ARIANA
Karmanien
Gedrosien
I. INDIEN
Aegypien
Guramanten
LIBYA
ARABIEN
Persischer Busen
Nubier
Ichthyophagen
ROTHES MEER
Taprobane
ATLANTISCHER OKEANOS
AETHIOPISCHER OZEAN
Parallelkreis von Thule
Parallelkreis von Rhodos
Parallelkreis von Syene
Parallelkreis von Meroë
Gleicher

H. Fischer sc.

Walter Raleigh, Beschreibung deß goldreichen Königreichs Guiana in America (1599): »es werde dem günstigen Leser ein angenemes Werck seyn, in welchem er … in seinem Stüblein vber das wilde Atlantische Meer auff jene seiten der Aequinoctialischen Linien [der Tagundnachtgleiche, →*Äquator*] wanderen.«

Lambert Heinrich Röhl, Anleitung zur Steuermannskunst den Weg auf der See zu finden und zu berichtigen (1778): »Das Wasser zwischen Europa und America heisset das atlantische Meer, von einer grossen Insul Atlantica, die ehemals zwischen diesen beiden Welttheilen gelegen haben … soll.«

John Brinkman, Erzählungen (1890): »wenn Sie up den Atlantik wesen sind, Herr Block, denn möten Se ok weten, wat konträrer Wind beseggen will.«

→Languste (1864), →Sieben Meere (1955), Transatlantik-Clipper →Klipper (1985)

Atlas →Atlantik

Atoll, das, »ringförmige Koralleninsel in den Tropen«.

Entlehnung des 19. Jahrh. aus engl. *atoll, atollon*, das seit dem 17. Jh. aus *atulo* »Atoll« der Devu-Sprache auf den Malediven gebildet wurde. Es ist vielleicht verwandt mit singalesisch *étula* »darin« oder malaiisch *adal* »schließend, vereinigend«. Maßgeblich für die Verbreitung des Wortes war François Pyrard de Laval, der 1602 auf dem maledivischen Goidhoo-Atoll strandete, für fünf Jahre in Gefangenschaft blieb und ein Buch über die Inselgruppe veröffentlichte. Erste Informationen verbreitete der arabische Fernreisende Ibn Battuta aus dem heutigen Marokko, der bereits 1343 die Inseln besuchte.

François Pyrard de Laval, Voyage … aux Indes Orientales (1619): »île corallienne, formant un anneau plus au moins continu autour d'un lagon intérieur«, »Koralleninsel, die einen mehr oder weniger fortgesetzten Ring um eine innere Lagune bildet«.

Samuel Purchas, His Pilgrims (1625): »Every Atollon is separated from others, and contaynes in itselfe a great multitude of small Isles … Each of these Atollons are inuironed round with a huge ledge of rocks«, »jedes Atoll ist von anderen getrennt und enthält in sich eine große Vielheit kleiner Inseln … Jedes dieser Atolle ist umgeben von einer großen Felsbank.«

Auge, das, ① seemänn. »Öse zur Befestigung«, ② »wolkenfreies Zentrum eines Wirbelsturms«.

Mittelhochdt. *ouge*, althochdt. *ouga*, engl. *eye*, niederländ. *oog* auf german. **aug-an-* zurückgehend und mit lat. *oculus*, altkirchenslaw. *oko* in indoeurop. **ok-* »sehen« wurzelnd. Die germanische Wortbildung erfolgte wohl unter dem Einfluss von german. **auzan* »Ohr«, das mit *Öse,* aber nicht mit →*ösen* verwandt ist. →*Bullauge*. Ein Auge besonders an einem Segel kann gegen →*Schamfilen* mit einer Metallhülse eingefasst werden, der **Kausch**, niederländ. *kous*, französ. *cosse*, lokal zu lat. *costa* »Rand, Küste« oder funktional mit lat. *concha* »Muschel« und griech. *konkhē* »Muschel« von griech. *kokhlias* »Schutzhülle«.

Kausch, die ein Auge einfasst.

Erich Joachim, Das Marienburger Tresslerbuch (1409): »vor 12 ogen an dy lynen, vor yclich oge 1 scot zu machen«, etwa »für 12 Augen an der Leine, und für jegliches Auge einen Riegel zu machen«.

Franz Reuleaux, Buch der Erfindungen (1889): »je nach bedarf haben stropp und beschlag nur eine öse, ein auge oder einen haken oder einen schäkel.«

August Mey, Bilder aus dem Hamburger Hafen (1899): »Von der Back wird dem Schlepper eine dicke Manilatrosse, in derem Ende ein Auge eingebunden ist, gereicht.«

Wetterkundlich in Meyers Konversations-Lexikon (1890): »in seltenen Fällen öffnet sich die wolke über der mitte des sturms und läßt für kurze zeit den blauen himmel durchscheinen. dies nennt man ›das auge des sturms‹ oder auch ›das ochsenauge‹.«

→Moses (1702), Kausch →Block (1887)

Ausguck, der, ① »erhöhter Ort für den Beobachtungsposten an Bord«, oft das →*Krähennest*, ② der Posten selbst, ③ seine Tätigkeit.

Niederdt. *ūtkīk*, niederländ. *uitkijker* »Matrose im Ausguck« gehen über niederdt. *kieken* und mittelhochdt. *gucken* vielleicht zurück auf german. **gugg-*, indoeurop. **gheugh-* »verstecken« und könnte wegen einer mittelhochdt. Form *gucken-berglin* »verstecken spielen« dann »aus einem Versteck herausspähen« bedeuten. Die Sprachverwandtschaft zwischen *kieken* und *gucken* ist ebenso umstritten wie die zwischen *gucken* und **gugg*.

Heinrich Brarens, System der praktischen Steuermannskunde (1807): »wenn der Mann auf dem Udkiek ruft: ein Schiff! ein Schiff! so kommandire der wachthabende Officier sogleich: das Ruder an Lee.«

Jens Jacob Eschels, Lebensbeschreibung eines alten Seemanns (1835): »ich stand auf dem Uytkyk (Aussicht); wir segelten mit gutem Winde rasch vorwärts, und ich mußte mich also genau umsehen, damit das Schiff nicht an irgendeinem Gegenstand anlaufe.«

Heinrich Smidt, Michael de Ruiter (1848): »die Stunde des Deckwaschens war eben vorüber, als der Vortoppmann, der den Utkiek hatte, dem wachthabenden Offizier am Bord des voraufsegelnden Admiralschiffes die Nachricht brachte, daß man in zwei Meilen Entfernung ein starkes Geschwader erblickte.«

Die Gartenlaube (1859): »Segler voraus! ertönt der Ruf des Ausguck auf der Vormarsraa.«

→Klampe (1907), →Törn (1908)

Auster, die, »Angehörige einer Familie essbarer Muscheln, Ostraeidae«, namengebend die Gattung Ostrea, *Gewöhnliche Austern*.

Niederdt. *ūster*, mittelniederländ. *oester*, altfranzös. *oistre* aus lat. *ostrea*, griech. *óstreieon* »Auster, Schaltier« und indoeurop. **ostr-* »harte Schale« zu **os(t)-* »Knochen«. Altnord. *ostra*, isländ. norw. *ōstra*, altengl. *ostre*, engl. *oyster*, niederländ. *oester*, französ. *huitre*, span. *ostra*, italien. *ostrica*. Ein vereinzelter früher Belege ist althochdt. *aostorskāla* »Austernschale« im Basler Rezept von Anfang des 9. Jahrh., wohl von

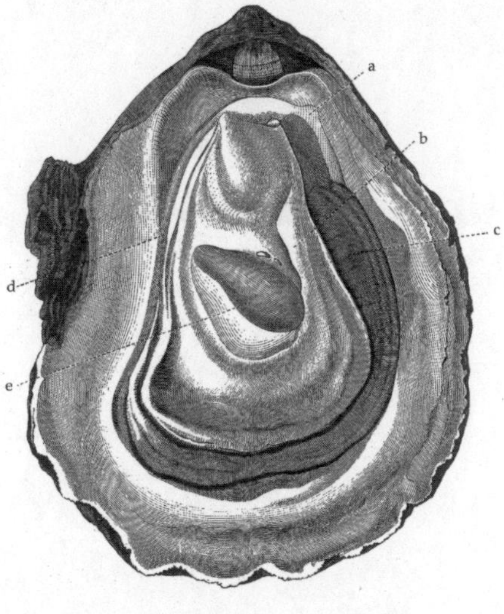

Auster: (a) Bedeckung des Mundes, (b) Mantel, (c) Schließmuskel, (d) Rücken, an dem die Blätter des Mantels ineinander übergehen, (e) Kiemenblätter.

einem Schreiber angelsächischer Herkunft. Die Entlehnung zu niederdt. und frühneuhochdt. *ūster*, hochdt. *Auster* stammt aus dem 16. Jahrh.

Früher Beleg in der antiken Literatur in Homers Ilias (8. Jahrh. v. Chr.), ironisch über Kebriones, der tödlich getroffen vom Wagen stürzt: »Ha! ein gewandter Mann! Wie behende vollführt er den Kopfsprung! / Weilte er einmal auf hoher See, in der Heimat der Fische, / könnte er zahlreiche Menschen ernähren durch Sammeln von Austern, / spränge von Bord er ins Wasser, sogar bei stürmischem Wetter – / so wie er jetzt auf dem Festland behende Kobolz schießt vom Wagen!«

Konrad von Megenberg, Buch der Natur (1349/50): »ostrea haizt ain oster, daz ist ain mervisch und ist der sneken geslähtes.«

Noch lateinisch in Albrecht Dürers Tagebuch (1520): »Felix hat mir 100 ostria geschenckt.«

Ludwig von Holberg, Zum zweyten male Sechs Lust-Spiele (1744): »wenn sie nicht mein herr wären, so würde ich sagen, daß sie so dumm wären wie eine auster.«

Albert Starzer, Quellen zur Geschichte der Stadt Wien (1914, Quelle von 1643): »aine anzahl von allerlei mör[Meer-]fischen, austern und anderen mör geschnälz«.

B

Baare, die, »große Welle«.

Mittelniederdt. *bare*, niederländ. *bare*, altnord. *bara* sind verwandt mit ahd. *bore* »Höhe«, *burjan* »in die Höhe heben«, die auf indoeurop. **bher-* »hoch« zurückgehen. Verwandt sind *empor*, *Berg* und *Brigitte* »die Erhabene«. →*See* ②

Johann Georg Aldenburgk, West-Indianische Reiße (1627): »darnach schleust man den jenigen, der ein mehrers begangen, zu Wasser und Brod, etliche Tage und Wochen in deß Schiffs Gallion, darinn keiner, wann das Meer grosse Baaren und Wellen wirft, trucken bleiben kan.«

Bernardin de Saint-Pierre, Reise eine französischen Officiers nach den Insuln Frankreich und Bourbon (1774): »Während dieser Beschäfftigung hob eine ungeheure Baare die Schaluppe in die Höhe, zerbrach ihren Dregg [einen kleinen Anker], und schmiß sie auf den Sand.«

Knut Jungbohn Clement, Die nordgermanische Welt oder unsere geschichtlichen Anfänge (1840): »wo die Baren sausen und wühlen, wo die Wirbelströmungen des Weltmeers an dessen Vorgebirgen und Inselgruppen kentern«.

→Galion

Baas, der, »Meister, Herr, Aufseher«.

Ab Mitte 18. Jahrh. übernommen aus niederländ. *baas*, mittelniederl., fries. *baes* »Meister, Herr«, spätmittelniederländ. *bās* »Aufseher bei Deicharbeiten«. Herkunft unklar, ① aus mittelhochdt. *baz* »besser« ungewöhnlich, weil mittelhochdt. Entlehnungen ins Niederländische sehr selten sind, ② aus althochdt. *basa* »Tante«, urspr. »Schwester des Vaters«, später auch Anredeform für einen Haushaltsvorstand, selbst unbekannter Herkunft. Nicht verwandt mit türk. *Pascha*. Aus dem Niederländ. entlehnt sind französ. *bausse* »Arbeitgeber« sowie engl. und amerik.-engl. *boss* »Chef«. *Heuerbaas* bedeutet »Stellenvermittler für Matrosen« →*Heuer*, *Schlafbaas* »Matrosenwirt«, *Zimmerbaas* »Zimmermeister« (im Schiffbau).

Georg Henisch, Teutsche Sprach vnd Weißheit (1616): »Bas ... bedeut bey den Niderlandern ein Herren vnd freund / haußvatter.«

Schiffsbaukontrakt, Altona (1742): »es verbindet sich vorbemeldter Schiffs-Zimmerbaß, eine gute Pladtbordigte 3 Mast Gallioth zu verfertigen«, »offeriret sich der Ehrbare Zimmerbaß Clas Rotermund, alles was Zimmermanns Arbeit daran ist und in diesem Contract so genau nicht specificiret worden, biß auf den letzten Klamp zu verfertigen.«

August Mey, Bilder aus dem Hamburger Hafen (1899): »›Ein Logis hab ich, aber ich wollt' gern mit einem Schiff nach Amerika.‹ ›Müssen sich an einen Heuerbaas wenden.‹«

back, »zurück, falsch, rückwärtig, hinter«, dt. →*achter-*.

In nautischer Verwendung ein häufiges Beiwort, etwa *back brassen* »Segel so stellen, dass sie der Wind gegen den Mast legt«. Niederdt., altnord. *bak*, altengl. *bæc,* engl. *back*, altfries. *bek*; die Bedeutung »rückwärtig« ist noch in →*Backbord* erhalten. Herkunft umstritten: ① von althochdt. *bah*, german. **baka-* »Rücken«, althochdt. *bahho* »Speckseite«, im Hochdt. überlagert vom ursprüngl. nicht verwandten *Backe* »Kinnbacke, Wange«, dies wiederum umstrittener Herkunft, vielleicht aus indoeurop. **baghn* »kauen« oder **bhag-* »zuteilen, als Anteil bestimmen«; ② mit (Arsch-, nicht Kinn-) *Backe* zu germ. **brōka-* »Hinterteil« unter denkbarem Fortfall des *-r-* wie zwischen dt. *sprechen* und engl. *to speak*.

Die Gartenlaube (1859): »Jetzt trifft der Wind von vorn auf die backgelegten Segel, der dadurch ausgeübte Druck hemmt die Fahrt und in wenigen Minuten liegt das Schiff beigedreht.«

Back, die, ① »große, tiefe Holzschüssel, in der das Essen für eine Gruppe von Seeleuten aufgetragen wird«, ② »Gesellschaft von 6 bis 10 Seeleuten, die während der ganzen Reise zusammen speisen«, auch **Backmannschaft**, verkürzt **Backschaft**, ③ »zusammenklappbarer Tisch« einer Back(schaft), ④ »von Bord zu Bord reichender Aufbau« auf dem vordersten Teil des Oberdecks, der den Bug mit einschließt.

Engl. *back* »Gefäß«, niederländ. *bak* »Trog«, französ. *bac* »flachbodige Fähre«. Vorformen sind schwach belegt: *bacchia* ist ein Gefäß in den Schriften Isidors von Sevilla (560–636 n.Chr.), *bacchinon* eine schmuckverzierte Holzschale bei Gregor von Tours (5. Jahrh.), zu frühroman. **baccinum* und dessen Grundform **bacca* »Wassergefäß«. Die Bezeichnung stammt aus dem Gallischen oder Keltischen, bezeichnete flache Behälter, gelangte über Entlehnung ins Niederdeutsche und wurde zum Ausgangswort für *Back*; **bacca* könnte über eine iberische Zwischenstufe und italien. regional *bacchari* »Wein in ein Gefäß geben, Bacchus feiern« auf *Bacchus* »Gott des Weines« zurückgehen. Verwandt mit *Bassin, Becken, Becher*, nicht mit →*back*, →*Backbord*. Die Erklärung, dass die *Back* als Brett für die Speise der Seefahrer bei den Germanen im Achterschiff hinter dem Rücken des Steuermanns aufgestellt worden sei und daher ihren Namen habe, ist Seefahrerlatein. Das Kommando *Backen und Banken!* war der Befehl, die außerhalb der Mahlzeiten weggeräumten Tische und Bänke herzurichten. Bezeichnung einiger *Backschaften* (②): Die *Kochsback* schaffte (speiste) unter der Back (③) an Backbord, die *Bootsmannsback* daneben an Steuerbord, die *Bootmannsmaatback* unter der Schanze.

Johann Sigmund Wurffbain, Ost-Indianische Krieg- und Ober-Kauffmanns-Dienste (1686): »uber dieses gab man für jeden Tisch oder Packs voll Volck, in 8 Personen bestehend …, zur täglichen Früh-Kost, eine höltzerne Schüssel voll Gersten, mit Zwetschken, Rosinen und Butter gekocht.«

Johann Christoph Wolfs Reise nach Zeilan [Ceylon, Sri Lanka] (1782): »die Einrichtung des Speisens geschah folgender Gestalt: man brachte große hölzerne Backen, die numeriert waren; zu einer jeden Nummer gehörten zehn Personen …, eine jede Backgesellschaft … bekam zwey Krüge.«

Jens Jacob Eschels, Lebensbeschreibung eines alten Seemanns (1835): »das allerärgste für mich war, das gelbe Erbsen-Back auszuschrapen oder was die Leute, die an der Back … speisen, nachlassen, muß der Backs-Junge, und das war ich, an der Officiers-Tafel rein aufessen.«

Als Schiffsaufbau bei Friderich Martens, Spitzbergische oder Groenlandische Reise-Beschreibung (1675): »bey dem Muschelhafen kam ein grosser Eißberg an unser Schiff treiben, also hoch war er, als das vorder Theil vom Schiffe, die Backe genandt.«

Als eine Art Schanzkleid bei Sophie Wörishöffer, Robert der Schiffsjunge (1887): »im Buge ist außerdem gewöhnlich noch eine kleine Überdachung, die Back genannt, welche dazu dient, den Vordertheil des Schiffes gegen hohen Seegang zu schützen.«

In Bedeutung ④→Auge (1899), →Harpune (1908), →Moses (1702)

Backbord, das, »die linke Schiffsseite, von achtern nach vorn gesehen«.

»Die Benennung erklärt sich daher, daß in der

Urzeit das Steuer auf der rechten Seite des Schiffes war, so daß Backbord die dem Steuernden im Rücken liegende Schiffseite war.« (Friedrich Kluge, *Seemannssprache*, 1911) Jacob Grimm nennt das Wort im Deutschen Wörterbuch 1854 »unhochdeutsch«, weil es nach den Lautgesetzen korrekt *der Bachbort* heißen müsse. In der dt. Schriftsprache seit dem 15. Jahrh. belegt, aus mittelniederdt. *bacbort*, niederländ. *bakboord*, schon altengl. *bæcbord*. Verwandt mit →*back*, →*Bord*, Gegenwort zu →*Steuerbord*. Französ. *bâbord* beruht auf einer Entlehnung aus niederländ. *bakboord*, die vom französ. Adjektiv *bas* »niedrig, unten« beeinflusst wurde; aus Frankreich stammen wiederum span. *babor*, port. *bombordo*, italien. *babordo*. Im Englischen wurde *bæcbord* im Laufe des Mittelalters durch *ladde-, lade-, latheboard* verdrängt, daraus heute *larboard*, wörtl. dt. »Ladebord« als Seite, auf der Fracht geladen wurde, weil sie zum Kai lag, wenn das Schiffssteuer an der rechten Bordwand angebracht war; ähnlich auch das gebräuchliche engl. *port side* »backbord«.

Karl Koppmann, Das Seebuch (1876, mit einer Quelle des 15. Jahrh.): »eyn kleyne eylant, … dat sal he laten an bacbort.«

Friderich Martens, Spitzbergische oder Groenlandische Reise-Beschreibung (1675), vom Wal: »das Theil, da der Schwantz abgehauen, machen sie feste, fornen am Schiffe, und den Kopff nach hinten zu, in der Mitte deß Schiffs bey der grossen Wand, an Backbord des Schiffes selten geschicht, daß die Walfische länger seynd, als der Platz von fornen biß in der Mitten zurechnen, wanns nicht zu kleine Schiffe seynd – durch die Backbort aber wird verstanden, wenn ich von fornen nach hinten im Schiff gehe zur rechten Hand.«

Jens Jacob Eschels, Lebensbeschreibung eines alten Seemanns (1835): »nur mußte Alles geschwind von vorne des Schiffs nach hinten geschafft werden, z. B. die schweren Ankertauen, die Schalupen voll Wasser hinten am Steuerbord aufgezogen werden und das Schiff über Steuerbordseite schief gelegt werden, weil wir hören konnten, dass der Schade an der Backbordseite war, da das Wasser hier stark ins Schiff einlief.«

→Steuerbord (1627), →Davit (1864), →krängen (1899)

Badegast, der, ironisch »eine Person an Bord ohne seemännische Funktion«.

Seit dem 19. Jahrh. belegt, wohl entwickelt nach *Hüttsgast* »die nicht seemännischen Teilnehmer an der Offizierskajüte«, unter dem Eindruck der aufkommenden Badekultur. Die Wortteile gehen auf german. **baþa-* »Bad« und **gasti* »→*Gast*« zurück, dies auf indoeurop. unsicher **ghostis* »Fremder«.

Albert Berg, Die preußische Expedition nach Ost-Asien (1864): »[Die Ärzte], die Intendanturbeamten und die Seesoldaten werden nicht eigentlich zu den Seeleuten gerechnet und von diesen – sammt allen Passagieren – gelegentlich mit dem Schmeichelnamen Badegäste bezeichnet.«

Reinhold Werner, Das Buch von der Deutschen Flotte (1898): »Hinter dem Großmast spazieren in lebhafter Unterhaltung begriffen – die Badegäste; zu ihnen gehören alle diejenigen Bewohner der Offiziersmesse, welche keine Seeleute von Beruf sind, wie Ärzte, Prediger.«

Bagien →Begienrah

Bai, die, »Meeresbucht«.

Niederdt. *sandbai* »Bucht mit Sandgrund« (15. Jahrh.) aus niederländ. *baai*, dies aus mittelfranzös. *baie* »→*Bucht*«. Herkunft umstritten, Theorien u.a.: ① aus span. *bahia*, port. *báia*, aber diese Bezeichnungen sind selbst recht jung, ② von mittellat. *baia* »Hafen«, aber der Beleg bei Isidor von Sevilla aus dem Jahr 640 bezieht sich nur auf den Namen des römischen Seebades Baiae am Golf von Neapel, ③ aus altfries. **baga* »Kurve«, aber ohne weitere Belege und mit unwahrscheinlich frühem Übergang ins Fränkische, ④ aus französ. *l'abbayé*, lat. *abbatia* »Abtei« nach einer Abtei, die der französ. Insel la Baie, la Baye (heute Noirmoutier) und der umliegenden Bucht von Bourgneuf bei Nantes ihren Namen gegeben haben könnte. Dagegen spricht die Betonung, aber in dieser Region ist das Wort früh bezeugt. Das dorther stammende Seesalz hieß mittelniederdt. *bayesolt*, mittelniederländ. *bayesout*, beide verkürzt zu *baye*; ⌦ wohl ehestens nach der Küstenlinie zu französ. *bayer*, altfranzös. *baer*, lat. *badare* »gähnen, klaffen, den Mund aufmachen«, auch als frühneuhochdt. *bai* »Fenster, Maueröffnung«. Eine Vermischung von ④ und ⌦ könnte die Doppelbedeutung der Entlehnung engl. *bay* »Golf, Saline« erklären. Die dt. Schreibung *Bay* beruht auf einer Übernahme aus dem Englischen. *Baiensalz* wurde aus dem Golf von Bourgneuf auf Schiffen auch nach Preußen und von dort weiter nach Litauen und Russland gebracht; in Ostseequellen des 15. Jahrh. ist das Wort gut belegt.

Johann Georg Aldenburgk, West-Indianische Reiße (1627): »Es wurde abermal ein Nachen mit etlichen Musquetirern, Hochboßmann vnnd Matroosen wider abgeschicket die rechte Bahje außzuspehen.«

Joachim Heinrich Campe, Sammlung interessanter ... Reisebeschreibungen für die Jugend (1787): »endlich erblickte der Officier eine kleine Bai, an deren innerstem Gestade eine Stadt mit einer kleinen Citadelle lag.«

→kreuzen, →kappen (1627), →Brackwasser (1669), →Seemeile (1778)

Bake, die, »umflutetes, feststehendes Orientierungs- oder Signalzeichen für Seeleute«, schwimmend als Bakentonne.

Mittelniederdt. *bāke*, mittelniederländ. *baken*, altnord. *bāken*, altfries. *bāken*, *beken*, altengl. *bēacn*, engl. *beacon* »Leuchtfeuer«, zu german. **baukna-* »Zeichen« und mit altind. *bháti* »leuchtet«, griech. *phainein* »sichtbar machen« auf indoeurop. **bhā-* »leuchten« zurückzuführen. Eng verwandt ist althochdt. *bouhhan* »Zeichen«, aus dem am Bodensee noch *Bauche* »Boje« erhalten ist; weitläufig verwandt sind *Phänomen*, *Fanal*, russ. *bélyj* »weiß«; nicht verwandt mit *Pauke*, *Bauch*.

Deutscher Orden, Handelsrechnungen (1428): »zcu Dordrecht bakegelt, off zcu segeln«, etwa »zu Dordrecht [Holland] Bakengeld, um durchzusegeln.«

Hamburger Pilotageordnung (1657): »wir funden aber auff der Insel nichts als forn eine Bake von 4 langen zusammen gebundenen Stangen, auff welchen viel Wurzeln und Gepüsche lag, damit es den Seefahrenden Nachrichten der Insel, weil sie niedrig, geben kunte.«

Johann Hübner, Reales Staats-, Zeitungs- und Conversations-Lexicon (1717): »Baken ... hohe Feuerzeichen, Wacht- und Leuchttürme, auf welchen an dem Seestrand des Nachts Feuer gehalten wird, den in der See herumschwebenden Schiffen dadurch Nachricht zu geben, wie sie ihren Kurs richten sollen, damit sich nicht im Finstern aufs Land auflaufen und stranden mögen.«

Henri de Méville, Auf Back und Schanze (1902): »Leuchtturm und Kugelbaake, die letztere das seemännische Wahrzeichen Kuxhavens, bleiben hinter den Schiffe zurück.«

Balje, **Balge**, die, »Hälfte einer in der Rundung durchgesägten Tonne«, hölzernes Wasch- oder Schöpfgefäß an Bord.

Aus niederländ. *balie* zu französ. *baille*, daher auch erloschenes engl. *bail*, und galloroman. **bajula* »Tragzuber« zu lat. *baiulus* »Träger, Lastträger«, *baiulare* »tragen« ungeklärter Herkunft.

Adolf Decker, Diurnal der Nassawischen [holländischen] Flotta (1629): »ein jeder soll wol in acht nehmen, daß bey jedwedern stück Canon ein Balie Wasser werd gestelt.«

Cornelis Gijsberts Zorgdrager, Alte und neue Grönländische Fischerei und Wallfischfang (1723): »er machte von Stund an Salzwasser von Peckel-Fleisch warm, gosse selbiges in einen auf den Schiffen gebräuchlichen Zuber, Balie genannt, und ließ sie mit den Füssen darein setzen.«

Jens Jacob Eschels, Lebensbeschreibung eines alten Seemanns (1835): »eine lebendige junge Robbe griffen wir, brachten diese an Bord und hielten sie sechs Wochen lang lebendig in einer Balje mit Seewasser.«

Ballast, der, »auf Schiffen schwere Last zum Gewichtsausgleich, um die Stabilität zu erhöhen«.

Auf Frachtern bestand der *Ballast* früher oft aus Sand, Steinen oder Eisen, »daß sie nicht umbfallen« (1548), und Wasser, seit Motorpumpen gebräuchlich sind. Bei Booten sind heute Ballastkiele verbreitet. Im Hafen von Amsterdam galt nach einem Erlass von 1496 die Pflicht, alle Käufe und Verkäufe von Ballast über ein Ballast-Comptoir abzuwickeln, wohl um Selbstbedienung in Hafennähe zu verhindern. Niederdt., -länd., engl. *ballast*; das frühneuniederländ. *balglast* ist volksetymologisch verformt. Die ältesten Formen sind altschwed., altdän. *barlast*, wohl von *bar* »nackt, bloß« sowie *last* »Last, →*Ladung* ohne Handelswert«, also nur des Gewichtes wegen. Der Begriff könnte von Südschweden aus im ganzen Hansegebiet bekannt geworden sein, die Herkunft ist unklar: ① Der Wortteil *bar* geht über german. **baza-* »bar, bloß« auf das gleichbedeutende indoeurop. **bhoso-* zurück, das vielleicht von **bhes-* »reiben, abreiben, kauen« stammt; dann trägt *bar* die Ausgangsbedeutung »abgerieben, blank«. Der Wortteil *-last* »Last, Ladung« aus gleichbedeutendem westgerman. **hlasti-* geht zurück auf german. **hlaþ-a-* »laden, einfüllen«. ② Nicht ausgeschlossen ist auch eine Erklärung mit *bal* »schlecht« als »schlechte Schiffsfracht, die man nur ladet um dem Schiffe den nöthigen Tiefgang zu geben«; dann beruhte *bar-*

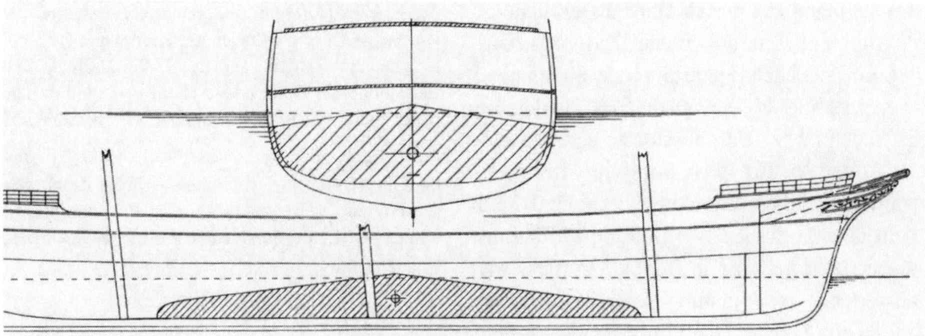

Anordnung des Sandballastes zur einfachen Berechnung seines Schwerpunktes, 19. Jahrh.

last auf Volksetymologie. Einige romanische Sprachen haben das Wort für *Ballast* direkt aus dem Abstraktum *Last* abgeleitet: französ. *lest*, span. *lastre*, port. *lastro*; andere gingen vom Materiellen aus: span. *zahorra*, altkatalan. *saorra*, italien. *zavorra* aus lat. *saburra* »Schiffsand, Ballast« *von sabulum* »→*Sand, Kies«*.

Otto Heinrich, Deutsche Pilgerreisen (1521): »aber die Leut [im Schiff] waren fast alle erschossen oder zerhauwt worden, ussgescheiden etlich hetten sich im Palast in sandt verborgen, denn war nichts geschehen.«

Walter Raleigh, Beschreibung deß goldreichen Königreichs Guiana in America (1599): »deß Sontags zu Morgen warffen wir den Ballast darauß.«

Christoph Fürer von Haimendorf, Reise von Venedig auf Alexandria in Ägypten (1645): »dann kein Schiff von Cypern auff Venedig fahren darff, es lade dann daselbst die saburra oder Pallascht (also nennen die Schiffleut die Stein vnd Sand, so sie zu vnterst ins Schiff laden, adamit selbes sein rechte Schwere oder Gewicht habe, vnd gegen dem Wind desto besser bestehen könne, vnd nicht leichtlich vmbgestürtzt werde.«

→Steuerbord (1627), →Kasko (1731),
→Bark (1906)

Bambuse, der, »schlechter Matrose«, »Schiffszimmermann, der nur als Handlanger dient«.

Wohl entlehnt aus niederländ. *bamboes* »Bambus«, auch »unerfahrener Seemann«, vielleicht bildlich, weil er steif wie ein damals gebräuchlicher Bambusstock herumstand. Dt. *Bambus* für das tropische Rohrgras stammt ebenfalls aus dem Niederländ. und geht über portugies. Vermittlung auf südindische oder malaiische Dialekte zurück. Als abwertende Bezeichnung schließt *bamboes* an französ. *bamboche* »Bambus«, »Marionette, Kleinwüchsiger« an, letzteres von italien. *bamboccio* »Kindchen«, nach *bambino* »Kind«. Dann *Bambuse* eher zu verstehen als »einer, dem alles erklärt werden muss, Lernender, Befehlsempfänger«.

Adolf Schirmer, Lütt Hannes, Ein Seeroman (1868): »die Matrosen nämlich, die gedienten sowohl als die Jungmänner oder Bambusen, wie man jene Burschen nennt, welche noch nicht völlig mit dem Seedienst vertraut sind, ferner der Koch sammt seinem Maat, ... sie alle machten Jagd auf einige zwanzig Kaninchen.«

Baratterie, die, »Betrug oder Diebstahl zu Lasten des Eigentümers von Schiff oder Ladung«.

Niederländ. *baraterie*, engl. *barratry*, altfranzös. *baraterie, barterie* gehen zurück auf altfranzös. *baras* »Betrug, Ärger«. Herkunft unklar; Vermischung mit »Piraterie« (→ *Pirat*) möglich. Die Ausgangsbedeutung kann »Verkehr, Handel, Geschäft« bedeutet und sich abwertend zuerst in den romanischen Sprachen verbreitet haben. Vielleicht liegt griech. *prattein* »handeln« oder eine german. Wurzel, altbreton. *brat*, altirisch *mrath* »Betrug«, altnord. *báratta* »Wettbewerb, -kampf« zu Grunde.

Johann Hinrich Röding, Allgemeines Wörterbuch der Marine (1794/96): »Baratterie, Betrügerei, die von Schiffern zum Schaden der Reeder und Befrachter gemacht werden kann (z. B. Verfälschung und Bestehlung der Güter oder Nebenwege, die mit dem Schiff ohne Wissen der Reeder gemacht werden).«

Jacob von Eggers, Neues Kriegslexicon (1757): »Barat, Unterschleif, der von einem Schiffer durch Verschweigung oder Unterschlagung der ihm anvertrauten Güter, oder durch einen genommenen Umweg begangen wird.«

Bewaffnete Bark des Mittelmeeres mit Geschützpforten, Stich vom Ende des 18. Jahrh.

Bark, die, ein Großsegler.

Eine Bark trägt drei →*Masten*, zwei voll getakelte (→*Fock*-, Großmast) und einen →*Besan* (Besanmast). Bei mehr Masten wird dies durch den Zusatz »Viermast-«, »Fünfmast-« ausgedrückt. Die Trennung von *Bark* und *Barke* als großes und kleines Schiff wird erst ab dem 18. Jahrhundert deutlich; vor diesem Hintergrund ist auch eine zusätzliche Neuentlehnung aus engl., niederländ. *bark* möglich. Wortgeschichte →*Barke*.

Johann Hinrich Röding, Allgemeines Wörterbuch der Marine (1794/96): »Barke oder Barkschiff, großes dreimastiges Schiff, das bloß zum Handel eingerichtet ist, und daher um mehr Platz zu behalten nicht so scharf als eine Fregatte sein muß.«

Paul Gerhard Heims, Von der Wasserkante (1897): »Die meisten großen Dampfer sind als Barkschiffe getakelt, d.h. als Dreimaster mit Raaen.«

Hamburgischer Correspondent (13.1.1906, Morgenblatt): »Die in Ballast von hier nach Port Talbot bestimmte Hamburger Viermastbark Alster … lag gestern nachmittag Nordnordwest vom Außenfeuerschiff vor beiden Ankern.«

→Konvoi (1707), →Schot (1720), →Helling (1888)

Barkasse, die, auf Kriegsschiffen das größte Beiboot, im Hafenbetrieb ein Verkehrsboot.

Im 18. Jahrh. ins Deutsche entlehnt, geht es mit französ. *barcasse*, span. *barcaza* auf italien. *barcaccia* zurück, eine Bildung zu *barca* »Boot, →*Barke*«. Zunächst führt die Endung *-accia* abwertend auf »untaugliches, schadhaftes Boot«, wird aber überlagert von der spanischen Vergrößerungsform *-za* zu *barca*. Die span. und französ. Bedeutung lautet zum Zeitpunkt der Entlehnung ins Deut-

Barkasse des westlichen Mittelmeeres, 18. Jahrh.

sche bereits »großes Boot«, bedient sich aber der Lehnform aus dem Italienischen.

Ersch/Gruber, Allgemeine Encyclopädie (1821): »Barkasse ist das größte Boot, das großen Schiffen dazu dient, die Anker zu lichten und auszubringen, Wasser zu heben u. dgl.«

Friedrich Gerstäcker, Reisen um die Welt (1847): »als die beiden Kanonen der Amazone wieder geladen und abgeschossen worden, antwortete aus der jetzt sichtbar werdenden Barkasse und aus den kleinen Jollen eine Salve von Musketen oder Jagdflinten.«

Albert Berg, Die preußische Expedition nach Ost-Asien (1864): »zwischen dem Fock- und dem Grossmast sind die vier grossen Boote eingesetzt – die beiden Barcassen und die beiden Pinassen, je zwei über einander.«

Barke, die, poetisch für »Boot«.

Mittelniederl. *barke* »kleiner Küstensegler«, auch »großes Ruderboot«, geht über mittelfranz. *barque*, altfranzös. *barge* auf frühroman. *barca* zurück. Weitere Herkunft unsicher: ① zu frühroman. *barra* »Stange« →*Barre*, ② über lat.**bārica* zu griech. *bāris*

»ägyptischer Nachen«, koptisch *bāri* für ein Boot, das auf dem Nil verkehrte, wobei das Wort allerdings zuerst in einer Inschrift um das Jahr 200 in Portugal bezeugt ist, »aber wohl schon seit Cäsars Tagen bei der Beschreibung festlicher Schiffskämpfe zwischen der ägyptischen und phönizisch-persischen Flotte gebraucht« wurde (Lloyd/Springer, *Etymologisches Wörterbuch des Althochdeutschen*, 1988), ③ zu altnord. *borkr* »Borke, Rinde« als »ein Boot aus Rinde«. Die Trennung von *Barke* und →*Bark* als kleines und großes Schiff wird erst ab dem 18. Jahrhundert deutlich, *Barke* ist heute veraltend.

Walter Raleigh, Beschreibung deß goldreichen Königreichs Guiana in America (1599): »[Wir] namen vnsern Lauff nach Trinidado, allein mit meim Schiff vnd einer kleinen Barcken.«

Kaspar von Stieler, Zeitungs Lust und Nutz (1695): »Barque, Barke ist ein kleines Schiflein so an dem Strande hinzufahren pfleget.«

Johann Wolfgang von Goethe, Rinaldo (1799): »Zu dem Strande! zu der Barke! / Ist euch schon der Wind nicht günstig, / Zu den Rudern greifet brünstig!«

→Tonnage (1580), →Gat (1673), →Piroge (1741)

Barkun, der, Plural **Barkuns**, »Auslegerkran, →*Davit*«, allg. »Hebelbaum«, zuvor »Schiffsbalken«.

Dt. auch *Balkuner*, Entlehnung aus niederländ. *barkoen*, mittelniederländ. *barcoen*, *brackoen*, dies aus mittelfranzös. *bracon* »Balken«, dorther auch engl. *bracket* »Träger«. Das lat. Ausgangswort ist *bracchium* »Arm«, weiter →*Brasse*.

Der geöffnete See-Hafen (1702): »Von diesem über die krumme überhängende Höltzer gelegten Quer-Balcken, lauffet ferner zu jeglicher Seite ein strackes Innholtz auf, und werden dazwischen 5 Balckonners oder lange Balken aufgerichtet.«

Max Foß, Marine-Kunde (1901): »die leichteren Boote aber hängen außen in Davits und Barkuhnen in der Nähe des Kreuzmastes.«

Barre, die, »veränderliche Sandbank vor einer Flussmündung oder Hafeneinfahrt«.

Nach Johann Karl Gottfried Jacobsson, *Technologisches Wörterbuch* (1781) »eine Sandbank oder eine Reihe Klippen im Meer, so vor dem Eingange des Hafens oder Stroms liegen, also daß man nur bei der Flut oder hier und da zwischen denselben durchkommen kann«. Erst seit dem 17. Jahrh. in nautischer Bedeutung belegt, als »Schranke, Absperrung« entlehnt aus altfranzös. *barre* »Querstange«, mittellat. **barra* »Querbalken«. Herkunft unsicher: ① mit altirisch *barr* »oberstes, buschiges Ende« über gall. **barros* »Wipfel, Haarschopf« zu indoeurop. **bhar-*, **bhor-* »Hervorstehendes, Borste, Spitze«, ② mit lat. *vārus* »entgegengesetzt«, frühroman. *vāra* »quer«. Verwandt mit *Barriere*, *Barrikade* und *Bar*, ausgehend von einer ursprünglichen *Barre* »Schranke« zwischen Gast- und Schankraum, die sich selbst zur *Bar* (zum Tresen) entwickelte und schließlich dem Lokal den Namen gab.

Philippus Baldaeus, Beschreibung der Beruhmten Ost-Indischen Kusten (1672): »wie sie in aller Eil eine Armade von 16 wolausgerüsteten Schiffen von Batavia nach den Indischen Gegenden abfärtigen möchten, um … die Portugesen vor der Bahre von Goa anzugreifen.«

Ludwig Theobul Kosegarten, Rhapsodieen (1794): »Inzwischen arbeitete das Tau so gewaltsam in den Kluysen, daß wir jeden Augenblick fürchten mußten, das Tau gesprengt zu sehn, und mitten in die Barren geworfen zu werden … Indem ich die Barren erreichte, schleuderte die prellende Brandung mich hoch empor.«

Herman Soyaux, Aus West-Afrika (1879): »vor uns gerade aus warf das Meer am Ufer mächtige Schaumberge in die Höhe: es war die Barre, über der die ausströmende Ebbe des Palmas [an der Küste von Guinea] mit den Wellen des Oceans kämpfend verschmolz.«

→Galion (1627), →Tanker (1935)

Barsch, der, ein Raubfisch; die Familie der *Echten Barsche* (Percidae mit Flussbarsch und Zander) lebt im Süßwasser; viele *Barschartige* (Percomorphi, u.a. Zacken- und Buntbarsche) leben im Salzwasser.

See- oder Wolfsbarsch (*Labrax lupus, Loup de mer*).

Mittel-, althochdt., altsächs. *bars*, niederländ. *baars*, altengl. *bærs*, engl. *bass*, *basse*, ausgestorben *barse*. Namengebend war die stachlige Rückenflosse, zu german. **barsa* und indoeurop. **bhres-* »Spitze«, **bhárs-o-* »der mit Stacheln versehene«, **bhar*, **bhor* »Borste, Spitze.« Verwandt mit *barsch, Bart(el), Borste, Bürste*. Die althochdt. Nebenformen *bersa*, *bersih* entwickeln sich weiter zu mittelhochdt. u.a. *birse* und *bersich*, entlehnt zu italien. *pesce persico* wörtl. »Perser-, Pfirsichfisch«, französ. *persègue*. Aus der mittelniederländ. Form *ba(e)rse* entstand französ. *bar* »Wolfsbarsch«, heute verdrängt von *loup de mer*, dies von lat. *lupus* »Wolf«. Die skandinavischen Formen isländ. *ögur*, altschwed. *agh-borre*, schwed. *abbore*, norw. *aaborr(e)* gehen auf altnord. *ǫgr* »Rotbarsch« zurück und mit litauisch *ežegys* »Kaulbarsch«, altpreuß. *assegis* »Barsch« auf indoeurop. **ag-*, **ak-* »scharf, spitzig«; zu althochdt. *agabūz* »Flussbarsch« →*Butt*. Manche Formen haben sich wegen der hervorstehenden Augen des Fisches auch unter dem sprachlich nahen Einfluss von indoeurop. **ok-* »Auge« entwickelt, so russ. *okuni* »Barsch«. Nicht verwandt sind die aus lat. *perca*, griech. *perkē* »(Fluss-)Barsch« stammenden Ableitungen, engl. *perch*, französ. *perche* zu griech. *perknos* »getüpfelt«, die auf indoeurop. **perk-* »gesprenkelt« zurückgehen; wie die lat. Bezeichnung *porcus* »Fisch mit Stachelflossen« ist daraus auch dt. *Forelle* hervorgegangen, beide wegen ihrer farbigen Rückentupfen.

In der Antike gehörten *Seebarsche* zu den beliebtesten Fischen; Plinius bezeichnet in seiner Naturkunde (nach 77 n. Chr.) eine Schüssel davon als Teil des höchsten Aufwandes eines Festmahls; mit Horaz stimmt er überein, dass die besten aus dem Tiber zwischen den beiden Brücken stammten.

Hans Hajek (Hg.), Daz buoch von guoter spise (1350): »Ein gebacken mûs von vischen. Dar zû solt du nemen einen bersich gebeizt in ezzig, vnd wirf in denne in milich.«

Johann Heinrich Zedler, Universal-Lexikon (1733): »Es gibt auch einen Barsch in der See …, teutsch See-Barsch genannt, welcher nicht so groß als der Flussbarsch wird. … Er findet sich gemeiniglich um die Klippen und nähret sich mit kleinen Fischen. Zum essen soll er nicht viel taugen.«

Bätinge →**Betinge**

Baum, der, »längsschiffs verlaufendes Rundholz«, ① auf größeren Schiffen fest angebracht (z. B. *Klüverbaum*) oder einseitig

Der Segelbaummacher, aus »Abbildung Der Gemein-Nützlichen Haupt-Stände«, 1698.

schwenkbar (z. B. *Ladebaum*), ② auf Yachten die einseitig befestigte →*Spiere*, an der das Unterliek (→*Liek*) eines Segels befestigt ist, ③ vor Häfen ein schweres, verkettetes Holz, um die Fahrt zu sperren.

Seit dem hohen Mittelalter wird *Baum* oft in der Zusammensetzung »Segelbaum« für →*Mast* benutzt: althochdt. *segalpoum*, *segilpoum*, auch *mastpoum*. Mittel-, althochdt. *boum*, niederländ. *boom*, westgerm. **bauma-* »Baum, Balken«. Herkunft unklar, vielleicht zu indoeurop. **bheu-* »wachsen, gedeihen«. Mit engl. *boom* »Baum« eng verwandt ist *beam* »Horizontaltraverse«, jetzt das Maß »Breite über alles«.

Wohl als »Kiel«, zugleich für das ganze Schiff, bei Paul Fleming, Gedichte (1636): »zwei Schiffe kunten sich zu weichen nicht vergleichen. / Der übergebne Baum lief fast wie taub und blind / in sein Verderben hin.«

Als Hafenbaum bei Ernst Christoph Barchewitz, Ost-Indianische Reise-Beschreibung (1730): »auf solcher Fahrt kommt man zuerst auf dem Strohm Jaccatra an den Baum, allwo beständig ein Commando Soldaten aus dem Vierkant die Wache hat; dieser Baum wird allezeit des Abends nach 9 Uhr geschlossen.«

Jacob und Wilhelm Grimm, Deutsches Wörterbuch (1854): »auf dem meer ragen die hohen bäume der schiffe.«

Mastbaum →Mars (1496/99), Segelbaum →Besan (1534/54)

Beaufort →Wind

bedaren, »sich beruhigen« (vom Wetter).

Entlehnung aus niederländ. *bedaren*, schwed. *bedara* »ruhig, still werden«, mit angelsächs. *darian* »verbergen«, altsächs. *derni* »verborgen«, ahd. *tarnen* »verbergen« zurückzuführen auf westgerman. **darnja-* »verborgen«, das – vielleicht mit armenisch *dadarem* »nehme ab (vom Wind)« – von indoeurop. **dhare* »halten, festhalten, zur Ruhe kommen« abstammt.

Wigardus à Winschooten, Seeman (1681): »het weer bedaart«, »das Wetter beruhigt sich.«

Jan TenDoornkaat Koolman, Wörterbuch der ostfriesischen Sprache (1879): »dat wer wil sük hēl nēt wer bedaren«, »Das Wetter will sich nicht wieder beruhigen.«

Begienrah, die, auch **blinde Rah**, »Rah ohne Segel, nur zum Halten des Segels darüber«.

Entlehung aus niederländ. *bagijnera, begijnree*, angeblich nach der religiösen Gemeinschaft der Beginen so genannt, »weil diese Raa ohne Segel ist und also dem eigentlichen Zweck einer Raa nicht dient« (Kluge, *Seemannssprache*), so wie die Beginen unverheiratet waren. **Bagien**, Bezeichnung für verschiedene Segel, oft Unter- oder Lateinsegel des Kreuzmastes.

Der geöffnete See-Hafen (1702): »Die Bagynen-Ree ist eine absonderliche Ree, welche recht in die Quer unter der Saaling des Bezaan-Masts befindlich, aber kein Segel daran geführet wird.«

beiliegen, »im Sturm mit wenigen Segeln so nahe wie möglich beim Wind liegen, damit das Schiff nur →*dwars* vertreibt«, **Beilager**, das, »Position und Besegelung zum Beiliegen«.

Niederländ. *een bejlegger maken, bijleggen*, im sexuellen Sinn schon althochdt. *bilegen*, mittelhochdt. *bīlegen* »beiliegen, beilegen, Beilager halten«.

Joachim Heinrich Campe, Sammlung interessanter … Reisebeschreibungen für die Jugend (1787): »Es erhob sich ein gräulicher Sturm mit so heftigen Windstößen, daß man die Masten durch Abnehmung der Bramstengen verkürzen, die Segel einreffen, und wie es in der Schiffersprache genannt wird, beilegen mußte.«

Elias Hesse, Ost-Indische Reise-Beschreibung (1687): »Den 26. dito musten wir abermahl groß Sturm-Wetter ausstehen, welches auch mit allen Schiffen ein Beylager verursachet; ein so genanntes Beylager bestehet darinn, daß erstlich das Ruder fest gemacht und gebunden wird, und also unbeweglich ist, und nur das Schoovet, als gröstes Seegel, nebst der Posan beystehen: dieses mag man auch wohl das letzte Gericht nennen; dess es also, auf itztbesagte Weise, zum höchsten kommen ist, und lernet ein Seefahrender in solchem Wetter auch wohl beten.«

Heinrich Brarens, System der praktischen Steuermannskunde (1807): »wann er im Sturme auf der See einen Beileger machen muß, so suche er die kleinen Segel vorne und hinten darnach zu stellen, daß sein Schiff ordentlich beilege, d.i. auf dem 6ten Strich vom Winde fortgehe.«

→Schäre (1647)

belämmern, »aufhalten, hindern«, **Belämmerung**, die, »Hindernis durch im Weg stehende Gegenstände an Bord eines Kriegsschiffs«.

Im Sinne von »langsamer machen«, ndl. *belemmeren* »hindern«, eine niederdt. Ableitung zu »lahm«, alt-, mittelhochdt., altfries. *lam*, altengl. *lama*, altnord. *lami*, german. **lama*, die mit altkirchenslaw. *lomiti* »brechen« und russ. *lom* »Bruch« auf indoeurop. **lem-* »brechen, zerbrechen« zurückzuführen sind. Verwandt: *Lümmel.*

John Brinckman, Sämtliche Werke, Bd. 4 (1912): »Is dat Rooder nich klor, sär ick to Jochen Jung; dat ward doch nich uthakte ore bilemmert sin?« »Ist das Ruder nicht frei?, sage ich zu Jochen Jung; es wird doch nicht ausgehakt oder belömmert sein?«

belegen, »ein Tau festmachen«.

Althochdt. *bileggen* »auf etwas legen, besetzen« im Sinn von »nicht mehr herausgeben, nicht nachgeben« geht zurück auf *leggen* »legen«, eigentlich »liegen machen«, dies zu althochdt. *liggen* »liegen«, das über german. **leg-ja-* zu einer indoeurop. Wurzel **legh-* »sich legen, liegen« führt.

Der belegte Teil eines Taus.

Friedrich Gerstäcker, Reise um die Welt (1847): »so schaute er denn, an ein starkes Tau geklammert, das er um sich und eine der Belegpinnen am grossen Mast geschlagen hatte, lange hinaus auf die Wogen und auf den bedeckten Himmel.«

Sophie Wörishöffer, Robert der Schiffsjunge (1887): »das betreffende Kommando heißt dann: Belegt das Ende.«

benepen sein, »bei Hochwasser auf Grund gelaufen sein«.

»Benepene« Schiffe waren oft nur bei Springflut frei zu bekommen; eine sprachliche Verwandtschaft mit (der schwächer ansteigenden) *Nippflut* ist naheliegend (→*Gezeit*). Niederländ. *beneepen zijn* geht mit dem Verb *nijpen* »kneifen, klemmen« und *Nippel*, engl. *nipple* »Brustwarze« auf eine unbekannte german. Wurzel zurück.

Johann Hinrich Röding, Allgemeines Wörterbuch der Marine (1794/96): »benepen wird von Schiffen gesagt, die bei hohem Wasser auf den Grund fest zu sitzen gekommen sind, und nur bei hohem Wasser wieder flott werden können.«

bergen, »in Sicherheit bringen«, z. B. Segel bei heraufziehendem Sturm, Menschen über Bord, im Wasser treibende Objekte.

Die Reihenfolge des Bergens für den Kapitän bei Schiffbruch – erst die Leute, dann das Gut – legte das Schiffrecht fest, etwa: »Sowan so ein schip tobricht, so scal de schiphere allererst berghen dhe lude und dar na dat rede goet.« (Hamburg 1292)

Mittelhoch-, -niederdt., -länd. *bergen*, althochdt. *bergan*, mittelniederländ. *berghen*, altengl. *beorgan*, altnord. *bjarga*, schwed.

Zur Bergung unterwegs: Rettungsboot der Deutschen Gesellschaft zur Rettung Schiffbrüchiger, um 1900.

bärga, got. *bairgan*, verwandt mit litauisch *birginti* »sparen«, altkirchenslaw. *nebrěšti* »außer Acht lassen, missachten«, russ. *beréč* »hüten«. Die Wurzel ist vielleicht indoeurop. **bhergh-* »bergen, verwahren«. Verwandt mit *Herberge*, *borgen*, *Burg*. Engl. *salvage* »Bergung«, französ. *sauvetage*, italien. *salvamento*, *salvataggio* gehen auf lat. *salvare* »retten« zurück.

→*Fender*

Jürgen Andersen, Orientalische Reise-Beschreibungen (1669): »es kamen die Einwohner dieses Orts Outzim, da wir gestrandet, häuffig zu unserm Hause, und gaben denen, die uns geborgen hatten, Geld, daß sie uns nur sehen und hören möchten.«

Daniel Defoe, Robinson Crusoe, übersetzt von Ludwig Friedrich Vischer (1720): »weil das Schiff noch immer auffrecht zu liegen schiene, wünschte ich mich an Boord, um wenigstens etliche mir nöthige Sachen daraus zu bergen – hier bekam ich Anlaß zur Erneuerung meines Schmertzens, dann ich sahe augenscheinlich, daß wann wir am Boord geblieben, wir alle geborgen, das ist lebendig an Land gekommen und ich nicht in einen so Trostlosen von aller Welt verlassenen Zustand gerathen wäre.«

Joachim Nettelbeck, Eine Lebensbeschreibung (1821): »Inzwischen waren auch von allen herumliegenden Schiffen Bööte und Fahrzeuge abgestoßen, um die beiden Menschen zu bergen.«

→Fall (1564), →Takelage (1591), →Ewer (1888), →flott (1907)

Bernstein →Glas

Besan, der, »Segel des hintersten Mastes, auch der Mast selbst«.

Die genauen Entlehnungswege in Europa sind unklar. In Deutschland gab es zwei Übernahmen, eine frühere mit dem Anlaut *m-* und eine spätere mit dem Anlaut *b-*, die sich schließlich durchgesetzt hat. Im 17. Jahrh. entlehnt aus niederl. *bezaan*, mittelniederländ. *besane* (1480), zuvor *mesane*, *moisan, pusan*, dän., schwed. *mesan* »Gaffelsegel am Hintermast«, span. *mesana* »Hintersegel, Hintermast«, französ. *misaine* »Vorsegel, Vormast, Fock«, mittelfranzös. *migenne* (zuerst 1382), engl. *mizzen* »Hintersegel« (1462). Die engl. Entlehnung geht direkt auf italien. *mezzana* »Hintersegel, -mast« (1348) zurück, vielleicht, nachdem 1410 den Engländern eine dreimastige Karacke aus Genua in die Hände fiel. Die frühere dt. Entlehnung mit Anlaut *m-* stammt direkt aus dem Italienischen, frühneuhochdt. *missan* (1487), *maßane*. Das italien. Wort kommt von *mezzano, mezzo-* »in der Mitte befindlich«, mittellat. *medianus*; *medianum* hieß auch das Besansegel der Römer. Wahrscheinlich ging die ursprüngl. Bezeichnung für ein kleines zusätzliches Segel, bei Isidor im 7. Jahrh. nachgewiesen, auf die Position an Bord über. Das lat. Grundwort ist *medius* »mittlerer, halb« zu griech. *mesos* und indoeurop. **medh-jo-* »Mitte«. Die wechselnde Bedeutung »Vor-« bzw. »Hintermast« ist im Französischen ausgeprägt und erklärbar, weil der Besan als »Mittelsegel« sowohl zwischen Großsegel und Heck wie zwischen Großsegel und Bug betrachtet werden kann. Eine Übernahme von italien. *mezzana* aus arab. *mazzān* »Mast«, *wazana* »*wiegen*« ist wegen der frühen lat. Formen unwahrscheinlich; vielleicht liegt eine Entlehnung aus dem Italienischen ins Arabische vor. *Besanschot an!* war der Ruf zur Austeilung von Schnaps oder Rum hinten auf dem Deck am Ende einer Halse, unmittelbar nach dem Dichtholen des Besans; heute allgemeiner eine gerufene Einladung zum Drink nach gutem Manöver oder schwieriger seemännischer Arbeit.

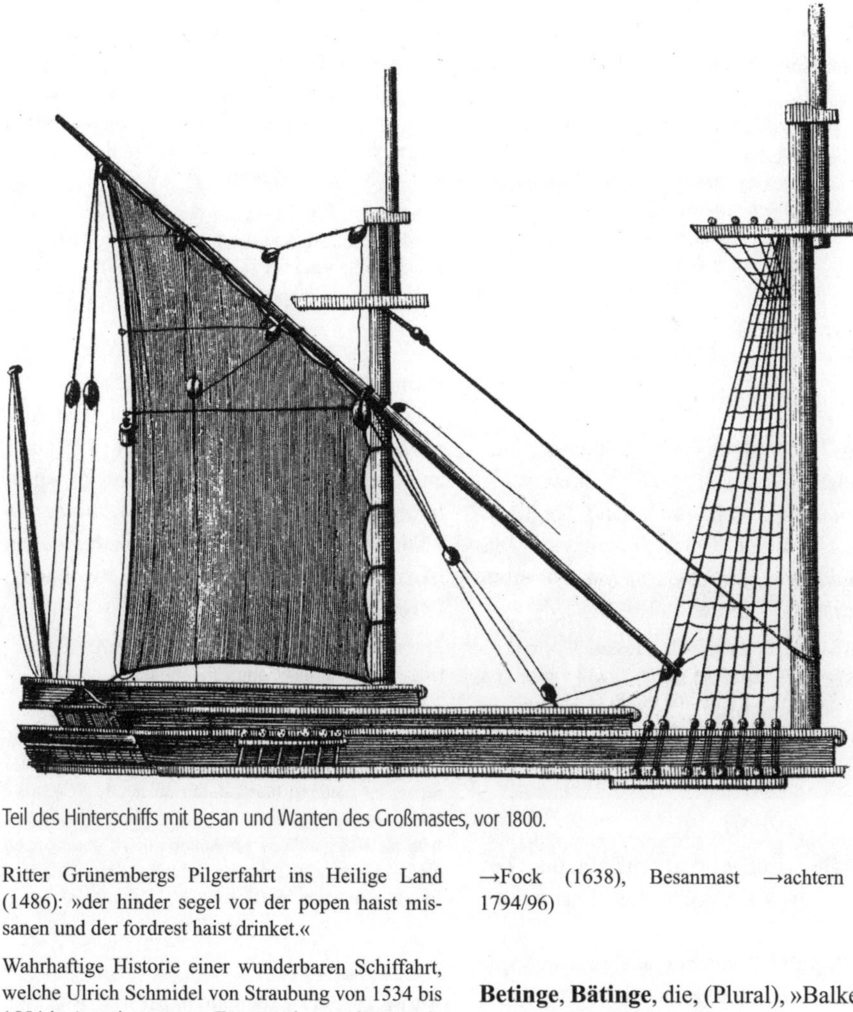

Teil des Hinterschiffs mit Besan und Wanten des Großmastes, vor 1800.

Ritter Grünembergs Pilgerfahrt ins Heilige Land (1486): »der hinder segel vor der popen haist missanen und der fordrest haist drinket.«

Wahrhaftige Historie einer wunderbaren Schiffahrt, welche Ulrich Schmidel von Straubung von 1534 bis 1554 in America getan: »Zum annderen schussen sie den maßane, das ist den hinderen segelpaum auch zu stüeckhen.«

Paul Fleming, Gedichte (1636): »Mach nun die Focke voll und schwängre den Meisan, o günstiger Nordost.«

Schiffsjournal der Seewarte Hamburg (1838): »die Manschaft beschäftiget mit Schampfilasche [→ *schamfielen*] zu versehen … nebst die beschädigten Mesahne zu repariren.«

→Fock (1638), Besanmast →achtern (1681, 1794/96)

Betinge, **Bätinge**, die, (Plural), »Balken oder Eisensäulen, um die an Deck eines verankerten Schiffes die Ankerketten gelegt wurden«.

Gleichbedeut. engl. *bitts*, französ. *bitte*, span. *bita*, italien. *bitta* »Ankerbeting« sind wahrscheinlich verwandt mit spätlat. *bitus* »eine Art Schandpfahl«. Dt. *Beting* ist vielleicht aus gleichbedeut. schwed. *beting* übernommen. Zugrunde könnte german. **beit-a-*

»beißen« im Sinn von »festbeißen, nicht mehr loslassen« liegen.

Der geöffnete See-Hafen (1702): »der Bäting oder 2 lange starcke Höltzer so ohngefehr bey der Focke-Mast stehen und hinunter biß ins [Schiffs-]Raum reichen, durch welches des Schiffs Breite gleichsam in drei Theile getheilet und an selbige noch ein Quer-Holtz gemachet ist, davon die Ende weiter heraus stehen; an diesen werden die Ancker-Touwen befestiget.«

Verklarung, Stadtarchiv Altona (1846): »glaubten, daß das Spill, Beding und Alles brechen würde.«

Beuling, die, »eine Art Zeitzünder für →Brander«.

Übernommen von niederländ. regional *beuling* »gefüllter Darm, Blutwurst«, dt. auch *Zündwurst*, französ. *saucisson* »Wurst, Zündwurst«.

Johann Hinrich Röding, Allgemeines Wörterbuch der Marine (1794/96): »bei einem Brander eine von Segeltuch gemachte Röhre, die mit Pulver gefüllt ist, um das Feuer nach den Stellen wo Pulver und brennbare Sachen liegen, zu führen.«

Bilge, die (früher der), »Kielraum des Schiffes«, in dem sich das Leckwasser sammelt.

Im 19. Jahrh. entlehnt aus gleichbedeutendem engl. *bilge*, dies aus altfranzös. *boulge*, *buge*, französ. *bouge*, *bouchain* »Bilge«, aus lat. *bulga* »lederner Sack, Uterus, Bauch«, italien. *bulga* »Sack«, und mit got. *balgs* »Schlauch« und altnord. *bylgja* »Woge« auf indoeurop. **bhel-* »aufblasen, aufschwellen« zurückzuführen. Verwandt mit dt. →*Wal*, →*Blatt*, *Bulge*, *Balg*, engl. *belly* »Bauch«.

Edward Phillips, The new world of english words (1696): »billage-water is that which cannot come to the pumps«, »Bilgenwasser ist das, was nicht zu den Pumpen gelangt.«

Lebensgeschichte des Capitain Carl Wolfgang Petersen (1880): »wegen der schiefen Lage desselben wollen die Pumpen nicht schlagen, weil das Wasser statt am Kiele im Bilge stand.«

Generalanzeiger für Stettin (1892): »das Wasser in den Bilgeräumen und der Wasserballast … ist durch die Quarantäneanstalt zu desinfizieren.«

Binnackel, das, »Kompasshäuschen«.

Seit etwa 1870 aus gleichbedeut. engl. *binnacle* entstanden, dies seit etwa 1750 aus engl. *bittacle*, dies aus port. *bitacola*, span. *bitacula*, franz. *habitacle*, ital. *abitacolo* »Kompasshäuschen«, von lat. *habitaculum* »Wohnstatt«, von lat. *habitare* »wohnen«, *habere* »haben«.

Joseph Stöcklein, Der Neue Welt-Bott (1729): »Habitacul, das ist in das Compaß-Zimmer.«

Adolf Schirmer, Lütt Hannes, Ein Seeroman (1868): »Da Petersen soeben fast alle diensthuenden Leute auf dem Verdeck beschäftigte, und der Mann, der das Steuer zu regieren hatte, durch die totale Windstille zur Unthätigkeit verurtheilt, am Binnakel lehnend, wie das Kompaßhaus genannt wird, zu den Toppen hinaufstarrte, so stieg unser Held die letzte Stufe hinab und glitt übers Verdeck.«

Binne, die, »Deckbeplankung, Decksplanke«.

Niederdt. Form von *Bühne* »Brettergerüst, Boden«, wohl vom Haus- auf den Schiffbau übertragen, aber schon altengl. *bytne* »Schiffsboden, Kiel«, avestisch *būna-* »Boden«, vielleicht aus gleichbedeut. indoeurop. **bhudhnjo*.

Leonhart Frönsberger, Kriegssbuch (1565): »ein Schiffsbrucken so ein Feldtzug von nöten, gehören zum wenigsten darzu dreißig guter wolbereiter starcker langer vnd zimlicher breiter Schiff, die da wol versorgt vnd verwart, mit sampt jr zugehörung, als … binnen, latten, sparren höltzern, auch nagel, seyler und kettinen – item dieser obgemeldten Schiff eins sol zum wenigsten siben oder acht schuch breit, sechtzehen oder achtzehen lang sein, vnd ein jegliche binne … so darauff gehört, sol sein so breit als dz schiff ist, vnd an der lenge haben zehen oder zwölff schuch.«

binnen, (nautisch) »in den Hafen, in das Schiff hinein«.

Niederdt., niederländ. Präposition der Richtung, zusammengezogen aus dem Präfix der Einwirkung *be-* , althochdt. *bi-*, mittelhochdt. *be-*, und der Ortsangabe *inne*, althochdt. *innan*, mittelhochdt. *innen*. Außerhalb Norddeutschlands meist als Lokalpräposition («inmitten, innerhalb«) gebraucht, etwa in **Binnenland**; alle Formen gehen auf die Präposition *in* zurück.

Michael Richey, Idioticon Hamburgense (1755): »dat schip is binnen kamen.«

Jens Jacob Eschels, Lebensbeschreibung eines alten Seemanns (1835): »die Lootsen entgegneten: weißt du wohl, daß, als du binnen kamst, eine Barkas mit Lootsen während der Gewitterbuy [-bö] bei dir kam.« Ebd.: »als die Sturzsee vorüber war, und die Matrosen, die über Bord gespült worden, wieder binnen kamen, und wir noch etwas, was auf dem Deck herumtrieb, bargen, lief ich in die Kajüte, um zu sehen, ob auch Wasser zu den Pforten einkäme.«

→Hafen (1855)

binnenbords, »im Schiff, ins Schiff hinein«. *→binnen*, *→Bord*.

Jens Jacob Eschels, Lebensbeschreibung eines alten Seemanns (1835): »meine beiden schweren Anker, welche mit den Anckerstöcken aufrecht, rund um den Kranbalks-Poller gesorrt [gezurrt], und die Schäfte derselben, mit den Händen binnen Bords, im Schafthock fest an Bord gesorrt waren, hatte die Sturzsee über Bord geschlagen.«

Paul Gerhard Heims, Im Rauschen der Wogen, im Branden der Flut (1890): »wenn dichter weißer Nebel wie ein ungeheures Leichentuch sich über die See breitet, sich um das Schiff hängt, daß es ist, als gebe es gar keine Welt mehr außer der ganz kleinen, stillen, verdrossenen, die hier binnenbords lebt.«

→Bord (1590)

blank, »blinkend, glänzend, klar« (An-, Aussicht).

Mittelnieder-, -hochdt. *blank* »glänzend«, german. **blanka* »weiß« und wie dt. *blinken* auf indoeurop. **bhleg-* zurückzuführen. Aus dem Germanischen in westliche und südliche Nachbarsprachen übernommen, französ. *blanc* mit Weiterentlehnung zu engl. *blank* »weiß, leer«, span. *blanco*, italien. *bianco*. Das ältere lat. *albus* wird verdrängt. *→Blanker Hans*

Schiffsjournal, Seewarte Hamburg (1873): »In der Blänke erheben sich die Köpfe von cumuli über die Kimm.«

Blanker Hans, »personalisierte Bezeichnung der Nordsee«.

Erster Beleg in der Nordfriesischen Chronik Anton Heimreichs (1666), der zufolge der Deichgraf von Risum nach Fertigstellung eines neuen Deiches gerufen habe: »Trutz nun, blanker Hans«; der Deich sei jedoch kurz darauf bei der Zweiten Großen Mandränke 1634 gebrochen.

Der Lyriker Detlev von Liliencron machte den Namen mit seinem Lied »Trutz, Blanke Hans« von 1882/83 bekannt:

Heut' bin ich über Rungholt gefahren,
die Stadt ging unter vor sechshundert Jahren.
Noch schlagen die Wellen da wild und empört,
wie damals, als sie die Marschen zerstört.
Die Maschine des Dampfers schütterte, stöhnte,
aus den Wassern rief es unheimlich und höhnte:
Trutz, Blanke Hans.

Die Gartenlaube (1906): »draußen aber liegt der blanke Hans, die Nordsee, und brüllt – alle Häuser von Klein-Moor verschlang der blanke Hans in einer Nacht.«

Wilhem Poeck, De Herr Innehmer Barkenbusch (1906): »Der blanke Hans liegt in seiner Wiege, hat seine blauen Augen aufgeschlagen und lächelt wie ein unschuldiges Kind.«

Blauer, **der Blaue**, »Kurzbezeichnung für den Schiffszimmermann«.

Die Herkunft der Bezeichnung ist unklar, hat aber wahrscheinlich nichts mit der Farbe zu tun, sondern mit der Tätigkeit: *bläuen*, *bleuen* »schlagen«, althochdt. *bliuwan*, altengl. *bláwan*, engl. *to blow*, german. **bleww-a-*. »Bläuen« wird volksetymogisch gern mit »blau schlagen« erklärt, »der Blaue« durch die Farbe des Drillichs, seiner Arbeitskleidung.

Friedrich Gerstäcker, Die Flußpiraten des Mississippi (1848): »Sie sind auch vielleicht wirklich so lange gefahren, lachte der Blaue, aber auf Dampfbooten, als Feuerleute und Deckhands, nicht als Flatbootmänner.«

Blauer Peter, »auf Kriegsschiffen eine kleine Flagge am Vortopp, die die Abfahrt anzeigt«.

Übernahme aus gleich bedeutendem engl. *Blue Peter*, von Captain Frederick Marryat 1823 unter dieser Bezeichnung in sein Signalflaggensystem aufgenommen; in Deutschland war zuvor die Bezeichnung *Blaue Flagge* üblich. Sie bezeichnet zudem den Buchstaben P; daraus hat sich auch die Bedeutung als Lotsenfahne entwickelt (»P is for pilot«), →*Pilot*.

Ernst Christoph Barchewitz, Ost-Indianische Reise-Beschreibung (1730): »Als wir nun drey Tage waren am Lande gewesen, sahen wir vor unserm Schiffe die blaue Flagge wehen. welches ein Zeichen war, daß, wer am Lande, wieder am Boort kommen solte, weil der Schiffer fertig, wieder unter Segel zu gehen.«

Schiffsjournal, Seewarte Hamburg (1832): »Morgens 8 h wurde auf den Grossen Top der Princess Louise der Blow Petre aufgeheisst, worauf dasselbe Signal auf dem Flaggstock auf Fort Ladder-Hill aufging und ein Schuss daselbst fiel.«

Victor Laverrenz, Eine Winterfahrt nach Amerika (1902): »Von dem Fockmast unseres Schiffes wehte der blaue Peter, jene bekannte blaue Flagge mit weißem Felde in der Mitte, welche die bevorstehende Abfahrt anzeigt.«

Blinde, die, ① »unterstes Segel des Bugspriets«, ② »Schutzdeckel«.

Nebenform von *Blende* »Abdeckvorrichtung«, dies zu dt. *blenden*, althochdt. *blenten*, altengl. *blendan*, beides verwandt mit *blind* »trübe, finster, ohne Sehvermögen«. Die Vorstufen sind unsicher: ① über westgerman. **blandija-* aus untergegangenem ***blend-a-* »sich verfinstern«; hierzu gehört german. **bland-a-* »mischen, engl. *to blend*, womit ursprüngl. die Trübung durch das Einrühren in eine Flüssigkeit bezeichnet wäre. Oder ② german. **blandjan* »blenden«, eine Ableitung zu *blind*, german. **blenda-*, dies mit baltischen und slawischen Verwandten zu indoeurop. **bhlendh-* »trübe sein«, das zur indoeurop. Wurzel **bhel-* »glänzend, weiß« gehört; dann auch verwandt mit →*Flaute, Blüse*.

Johann Georg Aldenburgk, West-Indianische Reiße (1627): »da waren jhre Rehe vom Sturm in Stücken gangen, auch die Masten, Segel und Towwerck, davon sie nicht mehr als zweene Segel vnd die Blende hatten.«

Johann Hinrich Röding, Allgemeines Wörterbuch der Marine (1794/96): »Blinde, Luken, welche man bei schwerem Sturm vor die Kajütsfenster setzte, damit solche nicht von der See eingeschlagen werden.«

Dietrich Wilhelm Soltau, Beyträge zur Berichtigung des Adelungschen … Wörterbuchs (1806): »Blinde, zwei Segel am Bugspriet (das unterste derselben wird schlechtweg die Blinde genannt, das oberste heißt die Schiebblinde).«

Sophie Wörishöffer, Robert der Schiffsjunge (1887): »bei sehr grossen Segeln werden in den Kauschen (→*Auge*) dieser Ecken Flaschenzüge, Blöcke genannt, befestigt.«

→Fall, →Talje, →Moses (1702), →Want (1783), →Gut (1907)

Block, der, »Gehäuse mit Rolle oder Scheibe(n) zur Führung von Tauwerk«, allgemein »aus Teilen zusammengefügtes Ganzes.«

Engl. *block*, niederländ. *blok*, ähnlich in zahlreichen europ. Sprachen. Herkunft unsicher; ① mit mittelhochdt. *bloch*, althochdt. *biloh*, mittelniederländ. *beloc*, *beloke* »Verschlossenes« zu german. **bi-lūkan*, **lūkan* »(be-, ver-)schließen«, dann verwandt mit →*Luk* und engl. *lock* »(Tür-)Schloss, Schleusenkammer«, ② mit mittelhochdt. *bloch*, *bloc*, althochdt. *bloh*, *bloc* »Holzklotz, Bohle, Stamm« und wie german. **belkon*, **balkon* »Balken« zu indoeurop. **bhleg-* »Bohle, Stamm« und **bhel-* »aufblasen, aufschwellen«, dann verwandt mit →*Blatt* und →*Wal*.

Schiller/Lübben, Mittelniederdeutsches Wörterbuch (1881, Quelle von 1542): »2 remen, 4 klene blockke tho enem schipe«, »2 Riemen, 4 kleine Blöcke zu einem [für ein] Schiff«.

Johann Karl Gottfried Jacobsson, Technologisches Wörterbuch (1781): »Blockrolle, Rolle auf einem Schiff, über welche die Schiffstaue gehen, und aus einem Block oder dem Stamm eines Baumes geschnitten sind.«

Blöcke, Stich um 1790.

blockieren, »Häfen und Flussmündungen, versperren«, meist durch Kriegsschiffe, **Blockade**, die, »Versperrung«.

Im 17. Jahrh. aus französ. *bloquer* »sperren« übernommen, dies von französ. *bloc* »Klotz« und/oder *blocus* »Fort, Festung«, das aus mittelniederländ. *bloc-hus* »Verteidigungsanlage aus Balken, Blockhaus« entlehnt ist. Zur unklaren Ableitung →*Blocks*.

C. E. S., Das verwarloste Formosa (1677): »es wäre doch eine grosse Bloquade auf so lange Monate gnug, das Volck zu consumiren.«

Joseph Stöcklein, Der Neue Welt-Bott (1726): »erwehnter Losencillo unterhält eine genaue Verständnus mit derjenigen Frantzösisch- und Englischen Rauber-Flotte, welche auf dem stillen Sud-Meer herum creutzet, und bißher viel Spanische Schiffe hinweg genommen, den Haafen und die Stadt Panama ein halbes Jahr blockiert, auch der Spanischen Silber- und Gold-Flott aufgepasset hat.«

Reinhold Werner, Das Buch von der Deutschen Flotte (1898): »Im November benutzte letztere jedoch eine passende Gelegenheit, die Blockade zu brechen und ihrer Ordre gemäß im Biskayischen Meerbusen zu kreuzen.«

Blüse, die, »Signalfeuer«, auch →»*Leuchtturm*«.

Mit dän. *blus*, engl. *blaze*, mittelhochdt. *blas*, altnord. *blys*, »Fackel, brennende Kerze« zurückzuführen auf gleichbedeut. german. **blasôn, blusjan*, dies zu indoeurop.

**bhel-* »glänzen, weiß«. Verwandt mit →*Flaute*, →*Blinde*, *blass*, *Blesse*; wohl nicht verwandt mit *blasen*.

Michael Richey, Idioticon Hamburgense (1755): »blüse, Feuerturm, Warte, Pharus [Leuchtturm], dergleichen Hamburg auf seinem Neuen Werke und auf Helgoland unterhält, zum Behuf der Schiffe, die sich des Nachts am Munde der Elbe nach diesem Feuer richten.«

Bö, die, »heftiger Windstoß«.

Im 17. Jahrh. entlehnt aus niederländ. *bui*, auch dorther zu dän. *byge*, schwed. *by*. Das Wort geht wohl u.a. mit altruss. *buj* »tapfer, wild« auf indoeurop. **bheu-*, **bhu-* »wachsen, anschwellen« zurück. Unsicher ist der Einfluss der Lautmalerei, wofür **fu-* »blasen« naheliegt; vgl. auch den zweiten Wortteil von →*Taifun*. *Bö* in anderen Sprachen: Engl. *squall* ist unsicherer Herkunft, geht aber nicht auf lat. *squalus* »schmutzig, rau« zurück, sondern weist mit *squaller* »Schreihals« wohl eher auf »Tosen, Lärmen« hin. Französ. *grain* »Bö«, »Korn«, wohl urspr. in der Bedeutung »kurzer Sturm mit Hagelkörnern«, geht auf lat. *granum* »Korn« zurück. Span. *chubasco* beruht auf Entlehnung von port. *chuvasco*, von *chuva* »Regen«, das wie span. *lluvia* auf lat. *pluvia* »Regen« zurückgeht. Italien. *burrasca* stammt wie port. *borrasca* von einer iberische Form von *Borea* »mittelmeerischer Sturmwind«.

Joachim Nettelbeck, Eine Lebensbeschreibung (1821): »mit einer schweren Buy [Stoßwind], die sich plötzlich erhob, brach der große Mast, 8 oder 10 Fuß überm Deck, gleich einer Rübe, entzwei.«

Albert Berg, Die preußische Expedition nach Ost-Asien (1864): »Am 2. September eine kleine Bö mit Gewitter, in der Ferne einige Wasserhosen.«

Hans Parlow, Die Kaptaube (1902): »Denn dort kamen neue Bänke herangejagt, abermals heulte die Bö, und es schien, als wenn jene jedesmal dichter, und diese immer stärker würde.«

Bodden, der, »flache, unregelmäßig geformte Bucht mit enger Öffnung zum Meer, Strandsee«, namengebend an der Ostsee, auch mit →*Brackwasser*.

Im 19. Jahrh. aus niederdt. *bodeme* »flaches Küstengewässer« aufgenommen, zu mittelniederdt. *bodden*, *boddem* »Grund«. Dazu mittelhochdt. *bodem*, althochdt. *bodam*, altengl. *botm*, engl. *bottom*, altnord. *botn*, dän. *bund*, schwed. *botten* »Boden«, zu german. **boþm-*, **butma-* »Boden, Grund, Wurzel«. Die Familie ist mit lat. *fundus*, griech. *pythmēn* »Boden eines Gefäßes, des Meeres« sowie altind. *budnáh* »Grund, Boden« auf gleichbedeutendes indoeurop. **budhmen-*, **bhudhno-* zurückzuführen.

Ersch/Gruber, Allgemeine Encyclopaedie (1823): »Bodden, auch wohl: der rügianische Bodden, ist das an 8 Quadratmeilen große Binnenwasser, das den südöstlichen Theil Rügen's von Pommern trennet ... Überhaupt müssen alle größeren Schiffe, die von Greifswald aus befrachtet werden, in der Gegend bei den Landspitzen Thiesow oder Pert durch Leichter ihre volle Ladung erhalten und einnehmen. [Eine Chronik] beweist uns ..., daß schon im zwölften Jahrhunderte der Bodden (tractus maris) wenigstens in seiner jetzigen Ausdehnung existierte, und daß nur an den schmalsten Stellen die gegenseitigen Ufer dem Auge [doch wohl: sehr deutlich] sichtbar wurden.«

Boje, die, »Ankertonne, verankerter Schwimmkörper zur Markierung«, als *Rettungsboje* für über Bord Gegangene frei schwimmend.

Entlehnt aus mittelniederländ. *boye* »Boje, Fessel«. Herkunft unsicher: ① wie engl. *buoy*, französ. *bouéé* aus altfranzös. *buie* »Fessel« zu lat. *boia* »jochartige Halsfessel für Sklaven und Verbrecher« mit dem Ankerseil der Boje als Namengeber, von griech. *boeiai* »Ochsenlederstreifen«, ② aus mittelfranzös. *bouée* »Boje«, altfranzös. **boie*, altsächs. **bōkan* »Zeichen«, german. **baukna-*, alt-

Boje, bei der Verlegung des atlantischen Kabels 1857/58 benutzt.

sächs. *bōkan*, althochdt. *bouhhan* »Zeichen« wie →*Bake*, aber die Überlegung bleibt ohne altfranzös. Beleg fragwürdig. Aus niederländ. *boei* sind span. *boya*, port. *bóia*, italien. *boia*, *boa* entlehnt.

Wasserrecht von Wisby (1575): »licht ein Ancker sunder Boyen, unde deith schaden, de yenne dem de Ancker thokumpt, de ys schuldich den schaden tho betalende«, »liegt ein Anker ohne Boje und tut Schaden, ist derjenige, dem der Anker zukommt, schuldig den Schaden zu bezahlen.«

Johann Sommers See- und Land-Reyse (1665): »scheinet ein Boey (ist das Holtz am Ancker, so auff dem Wasser schwimmt) zu seyn, mitten in der wilden spanischen See.«

Joachim Heinrich Campe, Sammlung interessanter Reisebeschreibungen für die Jugend (1788): »so musste Cook alle Nacht in einem Boote mit einigen Leuten den Fluss hinauf rudern, und überall Boyen zu Wegweisern für die Flotte legen.«

→dippen (1898), →Grund (1907)

Boot, das, »kleineres Wasserfahrzeug«, Sammelbezeichnung in Abgrenzung zum Schiff, in der Kriegsmarine auch für größere Einheiten (z. B. U-, Torpedoboot).

Im 15. Jahrh. aus mittelniederdt. *bōt*, -länd. *boot* entlehnt, zu mittelengl. *bōt*, altengl. *bāt*, engl. *boat* und altnord. *bátr*, norw. *baat*, schwed. *båt*, dän. *baad*; entlehnt ist finn. *paatti*. Unsicher ist, ob die Stammform altengl. oder altnord. ist, und ob german. **baito*- oder **beto*- »ausgehöhlter Baumstamm« zugrunde liegt, zu indoeurop. **bheid*- »spalten« oder **bhedh*- »stechen«. Unklar ist ferner die genaue Verwandtschaft mit altnord. *beit* »Schiff, gespaltener Einbaum«, aber dies wohl zu altnord. *bíta* »beißen, spalten«. Aus mittelniederländ. *beitel* »kleines Boot, Bötlein« oder aus anglonormann. *bat*, latinisiert *battus*, mit der lat. Verkleinerung *-ellus* entstanden mittelfranzös. *batel*, französ. *bateau* und italien. *batello* »Boot«.

Jürgen Andersen, Orientalische Reise-Beschreibungen (1669): »wobey wir diß grosse Unglück hatten, daß unser Both, welches mit etlichen Leuten, ůmb Wasser zu holen, außgefahren, vom Schiffe, in dem es der Steuermann in si hefftigen huy wenden wolten umbsegelte und 3 Personen ersoffen.«

F. M., Neu entdecktes Norden (1727): »was aber den Wein anbelangte, so war von solchen sehr viel vorhanden, daß also jeder Bot so viel nehmen durffte, als sie zu führen sich getrauten.«

Otto von Kotzebue, Entdeckungs-Reise in die Süd-See und nach der Berings-Straße (1821): »Heute erhielt ich das Lebens-Boot (life boat), welches von der englischen Regierung für den Rurick bestellt war.«

→Davit (1373), →Jolle (1678), →Elmsfeuer (1726), →dwars (1897)

Bootsmann, der, ① »auf Handelsschiffen der für den Decksbereich verantwortliche Unteroffizier«, ② »Meister im Lehrberuf des Matrosen«, ③ »in der Kriegsmarine ein Unteroffizier in einem Feldwebel-Rang« (auch Ober-, Hauptbootsmann), ④ »bezahlte Kraft für die Pflege einer Yacht«, ⌧ »die von Seeleuten so genannte *Möwe* Phaeton aethereus«.

Niederdt. *bōsman*, *bōßman*, niederländ. *bootsman* »Matrose«, Plural *-luden* »Bootsleute«, seit dem 14. Jahrh. belegt.

Hansisches Urkundenbuch (Quelle von 1456): »Johan Petersson sturman, Dirigk Floriansson hovetboszman und 7 Schiffskinder.«

Johann Hübner, Reales Staats-, Zeitungs- und Conversations-Lexicon (1720): »Bossemann, Schiffsbediensteter, welcher die Ankerseile verwahrt und Anordnung macht, wenn die Anker geworfen oder aufgehoben werden sollen.«

Johann Friedrich Schütze, Holsteinisches Idiotikon (1802): »Bootsmann ist der Matrose auf Schiffen, der die Oberaufsicht über die Takelage, Segel und Mastwerke hat.«

→Maat (1485/86), →Bai (1627), →Tau (1730)

Bord, das, »Decks- und Seitenplanken eines Schiffs, Bootsrand«, übertragen »das Schiff schlechthin«.

In dieser und ähnlichen Formen in zahlreichen europ. Sprachen. Herkunft umstritten; unklar ist, ob ① die Bedeutungen »Schiffsrand« und »Brett« auf ein gemeinsames german. **borda-* »Brett« zurückgehen oder ② *Bord* »Schiffsrand« im Sinne von »Kante, Einfassung« auf german. **bar-*, **bur-*, **br-* »Hervorstehendes, Spitzes«, althochdt. *brort* »Rand, Kante, Schiffsbug«, altengl. *brord* »Stachel, Spitze, Keim« zurückgeht. Beides kann in indoeurop. **bher-* »mit spitzem Werkzeug bearbeiten, schneiden« wurzeln. Die Redewendung *über Bord* ist seit dem 14., *an Bord* seit dem 15. Jahrh. belegt. Verwandt mit *Bordstein*, *Bordell*, *bohren*, *Bordure*, engl. *border* »Grenze«. *→Backbord*, *→Steuerbord*

Ostfriesische Urkunde (1457): ein »schepe van vyff borden grot«, ein »fünf Plankenreihen über Wasser hohes Schiff.«

Johann David Wunderer, Reyße in Moskau (1590, gedr. 1812): »Soll niemandt Rumor oder aufruhr binnen dem Schiffs bortt anrichten, bei straff gewonlichem Seerecht, das ist unter den Keyl [Kiel] durch.«

Paul Gerhard Heims, Von der Wasserkante (1897): »Und wie sie nachher, in einer bösen Sturmnacht, auf die Klippen lief und aufbrach, da sagte er ruhig: Ja, Mariechen, nun ist's zu Ende mit uns! und ging mit dem Hauptmast von Bord.«

→bergen (1720), →Brecher (1890), Hackebord →achtern (1794/96)

Bott, der, »freies Tau«.

Niederdt. *bott* »Raum, Platz«, *boten* »wegschaffen, vertreiben«, niederländ. *bot* »Ende eines Taus«, »Ende (als Tau)«, auch »Abgeschlagenes, stumpfer Mensch«, mittelniederländ. *boten* »schlagen«, gleichbedeut. altengl. *beatan*, engl. *to beat*, ist entlehnt aus französ. *bout*, älter *bot* »Ende, Spitze«, *bouter* »legen, stecken«. Mit althochdt. *bōzen* »stoßen«, norddt. *bōsseln* »kegeln« zurückzuführen auf german. **bautan* »stoßen«. Die Bedeutungsgeschichte ist noch nicht vollständig geklärt. Wohl verwandt mit *→Butt.*

Heinrich Brarens, System der praktischen Steuermannskunde (1807): »in Hinsicht des Aushaltens der Anker und Tauen lasse der Schiffsführer, wenn Wind und See sich erhebt, bei Zeiten Bott stechen: denn je entfernter der Anker vom Schiffe steht, desto sicherer liegt das Schiff.«

Eduard Bobrik, Allgemeines nautisches Wörterbuch (1850): Bott »Länge oder Vorrat eines Strickes, damit man nachgeben oder fieren kann.«

Brackwasser, das, »Gemisch aus Süß- und Salzwasser« in Flussmündungen, auch in Küstenzonen mit geringem Wasseraustausch.

Entlehnung aus dem Niederländischen in verschiedenen Formen: adjektivisch »*brack Wasser*« (→*Wasser*), hochdt. seit dem 17. Jahrh. belegt, von *brak water* sowie als Kompositum *Brackwasser* über niederdt. *Brac(c) water* aus *brakwater*, zu mittelniederländ. *brac*, -dt. *brack* »salzig, brackig«. Herkunft umstritten: ① als »scharf, schneidend« zu indoeurop. **bher-* »mit scharfem Werkzeug behandeln«, dann verwandt mit →*Bord*, ② mit griech. *brágos* »Flussaue«, *brochḗ* »Regen, Bewässerung« zu indoeurop. **mrog-* »faulig, abgestanden«, dann verwandt mit *morsch*, ③ mit mittelniederländ. *brak* »wertlos« zur Familie von →*Wrack*.

Adam Olearius, Beschreibung Der Newen Orientalischen Reise / So durch Gelegenheit einer Holsteinischen Delegation an den König in Persien ist geschehen (1647): »da freilich das Wasser wegen der sehr vielen einfallenden Rivieren und Strömen süsse oder Brack ist, aber nach der Höhe zu ist es so saltzig, als es im Oceano seyn mag.«

Jürgen Andersen, Orientalische Reise-Beschreibungen (1669): »Wir warffen Anker, und liessen etliche unser [Schiffs-]Völcker in dem Flusse Semek, welcher zur rechten Hand des Bay und brack Wasser führet, fischen.«

Joachim Nettelbeck, Eine Lebensbeschreibung (1821): »sey es, daß hier ein absichtlicher Betrug vorgegangen, oder daß sie, aus Bequemlichkeit, aus dem ersten dem nächsten Brunnen mit Brackwasser geschöpft.«

Bram, die, »Verlängerung des Mastes über der Marsstenge, Bramstenge«, zugehörig das *Bramsegel* »Segel über dem Marssegel«, auch selbst als Bram bezeichnet, älter *Brandsegel*.

Entlehnung aus niederländ. *bram*, verkürzt von *bramzeil* »Bramsegel«. Herkunft unsicher: ① zu niederländ. *brammen* »prahlen, prunken« als »Prunksegel«, ② zu altnord. *brandr* »Stock, Pfosten« als *brandseil* »Brandsegel«, allerdings mit erster Nennung 1625 etwas später als *braemseyl* (1597) belegt. Dazu schwed., dän. *brand* »Balken«, zu indoeurop. **bher-* »schneiden«, dann verwandt mit →*Brackwasser* und →*Bord*. Das Segel selbst ist Ende des 16. Jahrh. aufgekommen.

Johann Georg Aldenburgk, West-Indianische Reiße (1627): »Anno Christi 1625 mense [Monats] Januario lag ein wolbesegelt Schiff, mit Namen die zwölff Apostel, welches von der Admiralitet dazu verordnet, vir der Bahje auff Sentinella sampt einer Schloupen, daß wo fern was vermercket würde, dasselbe ein Stück lösen, vnd eine Flacke ober den grossen Brandsegel auffziehen solte, es were gleich von Freund oder Feind.«

George Forster, Reise um die Welt (1778): »Nachmittags fuhren wir bei einer anderen viereckigen, ungeheuren Eismasse vorbei, die ungefährt 2000 Fuß lang, 400 breit, wenigstens noch einmal so hoch als unser höchster mittlerer Braammast, das ist ungefähr 200 Fuß hoch war.«

Lebensgeschichte des Capitain Carl Wolfgang Petersen (1880): »Wegen der schiefen Lage des Schiffes … mußte ich mehr nach der Luvnovk der Bramraae klettern als hinausgehen.«

Brander, der, »mit entzündlichen Stoffen beladenes brennendes Schiff, um feindliche Schiffe durch Funkenflug oder Rammen in Brand zu stecken«.

Übernahme des 18. Jahrh. aus gleichbedeut. niederländ. *brander*, *brandschip*, einer bereits im 16. Jahrh. verbreiteten Seekriegstechnik, mit dt. *Brand* auf german. **branda-* zurückgehend, dies zu german. **brenn-a-* »brennen«. Als Zeitzünder konnte eine → *Beuling* eingesetzt werden.

Johann Georg Aldenburgk, West-Indianische Reiße (1627): »die Soldaten musten Tag vnd Nacht schantzen vnd wercken, vnsere Schiff wurden all vnter wall, so weit man kundte, deßgleichen auch die Brandschiffe ... buxiret.«

C. E. S., Das verwarloste Formosa (1677): »drey oder vier mal hängten sich auch einige Chineesische Joncken [Dschunken], als Brander ausgerüstet, am Borte an.«

August Ludwig von Schloezer, Briefwechsel meist historischen und politischen Inhalts (1780): »mit einer Flotte von 113 Kriegs-Schiffen, 11 Brand-Schiffen, und 7 Jachten.«

→kappen (1627)

Brandung, die, »Zone überstürzender Wellen an der Küste«.

Mit dem älteren dt. *Brennung* wie schwed. *bränning*, norw. *brenning* zurückzuführen auf niederländ. *branding* zu *branden* »brennen, aufschäumen, anbranden«. Das Wort entstand aus mittelniederländ. *brant* und der Vergangenheitsform *brandde* »brannte« zu *bernen*, *barnen* »brennen«. In der Bedeutung analog lat. *aestus* »Hitze, Glut, Brandung« und *aestuare* »kochen, wallen, schäumen«.

Peter van der Horst, Beschriving Van der Kunst der Seefahrt (1673): »Wie auch ein Mahls auff der Küst von Africa, nebenst Mamora, da wir bald in die Branding wahren, gab Gott daß der Wind sich legte.«

Daniel Defoe, Robinson Crusoe, übersetzt von Ludwig Friedrich Vischer (1720): »Als ich meine Augen auff das zerscheiterte Schiff richtete gieng die Brandung und der Schaum des Meers so dick und hoch darüber her, daß ichs ... kaum sehen konte.«

Jens Jacob Eschels, Lebensbeschreibung eines alten Seemanns (1835): »Es war ein schrecklicher Anblick, denn das Schiff segelte nur eben längs der Brandings.«

Brasse, die, »Tau zum Schwenken der Rahen«.

Aus niederländ. *bras*, wie engl. *brace*, *brase* »ein paar Arme, Halterung, Brasse« zu gleichbedeutend französ. *bras* und *bras de vergue* »Arm der Rah«. Es ist übernommen aus *brasser*, altfranzös. *braçoyer*, *bracier* »brassen«, wörtl. »die Arme handhaben«, zu lat. *bracchium* »Arm«, griech. *brakhion* »Arm, Pfote«, *brakhus* »kurz«. Verwandt: *Brachialgewalt*. Das alte französ. Längenmaß *Brasse* »Entfernung zwischen den Händen bei ausgestreckten Armen« konnte dem →*Faden* entsprechen. Meist wich es aber davon ab; die *Brasse* (zu fünf Fuß) hatte offiziell 1,624 Meter, der engl. *Faden* (zu sechs Fuß) 1,8288 Meter. Verwandt mit →*Barkun*.

Ernst Christoph Barchewitz, Ost-Indianische Reise-Beschreibung (1730): »der Schiffer gab gleich ordre, das Ruder an Stürbort zu legen, uns aber hieß er geschwind zu prassen an Stürbort, das ist, die Segel herum zu wenden.«

Friedrich Kries (Übersetzer), William Scoresby's des Jüngern Tagebuch einer Reise auf den Wallfischfang (1825): »Das Ganze endigte dann mit einem ordnungsgemäßigem Gesange, in den die ganze Mannschaft einstimmte, worauf die nach einem dreymaligen Hurrah auseinander giengen, um auf die Aufforderung des Oberbootsmannes die großen Brassen zu splissen.«

Brecher, der, »hohe, sich überstürzende See, Sturzsee«.

Im 19. Jahrh. *Brechsee* ersetzend, entlehnt aus engl. *breaker*, zu *to break* »brechen« aus indoeurop. **bhreg-* »brechen«.

Brecher an einer Klippe, Stich vor 1900.

Increase Mather, An essay for the recording of illustrious providences (1684): »If the Providence of God had not by the breakers given them timely warning they had been dashed to pieces«, »wenn die Vorsehung Gottes sie nicht durch die Brecher zeitig gewarnt hätte, wären sie in Stücke zerhauen worden.«

Jens Jacob Eschels, Lebensbeschreibung eines alten Seemanns (1835): »wir lensten vor das dichtgerefte Grossmarssegel und Fock, und erhielten eine schwere Brechsee von hinten über, die wohl zwölf Fuss hoch über das Heck hereinstürzte und aufs Cajüt-Deck niederschlug.«

Paul Gerhard Heims, Im Rauschen der Wogen, im Branden der Flut (1890): »der Kommandant der Vandalia wurde, ehe das Schiff unterging, mit vier Offizieren von der Kommandobrücke durch einen schweren Brecher über Bord gespült.«

→Mole (1716, 1909)

Brigantine, die, »zweimastiges Segelschiff«, Kurzform **Brigg**.

Brigg ist zu Beginn des 18. Jahrh. im Engl. als Abkürzung von *brigantine* entstanden und Ende des 18. Jahrh. ins Deutsche übernommen worden, auch niederländ. *brik*, französ. *brick*, in skandinavischen Sprachen *brig(g)*, italien. *brick*. Engl. *brigantine* ist wie französ. *brigantine*, *brigandin* entlehnt aus italien. *brigantino*, mittellat. *brigantinus* »Kampf-, Raubschiff«, zunächst ein niedrigbordiges, mit Riemen und Segel ausgestattetes kleineres, wendiges Schiff, zu italien. *brigante* »Räuber, Brigant«, dies zu *briga* »Unruhe, Streit«. Dessen Herkunft ist unklar, frühester Beleg Ende des 13. Jahrh. in Venedig, vielleicht zu kelt. *brīga* »Kraft«. Verwandt mit *Brigade*.

Brigg, als Wort etwa zur Zeit dieses Stichs (um 1790) ins Deutsche entlehnt.

Otto Heinrich, Deutsche Pilgerreisen (1521): »doch jaget die galeen unddt ein Bregantin ab den Türckischen armatis«.

Die Reisen des Samuel Kiechel (um 1600): »Hüeromben sich sommerszeüht vül cursari [Korsaren] hallten, so mütt fusti [Einmaster], galiotten, frigatia, unnd pergatin aus Barbaria herüber kommen«.

Kaspar von Stieler, Zeitungs Lust und Nutz (1695): »Brigantin, ist ein Spähschiff und Raubschiff / so geschwind durch die Wellen streichen kan«.

Leo Goldammer, Litthauen: Erzählungen aus dem Natur- und Volksleben (1858): »Eine Brigg mit Rahsegel und Briggsegel, und außerdem zehn Kanonen darauf«.

Brise, die, »gleichmäßiger Wind«.

In romanischen und germanischen Sprachen verbreitet, engl. *breeze*, dän. *brise*, schwed., norw. *bris*, niederländ. *bries*, französ. *brise*, span., port. *brisa*, oberitalien. *brisa* »Nordostwind«, katalan. *brisa* »Schneewind«, frühe Nennung im 15. Jahrh.; vielleicht auch mittelhochdt. *bīse*, althochdt. *bīsa*, altsächs. *biosa*, schweiz. *Bise*, *Beiswind* »schneidend kalter Nord- oder Ostwind«; die Verbindung zu *beißen* ist volksetymologisch. Die europäischen Entlehnungsverhältnisse sind unklar, vielleicht aus dem iberischen Raum über

England nach Deutschland und Skandinavien, oder aus Friesland mit Übernahme ins Französische, dann ins Iberische und Englische. Vom Nordostpassat ausgehend, scheinen englische Karibikfahrer die Bedeutung »stetig wehend« verbreitet zu haben.

Josua Maaler. Die Teütsch Spraach (1561): »Der Byßwind. Bewegt das meer.«

Joseph Stöcklein, Der Neue Welt-Bott (1726): »die philippinischen Schiff kauffen allda insgemein im Decembri oder Jenner ein, und segelen im Mertzen wieder fort, sonst würde es ihnen zwischen America und denen Marianischen Eylanden an denen Brisen oder nach-brausenden Winden fehlen.«

Albert Berg, Die preußische Expedition nach Ost-Asien (1864): »das majestätische Schiff legte sich unter einer Last von Segeln in die Brise und glitt ohne Schwankung über die purpurblaue Fläche«.

→Doldrums (1873), Etmal (1873)

Brücke, die, »Deckshaus als Leitstand des Schiffes« (seit 19. Jahrh.).

Zunächst war die *Brücke* ein »Kommandosteg auf dem Oberdeck«, in nautischer Bedeutung waren zuerst die Landungs-, Anleger- und Enterbrücken von Bedeutung. Die meisten Großsegler ließen Decksaufbauten, auf denen der Kapitän sich hätte aufhalten können, konstruktionsbedingt nicht zu. Mittelhochdt. *brücke*, althochdt. *brugga*, altsächs. *bruggia*, altengl. *brycg*, engl. *bridge* »Brücke«, niederländ. *brug*, altnord. *bru*, schwed., dän. *bro*. Als erweiterte Form hat schon altnord. *bryggja* auch die Bedeutung »Landesteg«. Herkunft umstritten; ① mit german. **brugjo-* »Brücke«, altkirchenslaw. *brivino* »Balken« und gall. *brīva* »Brücke« zu einem vorgerman. **bhru-ko-* »Prügel, Knüppel«, *Brücke* als Knüppeldamm verstanden, ② mit german. **brōwō-* »Brücke« ohne slaw. Verwandtschaft, ① und ② zu indoeurop. **bhreu-*, **bhru-* »Balken, Prügel«.

Claude Jordan, Der Curieusen und historischen Reisen durch Europa … übersetzt von Talandern (= August Bohse, 1699): »Als das Feuer alles fassete, ware ich auf der Brücke meines Schiffes gantz vorne an, allwo ich Ordren der Nothdurfft nach ertheilete.«

Albert Berg, Die preußische Expedition nach Ost-Asien (1864): »Hier ist zu beiden Seiten eine trittartige Erhöhung an der Railing eingebracht, von wo der Commandirende das Schiff übersehen und die Steuerleute anweisen kann; auf anderen Schiffen führt eine schmale Brücke querüber von Railing zu Railing, die Commandobrücke, von wo bei Dampfern ein Sprachrohr in die Maschine hinabführt.«

Paul Gerhard Heims, Von der Wasserkante (1897): »Hier, am Oberdeck, hat das Ruder, an dem bei schlechtem Wetter sechs oder acht Mann stehen, Platz gefunden, meist in unmittelbarer Nähe der Kommandobrücke, des unbetretbaren Heiligtums.«

Bucht, die, nautisch ① »Kücsteneinschnitt«, ② »Biegung, Schleife, Windung in einem Tau«, ③ »Wölbung des Decks«.

Hochdt. als »Meerbusen« belegt seit dem 17. Jahrh., aus mittelniederdt. *bucht* »Biegung, Krümmung, Verschlag, Pferch«, wie altengl. *byht* »Winkel, Ecke«, engl. *bight*, älter *bought* »Bucht«, niederländ. *bocht*, dän. *bugt*. Zugrunde liegt mit germ. **buhti* ein sog. *ti*-Abstraktum zu *biegen*. Dies geht mit althochdt. *biogan*, got. *buigan*, altengl., altsächs. *būgan* »biegen« zurück auf german. **bjuga*, **buga* und mit altind. *bhujáti* »biegt, krümmt«, lat. *fugere*, griech. *pheugein* »fliehen, sich abwenden« auf indoeurop. **bheug(h)-* »biegen«. *→Bai*

In geografischer Bedeutung ① bei Jürgen Andersen, Orientalische Reise-Beschreibungen (1669): »sahen folgenden Tag in einem Inwig oder Bucht vor uns liegen die treffliche Kauffhandel Stadt Columbo.«

Olfert Dapper, Gedenkwürdige Verrichtung der Niederländischen Ost-indischen Gesellschaft in dem Kaiserreich Taising oder Sina [China], durch ihre Zweyte Gesandtschaft (1675): »er möchte sich alda nach guhten Häfen und Seebuchten umsehen, darinnen im nothfalle die Schiffe sicher könten liegen.«

In Bedeutung ② bei Der geöffnete See-Hafen (1702): »alsdann wird das grosse Wand auf jede Seite aufgesetzet, da dann jegliches Haupt-Touw nach seiner Länge gedoppelt abgepasset, und oben mit einer Boucht über den Top des Masts geleget ... die Boucht dieses Touwes wird nun um das oberste Ende der grossen Stenge durch ein ander Touw fest gebunden.«

Über den Schiffbau, in Bedeutung ③, bei Franz Reuleaux, Der Weltverkehr und seine Mittel (1892): »Die Oberfläche der Deckbalken ist nicht eben, sondern hat eine bestimmte Kurve, Bucht oder Sprung, damit das Deck rundlich liegt und das Wasser leichter von ihm abläuft.«

Buddel, die, auch der, niederdt. »Flasche«.

Im 17. Jahrh. begann der Handel mit Weinflaschen aus Frankreich, die die bis dahin üblichen Fässer und Lederbeutel ersetzten. Niederdt. *buddel* wie engl. *bottle*, italien. *bottiglia*, span. *botella* waren entlehnt aus französ. *bouteille*, altfranz. *botele*, dies aus mittellat. **buticula*, *butella*, verkleinernd zu lat. *buttis* »Fass«. Die Entlehnungsrichtung zu gleichbedeutendem griech. *but(t)is* ist ungeklärt, ebenso die Herkunft beider Begriffe. Verwandt sind dt. *Bottich*, *Böttcher*, *Bütt*. Nicht verwandt ist *Beutel*, althochdt. *butil*; dies gehört wie *Beule* zu indoeurop. **bu-*, **beu-* »aufblasen, schwellen«. Als Bezeichnung für den gläsernen Behälter überwiegt im Deutschen *Flasche*, althochdt. *flasca*; es gehört entweder ① im Sinne von »Ton- oder Holzbehälter mit Schutzgeflecht«, german. **flahskō-*, zu german. **fleht-a* »flechten, oder ②, weil Flaschen ursprüngl. aus Holz gedrechselt wurden, und mit guter Erklärung für *Flaschenzug* wegen der →*Scheibe*, zu hochdt. *flach*, althochdt. *flah*, ähnlich altsächs. *flaca* »Fußsohle«. **Buddelschiffe**, in Flaschen aufgestellte Segelschiffe, die von Seeleuten zum Zeitvertreib oder als Nebenerwerb hergestellt wurden, gehen auf mittelalterliche Votiv-Flaschen mit religiösen Motiven zurück, die in Süddeutschland, Österreich und Böhmen verbreitet waren. Die ältesten Buddelschiffe aus der 2. Hälfte des 18. Jahrhunderts waren wohl Arbeiten gewerblicher Schiffsmodellbauer, etwa das älteste datierte (Holstentormuseum Lübeck, 1784). Matrosen begannen Buddelschiffe ab etwa 1850 zu bauen, weil neben grünlichem oder bräunlichem Flaschenglas mehr und mehr farbloses Material verarbeitet wurde.

Johann Heinrich Zedler, Universal-Lexikon (1733): »Bouteille, so wird eine iede gläserne Flasche genennet, die unten einen weiten Bauch hat, der sich oben her nach einem engen Halse zu einziehet, und siehet man deen zu mancherley Gebrauch unterschiedene Arten.«

Symbolisch bei Siegfried Lenz, Arnes Nachlaß (1999): »Ohne den Blick zu heben, ohne ein Zeichen von Überraschung oder der Freude nahm er zur Kenntnis, daß das Buddelschiff ihm gehören sollte ... Er übersah es, vergaß es.«

Bug, der, »vorderster Teil eines Schiffes«.

Als ursprüngl. »Schulterstück von Pferd und Rind«, auch »menschliche Schulter, Arm«, im 17. Jahrh. auf die entsprechende Partie des Schiffs übertragen. Mittelhochdt. *buoc*, althochdt. *buog*, als »Schulter« und »Schiffsbug« auch in niederdt. *būg*, -länd. *boeg*, altnord. *bógr*, isländ. *bōgur*, dän. *bov*, schwed. *bog*. Engl. wurde zuerst *bough* »Schulter, Oberarm« gebildet, später *bow* »Bug«. Mit german. **bōgu-*, griech. *pēchys* »Ellbogen, Unterarm« und altind. *bāhúh* »Arm« vielleicht auf indoeurop. **bhāghus* »Ellbogen, Unterarm« zurückzuführen. Unsicher ist, ob mit einer Urform »das Ausgestreckte« oder im Sinne von »das Beugbare« auch »das Gebogene« gemeint sein kann; dann mit →*Bucht* verwandt. Die romanischen Bezeichnungen für *Bug*, französ. *proue*, span., port. *proa*, italien. *prora*, *prua*, aber auch engl. *prow*, gehen auf lat. und griech. *prora* »Schiffsvorderteil« zurück; dies zu lat. *pri-* »vor, für« wie *prior* »der vordere (von zweien)«, mit griech. *pro* »für« und altind. *purva* »der Erste«.

Johann Georg Aldenburgk, West-Indianische Reiße (1627): »Weil sich der Admiral in den nachgehenden Monat befurchte wegen deß monsons, in welchen der Wind fort vnd fort über einen Bug wehet, gab er den andern Schiffern mit groben geschütz das Zeichen die Ancker auffzuheben.«

Jens Jacob Eschels, Lebensbeschreibung eines alten Seemanns (1835): »dieses Schiff hatte am Pfingsttage den Boog eingesegelt im Eise.«

Carl Reinhardt, Der 5. Mai, ein Lebensbild von der Unterelbe (1888): »Die Kälte nahm bald so überhand, daß junges Eis mit der Ebbe und Fluth auf und ab trieb … weshalb die aufkommenden Fahrzeuge ihren Bug mit starken Brettern benagelten.«

→Back (1887), Buganker →Anker (1794)

Schiffsbug mit dem Tauwerk von Bugspriet und Klüverbaum, um 1790.

bugsieren, »ein Schiff schleppen, lotsen, lenken, um es an einen bestimmten Ort zu bringen«.

Im 17. Jahrh. entlehnt aus niederländ. *boegseeren*, *boegsjaren*, *boucheren*, dies nicht von boeg »Bug«, sondern von port. *puxar* »ziehen, zerren«, das aus lat. *pulsare* »stoßen« und *pellere* »schlagen« stammt. Die Vorstellung vom *Bug* als Teil des Schiffes, an dem gezogen oder das geschoben wird, hat die sprachliche Entwicklung beeinflusst. Bezeichnungen in anderen Sprachen, siehe →*Schlepper*.

Erster dt. Beleg bei Johann Georg Aldenburgk, West-Indianische Reiße (1627): »Als das Meer wider begundte zu zu lauffen, buxireten wir vnsern Rennboot so lang, biß er auß dieser enge hinauß kame.«

Friderich Martens, Spitzbergische oder Groenlandische Reise-Beschreibung (1675): »wir riemeten mit den Schlupen vor dem grossen Schiffe (welches Büksieren genennet wird) ferner in das Eiß.«

Otto von Kotzebue, Neue Reise um die Welt (1830): »Die Anker mussten darauf gleich gelichtet werden, und die japanischen Böte buchsirten das Schiff in die See, nachdem es kaum zwölf Stunden in der Bucht gewesen war.«

Bugspriet, auch **Spriet**, das, »Stange über den Vorsteven hinaus, um das Sprietsegel auszuspannen«.

Hochdt. seit dem 18. Jahrh., von mittelniederdt. *baghspreht*, *bochspret*, niederländ. *boegspriet*, engl. *bowsprit*, schwed. *bogsprött*, dän. *bugspryd*; französ. *beaupré*, mittelfranzös. *bosprete* ist eine Entlehnung aus dem Englischen. Zum ersten Wortteil → *Bug*. *Spriet* »Stange«, mittelniederdt. *sprēt*, -länd. *spriet* »Segelstange«, altengl. *sprēot*, engl. *sprit*, geht wohl im Sinne von »über das Schiff hinausragendes, -sprießendes Rundholz« zurück auf *sprießen*, niederländ. *spruiten*, engl. *to sprout*. Die german. Form **spreut-*, **sprūt-* »spritzen« geht mit griech. *speirein* »säen« auf indoeurop. **spher-* »streuen, säen« zurück.

Johann Georg Aldenburgk, West-Indianische Reiße (1627): »Ingleichen daß alle die Schiffer ihre Schiff zum fechten vnd schlagen rüsten … auff die Buchspriet vnd Masten lange Wimpeln auffhengen.«

Otto Rüdiger, Alexander Selkirk in Hamburg, (1888, Flugschrift von 1713): »der Hertzog that dennoch einen Canon – nebst verschiedenen Musketen-Schüßen, und ließ Licht oben in dem Mast und vorne auff dem Buchspreet hengen, damit das Boot nicht verirren möchte.«

Adelbert von Chamisso, Reise um die Welt mit der Romanzoffischen Entdeckungs-Expedition (1836): »Am 15. setzte sich ein schön rot befiederter Landvogel auf unsern Bugspriet nieder.«

→Steven (1673), →Galion (1864).

Buhne, die, »dammartige Strand- oder Uferbefestigung aus Pfählen, Steinen oder Faschinen, die frei ins Wasser laufen und vor Abspülungen schützen«.

Mittelniederdt. *būne* »Buhne, Lattenwerk«, niederländ. *bun* »Flechtwerk, Fischhälter«, Herkunft unklar. Vielleicht verwandt mit *Bühne* im Sinne von Brettergerüst, niederländ. *beun* »lose Planken über dem Erdboden, Fischkasten«, altengl. *bytme* »Kiel« und indoeurop. **bhudhniō* »Boden« →*Bodden*.

Als »Küsten- und Hafenschutz« bei Johann Hinrich Röding, Allgemeines Wörterbuch der Marine (1794/96): »Buhnenmeister, Beamter, der an Orten, wo kein Hafenmeister ist, die Aufsicht über die Buhnen und Bollwerke hat.«

Als »Fischhälter«, heute veraltet, bei Heinrich Smidt, Seemanns-Sagen und Schiffer-Märchen (1849): »bald war das Verdeck mit Fischen aller Art bedeckt; jede Sorte wurde in eine besondere Buhne gethan.«

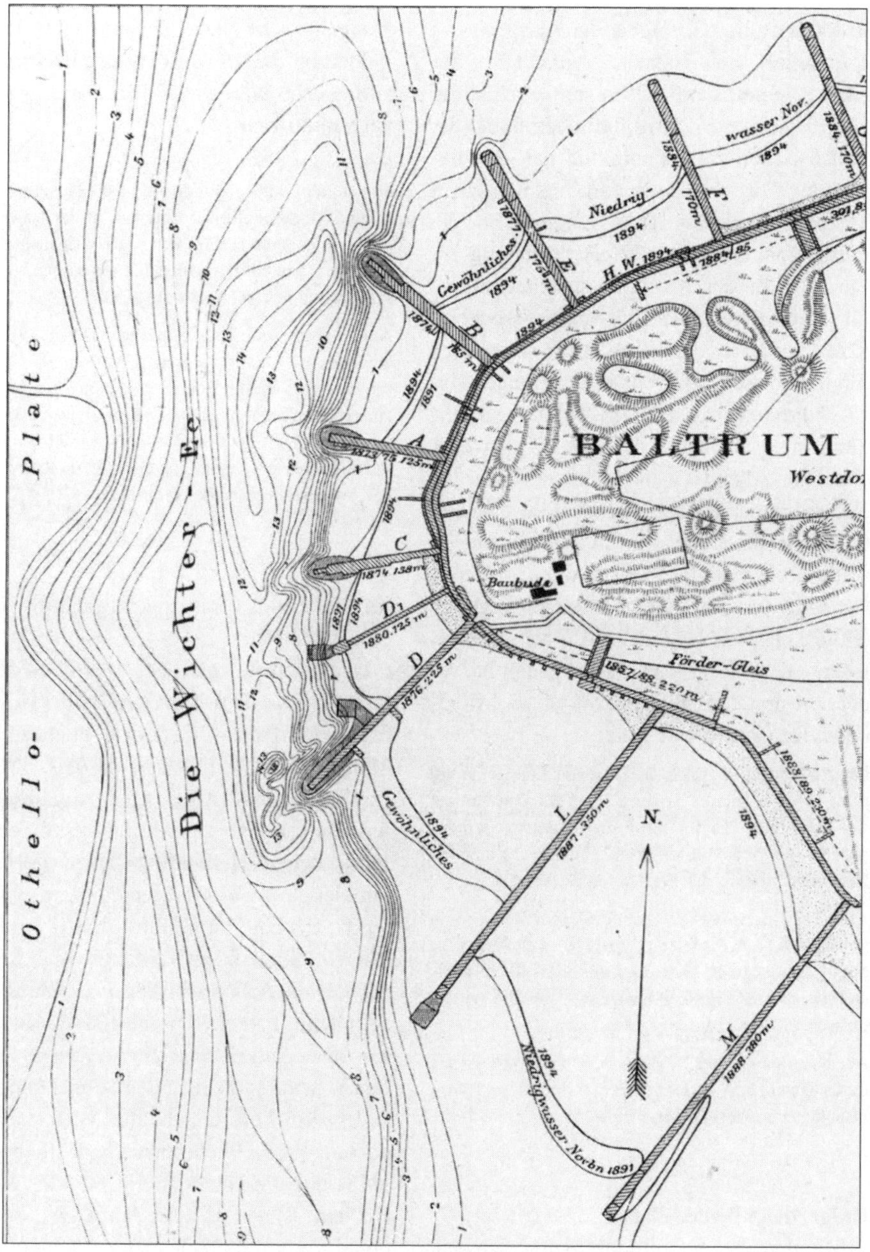

Seebuhnen vor dem westlichen Baltrum um 1900, mit Baujahren und Tiefenlinien.

Bukanier, der, »Seeräuber der Karibik«.

Entlehnt aus französ. *boucanier*, zunächst »einer, der Ochsen jagt«, nach frz. *boucan* »Holzrost, Grill, Räucherhütte«, der französischen Schreibung für das entsprechende Wort in einer nordbrasilianischen Sprache, vielleicht Tupí-Guaraní. Im 16. Jahrh. von Europäern als Bezeichnung für Europäer in der Karibik verbreitet, zuerst für Fleischjäger, die sich dieser Trocken-, Röst- und Brattechnik bedienten, dann auch für französische Büffeljäger in Kanada. Im 17. Jahrh. erfolgt die Übertragung auf Piraten in Küstennähe, weil sie ① entweder ebenfalls solche Grills benutzten oder ② ebenso räuberisch auf Beute aus waren wie die Fleischjäger oder ③ weil sich aus *boucan* »Räucherhütte« die Bedeutung »Spelunke, Ort der Ausschweifung und Gesetzlosigkeit« entwickelte, ein *boucanier* also als »Gesetzloser, →*Filibuster«* galt. Im 19. Jahrh. war der Ausdruck allgemein, auch im Mittelmeer, für »Pirat« verbreitet.

Über »boucan« erstmals bei Jean de Léry, Histoire d'un voyage, fait en la terre du Brésil, autrement dite Amerique (1578): »gril sur lequel les Indiens d'Amerique fumaient la viande«, »Grill, auf dem die Indianer Amerikas das Fleisch räucherten«.

Als »Jäger« erstmals bei Jean de Laon, Relation du voyage des François fait au Cap de Nord en Amérique (1654): »boucanier, aventurier qui chassait les boefs sauvage aux Antilles«, »Abenteurer, der die wilden Ochsen auf den Antillen jagte«.

Als »Seeräuber« bei B. E., A new dictionary of the terms ancient and modern of the canting crew (1690): »Buckaneers, West-Indian Pirates«.

Bulge, die, »Welle, Woge«.

Mit gleichbedeut. altnord. *bylgja*, schwed. *bölja*, dän. *bölge*, engl. *billow* von german. **belgan* »schwellen« abstammend, das auf indoeurop. **bhel-* »aufblasen, aufschwellen« zurückgeht und mit →*Wal* sowie →*Bilge* verwandt ist.

Hans Staden, Warhafftige Historia vnnd beschreibung einer Landtschafft der Wilden, Nacketen, Grimmigen, Menschenfresser Leuthen, in der Newenwelt America gelegen (1556): »da sagten wir inen alle gelegenheit, wie uns der windt und die bulgen zu einem schiffbruch hetten bringen wöllen.«

Anton Hamilton, Drei hüpsche Märlein, übers. v. Wilhelm Christhelf Siegmund Mylius (1777): »sie sahen urplözlich die Bulgen sich bäumen, und da sie zu ertrinken befahrende [bewahrend] das Ufer zu gewinnen suchten, gewahrten sie hinter sich ein Monstrum, dessen gar ungemeine Grösse den Raum füllen thät zwischen den beiden Ufern.«

(in) bulk, »lose, unverpackt, schüttbar«, von Schiffsfracht.

Übernommen aus engl. *bulk* »Schiffsfracht« (16. Jahrh.), »Gestell für Trockenfisch« (Anfang 17. Jahrh.), »unbestimmte Menge« (17. Jahrh.) und *in bulk* »lose in Haufen liegend«. Als Bezeichnung für »Massengut« seit dem 18. Jahrh., dt. seit dem 19. Jahrh. belegt. Herkunft unsicher, wohl über mittelengl. *bolk* »Haufen«, vermischt mit *bouk* »Bauch«, zu altnord. **bulki* »Schiffslast, Gepäck auf dem Verdeck«, isländ. *bulki*, norw. *bulk*, *bolk* »Schiffslast«, schwed. *bulk* »Knoten«, dän. *bulk* »Schiffslast, Knoten«. Mit dem Aufkommen der →*Tanker* im 19. Jahrh. wurde die Handelsbezeichnung *petroleum in bulk* üblich; die Mengenangabe *barrel* »Fass« blieb dennoch. **Bulk carrier** »Massengutfrachter« für Getreide, Kohle, Erz usw. ist seit dem 20. Jahrh. eine international verbreitete Schiffsbezeichnung; engl. *to carry* »tragen«.

William Falconer, An universal dictionary of the marine (1789): »She is to be laden in-bulk, as with corn, salt etc.«, »sie ist in bulk zu beladen, etwa mit Getreide, Salz usw.«

Als »Haufen Material« bei Heinrich Heine, Memoiren (1854): »Hier ist nun der Bulk!«

Bullauge, das, »rundes Schiffsfenster«.

Im 19. Jahrh. über niederdt. *bulloog* aus engl. *bull's eye*, wörtl. »Ochsenauge« wegen seiner runden Form mit Auswölbung, die mehr Licht ins Rauminnere lässt. Französ. *œil de bœuf* »Ochsenauge« ist schon seit dem 12. Jahrh. als ovales Reliquiar, seit dem 16. Jahrh. als »rundes Fenster in einer Mauer« belegt. Die engl. Bezeichnung könnte zudem von französ. *boule* »Kugel, kreisrunde Gestalt« beeinflusst worden sein; dazu auch mittellat. *bulla* »Blase, Buckel, Siegel, Bulle« zu lat. *bulla* »(Wasser-)Blase, Buckel, Knopf«.

Früheste nautische Nennung erst bei Henry Barnet Gascoigne, G.'s Path to Naval Fame (1825): »Here a Bulls-eye gives a feeble light«, »Hier gibt ein Bullauge ein schwaches Licht.«

Victor Laverrenz, Auf der Back ist alles wohl! (1896): »August stützte seinen Kopf in die Hand und sah hinaus durch das Bullauge.«

Albert Berg, Die preußische Expedition nach Ost-Asien (1864): »Die Kammern der Officiere und Beamten aber liegen ein Stockwerk tiefer, im Zwischendeck, und haben als Fenster nur ein sogen. Ochsenauge, ein rundes Loch von etwa fünf Zoll Durchmesser, das bei dem geringsten Seegange hermetisch verschlossen werden muß.«

Bunker, der, auf Schiffen »Sammelbehälter für flüssige oder schüttbare Güter«, oft für Schiffsbrennstoff.

Ende des 19. Jahrh. aus engl. *bunker* »Laderaum für Kohlen auf Dampfschiffen, Kohlenbunker« entlehnt, dies seit Anfang des 19. Jahrh. belegt. Herkunft unklar, wohl zu engl. *bunk* »Schlafkiste« (18. Jahrh.) und altnord. *bunki* »Schiffslast«, urspr. »Bretterverschlag, auf dem die Fracht ruht«, norw., schwed. *bunke* »Schiffslast«, dän. »Haufen«, mittelniederdt. *bonk* »Ladung, Laderaum«, niederländ. »Klumpen, unbestimmbare Masse«. Die Holzunterlage für die Fracht erlaubt einen Hinweis auf *Bühne*, →*Buhne*. Die Verbindung zu *Bunker* »Schutzraum« kam vielleicht durch die Bedeutung *bunker* »künstlich gegrabenes Sandloch beim Golf« (seit dem frühen 19. Jahrh.) zustande.

Früher engl. Beleg im Report on steam vessel accidents, House of Commons (1839): »Neither the bunkers nor the coal-hold were cleared out so often as they should be«, »weder die Bunker noch die Kohlenhalte wurde so oft gesäubert, wie sie es sollten.«

Früher dt. Beleg in der Marine-Rundschau (1895): »Kohlengasexplosionen in den Bunkern bezw. Laderäumen der Schiffe«.

Gustav Goedel, Klar Deck überall! Deutsch-Seemännisches (1916): »bunkern hat sich schon so eingebürgert, daß man in Kiel schon bunkern sagt für ›stauen‹ im Sinne von tüchtig bipacken, essen.«

Büse, die, »weitbäuchiges Schiff für den Heringsfang«, ursprünglich ein Lastschiff.

Lehnwort aus niederländ. *buis*, auch engl. *buss*, Übernahme aus altfranzös. *busse*, mittellat. *busa*, *bussa*. Die weitere Herkunft ist unklar.

Hansisches Urkundenbuch (Quelle von 1303): »una buss de Wismaria«.

Johann Wilhelm Vogel, Ost-Indianische Reise-Beschreibung (1716): »auch kamen 2 Herings-Büyßen in die Flotte und brachten uns von ihrem Fang die delicatesten neue oder frische Heringe.«

Jens Jacob Eschels, Lebensbeschreibung eines alten Seemanns (1835): »hatte ich ihn in Altona beim Zimmern bei mir an Bord, später hat er mit den Heringsbüysen gefahren.«

Busen, der, geogr. »weite Bucht einer See, Meerbusen«.

Im 17. Jahrh. direkt übersetzt aus lat. *sinus maritimus*, nach *sinus* »Krümmung, Rundung, Schwellung«. Wie griech. *kolpos* (→ *Golf*) und lat. *sinus* bezeichnete dt. *Busen* »das die (weibliche oder männliche) brust zwischen armen und hüften hüllende, sich darum biegende Gewand« (Grimm, Deutsches Wörterbuch, 1860). *Busen*, althochdt. *buosum* geht wohl über westgerman. **bōsma* auf indoeurop. **b(e)u-*, **bheu* »aufblasen, schwellen« zurück, nicht über german. **bōg-sma-* zu althochdt. *buog* »Bug, Schulter«. Von *Busen* »Gewand um den Oberkörper, Hemd« blieb erhalten *Buserun* »baumwollenes Schiffshemd«, nach fries.-niederländ. *būsrūntje* wörtl. »Busenrundchen«, zum Überwerfen über den Kopf, bis zu den Hüften reichend, um die Oberbekleidung bei der Arbeit vor Schmutz zu schützen; niederländ. *boezeroen*, schwed. *bussarong*, finn. *pusero* »Bluse«. Verwandt mit → *Buster*.

Friedrich Schiller, Wilhelm Tell (1804): »Der Sturm ist Meister, Wind und Welle spielen / Ball mit dem Menschen – da ist nah und fern / Kein Busen, der ihm freundlich Schutz gewährte.«

Adolf Schirmer, Lütt Hannes, Ein Seeroman (1868): »Peter Petersen zog seine Buseruntje an, die große Jacke mit den sackartigen Seitentaschen, in denen mehr als ein Pfund Tabak Platz hatte.«

→Knoten (1807)

Buster, der, »Sturm«.

Substantivierung von norddt. *pusten* »blasen«, das wie dt. (*auf-*)*bauschen*, frühneuhochdt. *pausen* und →*Busen* auf indoeurop. **b(e)u-*, **bheu* »aufblasen, schwellen« zurückgeht. Personalisierung: *Peter Puster.*

Johann Segebarth, De irste Seemannsreis' (1886): »Peiter Püster mit grot Mul, De sick noch namm tau Hülp den Reg'n«, »Peter Puster mit großem Maul nahm sich noch den Regen zur Hilfe.«

Butt, der, »Angehöriger der Familie der linksäugigen Plattfische, Bothidae«.

Mittelniederdt. *but(te)*, -länd. *bot(te)*, niederländ. *bot*; daraus entlehnt engl. *butt*, schwed. *butta*, dän. *botte*. Vielleicht ist das Wort abgeleitet aus mittelniederdt., -länd. *but*, *bot* »stumpf, stupide«; dies passt zu anderen germanischen Fischbezeichnungen mit solchen Endungen, die »abgestumpft, abgehauen, unansehnlich« bedeuten. Mit ihren zweiten Worthälften sind auch althochdt. *agabūz* »→*Barsch*« und vielleicht stark verfremdet *steinpeis* »Steinbeißer« verwandt. Alles geht mit altnord. *butr* »abgehauener Klotz«, altengl. *bietl* »Hammer«, schweiz. *butzli* »Barsch, unansehnliches Ding«, lat. *fustis* »Knüppel, Baumstrunk«, *refutare* »zurückdrängen« letztlich auf indoeurop. **bhau-*, **bhu-* »schlagen, stoßen« zurück. Der *Steinbutt* heißt nach den Knochenwarzen seiner Oberseite, der *Heilbutt* nach dem Brauch, ihn an heiligen Feiertagen zu verzehren, niederländ. *heilbot*, -dt. *heilige butt*, norw. *heilagfiski*, schwed. *helgeflundra* »heilige Flunder«, dän. *helleflynder*, engl. *halibut*. Zur Ordnung der Plattfische gehören auch →*Scholle* (Goldbutt) und →*Flunder.*

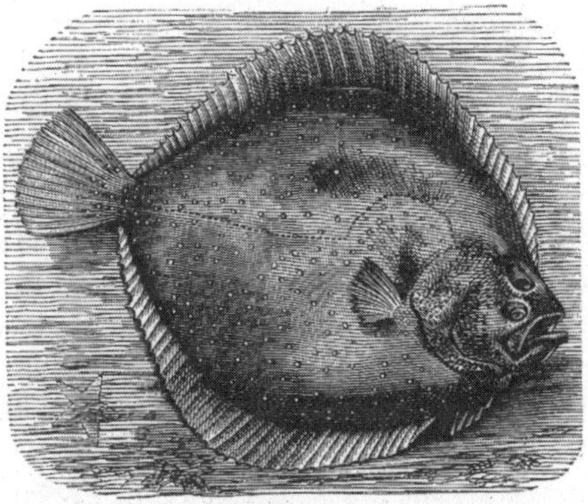

Steinbutt *(Psetta maxima).*

Otto Blümcke, Berichte und Akten der hansischen Gesandtschaft nach Moskau im Jahre 1603 (gedr. 1894): »Denn 15. dito für 16 bandt rigische butten auf den wegh, zu 12 Sch. zahltt«, etwa »am 15. desselben Monats für 16 Fass Butten aus Riga, auf den Weg gebracht, je 12 Schillinge gezahlt.«

Paul Fleming, Gedichte (1636): »Für englisches Konfect gib Rigschen Lachs und Butten.«

→Flunder (1716)

Butterland, das, »Land am Horizont, das von niedrigen Wolken oder Nebel vorgetäuscht wird«.

Entlehnt aus gleichbedeut. niederländ. *boterland* wegen der Zerschmelzung, sobald die Sonne scheint. Im niederländischen Sprachraum lag die Metapher wegen der verbreiteten Milch- und Käsewirtschaft nahe.

Joseph Stöcklein, Der Neue Welt-Bott (1748): »nach aufgehebtem Abend-Tisch liesse sich gähling von der Popa [jählings vom Heck] her eine Reihe gebürgechter Inseln sehen; welches uns sammentlich in Verwunderung zohe; dann niemand auf der See-Charten sehen, noch finden kunte, was in selbiger Gegend für Land seyn müste; viel hätten geschworen, es wäre das, so man sahe, ein warhaftes Land; allein es hatte sich endlich geäusseret, daß es tierra de Manteca (wie die See-Fahrer reden) das ist ein Butter-Land gewesen, so bey heller und heisser Sonne, samt den Wolcken, in denen es bestehet, zu zerschmeltzen pfleget.«

C

Calamaris →Kalmar

Cargo →Kargo

Charter, die, »Frachtvertrag im Seehandel, Anmietung eines Schiffs«.

Im 19. Jahrh. übernommen aus engl. *charter* »Mietvertrag für Schiffe«, von altfranzös. *chartre* »Brief, Schriftstück, Urkunde« über roman. **cartle* zurückgehend auf lat. *chartula* »Briefchen«, verkleinert aus *charta*, griech. *kartis* »Blatt Papyrus« vermutlich ägyptischer Herkunft. Verwandt mit *Karte*.

Mit der Vorläuferform *Charter-party*, aus französ. *charte-partie*, etwa »geteilte Urkunde«, in: Der wohl instruirte Schiffer (1732): »der zwischen dem Verhäurer und Befrachter geschlossene Contract muß allezeit schrifftlich abgefasset werden; dieses Document nennen die Teutschen Zerteparthey, die Italiäner Charta partita, und die Frantzosen Charte partie, es wird in duplo ausgefertiget und bekömmt ein jeder der Contrahenten davon ein Exemplar.«

August Schiebé, Correspondenz in überseeischen Geschäften (1845): »Schiffe … die alle zu sehr billigen Frachten zu chartern sein würden.«

Otto Emil Güssefeld, Briefwechsel (1907, Brief von 1863): »Dies Geschäft erfordert weitaussehende Aufmerksamkeit, denn um dem Bedarf [an Guano] in 1864 begegnen, zu können, müssen schon jetzt die Schiffe gechartert werden.«

Clipper →Klipper

Container, der, »genormter Großbehälter im Güterverkehr«.

In den 1930er-Jahren aus engl. *container* »Behälter« übernommen. In England in diesem Sinn seit dem 16. Jahrh. bekannt; als stabiler Standardbehälter für den Landverkehr seit den 1920er-Jahren, bei der US-Armee in genormten Größen seit dem 2. Weltkrieg. Der Durchbruch gelang 1956 dem US-Amerikaner Malcolm P. McLean und seiner Reederei *Sea-Land* mit Schiffsfrachtbehältern in der Größe von Lastwagenaufliegern. Engl. *to contain* »enthalten«, aus altfranzös. *contenir* und lat. *continēre* »umfassen, zusammenhalten« aus *tenēre* »halten«. Verwandt mit *Kontinuum* und *Kontinent*.

Aussiger Tagblatt, 21.7.1937: »der sogenannte Containerverkehr«.

Prager Zeitung (13.8.1937): »Transportfracht (Container)«.

Die Zeit (11.4.1957): »Den Anfang machten die USA; wo die drückend hohen Umschlagkosten besonderen Anlaß geben, auch in der Linienfahrt neue Wege zu beschreiten. Dort wurden die ersten ›Containerschiffe‹ (sie verladen genormte Behälter) in Fahrt genommen.«

Crew, die, »Besatzung«.

Anfang des 20. Jahrh. aus engl. *crew* »Besatzung« übernommen, als »Verstärkung der Truppe für den Schiffsführer, -eigner« aus altfranzös. *crue* »Wachstum« zu *croître* »sich mehren«, dies wie engl. *to grow* »wachsen« aus lat. *crēscere* »erschaffen« und mit griech. *koros* »Jüngling«, *korthys* »Getreidehaufen« auf indoeurop. **kerdh-* »Herde« zurückgehend.

John Narbrough, An account of several late voyages & discoveries to the south and north (1694): »Who-

Die Crew eines Rettungsbootes beginnt einen Einsatz. Holzschnitt von John Dawson Watson, um 1850.

ever of a Ships Crew sees a dead Whale, cries out Fish mine«, »Wer auch immer von einer Schiffsmannschaft einen toten Wal sieht, ruft aus: mein Fisch.«

Johann Georg Kohl, Reisen in England und Wales (1844): »Die Form mancher dieser Bücher ist durch Parliaments-Acte festgesetzt, z. B. die Form der Musterrollen für die Mannschaft (Muster-Rolls for the Crew).«

Zeitschrift des Allgemeinen Deutschen Sprachvereins (1888): »So lief jüngst eine aus einer englischen Zeitschrift übersetzte Schilderung der schottischen Häringsfischerei durch mehrere Zeitungen, in welcher das häufig vorkommende Wort ›Crew‹ durchgehends unübersetzt blieb. Es ist nicht denkbar, daß der Übersetzer vergeblich in einem Wörterbuch nach einer Verdeutschung dieses Wortes gesucht hat.«

Hermann Dunger, Engländerei in der deutschen Sprache (1909): »Otto Schrader machte in seinem Festvortrag ›Die Deutschen und das Meer‹ ... darauf aufmerksam, daß die jetzt vielgebrauchten englischen Wörter *Crew* für Besatzung und *Pantry* für Speisekammer in Eduard Bobriks Allgemeinem nautischen Wörterbuch 1848 noch fehlen, und daß *Crew* auch in dem 1879 erschienenen Handwörterbuch der Kaiserlichen Marine noch keine Aufnahme gefunden hat.«

→Skipper (1983)

D

Daak, **Dake**, der, »dichter Nebel«.

Dialektwort der norddt. Küsten, mittelniederdt. *dāk*, dän. *taage*, schwed. *töcken*, altnord. *þoka*, german. *þuk*, russ. *tusk*. Verwandt mit *düster*, nicht mit schott. *dag*, dän. *dug*, altnord. *döggr* »(Morgen-)Tau«.

Klaus Groth, Quickborn: Volksleben in plattdeutschen Gedichten ditmarscher Mundart (1857): »Un nix as Water mehr to sehn, un Grau un Grön un Dak un Damp.«

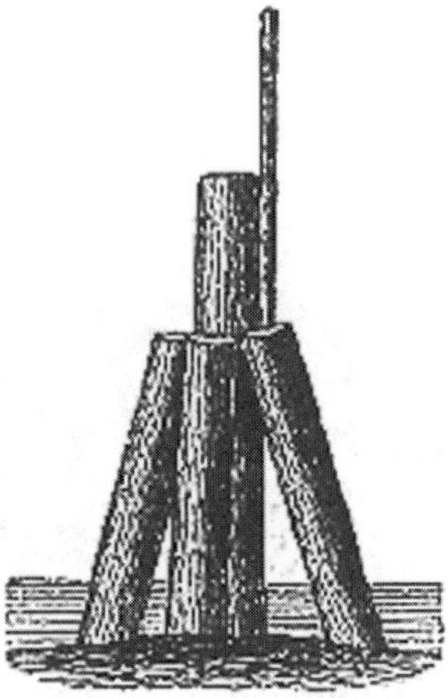

Duckdalbe.

Dalbe, die, **Dalben**, der, »Pfahlgruppe zum Vertäuen von Schiffen in Häfen«, verkürzt aus **Duckdalbe(n)**.

Mittelniederdt. *dükdalben*, niederländ. *dukdalf*. Die frühesten Belege stammen aus Holland, hier schon früh erklärt mit dem Eigennamen *Duc d'Alba*, Herzog von Alba, deswegen auch hochdt. *Duc d'Alben*, etwa als Stichwort in Kluges *Seemannssprache* (1911). Der Zusammenhang bleibt unklar. Der erste Wortteil stammt vielleicht von *ducken* »sich neigen, tauchen«, der zweite von *daljen* »leicht berühren«, entweder vom Kontakt von Schiffsrumpf und Dalbe oder von Schiff und Hafen; das niederländ. Wort ist wohl aus ostfries. *daljen* »schlagen, prügeln« übernommen. Ungewiss bleibt, ob *Dalben* mit *Diele* verwandt ist; *dalle* »Pfahl« ist eine an der Ostsee verbreitete vereinfachte Form von Dalben und nicht erkennbar verwandt mit *däl* »Planke, Brett für einen Boden« und anderen Verwandten von *Diele*. Holländ. Erklärungen sehen in der Benennung ① eine Anspielung auf Albas brutale Herrschaft 1567/73 über die aufständischen, reformierten Niederlande, so Nicolaes Witsen, *Scheeps-Bouw* (1671), über Alba, der »hart und unerschütterlich war wie dieses Pfahlwerk«. ② Jünger ist die Erklärung mit einer gewollten Demütigung: Dalben mussten eingerammt werden, und die nötigen Schläge auf den Kopf soll den Hafenarbeitern als Rache für Albas Schreckensregime gegolten haben. ③ Eine optische Erklärung gibt Adriaan Loosjes, *Het Leven van Maurits Lijnslager* (1808): »Um ihn [Alba] zu erniedrigen, heißt man auch die großen Pfähle Duckdalben, die, von vier oder sechs weiteren gestützt, in tiefem Wasser stehen und dazu dienen, um starke Schiffstaue daran festzumachen, und die aus einigem Abstand gesehen die Gestalt eines schmalen Menschenkopfes haben, der aus einem spanischen Mantel ragt.«

Verordnung der Polizei-Direktion (1.9.1858): »... wird die Benutzung der im städtischen Hafengebiete zum Befestigen und Verholen der Schiffe und Kähne hergestellten Pfähle (Duc d'Alben) als Krahnanstalten untersagt.«

Carl Reinhardt, Der 5. Mai, ein Lebensbild von der Unterelbe (1888): »Kaum hat sich einer der beladenen Seekolosse durch die Gefahren des Meeres gearbeitet und glaubt im sichern Fluß, an die Bollwercke der Duc d'alben gelegt, gemächlich ausruhen zu können.«

Dückdalben-Stich → Palstek (1794/96)

Dampfer, der, kurz für **Dampfschiff**, das, »maschinengetriebenes Schiff« im Gegensatz zum Segelschiff, eigentlich »Schiff mit kohlegefeuerter Dampfmaschine«.

Entlehnt aus engl. *steam-boat*, *-ship*, kurz *steamer* »Dampfer«. Dt. *Dampf*, althochdt. *dampf*, westgerman. **damypi-*, geht mit lat. *fumus* »Dampf, Rauch« auf indoeurop. **dhou-mo*, **dhū-mo-* oder **dhem-* »dampfen, fauchen, stieben« zurück; daher auch althochdt. *toum* »Dampf, Dunst« und altengl. *stēam*, engl. *steam* »Dampf«.

Carl Gottlob Rössig, Handelskunde (1803): »vermittelst eines dampfbootes (eines bootes mit einer dampfmaschine).«

Friedrich Kapp, Justus Erich Bollmann, Ein Lebensbild aus zwei Welttheilen (1880, Brief von 1815): »in Amerika gehen am sonntag viele hundert auf die dampfschiffe, vorzüglich während des sommers, als eine lustparthie.«

Allgemeine Zeitung (1816): »Zu Paris bildet sich eine Gesellschaft, um Dampfschiffe zu bauen«.

Die 1807 von US-Ingenieur Robert Fulton gebaute »Clermont«, eigentlich »North River Steam Boat«, der erste Dampfer im Linienverkehr.

Georg Herwegh, Ufnau und St. Helena (1841): »Laut mit dem Schwall der Wogen ringend, / Durchzieht den See der stolze Dämpfer, / und braust, das Schweizerbanner schwingend, / Dahin, ein zornentbrannter Kämpfer.«

→Logger (1851), →Brücke (1864), →Bark (1897), →Flaute (1907)

Dau →**Dhau**

Davit, der, »beweglicher Kran an Bord«, als Bootsdavits paarweise für Bei- und Rettungsboote.

Im 18. Jahrh. entlehnt aus engl. davit, auch schwed. david, dän. davit, devitz, französ. davier, nach dem alttestamentarischen König David, nach dem seit dem Mittelalter Handwerker verschiedene Gerätschaften benannten. Für den *Kran* ist der Grund unbekannt; es stammt urspr. vermutlich nicht aus dem Englischen, sondern vom Kontinent.

Henry T. Riley, Memorials of London (1868, Quelle von 1373): »30 ores, 1 daviot for the same boat«, »30 Riemen, 1 Davit für dasselbe Boot.«

Eduard Bobrik, Allgemeines nautisches Wörterbuch (1850): »Davit, die über den Heckbord und über die Quarterreilings hinausgebogenen, aber mit ihrem unteren Ende senkrecht stehenden eisernen Pfosten, an deren je einem Paare vermittelst angebrachter Taljen die Boote am Heck und über den hinteren Rüsten hängen, um jeden Augenblick herabgelassen und wieder hinaufgezogen werden zu können.«

Albert Berg, Die preußische Expedition nach Ost-Asien (1864): »Eine See schlug in die zu Backbord hangenden Boote; der erste Cutter und die Jolle füllten sich mit Wasser, die Davids brachen unter der Last und beide Boote versanken.«

→Gig (1864), →Talje (1880)

Deck, das, »Bedachung des Schiffsraums, Haupt-, Oberdeck«, »Stockwerk im Schiff«.

Niederdt. *Deck*, niederländ. *dek*, mittelniederländ. *dec* »Dach, Bedeckung«, engl. *deck*. Als nautischer Begriff in England seit Anfang des 16. Jahrh., in Deutschland und den Niederlanden erst in der 2. Hälfte des 17. Jahrh. belegt. Dt. *Deck* ist die Kurzform von *Verdeck*, dt. seit dem 15. Jahrh. nachgewiesen, eine Übersetzung von französ. *couvert*, italien. *coperta*, span. *cubierta* »Bedecktes«, weil Schiffe mit durchgehenden Decksböden zuerst am Mittelmeer gebaut wurden. Dt. *decken*, althochdt. *thecken* geht wie *Decke* und *Dach* mit griech. *stégein*, lat. *tegere* auf indoeurop. **(s)teg-* »decken« zurück. Heute übliches französ. *pont*, italien. *ponte* »Deck« geht im Sinne von »überbrückter Schiffsbauch« auf lat. *pons* »Brücke« zurück. Span. *conbés*, port. *convés* »Deck« ist wohl nicht mit *conversare* »sich unterhalten« als »Ort, wo die Matrosen plaudern« (Corominas, *Diccionario etimológico de la lengua castellana*, 1954) zu verstehen.

Die Reisen des Samuel Kiechel (um 1600): »Wardt also gegen der nacht sehr ungestim, das wir aller nass wurden von dem inspritzen des wassers, dann wir die nacht uns am mast oberhalb dem verdeck halten muesten.«

Friderich Martens, Spitzbergische oder Groenlandische Reise-Beschreibung (1675): »die schlupen setzen etliche auff den boden des schiffs, deck genant.«

Daniel Defoe, Robinson Crusoe, übersetzt von Ludwig Friedrich Vischer (1720): »unser schiff bekam vorn schaden, es schlugen etliche sehr starcke wellen über das gantze deck.«

→Bö (1821), →Bucht (1892), →dwars (1905), Verdeck →Fregatte (1774)

Deich, der, »Schutzdamm gegen Hochwasser«.

Spätmittelhochdt. *dīch*, mittelniederdt. *dīk*, -länd. *dijc*, altsächs. *dīc* »Deich«, altengl. *dīc* »Erdwall, Graben«, altnord. *díki* »Pfütze, Morast, Graben«, heute französ. *digue*, engl. *dyke*, niederländ. *dijk*. Verstanden als Erdaushub längs eines ergrabenen Wasserlaufs, ist das Wort mit lat. *figere* »hineinstecken« und litauisch *díegti* »stechen, stecken« zurückzuführen auf indoeurop. **dheig-* »stechen, stecken«. Verwandt mit *Teich* »künstlich angelegtes Gewässer«.

Chroniken der deutschen Städte, Köln (1499): »dat si [die See] uisbrach hinter Dordrecht ind sloich die diche inzwei«, »dass sie hinter Dordrecht ausbrach und die Deiche entzweischlug.«

Matthias Quad, Enchiridion Cosmographicvm (1599): »dieweil nur ein klein ort lands Asiam vnd Africam aneinander corporiert, welches gleich als ein teich ist zwischen dem Mediterraneo vnd dem Roten Meer.«

Samuel Jacob Schröckh, Einleitung zu einer allgemeinen Erkenntniß aller Handlungs-Wissenschaften (1769): »das land … muß dahero gegen die ueberschwemmungen des meeres und der flüsse, durch kostbare deiche und dämme verwahret werden.«

→Ebbe (1598), →Siel (1741), →Hallig (1826)

Delfin, der, »Angehöriger der Familie der Zahnwale, Delphinidae«, namengebend die Art Delphinus delphis.

Im Spätmittelalter in viele europäische Sprachen entlehnt aus lat. *dolphīnus*, von spätgriech. *delphín*, griech. *delphís* »Delphin«, zu *delphýs* »Gebärmutter«, wohl weil Delfine lebendgebärende Säugetiere sind. »In der phönikischen Symbolik gehört er als ›Bauchfisch‹ … in die Reihe der mannigfaltigen Sinnbilder des weiblichen Prinzips, während der Reiter auf ihm … das männliche

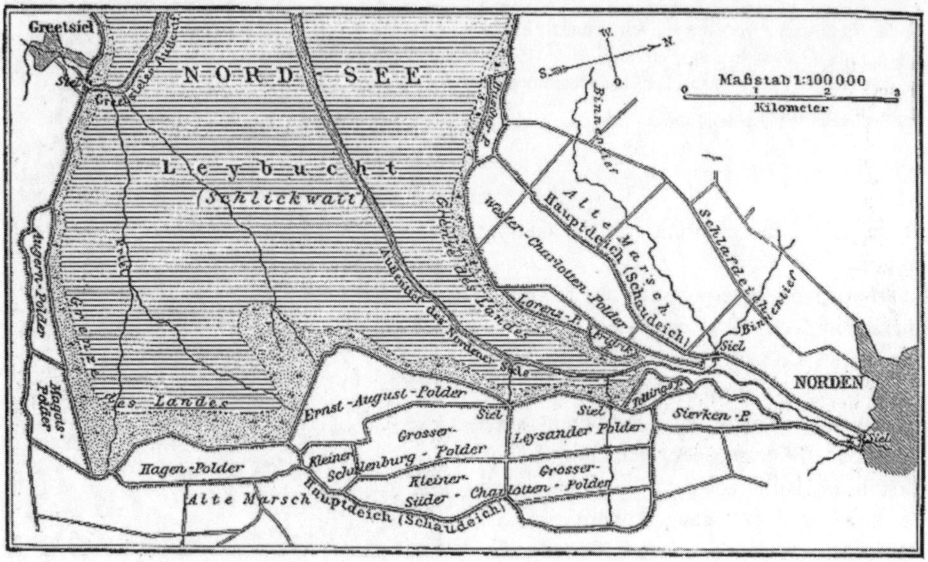

Seedeiche an der Leybucht, Ostfriesland, mit Poldern, Sielen und Schlickwatt, um 1900.

Delfin. Der Zeichner orientierte sich vermutlich am Gemeinen Delfin *(Delphinus delphis)*.

Prinzip repräsentiert. … Gejagt wurde der Delphin bloß von den Barbaren« (Keller, *Antike Tierwelt*, 1909), auch als **Meerschwein**, althochdt. *meriswin*, von lat. *porcus marinus*, wegen seines Fettes. →*Tümmler*

Konrad von Megenberg, Buch der Natur (1349/50): »nu saz das kindel ains tages auf den delphin, dō truog er ez oft in daz mer.«

Johann Ludwig Gottfried, Newe Welt und Americanische Historien (1631/55): »sie sahen auch delphin oder meerschwein, welche … gleichsam in einer schlacht ordnung daher zogen.«

Walter Behrmann, Der weiten Welt Wunder, Erlebnisse eines Geographen in Fern und Nah (1956): »eine Herde von Schweinsfischen, von Delphinen«.

Meerschwein →Gestade (1566)

Delta, das, »dreieckförmige Flussmündung mit mehreren Armen«.

Im 16. Jahrh. übernommen aus lat. *delta*, dies aus griech. *délta* nach dem gleichlautenden, als Dreieck geschriebenen Buchstaben Δ wegen der Form der Nil-Mündung; aus der phönikischen Vorlage entstammt auch die hebr. Buchstabenbezeichnung *dāleth*. Erst im 19. Jahrh. von der Nilmündung auch auf andere Flussmündungen übertragen, seit Mitte des 19. Jahrh. in den Niederlanden auch auf die Rheinmündung.

Sebastian Münster, Cosmographei oder beschreibung aller länder (1550): »was lands zwischen jenen [den Nilarmen] begriffen wird, … die alten nennen es Deltam von der dreiekichten form so es hat, in Gestalt des Griechichen buchstaben delta, der ein triangel macht.«

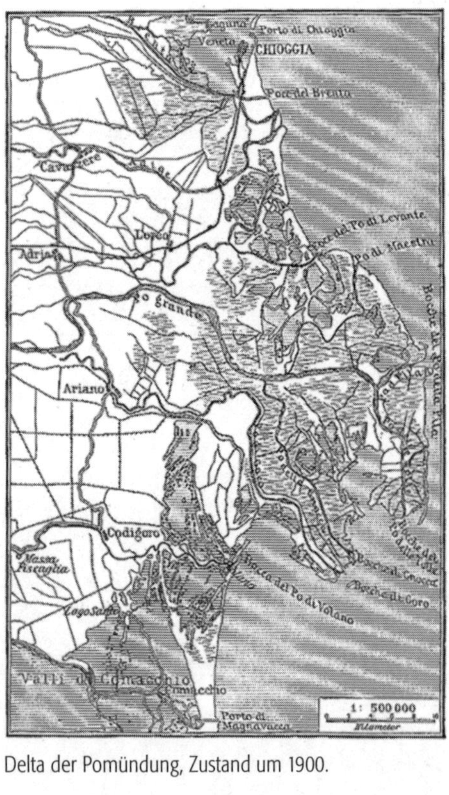

Delta der Pomündung, Zustand um 1900.

Alexander von Humboldt, Ansichten der Natur (1808): »bis zu dem grossen Delta, welches der Orinoco an seiner Mündung bildet.«

Klaus Groth, Koptein Pött [vor 1899]: »Um sprung de wind, eerst hungn de Segel, fungn denn an to klappen [fingen dann an zu schlagen], de Lucht [Luft] was diesi, gries an grau de See.«

Dhau, Dau, die, »Segelschiff arabischer und afrikanischer Küsten«.

Übernahme von engl. *dhow*, arab. *dau*, in vielen Sprachen am Indischen Ozean verbreitet, Ursprung unklar. Als *tava* in der Straße von Hormus am Ausgang des Persischen Golfs 1470 vom Russen Athanasius Nikitin erwähnt, damit wohl erstmals von einem europäischen Reisenden.

Otto v. Bismarck, Rede v. 26.1.1889: »Ich habe in einer mir eben zugegangenen Meldung … unserer Flotte gelesen, daß eine Dhow gefangen wurde, in der 87 Sklaven unten lagen.«

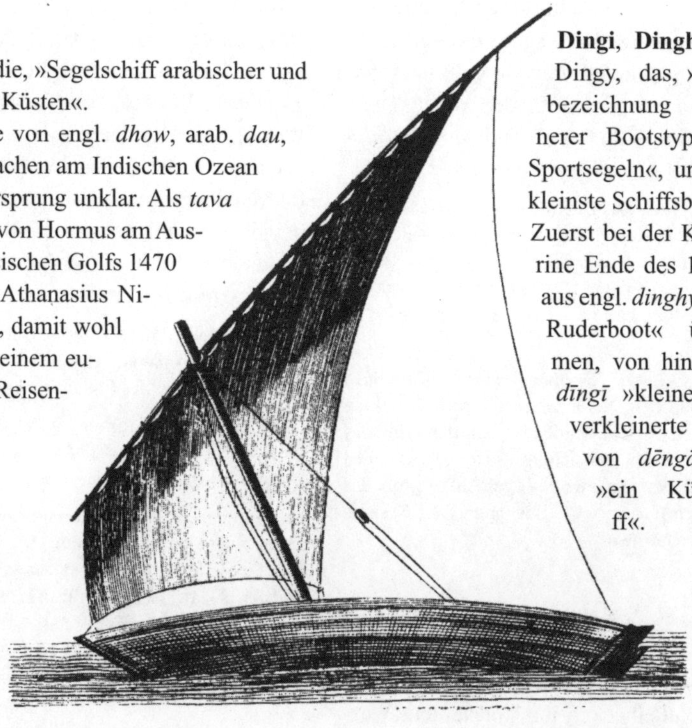

Dingi, um 1790.

Dingi, Dinghi, früher Dingy, das, »Klassenbezeichnung kleinerer Bootstypen beim Sportsegeln«, urspr. »das kleinste Schiffsbeiboot«. Zuerst bei der Kriegsmarine Ende des 19. Jahrh. aus engl. *dinghy* »kleines Ruderboot« übernommen, von hindi *dēngī*, *dīngī* »kleines Boot«, verkleinerte Form von *dēngā*, *dōngā* »ein Küstenschiff«.

David Steel, The elements and practice of rigging and seamanship (1794): »Dingas are vessels used at Bombay … and are navigated sometimes by rowing with paddles. They have one mast … which rakes much forward. On the mast is hoisted a sail«, »Dingas sind Schiffe, die in Bombay benutzt werden, und werden manchmal durch Rudern mit Paddeln gelenkt. Sie haben einen Mast, der sich stark nach vorne reckt. Auf dem Mast in ein Segel gehisst.«

Hamburgischer Correspondent (20.8.1907, Morgenblatt): »Ertrunken ist am Sonntag im hiesigen Hafen der Koch Ankermann vom Torpedoboot Sleipner, der einem abgetriebenen Dinghy nachschwimmen wollte.«

diesig, deisig, »neblig, unklar«.

Seemannswort vor allem der Nordseeküste, niederländ. *dijzig*, dän. *diset*, mit dän., nordfries. *dīs* »Dunst« und mittelniederdt. *disinge* »Nebelwetter«, vielleicht auf german. **þins*, **þemsa*, indoeurop. **tem-* »dunkel« zurückzuführen und dann mit *finster* und *dämmern* verwandt.

dippen, »die Flagge zum Gruß niederholen und wieder hissen«.

Seit Ende des 19. Jahrh. aus engl. *to dip* »senken, eintauchen«, in England von Nationalflaggen erst seit Mitte des 19. Jahrh. belegt, wohl in Anlehnung an die Grußgeste der Verbeugung. Altengl. *dyppan* geht über german. **dupjan* zurück auf indoeurop. **dheub*, **dheup* »tief, hohl«. Verwandt mit *tief*, *tippen*, *Taufe*, →*Taucher*.

Reinhold Werner, Das Buch von der Deutschen Flotte (1898): »die Ankerketten wurden von den Bojen gelöst, und die stolzen Schiffe setzten sich in Bewegung, um mit gedippten Flaggen und dem Hurra der Besatzungen vor ihrem Kaiserlichen Herrn vorbei zu dampfen.«

Wolfram Claviez, Seemännisches Wörterbuch (1978): »dippen … Es bestehen folgende Grußkonventionen: Bei sich überholenden Schiffen grüßt das überholende zuerst, bei sich im Revier begegnenden das auslaufende; liegt ein Schiff vor Anker, grüßt das fahrende Schiff zuerst, bei Begegnung auf See das nördlicher stehende.«

Dock, das, ① »Anlage zum Trockensetzen von Schiffen«, ② »in Häfen mit starken Tidenhub ein durch Tore und Schleusen abgetrenntes Hafenbecken mit konstantem Wasserstand«, ③ in den USA »Hafenbecken mit Pier«.

Lehnwort des 18. Jahrh. für verschiedene ausländische Dockanlagen aus mittelniederdt., -länd. *docke*. Niederländ. *dok*, dän. *docke*, schwed. *docka*, französ. *doque*, *dock*. Zugrunde liegend wohl engl. *dock*, erst im 19. Jahrh. in dt. Häfen verbreitet. Herkunft unklar: ① Weil mittelniederländ. *dock* auch »Bett, das ein Schiff sich in Sand oder Schlick macht« bedeuten kann, ist im Sinne von »Wasserrinne« auch ein Anschluss an mittellat. *doga* »Gefäß«, griech. *dokhē* »Behälter« oder lat. **ductia* »Wasserleitung« zu lat. *ducere* »leiten, führen« möglich. ② An die Bedeutung »Schiffsbett« angelehnt ist auch ein Zusammenhang mit altnord. *dǫkk* »Grube«, isländ. *dökk* »Pfuhl«, schwed. dialekt. *dank* »Senkung im Boden«, shetländ. *dekk* »Meeresboden« möglich, mit lett. *danga* »Gruft, Pfütze«, ohne sichere indoeurop. Wurzel. Die US-amerikanische Bezeichnung hat sich aus der Bedeutung »Gesamtheit der Becken, Piers und Ladeschuppen« entwickelt. In vielen roman. Sprachen wird *Dock* als »geschlossenes Becken« verstanden, z. B. französ. *bassin-écluse*, italien. *bacino chiuso*.

Der erste Beleg (Hanserezesse, Quelle um 1436/37) über einen Lotsenlohn, »gegeven deme manne, de dat schip in de docke [des Londoner Hafens] lede«.

Georg D. von der Groeben, Erläuterungen zum Verstande der Schifffahrt (1774): »in den schiff-arsenalen oder kriegshafen ist der stapel in einer docke.«

Die Gartenlaube (1859): »Einige dieser Werften besitzen auch Docks; es sind dies … Bassins, die mit dem Flusse in Verbindung stehen und in welche zur Zeit des Hochwassers Schiffe, die einer Reparatur bedürfen, einlaufen.«

Trockendock →Tauchen (1861)

Doldrums, die, »windstille oder -schwache Zonen am Äquator zwischen den Passatgürteln«.

Übernommen von gleichbed. engl. *doldrums*, erst im 19. Jahrh. belegt, Herkunft unbekannt, vielleicht aus dem Slang der Matrosen von *dol*, *dull* »dumpf, unbeweglich«, von Personen auf die Luft übertragen. →*Kalmen*, →*Rossbreiten*

Lord Byron, Island (1824): »I saw her in the doldrums; for the wind was light and baffling«, »ich sah sie in den Doldrums, denn der Wind war leicht und umspringend.«

Schwimmdock mit Pumpanlage des US-Ingenieurs John S. Gilbert, 1840 patentiert und 1841 in New York erstmals gebaut.

Schiffsjournal, Seewarte Hamburg (1873): »durch 10 Tage, durch 6 Grad Breite hindurch die Doldrums und noch jetzt nicht die geringste Aussicht auf stetige Briese.«

Dolle, die, »Rudergabel; Auflager für den Riemen in Ruderbooten«.

Mittelniederdt., -länd. *dolle*, niederländ. *dol*, altengl. *þoll*, engl. *thole* »Dolle«, altnord. *þollr* »Baum, Mast, Balken«, norw., dän. *toll*, schwed. *tull* »Dolle«. Zurückzuführen auf german. **þulla-*, **þulno-* »Baum, Dolle«, das mit litauisch *tulìs* »Pflock, Nagel«, lat. *tullius* »Schwall« letztlich von indoeurop. **teu-* »schwellen« stammt. Im Spätmittelalter war die *Dolle* in verschiedenen Gewerken und seemänn. als »Pflock, gegen den der Riemen gedrückt wurde«, bekannt. *Dollbord* heißt die kleine Planke auf dem Bord eines Bootes, in die die Dollen eingeschlagen werden können.

Johann Frisch, Schau-Platz Barbarischer Sclaverey (1694): »Von derselben Materia machten sie die Bäncke und Dollen oder Pflöcke zu den Riemen.«

Gedenkblätter der k.u.k. Kriegsmarine (1900): »Um jedes Geräusch beim Rojen [Rudern] zu vermeiden, waren die Riemen am Schafte auf der Höhe der Rojdullen mit Schettleinwand bekleidet worden.«

Friedrich Kries (Übersetzer), William Scoresby's des Jüngern Tagebuch einer Reise auf den Wallfischfang (1825): »dadurch wurde die Leine von der Harpune aus ihrer Lage geworfen, und anstatt über den Vordersteven zu laufen, lief sie über den Dollbord.«

→pullen (1901)

Dorsch, der, »Angehöriger einer Familie großer Raubfische, Gadidae, auch: →*Kabeljau*«. Namengebend ist Gadus morrhua. Manchmal wird auch nur »junger« Kabeljau als *Dorsch* bezeichnet; dies geht zurück auf die Zeit, als die kleinere Ostseeform des Kabeljaus als eigene Art Gadus callarias angesehen wurde.

Mittelhochdt. *dursch*, mittelniederdt., -länd. *dorsch*, engl. *dorse*, mittellat. *dorsus*, entlehnt aus altnord. *þorskr* »der Fisch, der gedörrt wird; Dorsch«, isländ. *þorskur*, norw., schwed., dän. *torsk*, entlehnt zu finn. *turska*, estn. *tursk*; vielleicht auch russ. *treska* »Stockfisch«, wenn dies nicht von *treská* »Latte« abstammt. Zugrunde liegt german. **þers-a-* »dorren«, das auf indoeurop. **ters-* »vertrocknen, verdorren« zurückgeht; verwandt mit *Durst*, *Dürre*. *Dorsch* wird gelegentlich auf german. **dur-* »rundlich, plump« zurückgeführt, von der Form der Fische. →*Schellfisch*, →*Stockfisch*, →*Laberdan*

Paul Jacob Marperger, Vollständiges Küch- und Keller-Dictionarium (1716): »dorsch oder wie sie

Dorsch oder Kabeljau *(Gadus morrhua)*, oben, darunter der zur Familie der Dorsche gehörende Schellfisch *(Melanogrammus aeglefinus)*.

es in Preussen nennen pomucheln ist ein wohlgeschmackter fisch.«

Johann Heinrich Zedler, Universal-Lexikon (1734): »Dorsch, ist einer von denen zärtesten Meer-Fischen, wird in der Ost-See gefangen ... Er scheinet nichts anderes als eine kleine oder vielleicht die kleinste Art Cabliar zu seyn. Der frische ist nicht so [all]gemein, als der eingesalzene oder gedörrte, welche beyde dennoch jenem an Gütigkeit sehr viel nachgeben.«

Drift, **Trift**, die, »Meeresströmung durch konstante Windeinwirkung«, »Weg eines treibenden Gegenstandes«.

Drift ist eine seit dem 14. Jahrh. belegte niederdt. Entsprechung zu hochdt. *Trift* »Viehtrieb«, unter Neuentlehnung aus engl. *drift* mit anlautendem *D-* meist in naut. Bedeutung. Zugrunde liegt *to drive*, dt. *treiben*, altengl. *drīfan*, althochdt. *trīban*; den dt. wie den engl. Formen liegt german. **dreib-a* »treiben« zugrunde. Es ist vielleicht mit altnord. *drift*, *dript* »Schneegestöber« und litauisch *drìbti* »schneien« verwandt; dann zu indoeurop. **dher-* »matschig sein«. Ein Anschluss an engl. *to drip*, dt. *tropfen* gelingt nicht; dies stammt wohl mit german. **dreup-a-* »triefen« von indoeurop. **dreup-* »zerbrechen«.

Heinrich Brarens, System der praktischen Steuermannskunde (1807): »Nun hat er sorgfältig dahin zu sehen, daß das Schiff gut gesteuert, die Abtrifft des Schiffes wohl beobachtet, halbstündig gelogget wird.«

Gustav Frenssen, Hilligenlei (1905): »So kamen sie glücklich in den Indischen Ozean hinein und hielten in die Passattrift und kamen gut vorwärts.«

Dschunke, die, »ostasiatisches Frachtschiff«.

Übernahme von malaiisch *djong* »großes Schiff«; die Entlehnung aus chines. *ch'uan, ch'ung* ist umstritten. Seit dem 16. Jahrh. in europäische Sprachen übernommen und als Fremdwort im Deutschen benutzt, zunächst portugies. *junco*, italien. *giunco*, später französ. *joncque*, niederländ. *jonk*, engl. *junk*; die moderne deutsche Form geht auf englischen Einfluss zurück.

Die Reisz des herren Ludowico Vartomans von Bolonia, übers. v. Michael Herr (1516): »wir ... bestalten gar ein groß schiff genannt ein giuncho, vnd namen vnsern weg.«

Ducht, die, »Sitz-, Ruderbank in Booten«.

Mit mittelniederdt. *ducht*, -länd. *docht*, *doft* zu althochdt. *dofta*, altengl. *þoft*, altnord. *þopta*, norw. *tofta*, schwed. *toft*, dän. *toft*(e), schott. *tobhta*, finn. *tuhto*. Alle diese Formen gehören mit altnord. *þopti* »(Ruder-)Genosse, Kamerad« zu german. **þuftōn* »Ruderbank«. Das Wort geht mit litauisch *tūpiù* »sich niederkauern« und lett. *tupt* »hocken« auf indoeurop. **teup* »hocken« zurück.

Johann Amos Comenius, Eröffnete güldene Sprachen-Thür (1638): »die ruder knechte, welche auf den ruder bänken (der ducht) bey den ruderbrettern ... sitzen.«

Jens Jacob Eschels, Lebensbeschreibung eines alten Seemanns (1835): »Die Hälfte der Mannschaft, also in diese Fall 6 Mann, sollte sich auf jeder Seite des Boots ausser Bord ins Wasser begeben, ihre Arme über den Rand des Fahrzeugs halten und sich an den Dochten oder Toften mit ihren Händen fest halten.«

Wilhelm Poeck, In der Ellernbucht (1907): »He seeg ümmerto na de vörste Ducht hin, wo Anngreeten seet«, »er sah immerzu zur vordersten Ducht, wo Annegret saß.«

Duckdalben →**Dalbe**

dümpeln, »unregelmäßiges Schaukeln von Booten«.

Niederdt. *dumpeln*, mittelniederdt. *dumpeln*, niederländ. *dompelen* »untertauchen«. Herkunft unsicher: ① über german. **dumpa-* von indoeurop. **dheup-* »tief, hohl«, dann verwandt mit →*Tümpel*, →*Taucher*, →*dippen*, oder ② mit *tummeln* und *taumeln*, althochdt. *tūmilōn* »dröhnen, tosen«, (erloschen) *tūmōn* »kreisen« von indoeurop. **dheu-* »stieben, aufwirbeln«, dann verwandt mit →*Tümmler* und vielleicht →*Düne*.

Eberhard Tiling, Versuch eines bremisch-niedersächsischen Wörterbuchs (1769/71): »dumpeln … von Wind und Wellen hin und her geworfen werden.«

Johann Hinrich Röding, Allgemeines Wörterbuch der Marine (1794/96): »dumpeln … Heißt auf kleinen Fahrzeugen auch so viel als stampfen.«

Düne, die, »vom Wind zusammengewehter Sandhügel«.

Seit dem 15. Jahrh. niederdt. *Düne*, *Deune*, aus mittelniederdt., -länd. *dūne*, niederländ. *duin* »Düne«, althochdt. *dūna* »Vorgebirge, Düne«, altengl. *dūn*, engl. *dune* »Düne«, *down* »Sandhügel«, mittellat. *dūna*, französ. *dune*, span., italien. *duna*. Herkunft unklar: ① Vermutlich stammt das Wort westgerman. **dūnō* »Hügel« mit altirisch *dun* »Burg« und der Ortsnamen-Endung *-dunum* aus dem Keltischen oder aber ② mit altind. *dūnōthi* »bewegt, schüttelt«, altkirchenslaw. *doti* »blasen«, altnord. *dyja* »schütteln« von indoeurop. **dheu-* »stieben, aufwirbeln«, dann verwandt mit →*dümpeln*, →*Tümmler*.

Daniel Federmann (Übers.), Lodovico Guicciardini, Niderlands Beschreibung (1580): »sandberglin vnn [und] büheln von weissem sand, … in gemein die düne genannt.«

Sigmund von Birken, Brandenburgischer Ulysses (1669): »diese Vestung [Duynkerke, Dünkirchen] hat den Namen von den Duynen oder Sandhügeln, welche von hier bis nach Nieuport, 5 Meilen lang, das Meer belägern.«

Auch für die ostengl. Küstenlandschaft *The Downs*, etwa bei Johann Gottfried Seume, Mein Leben (1813): »Bei Deal lagen wir einige Zeit in den Dünen vor Anker.«

→Hallig (1826)

Durch eine Düne versandender Wald in Juotkrante/Schwarzort auf der Kurischen Nehrung, Zeichnung von 1868.

Dünung, die, »Seegang trotz Windstille«, oft mit gleichmäßigen langen Wellen, vor, nach oder in der Nähe von Stürmen.

Niederdt. *Düning*, -ländl. *deining*, zu niederdt. *dünen*, -länd. *deinen* »auf- und abwogen«. Herkunft von *deining* unsicher, vielleicht zu mittelniederdt. *dōnen* »schwellen«, zu *dūn* »aufgeschwollen, betrunken«, mit litauisch *tvinkti* »anschwellen« zu indoeurop. **teu-*,**teuə-*, *tu-* »schwellen«, möglicherweise letztlich zu **ten-* »dehnen«. Eine Verbindung mit →*Düne* ist unwahrscheinlich.

Verklarung über eine Grönlandsfahrt, Stadtarchiv Altona (1788): »Den 2ten April hub sich eine starcke Sturm aus Osten, worauf eine hoge See-Dienung erfolgte; den 3ten April wehete ein Sturm aus Nord-Ost, worauf die See Dienung hebete sich immer höher.«

Heinrich Smidt, Seemanns-Sagen und Schiffer-Märchen (1849): »Strahlend in den sieben Farben des Regensbogens schwamm eine ganze Flotte der leichtbeschwingten men of war [Kriegsschiffe] heran, geschaukelt von der Diehnung.«

Hans Parlow, Die Kaptaube (1902): »Wir wunderten uns, daß die hohe Dünung nach dem Herumgehen des Windes beinahe pötzlich verschwand.«

dwars, »quer, querab«.

Niederdt. *dwars*, oberdt. *zwerch*, mittelniederdt. *dwer(s)*, -hochdt. *twer*, *quer*, dän. *tvaers*, altnord. *þvērr*, altengl. *þweorh*; alle Formen gehen auf german. **þwerha-* zurück und mit lat. *torquēre* »drehen«, altind. *tarkúh* »Spindel« auf indoeurop. **ter-* »reiben, drehen, durchbohren«. Verwandt mit *Zwerchfell*, *drehen*, *drechseln*, *Quark*, *Quirl*.

Paul Gerhard Heims, Von der Wasserkante (1897): »Er hält das Fischerboot vor der See, daß es nicht dwars zur See zu liegen kommt.«

Gustav Frenssen, Hilligenlei (1905): »eine ungeheure See hob das Deck und das ganze Boot, und, im Heben, warf sie es ein wenig dwars.«

E

Ebbe, die, »Absinken des Meeresspiegels im Gezeitenwechsel; Zeit zwischen Hoch- und Niedrigwasser«. Oft wird auch das Niedrigwasser selbst *Ebbe* genannt.

Niederländ., mittelniederdt., -länd. *ebbe*, altengl., altfries. *ebba*, engl. *ebb* »Ebbe«, altnord. *efja* »Gegenstrom in einem Fluss, Flussbucht«, norw. *efja* »sumpfige Bucht, Flussarm«, altschwed. *æfja* »Schlamm«, schwed., norw. *ava*, *ave* »Wasserloch, Sumpf«; später entlehnt sind norw. *ebbe*, schwed. *ebb* »Ebbe«. Allen Formen zugrunde liegt westgerman. **abjōn* »Ebbe«, dessen Herkunft unsicher ist: ① wohl mit altnord. *ǫfugr* »zurück« zu hochdt. *ab*, althochdt. *aba* als »abfließendes Wasser«, ② möglicherweise auch zu hochdt. *aber*, althochdt. *abur* »wieder« (wie in »abermals«) als »wiederkehrendes Wasser«. Bevor im 16. Jahrh. das Wort *Ebbe* aus dem Nieder- ins Hochdeutsche übernommen wurde, hieß es schriftsprachl. *Abflut*, *Ablaufen*. Französ. *reflux*, span. *reflujo*, italien. *riflusso* stammen von lat. *re* »zurück« und *fluxus* »Fließen«, →*Flut* (zugleich das Gegenwort zu *Ebbe*). Französ. *jusant* »Ebbe« geht vielleicht über *jus* »unten« zurück auf lat. *deorsum* »unterhalb, abwärts«, aus *de* »von« und *versus* »gegen«. Port. *vazante*, brasilian. *vazão* stammt von lat. *bassus* »niedrig«.

Neocorus, Chronik von Dithmarschen (1598): »Itt iß umme dat Landt … ein grott Wall edder Dick upgeföhret, umme der Stromwinde unnd dachlichen Ebbe unnd Vlot willen, up dat dat solte Water nicht infalle unnd Schaden doe«, »es ist um das Land ein großer Wall oder Deich aufgeführt, um der Sturmwinde und täglichen Ebbe und Flut willen, auf daß das Salzwasser nicht einfalle und Schaden tue.«

Jürgen Andersen, Orientalische Reise-Beschreibungen (1669): »Wir wurden gewahr, daß viel Fische darin waren, und sprungen, welche, wenn es ebbete, mit dem Wasser wieder in die See liefen.«

Johann Friedrich Wilhelm Röding, Album für die Freunde Helgoland's (1836): »der boden der küste … wird bei der fluth losgespült, und mit der Ebbe fortgeführt.«

→Schlick (1430), →Gezeit (1720), →Barre (1879)

Echolot, das, »Gerät, um mit reflektierten Schallwellen Wassertiefen und Entfernungen zu messen«.

Als Ausdruck seit den 1920er-Jahren belegt, anfangs auch *Behmlot* nach dem auf den Untergang der »Titanic« (1912) hin im Jahr 1913 von Alexander Behm patentierten Gerät, das allerdings keine Signale von Eisbergen, sondern vom Meeresboden registrierte. Zusammensetzung aus *Echo* und →*Lot*. *Echo* »Widerhall, Nachhall« unter antikem Einfluss seit dem 14. Jahrh. belegt, aus lat. *ēchō*, griech. *ēchō*, zu griech. *ēchē* »Schall«. In der griech. Mythologie war *Echo* eine Waldnymphe mit unerfüllter Liebe, die nach ihrem Tod zur körperlosen Stimme verschmachtete. Engl. *echo sounder* bedeutet wörtl. »Echosender«, französ. *sondeur sonore* »Tonsender«.

Eiland, das, poetisch »Insel«, früher nautisch.

Wörtl. »Inselland« aus german. **agwijō*, **awjō* »das vom Wasser Umgebene, Insel«, vielleicht schon in *Skandin-av-ien* enthalten, von **ahua* »Wasser«, indoeurop. **akua* wie lat. *aqua*. Aus german. **awjo* entwickelt sich mittelniederdt. *ō*, *ōge* (vgl. *Wangerooge*) und verdeutlichend *ōlant* »→*Insel*«, ferner mittelhochdt. *ouwe* »Aue, Flusslandschaft, -insel«, niederländ. *ijland* »Insel«. Die altfries. Form **ey* ist in *Norderney* zu erkennen, die altnord. Form *ey*, norw. *øy*, schwed. *ö*, dän. *ø* in zahlreichen skandinavischen Inselnamen, normann. *ey* in *Jersey* und Namen anderer Kanalinseln. Altengl. *īg*, *ēg*, *ēgland*, *íland* wird unter dem Einfluss von altfranzös. *isle* zu engl. *island*. Nicht verwandt mit *Island*, dies von altnord. *īss* »Eis«, →*Eis*. Von der dt. Entlehnung *Insel* aus lat. *insula* heute ins Dichterische abgedrängt.

Balthasar Springers Indienfahrt (ca. 1508): »wir bawten auch vf dem eyland ein galleen.«

Jürgen Andersen, Orientalische Reise-Beschreibungen (1669): »ohngefehr 3 Meilen von Scanderon erhub sich ein starcker Wind, welcher uns fort trieb biß an dz klippichte Eyland Kypper, oder Cypern.«

Daniel Defoe, Robinson Crusoe, übersetzt von Ludwig Friedrich Vischer (1720): »Als unser Schiff den Cours gegen die Canarische Eilande zu, oder vielmehr zwischen diesen Eiländern und der Cüste von Africa hielte, erblickte es des Nirgens in der Demmerung einen Türckischen See-Räuber.«

→Backbord (15. Jahrh.), →Schäre (1669), →Brise (1726), →Hallig (1826)

Eis, das, »gefrorenes Wasser, Aggregatzustand des Wassers bei unter null Grad Celsius«.

Land- und Meereis in der Davis-Straße zwischen Kanada und Grönland, nach einem Aquarell des Forschungsreisenden Eduard Pechuel-Loesche, vor 1900.

Mittel-, althochdt., mittelniederdt., altengl. *īs*, niederländ. *ijs*, engl. *ice*, altnord. *íss*, norw., schwed., dän. *is*, isländ. *īs*, vielleicht aus german. *īsa*. Mit (der altiranischen Sprache) awestisch *aēxa* »Frost, Eis«, *isu-* »eisig« und (der Kaukasus-Sprache) ossetisch *yex* »Eis«, ferner litauisch *ýnis*, russ. *íney* »Raureif« letztlich zu indoeurop. **ei-*, * *ī-* »Eis, Frost«. Engl. *iceberg* »Eisberg« ist wohl aus niederländ. *ijsberg* entlehnt.

Notker der Deutsche, vor 1022: »so der uuarmo wwint chumet, so smilzet daz īs«, »wenn der warme Wind kommt, schmilzt das Eis.«

Joseph Stöcklein, Der Neue Welt-Bott (1726): »allhier habe ich zum erstenmahl 20 Eiß-Berg gesehen, welche wie hohe Crystallene Felsen auf dem Meer hin und her getrieben werden.«

Johann Christph Trampler, Umständliche Beschreibung des grönländischen Wallfischfangs (1771): »Ein Stück Eis, was zu übersehen ist, heißen die Grönlandfahrer Scholle, was nicht leicht zu übersehen ist, eine Flarre, und was gar nicht kann übersehen werden, ein Eisfeld, welches oft viele Meilen weit gehet.«

→Karavelle (1542), →bugsieren (1675), →Ree! (1723), Eisberg →Back (1675)

Elmsfeuer, das, »büschelförmige elektrische Gasentladung an Mastspitzen und Rahnocken«.

Sankt Elmsfeuer, *Sankt Elmofeuer* geht zurück auf den heiligen Bischof Erasmus von Antiochia, roman. *Elmo*, im Mittelmeerraum Schutzheiliger des Feuers und Schutzpatron der Seeleute.

Joseph Stöcklein, Der Neue Welt-Bott (1726): »Heut den 24. Fruhe erhube sich ein Geschrey, es seye auf dem obersten Mast der heilige Elmus gesehen worden, welchen sie mit ihrem Fischer-Geschrey lobten; wobey zu wissen, daß dieser heilige Mann aus dem Orden des Heil Dominici, ein Beschützer der Schiff-Fahrer seye, welchen sie alle Tag zweymal Morgens und Abends anruffen; sehen nun die Boots-Leute einen feurigen Mann oder den sogenannten Brenner oder ein anders feuriges oder liechtes Lufft-Wunder, so schreyen sie also gleich auf: Sanct Elmus, sanct Elmus! fallen demnach auf die Knye, betten und singen unterschiedliche Fischer-Lieder mit gäntzlichem Glauben, der Heilige erscheine würcklich und bedeute entweders grosses Ungewitter und Gefahr, oder den Tod-Fall eines aus denen Mitschiffenden.«

Embargo, das, »Handelssperre; das staatliche Verbot der Einfuhr gelisteter Güter in ein anderes Land«, urspr. »die Beschlagnahme von Schiffen und ihrer Ladung, Fahrverbot«.

Im 18. Jahrh. entlehnt aus span. *embargo* »Beschlagnahme«, von span. *embargar* »beschlagnahmen, behindern«, mittellat. **imbarricare* »in Sperrschranken legen« und frühroman. *barra*, mittellat. **barra* »Querbalken«. Verwandt mit →*Barre*, *Barriere*, *Barrikade*, nicht verwandt mit französ. *embarquer*, italien. *imbarcare* »einschiffen« →*Barke*.

Jacob von Eggers, Neues Kriegslexicon (1757): »Beschlag, … Embargo, heißt, wenn ein Landesherr allen Schiffen in seinen Häfen den Auslauf verbietet.«

Johann Hinrich Röding, Allgemeines Wörterbuch der Marine (1794/96): »Beschlagnahme der Schiffe von Seiten des Staates, besonders der Beschlag der Schiffe feindlicher Nationen bei Gelegenheit eines Krieges.«

Danziger Zeitung (10.2.1798): »Sie melden, daß … man jeden Augenblick den Befehl aus Paris … zu einem Embargo auf alle Schiffe zu erwarten habe.«

entern, ① »ein Schiff gewaltsam betreten«, ② »in das oder im Takelwerk eines Schiffes klettern; auf-, niederentern«.

Mittelniederdt. *entern*, -länd. *enteren* entlehnt aus span. *entrar*, von lat. *intrare* »eintreten«, zu *intro* »hinein«.

Jürgen Andersen, Orientalische Reise-Beschreibungen (1669): »es ist ein sehr tollkühn Volk, achteten es nicht groß, ob wir schon als sie entern wolten in die 15, 20 stück Hände und Arme abhieben, daß sie zu rücke fielen.«

Enterbeil, 18. Jahrh.

Heinrich Smidt, Deutsche Schiffe und Dänische Kaper (1864): »In diesem Moment schoß das Piratenschiff dem Kauffahrer seitlängs und mit einem thierischen Geheul wurden die Enterhacken auf das Verdeck des letzteren geworfen.«

Die Gartenlaube (1859): »Auf ein stummes Zeichen wimmelt es wieder in der Takelage von Matrosen, doch diesmal sind es nicht allein Segellöser, sondern Alle, Alle, und sie entern ohne Kommando auf.«

Henri de Méville, Auf Back und Schanze (1903): »stumm und ernst entern die Leute, die über eine Stunde harter Arbeit hinter sich haben, wieder an Deck.«

→Jakobsleiter (1894, 1897)

Joseph Stöcklein, Der Neue Welt-Bott (1726): »Nachdem aber die Wellen einen Knaben von dem Esels-Haupt in das Wasser gestürtzt, hat sich das Meer, als hätte es nichts anders, dann solches Opffer verlangt, auf einmal gestillt und den unschuldigen Jungen verschlungen.«

Friedrich Gerstäcker, Reisen um die Welt (1847): »Um die Stengen nun aber fest und dauerhaft an den Mast und die obern Stengen wieder an den untern zu befestigen, so stellt man sie stets vor den Mast …, während sie am obersten Ende des Mastes noch eine zweite Befestigung durch ein nach vorne zu hervorragendes Stück Holz finden, das das Eselshaupt genannt wird, und in dessen rund gebohrtes Loch die Stenge genau hineinpasst.«

Alfred Stenzel, Deutsches seemännisches Wörterbuch (1904): »ein auf dem Topp eines Mastes, einer Marsstenge oder auf der Nock eines Bugsprietes sitzendes, brillenartiges starkes Verbandstück, das diese Rundhölzer mit der Mars- bezw. Bramstenge oder dem Klüverbaum verbindet und letztere in ihrer Lage festhält.«

Zwei Bewaffnete haben ein Schiff geentert und wollen den Mast umreißen. An Bord liegen Gefallene. Griechische Vasenscherbe der »geometrischen Zeit«, 1200 bis 800 v. Chr.

Eselshaupt, das, »am Kopf des Mastes die Verbindung mit der Stenge«.

Niederländ. *eeselshoofd*. Die Herkunft war schon Wigardus à Winschooten, *Seeman* (1681), unklar. Er vermutet, dass Mast und Eselshaupt die Stenge tragen wie ein Esel seine Last. Zu *Haupt* →*Höft*.

Etmal, das, »Strecke, die ein Schiff zwischen zwei Mittagen Lokalzeit zurücklegt«, deswegen auf Ostkursen in einem Zeitraum von weniger, auf Westkursen von mehr als 24 Stunden.

Niederdt. *Etmal*, niederländ. *etmaal*, altengl. *edmœle*, aus *et-* »wieder« wie althochdt.

ita-, altsächs. *ed-*, got. *id-*, lat. *et* »und« sowie *Mahl* »Mahlzeit«, german. **mēla-* »Zeit, Stunde« zu indoeurop. *mē-* »messen«.

Hans von Dambrowski, Der Seekadett (1894): »Der Passat zeigte sich uns noch einmal von seiner liebenswürdigen Seite, er frischte stark auf, und betrugen die Durchschnitts-Etmale während dreier aufeinander folgender Tage 210 Seemeilen.«

Schiffsjournal, Seewarte Hamburg (1873): »Abends setzt aufräumend frische Briese ein, die ziemlich stetig durch das Etmal anhält.«

Hamburgischer Correspondent (16.2.1904, Morgenblatt): »... erreichten bei dieser Gelegenheit ein Etmal von 330 Seemeilen.«

Ewer, der, »flachbodiger Küstensegler mit Seitenschwert«.

Niederdt. *Ever*, mittelniederländ. *ever*, in Flandern im 13. Jahrh. *ēnvare*, Herkunft unsicher, vielleicht verkürzt ursprüngl. als »Ein-(Mann-)Fahrer«, weil ein Mann das Schiff auch über längere Zeit allein führen konnte. Sicher ist der *Ewer* durch friesische Schiffer an der Elbe eingeführt worden. Ihre Küstenschifffahrt, maßgeblich aber die Einwanderung niederländisch-flämischer Ansiedler in den Elbmarschen im 12. und 13. Jahrh. haben für die Verbreitung des Fahrzeugs gesorgt. Nicht verwandt mit *Eber*.

Zolltarif von Damme in Flandern für die Hansestädte (1252): »Navis, que dicitur envare, que habet remex retro pendens, debet comiti 4 den. et feodatis 4 [den.], si vero remex in latere navis pendeat, navis debet comiti 2 den.«, »ein Schiff, das als ›envare‹ bezeichnet

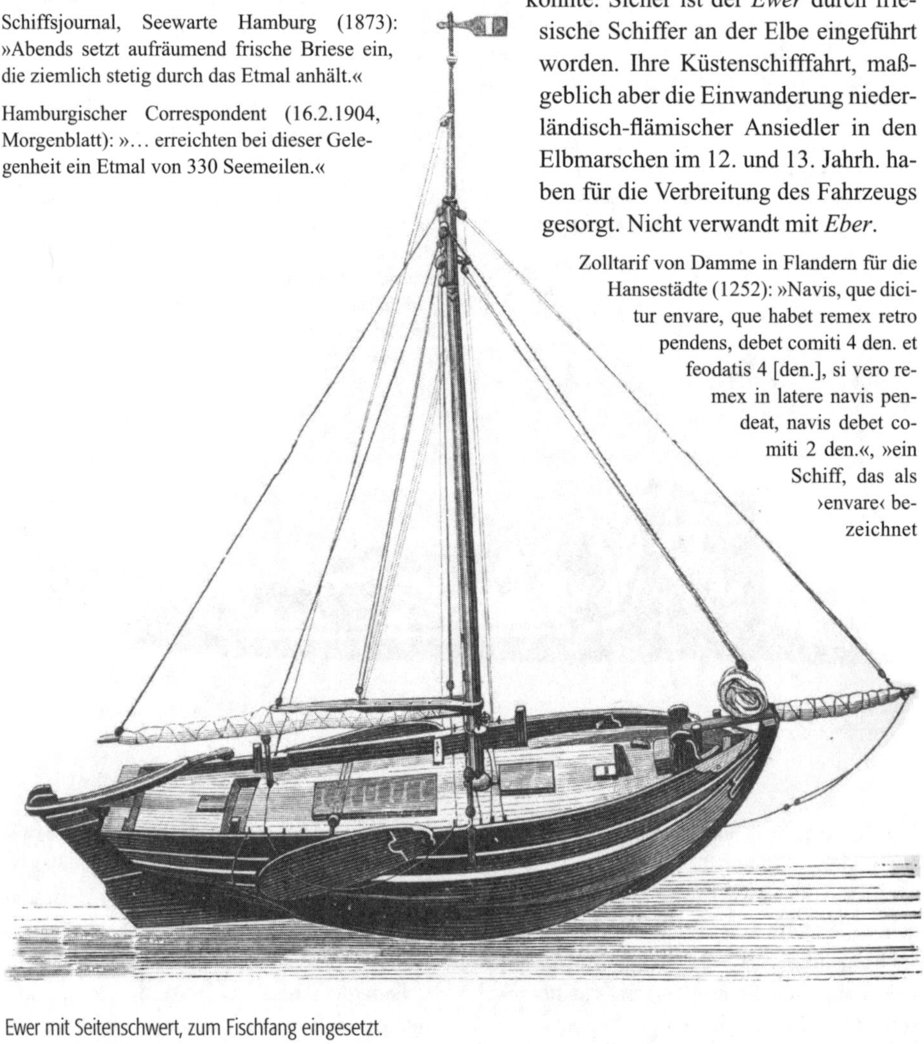

Ewer mit Seitenschwert, zum Fischfang eingesetzt.

wird, [und] das ein am Heck hängendes [Steuer-]Ruder hat, ist dem Grafen 4 Pfennig und den Lehnsvasallen 4 Pfennig zu zahlen schuldig; wenn aber das Ruder an der Schiffsseite hängt, so schuldet das Schiff dem Grafen 2 Pfennig und den Lehnsvasallen 2 Pfennig.«

Barthold Heinrich Brockes, Irdisches Vergnügen in Gott, T. 8 (1746): »da ward ein grosser fischerver von weitem unser noch gewahr und näherte sich unsrer jagd … denn wenn nunmehr das schif auch brechen würde, wir uns in den ever retten konnten.«

Carl Reinhardt, Der 5. Mai, ein Lebensbild von der Unterelbe (1888): »Es war ein kleiner Ewer mit Schwertern an der Seite, der unter den Fischern der Tonnenewer genannt wurde, weil er zum Legen und Bergen der Tonnen diente, welche unten das Fahrwasser anzeigen.«

→Fender (1899), →Priel (1909)

F

Faden, der, »nautisches Tiefenmaß«.

Urspr. als *Fadenmaß* Ausdruck für die Länge der ausgebreiteten Arme, 6 Fuß oder 1 Klafter, standardisiert 1,8288 Meter; das Wort für die Länge ist auf den gemessenen Gegenstand übergegangen. In Deutschland seit dem 15. Jahrh. das Maß für die Meerestiefe, zuvor in textiler Bedeutung. Zugrunde liegt die Bedeutung »ausgebreitete Arme, Umarmung«: mittelhochdt. *vaden*, althochdt. *fadam*, *fadum*, mittelniederdt., -länd. *vāden*, niederländ. *vadem*, altengl. *fæþm*, engl. *fathom*, altnord. *faðmr*, norw., schwed. *famn*, dän. *favn*. Alle Formen gehen auf german. **faþma* zurück und stammen mit lat. *patēre* »sich erstrecken, offen stehen« und griech. *petannýnai* »ausbreiten, öffnen« von indoeurop. **pet-* »ausbreiten« ab. Der *rote Faden*, in Taue eingedreht, ist seit 1776 ein Eigentumszeichen der britischen Marine; in dieser Bed. auch in anderen Farben.

Levinus Hulsius, Beschreibung der newen Reyse, so die Hollendischen Schiff in den Orientalischen Indien verricht (1598): »wir hatten noch wol zehen Faden oder Klaffter Wassers.«

Otto Friedrich von der Groeben, Guineische Reise-Beschreibung (1694): »Weil wir nun in tieffer Wasser nicht kommen konten, musten wir unsere Ancker werffen, da wir doch nicht mehr, als einen halben Fadem Wasser unter unserm Schiff hatten.«

Johann Wolfgang von Goethe, Die Wahlverwandschaften (1809): »Wir hören von einer besonderen Einrichtung bei der englischen Marine. Sämmtliche Tauwerke der königlichen Flotte, vom stärksten bis zum schwächsten, sind dergestalt gesponnen, daß ein rother Faden durch das Ganze durchgeht, den man nicht herauswinden kann, ohne alles aufzulösen, und woran auch die kleinsten Stücke kenntlich sind, daß sie der Krone gehören.«

→Log (1577), →Lot (1687)

Fähre, die, »Schiff, Boot, Kahn zum Übersetzen«.

Mittelhoch-, -niederdt., -niederländ. *vēr(e)*, niederländ. *veer*, althochdt. *ferien*, *ferren*, altnord. *verja*, norw. *verje*, schwed. *färja* »Fähre«, altengl. *ferian*, engl. *ferry*, got. *farjan*; alle Formen gehen auf german. **farjan* »fähren, übersetzen«, **fara-* »Fahrzeug, Schiff« zurück; zugrunde liegt german. **far-a-* »→ *fahren*«. Auch Fährstellen hießen zeitweilig *Fähren*.

Johann Amos Comenius, Eröffnete güldene Sprachen-Thür (1638): »Da kein Wasserfurt ist, da fähret man mit einem Fahr Schiff (Praam) über, unnd wird eine Uberfurth (Fehr) genant.«

Franz Reuleaux, Der Weltverkehr und seine Mittel (1892): »Beim wachsenden Verkehr genügte die Furt nicht mehr, und an die Stelle des Kahnes und Schiffes trat die beständige Fähre.«

fahren, »ein Schiff steuern, mit einem Schiff einen Weg zurücklegen, ein Tauwerk durch oder über etwas laufen lassen«, *zur See fahren* »auf einem Schiff arbeiten«. *-fahrer* mit vorausgestelltem Zweck oder Ziel »genauere Bestimmung von Schiff, Schiffsführer oder Passagieren«. **Fahrt** »Schiffsgeschwindigkeit«. **Fahrwasser** »schiffbare Straße zwischen gefährlichen Stellen«. **Wasserfahrzeug** »Sammelbezeichnung für alle Schiffe, Boote, Flöße und Fortbewegungsmittel zu Wasser«. Die Bezeichnung *fahren* ist auch für die Fortbewegung per Boot oder Schiff schon in der frühesten germanischen Überlieferung belegt, gotisch *faran* »fahren«, *at-farjan* »(in einen Hafen) einfahren«, *us-farþo* »Wrack«, wörtl. etwa »Außerfahrt«. Mittelhochdt. *var(e)n*, althochdt. *faran*, niederländ. *varen*, altnord., isländ., norw., schwed. *fara*, dänisch *fare*; altengl. *faran*, engl. *to fare* »reisen«

(poetisch, veraltet); vgl. den Abschiedsgruß *farewell* und *fare* »Transportgebühr«. Zugrunde liegt german. **far-a-* »fahren«, das mit lat. *portare* »tragen, bringen« und griech. *perāán* »hinüberbringen« auf indoeurop. **per-* »überführen, durchdringen, hinüberbringen« zurückzuführen ist. Verwandt mit →*Fähre*, →*Fjord*, →*Förde*, *Fuhre*, *Furt*, →*Portolan*, lat. *portus* »→*Hafen*«, →*Prahm*.

Zu »fahren« bei Reinbot von Durne (nach 1231): »es sint vaste fünf jār / daz zīne bruoder für wār / von im fuoren über mer«, »es sind fast fünf Jahr', dass seine Brüder fürwahr von ihm fuhren übers Meer.«

Zu »-fahrer« bei Johann von der Behr, Diarium einer neunjaehrigen Reise (1668): »Es kamen aber 3 Raub-Schiffe, mit Dünkirchern angefüllet, hinter uns her, welche, als sie vermerckten, daß wir Ost-Indien-Fahrer waren, uns balden wiederumb verliessen.«

Zu »Fahrt« bei Peter van der Horst, Beschriving Van der Kunst der Seefahrt (1673): »Se werden averst velmehr dorch de mannigfoldigen Regulen up geholden, wil se de sünder Anwising und gud Underricht nicht lehren noch unterscheden können, wat Regulen er tho der groten offt klenen Seefahrt fodderlick und nütlich sin«, »sie werden aber vielmehr durch die mannigfaltigen Regeln abgehalten, weil sie ohne Anweisung und gute Unterrichtung nicht lernen noch unterscheiden können, welche Regeln zur großen oder kleinen Seefahrt förderlich und nützlich sind.«

Zu »Fahrwasser« in der Bremischen Bört-Ordnung (1664): »Thom ersten schölen keene unduchtige olde Scheepen noch Schipperen, wo ock keene Schippere, dehme dat vaerwater nicht bekandt, thogelaten werden«, »zum ersten sollen keine untüchtigen alten Schiffe und Schiffer, wie auch keine Schiffer, denen das Fahrwasser nicht bekannt ist, zugelassen werden.«

Zu »Fahrzeug« bei Joseph Stöcklein, Neuer Welt-Bott (1732): »Nachmittag erblickten wir von weitem ein fremdes Schiff, welches zwar sich nit zu erkennen gabe, doch zweiffelten wir nicht, es werde ein Portugiesischer Fahrzeug seyn.«

fahren →Armada (1440), →Ballast (1645), ausfahren →Korsar (1491)

Fall, ① das, »Tau zum Hissen von Segeln und Rahen«, angehängt an den Namen des zu hissenden Gegenstandes, ② der, »Neigung des Mastes nach achtern«.

① hängt herab, *fällt* also, vgl. Zitat (1702), ② mindert den Winddruck auf den Mast. Beide Bedeutungen gehören zu *fallen* »(sich) ohne Halt abwärts bewegen, herabhängen«, mittelhoch-, -niederdt., mittel-, neuniederländ. *vallen*, althochdt. *fallan*, altengl. *feallan*, engl. *to fall*, altnord., schwed. *falla*, dän. *falde*. Alle Formen gehen auf german. **fall-a-* zurück. Mit litauisch *pùlti* »fallen«, griech. *sphállein* »zu Fall bringen«, armen. *p'ul* »Einsturz« kann eine indoeurop. Wurzel **(s)phal(n)-*, **phōl-*, **pōl-* erschlossen werden. *Fall* »Tau zum Hissen« heißt engl. *halyard*, von *to hale* »holen, ziehen«. Der Ruf *»Fall! Fall!«* bei der Sichtung eines Wals beruht wohl auf einer nordschottischen Variante von engl. *whale* »Wal«. **Fallreep**, das, »Strickleiter mit Holzsprossen, →*Jakobsleiter*, heute auch »Treppenabgang außenbords« im Gegensatz zur stufenlosen →*Gangway*.

Bremische Urkunde (1564): »Do hebbe Alberdt geropen, berget my! yck bynn min schip al quit, vnd alßbald an ohr schip gekamen, ore blindefalle angegrepen vnd sick darby indt schip getagen«, »da habe Albert gerufen: ›Berget mich! Ich habe schon mein Schiff verloren!‹, und sei alsbald an ihr Schiff gekommen, habe ihr Blindefall ergriffen und sich daran ins Schiff gezogen«; das Blindefall ist der Ausholer der Blinde, des untersten Segels am Bugspriet.

Der geöffnete See-Hafen (1702): »Oben an dem Topp der grossen Raa ist ein einscheibigter Block. und am obersten Ende oder Spitze des Segels desgleichen Block; von welchen beyden Blöcken eine Talie geschoren wird, so das Fall machet.«

Sophie Wörishöffer, Robert der Schiffsjunge (1887): »Worin die Raa hängt, ist der Hanger, womit sie an dem betreffenden Mast oder der Stenge gehalten wird, das Rack, womit sie auf- und herabgezogen wird, das Fall.«

Feeder, der, »Zubringerschiff, das einen Teil der Ladung eines Großfrachtschiffs bringt oder holt«, vor allem im Containerverkehr.

In der 2. Hälfte des 20. Jahrh. übernommen aus engl. *feeder* wörtl. »Fütterer«, Herkunft aus der Luftfahrt, zuvor im Eisenbahnwesen und urspr. für den Straßenverkehr gebräuchlich, zunächst als Zubringerlinie, dann für den Zubringer selbst. Im Unterschied zu →*Leichtern*, die den Tiefgang eines Großfrachtschiffes verringert, ermöglichen *Feeder*, dass Großfrachter nur wenige Häfen anlaufen müssen. Zugrunde liegt engl. *to feed* »füttern, mit Nahrung versorgen«, german. **fōdjan,* indoeurop. **pā-t-* »nähren«; verwandt mit *Futter*.

Fender, der, »Puffer, um Beschädigungen an der Schiffswand zu vermeiden«.

Fender können aus aufgeschossenem alten Tauwerk, Holz, Kork, Gummireifen oder Kunststoff bestehen. Im 19. Jahrh. übernommen aus engl. *fender*, kurz für *defender* »Verteidiger«, dort nautisch seit dem 17. Jahrh. belegt. Dt. war zuvor allgem. *Schiffsberge* gebräuchlich, von →*bergen* »sichern, schützen«, oder nach dem Material: *Wreifholz* zu mittelniederländ. *wrijven* »reiben«, aus Tauen *Wieling* von mittelniederdt. *wēl* »Rad« wegen der ursprünglich rund gelegten Form, *Wursten* von *Wurst* »kurzes, dickes Tau«.

Kapitain J. Friedrichson, Schifffahrts-Lexikon (1879): »kugelförmiges mit Kork gefülltes Kissen, das an einem Tau an die äußere Seite des Schiffs gehängt wird und, wie die Wreifhölzer, dazu dient, daß die Seiten des Schiffes nicht durch Anstoßen gegen andere Fahrzeuge beschädigt werden.«

August Mey, Bilder aus dem Hamburger Hafen (1899): »Du, Flock! ruft der Fischer, an dessen Fahrzeug der Ewer liegt, hang mal 'n Fender bit Swert [am Schwert] öwer, dat schamfielt dor bannig [arg].«

Festland, das, →**Kontinent**

Neubildung von Anfang des 19. Jahrhunderts, zuvor *festes Land*.

Heinrich Heine, Zur Geschichte der Religion und Philosophie in Deutschland (1834): »Die Wasser sondern sich von dem Festland.«

→Haff (1882)

Feudel, **Feuel**, der, »Wischlappen« zum Saubermachen des Decks.

An der deutschen Nordseeküste verbreitet, aus gleichbedeut. ostfries. *feil*; ähnlich niederländ. *falie* »viereckiges Kopftuch«. Wohl ① aus altfranzös. *faille* »Mantel, grober Stoff«, vielleicht auch ② von mit ① nicht verwandtem niederdeutsch *fuddeln* »scheuern«.

Michael Richey, Idioticon Hamburgense (1755): »feuel, feueldook [-tuch], Art der allergröbsten und lockersten Leinwand, die das Wasser an sich zieht und mit demselben die Unreinigkeit vom naß gescheuerten Boden mitnimmt.«

fieren, »ein Tau oder eine Kette nach-, auslassen, einen Gegenstand herunterlassen«.

Frühneuhochdt. *fīren*, niederländ. *vieren*, eng. *to veer*, dän. *fire*, schwed. *fira*, Herkunft unsicher. ① Vielleicht mit althochdt. *fieren*, *fearan* »leiten zu« und *gifieren* »wenden, lassen, bringen« zu *fiera* »Seite«, got. *fēra* oder ② über die Bedeutung *fieren* »ein Tau auslassen« im Sinne von »frei von Last, Arbeit machen« zu *feiern*, *Feier*, althochdt. *fīr(r)a*, lat. *feriae* »Feiertage, Ruhetage«.

Bremische Urkunde (1564): »dat grote anker vnd touwe vthgefiret.«

Paul Gerhard Heims, Von der Wasserkante (1897): »Fier weg, hallte das Commando, und in sausender Fahrt senkte sich das Boot zu Wasser.«

Wilhelm Poeck, In der Ellernbucht (1907): »An den Vormiddag von den 16. Juni harr de schinees'sche General de Opfödderung kregen, sin Flag daltofieren.« [dal, plattdt. dalen »senken, zu Tal bringen«]

→Stropp (1906), →Ree! (1907)

Filibuster, der, »Seeräuber der Karibik«.

Aus engl. *filibuster*, französ. *flibustier*, span. *filibustero*, die unter wechselseitiger Beeinflussung mit zahlreichen Zwischenformen letztlich auf niederländ. *vrijbuiter* »→*Freibeuter*« zurückgehen. Daher stammt auch die US-amerikanische Bedeutung *to filibuster* »Gesetzgebung blockieren«, indem die Redezeit ausgedehnt, also als Beute erobert wird.

Finne, die, »(Rücken-)Flosse«, meist von Hai oder Wal.

Wohl Lehnwort aus niederdt. *vinne*, mittelhoch-, -niederdt., -niederländ. *vinne*, niederländ. *vin*, altengl. *finn*, engl. *fin*, schwed. *fena*. Herkunft unklar: entweder ① zu lat. *pinna*, *penna* »Feder, Flosse«, aus gleichbed. indoeurop. **pet-s-nā-* zur Grundform **pet-* »fliegen« oder ② mit lat. *spina* »Dorn, Stachel, Rückgrat« zu indoeurop. **(s)p(h)ē-*, **(s)p(h)ī-* »spitz«.

Balthasar Trochus, Vocabulorum rerum prompt[u]-arium (1517): »pinna, eine vinne von dem fische«.

Eberhard Werner Happel, Mundus Teil 3 von allerhand fremden Thieren zu Wasser und Land (1689): »der rechte wallfisch ... hat keine floß-federn auf dem rucken wie andere fische, hinter den augen aber hat er ... floß-federn oder finnen.«

Johann Christoph Trampler, Umständliche Beschreibung des grönländischen Wallfischfangs (1771): »der fisch [kann] durch das heftige schlagen des schwanzes, oder der finne die schaluppe umwerfen und zerschlagen.«

Fisch, der, »im Wasser lebendes Tier mit →*Kiemen*, Wirbeln, →*Flossen* und →*Schuppen*«.

Mittelhochdt. *visch*, althochdt. *fisc*, niederländ. *vis*, altengl. *fisc*, engl. *fish*, altnord. *fiskr*, norw., schwed., dän. *fisk*, got. *fisks*, german. **fiska-* und mit lat. *piscis*, mittelirisch *iasc* zu indoeurop. **peisk-*, **pisk-*. Wenn eine Verwandtschaft mit altind. *pituh*, altkirchenslaw. *pišta* »Nahrung«, litauisch *pietūs* »Mittagessen« und indoeurop. **peitos-* »Nahrung« besteht, bedeutet eine gemeinsame Wurzel **peit-* »nähren«, dass Fisch zunächst als »Teil der Nahrung, Zukost« verstanden wurde und das Wort über diese Funktion auf das Tier übertragen wurde. Dt. mit etwa 600 Zusammensetzungen. Aus lat. *piscis* entstand italien., span., port. *pesca*, französ. *pêche*.

Althochdeutscher Tatian (um 830): »thie fiscara stigun nidar, thaz sie fleuuitin iro nezzi«, »die Fischer stiegen nieder, daß sie ihre Netze wuschen.«

Konrad von Megenberg, Buch der Natur (um 1349/50): »der vischvanch ist allerpest des morgens ē diu sunn aufgēt.«

Jacques Ballexerd, Rathschläge an kluge Eltern über die Behandlung neugebohrner Kinder (1786): »so viel kan ich versichern, daß die an der Nordsee wohnenden Holländer, die sich blos von fischen ernähren, vollkommen gesund und stark sind.«

→Barsch (1350), →Gräte (1499), →Finne (1517), →Ebbe (1669), Fischergeschrei →Elmsfeuer (1726)

Fittings, die, »die Gesamtheit aller Beschläge, Kleinteile und Armaturen, die zur Ausrüstung und Einrichtung einer Yacht gehören«.

Im 20. Jahrh. entlehnt von *(the) fitting* »alles, was gebraucht wird, um etwas passend zu machen«, seit dem 19. Jahrh. belegt, von *to fit* »passend machen« unbekannter Herkunft.

Fjord, der, »schmaler, tiefer und langer Meeresarm, besonders in Norwegen«, **Förde** »langgestreckte Bucht an einer flachen Küste«.
Fjord wurde im 19. Jahrh. aus norw. *fjord* übernommen, auch schwed., dän. *fjord*, isländ. *fjörður*, altnord. *fjorðr*. Engl. *firth*, *frith* entstand um 1600 und stammt aus dem Schottischen. Entweder gehen *Fjord* und *Förde* beide auf german. **ferdu-* »Meeresarm« zurück, oder *Förde* ist von *fjord* entlehnt. Weitere Verwandte →*fahren*. Als »sicherer Hafen, leicht zugänglich« verstanden, ist *Fjord* mit lat. *portus* »Hafen« nicht nur sprach-, sondern auch bedeutungsgeschichtlich eng verwandt.

Richart Slotboem (Übers.), Luca Johannes Wagener, Theil deß Spiegels der Seefart (1589): »dis seind die sunde oder eynfluß foerde gehiesen«, etwa »dies sind die Sunde oder Einbuchtungen, Förde geheißen.«

Adelbert von Chamisso, Reise um die Welt mit der Romanzoffischen Entdeckungs-Expedition (1836): »dieser fjord scheint den schönsten hafen darzubieten.«

Hugo von Hofmannsthal, Prosa (ca. 1893): »Den fjord haben sie so dicht bei sich, und da streichen die großen wilden fischzüge aus und ein.«

Flage, die, »Bö, jäher Schauer«.

Gleichbedeut. niederländ. *vlaag*, mittelniederländ. *vlaeghe*, schwed. *flaga*, engl. *flaw*, ursprünglich »Schlag«, mit mittelniederdt. *plagge* »Fetzen, Lappen, Abgerissenes«, ostfries. *plakke* »Schlag, Klapps« sowie german. **flahan* »die Haut abziehen« auf die indoeurop. Wurzel **plak* »schlagen« zurückzuführen.

Der geöffnete See-Hafen (1702): »Wobey nur zu bemercken, daß zu Zeiten, wann ein sturm allmählig sich aufgiebet, dieses eher als das grosse Mars-Segel, wann er aber mit schweren Flaagen, sonderlich bey Donner-Wetter etc. auf einmahl ankommt, mit demselben zugleich eingenommen werden muß.«

flappen (nautisch), »Blindschlagen der Segel bei Windstille oder ganz flauem Winde«.

Wie gleichbedeut. niederländ. *flappen* und engl. to *flap* wohl lautmalernd gebildet; die Abstammungsverhältnisse innerhalb der westgermanischen Sprachen sind unklar.

Friedrich Gerstäcker, Reise um die Welt (1847): »Er segelte bei dem Wind, und hatte einzig und allein darauf zu achten, daß die Segel nicht flappten, sondern den Luftzug nur immer so schräg als möglich, auf die Larbordseite empfingen.«

Carl Reinhardt, Der 5. Mai, ein Lebensbild von der Unterelbe (1888): »der Kutter dreht sich, flabberte mit den Segeln und fiel dann wieder auf seinen alten Strich ab.«

Flaute, die, »Windstille«, **flau**, »windstill«.

Nautisch seit dem 17. Jahrh. erst nieder-, dann hochdt. verwendet, auch niederländ. *flauw*. Die älteren Formen mittelniederdt. *flau*, -länd. *flau*, *vlau*, *flaeu* »schwach, müde« stammen aus französ. *flou* »sanft, weich«, altfranzös. *flo(u)* »sanft, welk, schwach« und im Sinne von lat. *flavescere* »vergilben, verwelken« zurückzuführen von lat. *flavus* »gelb«. Dies geht mit der indoeurop. Farbwortgruppe **bhlēuo-*, **bhlawo-* »blau, gelb, blond« letztlich auf **bhel-* »glänzen, weiß« zurück. Ein Zusammenhang mit althochdt. **hlao*, *lāo* »lau« bleibt unklar. →*Lee*, →*Blinde*, →*Blüse*

Das Postschiff von Rotterdam in einer Flaute, Gemälde von Joseph Mallord William Turner, 1818.

Peter van der Horst, Beschriving Van der Kunst der Seefahrt (1673): »so averst de Wind wat flauw, offt dat he Ostlick wer, so möge gy wol Nordlicker segelen«, »wenn aber der Wind etwas flau ist oder er ein Östlicher wäre, so solltet ihr wohl nördlicher segeln.«

Edmund Hoefer, Schwanwiek, Skizzenbuch aus Norddeutschland (1856): »Mit der aufsteigenden Sonne war der Wind augenblicklich, wie so oft, ein wenig flauer geworden.«

Hamburgischer Correspondent (5.8.1907, Abendblatt): »Es herrschte vollständige Flaute und bei der Abfahrt des Begleitdampfers wurde eine Windstärke von 0,2 – 0,4 gemessen.«

Fleet, das, ① »alles Gerät der Herings- und Walfischfänger«, ② »schiffbarer Kanal«.

Beide niederdt. Bezeichnungen haben eine gemeinsame Wurzel, ① wohl wie →*Flotte* mit altengl. *flēot* »Schiff« eine Kollektivbildung, etwa »alles, was zur Seefahrt / zum Fischfang gebraucht wird«, ② mit hochdt. *Fließ*, niederländ. *vliet*, engl. *fleet*, altnord. *fljōt*, german. **fleut-a* »fließen« auf die gleichbedeut. indoeurop. Wurzel **pleu* »fließen« zurückzuführen. →*Flut*, →*flott*

Cornelis Gijsberts Zorgdrager, Alte und neue Grönländische Fischerei und Wallfischfang (1723): »Vleet,

Zurüstung und Verfassung, so in Annehmung der Matrosen und Anschaffung aller zu der Reise nach Grönland und zur Fischerei gehörigen Notwendigkeiten besteht.«

Jens Jacob Eschels, Lebensbeschreibung eines alten Seemanns (1835): »Wir schossen auch verschiedene Male mit der Harpune in Fische fest, allein da unser Rheder in Amsterdam einen alten Fleth oder Inventarium für das Schiff gekauft hatte, und also auch die Wallfischleinen alt waren, so rissen diese jedesmal entzwei, wenn wir einen Wallfisch fest hatten.«

C. W. Weber, Handbuch der gebräuchlichsten Ausdrücke bei der Elbschifffahrt (1871): »Fleete sind die Kanäle in Hamburg, an welchen die Waarenspeicher liegen.«

flensen, »den Speck eines erlegten Wals ablösen«.

Allg. »zerstücken, zerhauen«, frühneuhochdt. *flinsen* »aufschwellen, blähen«; im Walfang auch engl. *to flench*, dän. *flense*. Allgemeiner norw. *flinsa* »abschneiden«. Die Herkunft ist unklar. Vielleicht ist niederrhein. *Flönz* »(Stück) Blutwurst« verwandt.

Friderich Martens, Spitzbergische oder Groenlandische Reise-Beschreibung (1675): »die zween ersten Männer mit den langen Messern, welche die grossen stücke Speck zerschneiden, welche sie Flentzstücke nennen, stehen am Backbort deß Schiffes.«

Cornelis Gijsberts Zorgdrager, Alte und neue Grönländische Fischerei und Wallfischfang (1723): »muste der Fisch alsdenn einige viertel Stunden, oder so lange bis er nach ihrem Urtheil genug aufgelaufen war, also liegen bleiben, bis sie, wenn er hoch genug aufgeschwollen, Ordre gaben, denselben zu flenssen, und hernach abzumachen.«

Jens Jacob Eschels, Lebensbeschreibung eines alten Seemanns (1835): »Beim Flensen des Fisches, welcher an der Seite des Schiffes lag, kamen viele Heys und fraßen von ihm unter dem Wasser.«

Floß →**flott**

Flosse, die, »Bewegungs- und Steuerorgan im Wasser«, von Tieren und als technischer Begriff.

Mittelhochdt. *vlozze*, althochdt. *flozza*, eine Ableitung zu *fließen*, →*flott*. Noch bis ins 18. Jahrh. war *Flosse* ein schwaches Konkurrenzwort zu →*Finne* und deswegen erläuternd als *Fischflosse*, *Fischfeder*, *Floßfeder* umschrieben.

Konrad von Megenberg, Buch der Natur (um 1349/50): »er [der Meerdrache] hāt prait flozzen an der flügel stat, dā mit er swimt in dem wazzer gar snell«, »er hat breite Flossen anstelle der Flügel, mit denen er im Wasser gar schnell schwimmt.«

Johann Freitag, Kurtzer Bericht von der Melancholia Hypochondriaca (1643): »man helt nicht vnrecht darfür, daß die fische mit jhren flossen vnd schwäntzen im schwimmen fortzukommen, vrsach vnd anlaß gegeben haben, die schiffe zu machen.«

Jakob von Uexküll, Theoretische Biologie (1920): »die flossen, die flügel und die füße tragen unzweideutig den stempel ihrer bestimmung.«

→Schuppe (Altes Testament)

flott, »frei schwimmend, schwimmfähig, fahrbereit«.

Als Begriff im ganzen Nordseeraum verbreitet, im 17. Jahrh. aus niederdt. *flot* »fließend, schwimmend« ins Hochdt. aufgenommen, niederländ. *vlot* »schwimmfähig«, altengl. *on flote*, engl. *afloat* »schwimmend«. Üblich sind Verbindungen wie niederdt. *dat Schip flot maken*, mittelniederdt. *an vlot bringen* »(ein Schiff) flott machen«. Daraus abgeleitet ist die moderne Bedeutung »munter, ungehemmt«. Ursprünglich ist »oben Schwimmendes« gemeint, altnord. *flot* »fließen, Bewegung, schwimmendes Fett«, norw. flot, dän. *flod* »Schwimmholz«, schwed. *flott* »schwimmendes Fett«, dän. *fløde* »Sahne«, niederdt. *Flot* »Rahm, Sahne«, auch in hochdt. *Entenflott* »Entengrütze«. Aus zusammengebundenem Schwimmholz entstand als Sache und Wort **Floß**, althochdt. *flōz*, altsächs. *flōt*, altnord. *floti*, mittelniederdt, -länd. *vlōt* mit Bedeutungsübergängen zu →*Flotte*. *Flott* und *Floß* gehören als Ableitungen zu *fließen*, althochdt. *fliozan* »strömen, schwimmen«, german. **fleut-a-,* indoeurop. **pleu* »fließen« aus der Wurzel **pel-* »gießen, füllen, fließen«. Verwandt auch mit →*Flut*.

Richart Slotboem (Übers.), Luca Johannes Wagener, Theil deß Spiegels der Seefart (1589): »Wer in Witzbuy [Visby] sein wil, soll zwischen zwey backen einsegeln, biß ehr komme zwischen beide lande da man woll flot ligen mag.«

Adam Olearius, Beschreibung Der Newen Orientalischen Reise / So durch Gelegenheit einer Holsteinischen Delegation an den König in Persien ist geschehen (1647): »Hier sassen wir 9 gantzer Stunden, ehe wir das Schiff wieder Flot bekommen kunten.«

Heinrich Kruse, Seegeschichten (1889): »Als sie das Langboot lösen, so hilft ungerufen die Sturzsee Beim Flottmachen.«

Hamburgischer Correspondent (16.2.1907, Abendblatt): »Trotzdem hofft man, das Schiff nach Löschen der Ladung flottbringen zu können, jedoch werden die Kosten der Bergung sehr bedeutend werden.«

flotten →kentern (1861)

Flotte, die, ① »Gesamtheit der Schiffe eines Staates«, ② »großer Schiffsverband unter einem Kommando«.

Mittelniederdt., -länd. *vlōte*, niederländ. *vloot*, frühneuhochdt. *fluth*, *fluht*, engl. *fleet* »Flotte«, altengl. *flēot* »Schiff«. Diese Formengruppe wird ab dem 17. Jahrh. überlagert durch die Entlehnung von französ. *flotte*, italien. *flotta*, dies aus span. *flota*, dies aus französ. *flotte*, altfranzös. *flote* und über normannischen Einfluss letzlich altnord. *floti* »Floß, Flotte«, norw. *flote*, schwed. *flotte*, dän. *flaade*. In den romanischen Sprachen haben auch Bildungen aus lat. *fluere*, *fluctuare* »fließen« auf die Wortbildung eingewirkt. Die Verkleinerungsform *Flotille* »kleiner Verband von Marineschiffen« geht unter Verselbstständigung der militärischen Bedeutung zurück auf span. *flotilla* »Handelsschiffe, die gemeinsam und in Begleitung von Kriegsschiffen von Amerika nach Spanien fahren«.

Codex diplomaticus lubecensis (1392): »Dat nymand schal zeghelen dyt iar dor den Sund ... he en zeghele mit ener vlote van x schepen und nicht myn«, »dass niemand dieses Jahr durch den Sund segeln soll außer er segelt mit einer Flotte von zehn Schiffen und nicht minder.«

Die Geschichten und Taten Wilwolts von Schaumburg (1859, Quelle von 1507): »eine ganze flut französischer schiff.«

Christian Erlangischer Zeitungs-Extract (1741): »Die Flotte besteht in einer gwissen [sic] Anzahl, sowohl Königlicher als Kaufmanns-Schiffe welche gegen den August Monat von Cadix ... nach Mexico abschiffen.«

→Freibeuter (1571), →Anker (1669), →Sturm (1778), →Dünung (1849)

Flunder, die, »ein Plattfisch der europäischen Küstengewässer«, Pleuronectes flesus.

Frühneuhochdt. *vluoder*, *vlunder*, mittelniederdt. *vlunder* »Flunder«, niederländ. *vlonder*, altnord. *flyðra*, norw. *flundra* »Flunder, platter Stein«, schwed. *flundra*, dän. *flynder* »Scholle«, engl. *flounder*. Alle Formen gehen auf german. **flunþriōn* zu-

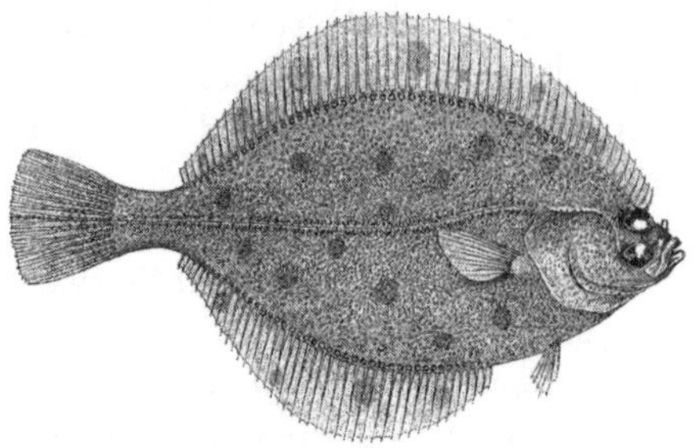

Flunder *(Pleuronectes flesus)*.

rück. Das Wort ist vermutlich skandinavischer Herkunft und könnte mit griech. *platys* »platt« auf indoeurop. **pel-*, **pla-* »ausbreiten, breit, flach« zurückgehen; dann verwandt mit →*Plate*, *Fladen*, *Feld*, *Plateau*. Zur Ordnung der Plattfische gehören auch →*Butt* und →*Scholle*.

Paul Jacob Marperger, Vollständiges Küch- und Keller-Dictionarium (1716): »Flundern, diese sind eben sowol eine gattung von butten, … seynd aber etwas grösser, und ihr fleisch sitzet auch nicht so hart an den gräten.«

Fürst Bismarcks Briefe an seine Braut und Gattin (Brief von 1849): »Ich freue mich sehr auf die frischen Flundern.«

Flut, die, »Ansteigen des Meeresspiegels im Gezeitenwechsel; Zeit zwischen Niedrig- und Hochwasser«. Oft wird auch das Hochwasser selbst *Flut* genannt.

Althochdt. *fluot*, im german. Sprachraum in vielen Formen vorhanden, german. **flōdu-*, sind mit griech. *plōein*, altkirchenslaw. *plavati* »schwimmen« zurückzuführen auf indoeurop. **pleu-* »fließen« und die Wurzel **pel-* »gießen, füllen, fließen«

Denkbar ist ur-indoeurop. **plē(u)-* »fließen, strömen«. Verwandt mit →*flott*, →*Flosse*, →*Flotte*. Gegenwort: →*Ebbe*

Althochdeutscher Tatian (um 830): »thiu fluot quam inti nam alle«, »die Flut kam und nahm alle.«

Reinhold Röhricht, Deutsche Pilgerreisen nach dem Heiligen Lande (1880, Quelle von 1521): »Venedig … ist ein wohl erbauwen stat unndt die gassen sein der mehrer theil wasser, dass get mit der flut ab unndt an.«

Ernst Christoph Barchewitz, Ost-Indianische Reise-Beschreibung (1730): »Als aber die See mit der Fluth zu wachsen begunte, hub sie die Chalouppe wieder in die Höhe, daß wir endlich von der Sandbank abkamen.«

→Ebbe (1598), →Wasser (1652), →Gezeit (1720)

Fock, die, kurz für **Focksegel**, »Segel am Vordermast«, zu **Fockmast** »auf Segelschiffen mit mehr als zwei Masten der vorderste Mast«.

Niederdt. *fok*, mittelniederdt. *focke* »dreieckiges Vorsegel«, mittelniederländ. *focke*, niederländ. *fok*, dän. *fok*, französ. *foc*, italien. *fiocco*. Die Herkunft ist unklar, vielleicht als »Ziehsegel« im Gegensatz zum Hintersegel, dem *Treiber*, zu niederländ. *fokken* »stoßen, ficken« wie engl. *to fuck*, german. **fug-* wie dt. »vögeln« zu indoeurop. **peuk-*, **peug-* »stechen, stoßen«. Im Sinne von »was (vom Wind, vom Mann) gestoßen wird« ist die Übertragung einer dreieckig dargestellten Vulva auf das dreieckige Segel denkbar; in diesem Sinn auch fries. *fok* und entlehnt norw. *fokka* »dreieckiges Stück Land«.

Johann Amos Comenius, Eröffnete güldene Sprachen-Thür (1638): »Ander hefften in hinter Castel die Mesan an, die Fock im vorder Castel, die Flaggen aber an der Spitze des Mastbaums.«

Georg D. von der Groeben, Erläuterungen zum Verstande der Schifffahrt (1774): »Der Focke-Mast ist nicht so stark als der mittlere.«

Carl Reinhardt, Der 5. Mai, ein Lebensbild von der Unterelbe (1888): »Hansen sprang in das Boot und bat ihn, er solle nur vor dem Fock bis nach dem letzten Eisbrecher hinunter laufen und dort den Anker fallen lassen.«

→Besan (1636), →Moses (1702), →Brecher (1835)

Förde →Fjord

Fracht, die, »Ladung eines Schiffes«.

Die Bedeutung des Wortes ging von »Gebühr für den Transport der Schiffsladung« auf das Gut selber über. Mittelniederdt., -länd. *vracht*, *vrecht* »Frachtgeld«, althochdt. *frēht* »Verdienst, Lohn« ist eine Zusammensetzung aus der german. Vorsilbe **fra-* »ver-« und german. **aih* »haben«. Begriffsgeschichtlich entscheidend ist, dass **fra-* eine Bedeutung »hinüber-« besaß und **aih* auch »besitzen« bedeuten konnte, wie in *eigen* »jemandem als Besitz gehören«. Engl. *freight* ist wohl eine Entlehnung aus dem Niederländ., dorther wohl auch französ. *fret* »Frachtgeld«.

Jürgen Andersen, Orientalische Reise-Beschreibungen (1669): »Wir hatten auch sonst in unserem Schiffe 130 Maurische oder Mahumedische Kauffleute, welche viel Kauffmanns Güter bey sich hatten, worvon sie die Fracht nach dem Gewichte an die Compagnie bezahlen musten.«

Joseph Furttenbach, Architectura Navalis (1629): »diß ist eben auch ein kleine barchetta [Barke], jedoch wird sie … korn vnnd saltz von den grossen schiffen … abzuholen … gebraucht, nichtweniger, vnnd hingegen so thut sie die fracht oder ladung obernanten grossen vasselli [Schiffen] bey bringen.«

Daniel Defoe, Robinson Crusoe, übersetzt von Ludwig Friedrich Vischer (1720): »Ich fieng nun an darauff zu dencken wie damit an Land zu kommen, da ich weder Seegel, noch Ruder, noch Steuer hatte, und eine Handvoll Wind meine gantze Fracht umwerffen konte.«

→Reeder (1412), →Charter (1845), Frachtgeld → Havarie (1731)

Fregatte, die, »ein schnelles Kriegsschiff, u. a. zum Geleitschutz« (20. Jahrh.), »ein schnelles dreimastiges Kriegsschiff mit Kanonen« (seit dem 16. Jahrh.), urspr. im Mittelmeerraum »Beiboot, kleines Ruderboot mit Segel, auch zum Spähen«.

Im 16. Jahrh. aus italien. *fregata*, französ. *frégate* übernommen, in ähnlichen Schreibungen in vielen europ. Sprachen. Herkunft ungewiss: ① über frühitalien. **fargata*, spätlat. *infarchatum* »einsetzbares Bord« zu griech. *aphraktos* »ohne Brücke, ohne Verdeck«, daraus auch lat. *aphracta* »kleine offene Schiffe«, ② in einer Verwandtschaft mit lat. *naufragata* »in Schiffbruch«, von lat. *naufragus* »schiffbrüchig«, ③ unmittelbar frühroman. **fragata* »zerbrochen« von lat. *frangere* »zerbrechen«, weil das Heck eingewölbt gewesen sei, aber eine solche Konstruktion ist nicht belegt, ④von italien. *fregata* »Reibung, Abreibung« übertragen auf das Kriegsschiff, ähnlich span. *fregador* »Scheuerlappen«.

Leonhart Frönsberger, Kriegssbuch (1565): »klein Nachen, welche auch etwan Rahaten genannt.«

Salomon Schweigger, Reyßbeschreibung nach Constantinopel und Jerusalem (1608): »daz dritt ist wider kleiner, wird genennt Vergada, ist eigentlich ein Spächschifflein, navis speculatoria, diese haben nicht allein Ruder, sondern auch Segel, daß sie mit Wind vnd ohne Wind können fahren.«

Georg D. von der Groeben, Erläuterungen zum Verstande der Schifffahrt (1774): »Fregatte. Ist ein leicht gebautes Kriegs-Schiff, nicht hoch über Wasser, mit zwey Verdecken.«

→Brigantine, →Kap, →Korsar (um 1600), →Korvette (1787)

Freibeuter, der, »privates bewaffnetes Schiff ohne Kaperbrief, mit dem Handelsschiffe ausgeraubt werden; Seeräuber ohne Kaperbrief«; gelegentlich werden aber auch *Kaperfahrer* »Freibeuter« genannt.

Mittelniederdt. *vrībüter*, niederländ. *vrijbuiter*, aus mittelniederländ. *vrij* »frei«, *buit* »Beute«, ursprüngl. Soldaten, die nicht von Sold, sondern von »freier« Beute lebten, die sie nicht abzuliefern hatten, maritim in den Niederlanden im 16. Jahrh. entstanden. Entlehnt zu engl. *freebooter*, französ. *flibustier* →*Filibuster*, norw. dän. *fribytter*, schwed. *fribytare*.

Hermann Weinsberg, Das Buch Weinsberg (über das Jahr 1571): »wie die watergeussen und fributer mit der engelschr hilf die hispanische floit und schiff nedergelacht und grois gut erlangt«, »wie die [aufständischen niederländischen] Wassergeusen und Freibeuter mit der englischen Hilfe die spanische Flotte und [ihre] Schiffe niedergelegt und großes [Beute-] Gut erlangt haben.«

Johann Ludwig Gottfriedt, Newe Welt und americanische Historien (1631): »diese kamen nach 8 Tagen wider bey die Flotta, sagten, sie hetten einen Englischen Freybeutter angetroffen, der zwey Spanische Fischer Schiff genommen.«

Johann Frisch, Schau-Platz Barbarischer Sclaverey (1694): »Capitain Johan Brovver ließ sich Anno 1661 in Hispanische Dienste gebrauchen und fuhr als Caper oder Freybeuter von Ostende ab auf die Portugiesen zu streiffen.«

Fugu →Kugelfisch

Kampf zwischen Blackbeard und Lieutenant Maynard in der Ocracoke Bay, Gemälde von Jean Leon Gerome Ferris.

G

Gaden, der, »Deck«.

Als vielfältige Ortsbezeichnung (u. a. für Haus mit nur einem Raum, Stätte, Stockwerk) verbreitet, für ein Schiffsdeck seit dem 17. Jahrh. belegt, jetzt veraltet, mit altfries. *gaten*, althochdt. *gadum* auf german. **gadma* »umschlossener Raum« zurückzuführen, das mit sanskrit *gádhya* »festzuhalten, zu erbeuten« und *â-gadhita* »umklammert« von indoeurop. **ghadh* »zusammenhalten, fest verbunden sein« abstammt.

Reisen und Gefangenschaft Hans Ulrich Kraffts (1616): »Als Ich vor vier wochen uff dem schiff Sta Grace Nach Trippolj In Sorie [Tripolis in Syrien] gefaren, und wir den 16. september große forttuna gehappt, bin ich darzumal auch unversehens von Oben In den undern gaden des Ersten Boden bey sächs schuh hoch mit dem linckhen schinbain uff ein balckhen gefallen.«

Joseph Stöcklein, Der Neue Welt-Bott (1726): »wir massen die Sinesischen Sommen [Dschunken] oder Last-Schiff, um zu sehen, ob wir die Güter in dieselben überladen mögten; aber ihre Gaden waren so klein, daß die Ballen nicht Platz hatten.«

Gaffel, die, »Segelstange, die gabelförmig den Mast umfasst, nach oben vom Mast absteht und das Gaffelsegel trägt; Segelspreize«.

Niederdt., -länd. *gaffel*, im 18. Jahrh. neben dem Ausgangswort *Gabel* ins Hochdt. übernommen. Althochdt. *gabala*, westgerman. **gablō* »Gabel« geht wohl auf eine Entlehnung aus dem Keltischen zurück, woher auch lat. *gabalus* »Galgen« stammt, und mit altindisch *gabhá-* »Vulva, Schenkelspreize« wohl auf indoeurop. **ghabolo* »Gabel«. Unklar ist, ob damit zuerst die Schenkelspreize oder die Astgabelung gemeint war. Als Teil des Essbestecks wird die *Gabel*, aus Konstantinopel kommend, im 11. Jahrh. in Venedig bekannt, kommt aber wegen der kirchlichen Diffamierung als zweizinkiges Strafwerkzeug des Teufels zunächst nur an Fürstenhöfen als Kochutensil und zum Tranchieren in Gebrauch. Populärer wird sie erst ab dem 16. Jahrh., aber die Benennung der *Gaffel* kann auch nach der Form der Astgabel, der Mistgabel zum Heben und Wenden oder der Stützkrücke erfolgt sein. Verwandt mit *Giebel*.

Johann Georg Aldenburgk, West-Indianische Reiße (1627): »Auff erlangung der offenbaren See segelte das Schiff Vtrecht hin vnnd her, wir lieffen darauff zu vnd befanden, daß der Sturmwind in verloffener Nacht desselben zwo Gabeln in Stücken gebrochen hatte.«

Heinrich Smidt, Michael de Ruiter (1848): »Von der Gaffel wehte die stolze Flagge der sieben vereinigten Provinzen [der Niederlande].«

Hamburgischer Correspondent (10.11.1907, Abendblatt): »Der Bestmann Hinrich Woltmann ist ... auf der Galeasse Meta beim Festmachen des Besahn von der Gaffel, welche er nicht rechtzeitig losließ, über Bord gerissen, ins Meer gefallen und ertrunken.«

Galeasse, die, »Frachtsegelschiff mit großem Vor- und kleinerem Besanmast«, urspr. ein der Galeere ähnliches, etwas größeres Kriegsschiff.

Die Bezeichnung kam im 16. Jahrh. mit Reiseberichten aus dem Mittelmeerraum ins Hochdt. Zugrunde liegt italien. *galeazza* »großes Ruder- und Segelschiff«, engl. *galliass*, das über lat. *galea* auf griech. *galéē* »Wiesel« zurückgeht. →*Galeere*

Otto Friedrich von der Groeben, Guineische Reise-Beschreibung (1694): »Die Infanteri mit der Cavalleri segelte hergegen auf den Schiffen und Galliatzen, unter dem Commando des Extraordinarii Capitains von den Galliatzen, nach dem Archipelago.«

Adelbert von Chamisso, Reise um die Welt mit der Romanzoffischen Entdeckungs-Expedition (1836): »Als das Schiff, eine Galeasse von 5 Mann Equipage zu rollen begann, wurden auf demselben die Anfangs lauten Passagiere still.«

Galeere, die, »langes Kriegsruderschiff«.

Im 16. Jahrh. neu entlehnt aus italien. *galera*, im 17. Jahrh. aus französ. *galère*. Dies stammt aus italien., span., katalan. *galea*; aus altfranzös. *galée*, *galie* wird mittelengl. *galai,* engl. *galley*, auch frühneuhochdt. *galee*, *galei* entlehnt. Die Formen mit *-r-* sind vielleicht im Venedig des 12. Jahrh. entstanden und überlagern später die meisten der älteren Bezeichnungen, aber nicht engl. *galley*. Italien. *galea* geht zurück auf griech. *galéē* »Wiesel«, auch »Schwertfisch« wegen der Wendigkeit des Ruderschiffs. Verwandt sind →*Galion*, →*Galeasse*, nicht →*Jolle*.

Basler Chronik (1445): »Den selben brief ich mit mir über ner fuerte, und mir ertranck [unterging], als unser galee zerbrach uff dem mer.«

Walter Raleigh, Beschreibung deß goldreichen Königreichs Guiana in America (1599): »Den dritten Tag … saß vnsere Galee so hart auff den Grund daß wir meyneten vnser Anschlag hett da ein Loch gewonnen.«

Hiob Ludolf, Allgemeine Schau-Bühne der Welt (1699): »Der Pabst … und die Republic Genua schickten ihre Galeren den Spanischen zu Hülfft.«

Galion, das, **Galeone**, die, ① »ein großes Kriegsschiff«, daraus ② »großer offener Vorbau am Vorsteven«, meist mit **Galionsfigur**, auch als Abtritt oder Arrestzelle genutzt.

Galion ist eine Entlehnung des 16. Jahrh. aus mittelniederländ. *galioen*; mit niederländ. *galjoen*, engl. *galleon*, französ. *galion*,

Venezianische Kriegsgaleere, rekonstruktierende Zeichnung des 19. Jahrh.

span. *galeon*, italien. *galeone* bezeichnet sie zunächst ein Kriegsschiff, das kürzer und höher als eine Galeere war, besonders in Spanien. Als Typbezeichnung gehalten hat sich *Galeone* für die spanischen Handels- und Kriegsschiffe, die mit den Kolonien in Mittel- und Südamerika verkehrten; zur Herkunft →*Galeere*. Bugverzierungen sind seit den frühesten Bildern von Schiffen belegt. Bei den Germanen waren es Drachenköpfe an den Vordersteven; mit dem Aufkommen der Galeonen im 16. Jahrh. setzte sich der damals populäre Löwe durch, mit dem 17. Jahrh. nahmen menschliche Figuren zu und dominierten die Steven des 19. Jahrh. bis zum Niedergang des Holzschiffbaus.

Johann Georg Aldenburgk, West-Indianische Reiße (1627): »Darnach schleust man den jenigen, der ein mehrers [Verbrechen] begangen, zu Wasser und Bord, etliche Tage und Wochen in deß Schiffs Gallion, darinn keiner, wann das Meer grosse Baaren [Barren] und Wellen wirfft, trucken bleiben kann, und das ist eben so viel als deß Schiffs Gefängniß.« →*Baare*

Johann Wilhelm Vogel, Ost-Indianische Reise-Beschreibung (1716): »Es muß, wie denen so zur See gefahren, bekant, ein ieder vom gemeinen Schiff-Volck und Unter-Officirern, wenn er seine Nothdurfft thun will, selbiges auff dem Fördertheil des Schiffs, in dem sogenannten Gallion verrichten.«

Albert Berg, Die preußische Expedition nach Ost-Asien (1864): »Nur zweimal wälzte sich eine unbändige See, den Galion umschlingend, vom Bugspriet her über das ganze Verdeck.«

→Eiland (1508), →klar (1627), →Klüse (1702), →Geschirr (1856)

Galiot, die, »Frachtsegler der Nord- und Ostsee, meist mit zwei Masten«, urspr. im Mittelmeer »kleine Galeere mit einem Mast und drei Kanonen«.

Wie engl. *galliot* eine Entlehnung aus den roman. Sprachen, französ. *galiote*, span. *galeota*, italien. *galeotta*, verkleinert von lat. *galea*, →*Galeere*. Eng verwandt auch mit →*Galeasse*, →*Galeone*.

Johann Paul Augspurgers ... See-Reisen ... nacher Brasilien in America (1644): »hab ich mich alsobald an den Seestrant begeben, und gesehen, daß unsere Schiff ... in den Haven einlieffen, die 2 Gallioten aber vorbey segelten.«

Johann Wilhelm Vogel, Ost-Indianische Reise-Beschreibung (1716): »Mit Sonnen Auffgang sahen wir in Osten von uns 17 Schiffe und unterschiedlichen Galliotten.«

Franz Reuleaux, Der Weltverkehr und seine Mittel (1892): »Galliote, vorn und hinten rundgebautes oder, wie die Schiffer sich ausdrücken, rundgattiges Schiff.«

→Brigantine (1521), →Schlepper (1673), →Baas (1742)

Dreimastige Galiot, Stich um 1790.

Gangway, die, »Laufsteg, -planke zum Schiff«.

Übernahme des 20. Jahrh. von engl. *gangway*, dies entlehnt aus dem skandinav. Raum, dän. *gangvej*, schwed. *gångveg*, altnord. *gangvegr*. Belegt ist auch die dt. dialektale Form *Gangweg*, zu engl. *gang* »Ort, durch den man geht« und *way* »Weg«. An Deck von Schiffen ist *Gangway* engl. seit dem 17. Jahrh. belegt, zum Betreten und Verlassen des Schiffs seit dem 18. Jahrh. **Gang**, der, »Arbeitsgruppe an Bord oder im Hafen«, »Flur im Schiffsinneren«, geht zurück auf mittelhochdt., -niederdt., -niederländ. *ganc*. Das Wort meint zunächst das Gehen, dann den gemeinsamen Weg einer Gruppe, daraus die Arbeitsgruppe. Abgeleitet aus german. **gang-a-*, althochdt. *gangan* »gehen« und indoeurop. **gheng-* »schreiten, gehen, Schenkelspreize, Schamgegend«. Ein Zusammenhang mit *Gabel* und →*Gaffel* bleibt ungewiss. **Gangspill** →*Spill*. Entfernter verwandt sind *Gang, Gangster* »Bande, ihre Mitglieder«, Neuentlehnungen des 20. Jahrh. aus engl. *gang* »Bande«, das in dieser Bedeutung seit dem 17. Jahrh. belegt ist, zuerst als Piratengruppe. *Seegang* →*See*

Als »Gruppe« bei Falconer, An universal dictionary of the Marine (1771): »Gang, a select number of a ship's crew appointed on any particular service, and commanded by an officer suitable to the occasion«, »Gang, eine Anzahl Mannschaften, die zu einem bestimmten Dienst eingeteilt ist und von einem Offizier kommandiert wird, der für diesen Zweck geeignet ist.«

Gangway bei Joseph Conrad, Weihe (1906): »others, half loaded, ... looked more accessible. Their less steeply slanting gangways seemed to invite the strolling sailors in search of a berth to walk on board«, »Andere [Segelschiffe], schon halb beladen, ... sahen zugänglicher aus. Ihre weniger steil ansteigenden Gangways schienen die umherstreifendenden Seeleute, die eine Stellung suchten, geradzu einzuladen, an Bord zu kommen«; in der dt. Ausgabe (1973) ist *Gangway* mit »Fallreep« übersetzt.

Erich Maria Remarque, Arc de Triomphe (1960): »Dann der Gangway, der langsam eingezogen wurde.«

gapen, »nicht dicht schließen« (von Fugen im Schiffbau).

Niederdt. und niederländ. für hochdt. *gaffen* »den Mund aufsperren«, so auch engl. *to gape*, altnord. *gapa*. Mit dt. *japsen* »nach Luft schnappen«, dt. *gähnen*, engl. *gap* »Öffnung«, griech. *cháskō* »ich gähne, klaffe« wohl auf eine indoeurop. Wurzel etwa **ghē-* »gähnen, klaffen« zurückzuführen.

Johann Hinrich Röding, Allgemeines Wörterbuch der Marine (1794/96): »die Planke gapt, wenn das Ende derselben nicht dicht anschließt oder losgesprungen ist.«

Garnele, die, meist der Zehnfußkrebs Crangon vulgaris; verbreitete Handelsbezeichnung »Krabbe«.

Entlehnung des 16. Jahrh. aus niederländ. *garneel*, heute *garnaal*, umgangssprachl. *garnaat*, flämisch *geernaart*, niederdt. *garnaat*, auch *granat*, veraltet französ. *guernette*. Der älteste Beleg, seeländisch-niederländ. *gornaart*, stammt von 1484. Nach den Gliedmaßen des Tieres geht der erste Wortteil mit umspringendem *-r-* auf mittelniederländ. *granen* »Barthaare« zurück, wie althochdt. *grana* »Borste, Schnurrbart«, hochdt. *Granne* »Schnurrbart« aus german. **granō* »Haarspitze«. Das Wort beruht wie mittelirisch *grend* »Bart« und breton. *grann* »Augenbraue« auf indoeurop. **gher-* »Spitze«. Unklar ist, ob die ursprüngl. Endung *-aart*, *-aard* dem german. Namensbestandteil *-hart* »stark, kühn« entspricht, aus indoeurop. **kar* »hart«; unsicher verwandt mit →*Krabbe*, →*Shrimp*.

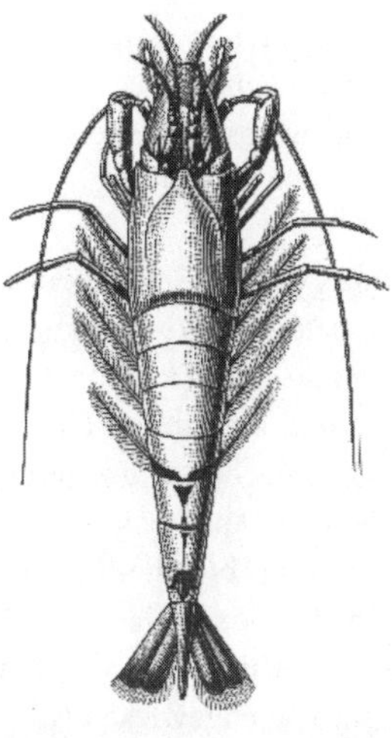

Garnele *(Crangon vulgaris)*.

Auch noch in weiteren Schreibungen bei Josua Maaler, Die teütsch spraach (1561): »Garnat (der) oder Garnol, / Ein klein meer kraebßle / auff Englisch a shrympe … Gariner (der) Kleiner meer kraebs in Engelland, a shrympe oder prau (prawn).«

Johann Leonhard Frisch, Teutsch-Lateinisches Wörter-Buch (1741): »die gemeinen leute an der Ost- und Westsee nennen sie [die Garnelen] granaten.«

Hermann Allmers, Marschenbuch (1900): »diese [Männer und Frauen] fangen die kleinen, wohlschmeckenden krebse, garnelen (crangon vulg.), hier zu lande ›granat‹ genannt, welche mit salz abgekocht eine delikatesse zum frühstück und nachtische ausmachen.«

Gast, der, nautisch »ein Matrose in einem bestimmten Dienst an Bord«, zuvor und allgemeiner »Mann, Geselle«.

In nautischer Verwendung dt. erst im 18. Jahrh. belegt, vielleicht Übernahme der Bedeutung ① aus der Soldatensprache, z. B. *Schillergast* »Schildwache«, durch die Anwesenheit von Soldaten an Bord, in der Reiseliteratur des 17. Jahrh. bezeugt, ② aus der Handwerkersprache mit der Spezialisierung der Arbeit an Bord, aber nur mit späten Belegen. Das Wort, althochdt. *gast*, altengl. *giest*, altnord. *gestr*, got. *gasts*, geht mit altkirchenslaw. *gosti* »Gast«, *gospodi* »Gastherr«, lat. *hostis* »Fremder, Feind«, vielleicht griech. *xénos* »Fremder, Gast« auf indoeurop. **ghosti-* »Fremder« zurück. →*Badegast*

Johann Georg Aldenburgk, West-Indianische Reiße (1627): »Musten derentwegen von jeder compagni drey Mann darbey erscheinen, an Capitänen, Serganten, Corporaln, Adelporschen [Adelburschen, Seesoldaten mit Flinten] vnd Schillergasten.«

Preußische Instruktion (1864): »Die Matrosen heißen dienstlich Gasten; man sagt Cuttergast, Signalgast, Vortopgast usw.«

Friedrich Kluge, Seemannssprache (1911): »In der deutschen Seemannssprache werden mit Bäckersgast, Kochsgast, Malersgast, Zimmermannsgast handwerkliche Gesellen auf dem Schiff, mit Hüttsgasten werden die nicht seemännischen Teilnehmer an der Offizierskajüte bezeichnet.«

Gat, Gatt, das, »Loch«, nautisch ① »Öffnung in der Schiffswand«, ② »Schlingen als Ösen am Segel, Loch im Segel zur Führung eines Taus«, ③ »Meerenge«, ④ »Schiffsheck«.

Im 16. Jahrh. aus niederdt. *gat*, altnord. *gat* »Loch«, altsächs. *gat* »Öhr«, altfries. *yet*, altengl. *geat*, engl. *gate* »Tor«, german. **gato-* »Loch«. Herkunft unsicher, vielleicht zu engl. *to get* »empfangen«, altnord. *geta-* schaffen, erreichen, bezeugen«, german. **gétan* »fassen, enthalten« und damit verwandt mit dt. *Gasse* als »Ort, an dem oder durch den empfangen wird« oder »Öffnung in einer Häuserreihe«. Gegen das verpönte niederdt., -länd. *(aars-)gat* »Arschloch«, altind. *hadati* und griech. *chézō* »scheißen« zu gleichbedeut.

indoeurop. **ghed-* spricht die unübliche neutrale Verwendung von *Gatt*. Eine Verbindung mit dt. *Gatter* »verschließbare Öffnung«, eigentlich »zusammengefügtes Stabwerk«, wohin es vielleicht wie dt. *Gatte* auf indoeurop. **ghadh-* »vereinigen, eng verbunden sein« zurückgeführt werden könnte, stößt auf Probleme mit den Gesetzen der Lautverschiebung. Seefahrer nannten die Meerenge zwischen Dänemark und Schweden wegen ihrer vielen Untiefen und schmalen Fahrwässer *Kattegat* »Katzenloch«. →*Speigatt*, →*Helle*

Johann Georg Aldenburgk, West-Indianische Reiße (1627): »Es war aber den vorigen Abend ein Seeländisch Schiff ben in gemelde Bahje [Bai] aus der Stadt Fliessingen [Vlissingen, Niederlande] seine Commercien zutreiben, und waren zu verkauffen inkommen, und wolde sich nicht in das Gad bringen, noch von den Piloten vor vorstehenden Unglück warschawen lassen.«

Peter van der Horst, Beschriving Van der Kunst der Seefahrt (1673): »Die Türcken konnten mir auch nicht helfen, weil wir ihr Berck oder Boht [Barke oder Boot] hatten in Stücken geschossen, welche Gaten sie erst mit Ochsenfell musten zumachen.«

Sophie Wörishöffer, Robert der Schiffsjunge (1887): »Er sah sofort, daß jedes Segel am oberen Rande kleine Ösen von starkem Bindfaden mit Leder besetzt aufzuweisen hatte und erfuhr auf seine leise Frage auch von dem Matrosen den Namen derselben nämlich Gaten.«

→Galiot (1892)

Genua, die, kurz für *Genua-Fock,* die, »großes, den Mast beträchtlich überlappendes Vorsegel«.

Der Name stammt von der italienischen Hafenstadt, vor der der Schwede Sven Salen 1927 bei einer Regatta ein solches Segel erstmals benutzte, weil die durch die Bauchung vergrößerte Segelfläche nicht auf das Vorsegeldreieck angerechnet wurde. Vorläufer war der schwächer gebauchte *Kreuzballon*, als Wort und Sache von der *Genua* verdrängt.

Gesangbuch, das, »Scheuerstein an Bord«.

Auch *Gebetbuch*, *Bibel*, engl. *holy stone*, norweg, *salme boga* (Psalmenbuch) wegen der Anwendung auf Knien. Die Verbreitung in mehreren Sprachen widerspricht der Vermutung, dass der Ausdruck ursprünglich aus England stammt (*holy* »heilig«, *holey* »löchrig« wegen der porös-blasigen Gestalt von Bimssteinen), weil *holey stone* dort erst seit dem 19. Jahrh. nachgewiesen ist.

C. F. Sperling, Aus dem Loggbuch eines Kriegsseemannes (1906): »Auf das mit Seewasser begossene Oberdeck wird Sand gestreut, in breiten Reihen nebeneinander knieen die Leute nieder und schieben schwere Sandsteine auf den Fichtenplanken hin und her; diese Scheuersteine werden an Bord Gebetbücher genannt (ähnlich der englischen Ausdrucksweise, die sie mit holy stones, heilige Steine bezeichnet)«, wohl nur, weil sie knieend verwandt werden.«

The Spectator, 5.4.1890: »I believe you will find the correct spelling to be ›holey‹, the stones used by preference being full of holes, like a sponge, and that any derivations of the name ›holy‹ were simply inventions to account for what sounded a remarkable name.« »Ich glaube, Sie werden feststellen, dass die richtige Schreibweise ›holey‹ ist, denn die mit Vorliebe benutzten Steine sind voller Löcher, wie ein Schwamm, und dass alle Herleitungen aus dem Namen ›holy‹ schlicht Erfindungen sind, um einen bemerkenswert klingenden Namen zu erklären.«

Geschirr, das, »gesamte Ausrüstung, die für eine bestimmte Funktion an Bord wichtig ist«, z. B. Anker-, Rudergeschirr.

Mittelhochdt. *geschirre*, althochdt. *giskirri* »Gefäß, Gerät«. Aus der Bedeutung »Pferdegeschirr, Zaumzeug« lässt sich mit althochdt. *satulgiskirri* »Sattelgeschirr« als »Zurechtgeschnittenes« unsicher eine Herkunft von *scheren*, althochdt. *skeran* »schneiden, scheren« ableiten.

Verklarung, Stadtarchiv Altona (1856): »Auch war die Gallion nebst Geschirr verloren.«

Hamburgischer Correspondent (9.9.1907, Abendblatt): »Mathilde ... hier eingelaufen, hat den Fockmast mit Segeln und allem daran befindlichen Geschirr verloren.«

Hamburgischer Correspondent (16.12.1907, Abendblatt): »die Ballastpumpe musste den ganzen Weg arbeiten, gesteuert wurde mit dem Handgeschirr.«

Geschwader, das, »Kriegsschiffe in gemeinsamer Operation«, auch »Handels- oder Fangschiffe in gemeinsamer Unternehmung«.

Spätmittelhochdt. *swader* »Reiterabteilung« geht zurück auf italien. *squadra* »viereckig geordnete Reitertruppe«, *squadrare* »viereckig machen«, frühroman. **ex-quadrare* »im Quadrat aufstellen«, lat. *quadrare* »viereckig machen« zu *quattuor* »vier«. Von der Reitertruppe ging die Formation auf Seevögel, im 16. Jahrh. auf Schiffe und im 20. Jahrh. auf Flugzeuge über. Französ. *escadre*, span. *escuadra*, engl. *squadron*; dt. *Schwadron* war eine Kavallerie-Einheit.

Philippus Baldaeus, Beschreibung der Beruhmten Ost-Indischen Kusten (1672): »Die Portugesen theilten sich in zwey Geschwader, so daß der General auf den Niederländischen Admiral hielt, und der Viceadmiral auf die Schiffe Rotterdam, Vere und die Jacht den Valk.«

Joseph Stöcklein, Der Neue Welt-Bott (1726): »den 18. dito [Monats] aber endlich Wind genommen, und mit dem Spanischen Schwader in den Oceanum oder grosse Welt-Meer abgefahren.«

Joachim Nettelbeck, Eine Lebensbeschreibung (1821): »rascher segelnd als die Kauffahrer um uns her, überholten wir schnell die vordersten und ließen bald ihr Geschwader weit hinter uns«.

→Linienschiff (1785), →Gig (1864)

Gestade, das, poetisch »Rand eines Gewässers; Ufer, Küste, Strand«.

Mittelhochdt. *gestat*, Kollektivbildung zu althochdt. *stado* (wie *Gebirge* zu *Berg*), altengl. *stæþ*, got. *staþ*(s), german. **staþa* »Ufer, Gestade«. Das Wort gehört mit lat. *statio* »Landungsplatz«, *status* »Stand« zu indoeurop. **sthə-to-* »Stelle, Stand« und **stā-* »stehen«. Gemeint ist damit das *Ufer* als »fest Stehendes«, »Festland« im Gegensatz zum unsteten Wasser. Die in Mittel- und Süddeutschland verbreitete Bezeichnung ist vom alten Küstenwort *Ufer* ins Dichterische abgedrängt worden.

Konrad von Megenberg, Buch der Natur (1349/50): »wenne daz meer ... daz ufer oder daz gestat beswært mit seinen ünden [Wellen].«

Sebastian Münster, Cosmographei oder beschreibung aller länder (1550): »die Castiglianer sollen bei 700 meilen dem gestaden [Neuguineas] nachgesetzet haben, aber zu keinem end kommen mögen.«

Johannes Aventinus, Bayerische Chronik (1566): »ain merschwein füert in [ihn] unverseret an das gestat.«

Matthias Kramer, nider-hoch-teutsch dictionarium (1719): »gestatt, aufgeschütteter oder aufgemauerter platz an dem ufer des meeres oder eines stroms, lände, werf«.

→Sand (14. Jahrh.), →Bai (1787)

Gewässer, das, »Oberbegriff für Meere und Binnengewässer«.

Mit der Vorsilbe *Ge-* eine Kollektivbildung zu →*Wasser*.

Daniel Defoe, Robinson Crusoe, übersetzt von Ludwig Friedrich Vischer (1720): »Dann er hatte so förchtige Historien von ihnen auff dem Eiland gehöret, war auch niemahls zuvor in diesen Gewässern gewesen, wuste also nicht, was er daraus machen solte.«

→Aal (8. Jahrh. v. Chr), →Sardellen (1893), →Schelf (1967)

Gezeit, die, **Tide**, die, »Zeitraum einer Ebbe und Flut«, **Gezeiten**, die, **Tiden**, die, »Ebbe und Flut«.

Mittelhochdt. *gezīt*, althochdt. *gizīt* »bestimmte Zeit, Gebetszeit« übernimmt im 16. Jahrh. die Bedeutung von mittelniederdt. *getīde* »Flutzeit«. Beides sind Kollektivbildungen (wie →*Gestade*/*Statt*) zu german. **tīdi-* »Zeit«, niederländ. *tijd* »Zeit«, neuengl. *tide* »Tide« mit der Parallelbildung **tīma-* »Zeit, Stunde«, altnord. *tími*, altengl. *tīma*. Die Herkunft ist unklar: ① von german. **tī-*, das auf eine indogerman. Zeitwurzel **d-* zurückgeht, altind. *ta-d-ā* »dann«, lat. *di-ū* »lange« oder ② von german. **dī-*, das auf indoeurop. **dā(i)-* »teilen, zerschneiden« beruht, altind. *dáyate* »teilt«, griech. *dāis* »Portion«, womit Zeit als »den Tag unterteilend« zu erklären wäre. Die Höhendifferenz zwischen Niedrig- und Hochwasser heißt **Tidenhub**; der zweite Wortteil geht wie *heben*, german. **haf-ja*, auf indoeurop. **kap-* »fassen, nehmen« zurück. Weil sich die Sonne mit 46 Prozent der Mondanziehungskraft deutlich auf den Verlauf von →*Ebbe* und →*Flut* auswirkt, ist ein Hochwasser, wenn Sonne und Mond hintereinanderstehen, also zu Voll- oder Neumond, als *Springtide* besonders stark. Stehen zu Halbmond Sonne und Mond in rechtem Winkel, ist das Hochwasser als *Nipptide* besonders schwach. *Springen* zu indoeurop. **sp(h)er(ə)-* »zucken, zappeln, schnellen«, *nippen* zu *kneifen* im Sinne von »Lippen beim Trinken fast schließen« oder aber zum lautmalerischen german. Anlaut *sn-* für spitz zulaufende Gegenstände und damit vorgenommene Bewegungen, etwa eine Wasserzunge. Der *Gezeitenstrom* (→*Strom*) wird davon beeinflusst, wie sich das Wasser in Buchten staut, wo es über eine Eigenschwingung verfügt, die mit dem Gezeitenrhythmus in Resonanz tritt.

Gaspar Ens, West- unnd Ost Indischer Lustgart (1618): »Und hierumb hat man das Gezeit nimmermehr den einen Tag umb die Stundt, umb welche mans den vorigen Tag gehabt … niemand kann so weit sehen oder in so schneller Eyl laufen, biß das Gezeit ein Ende hat, als welches nur 6 Stund währet.«

Daniel Defoe, Robinson Crusoe, übersetzt von Ludwig Friedrich Vischer (1720): »Hier fiel mir augenblicklich ein, ich sollte auf die gröste Höhe, so ich nur finden könte, hinauff gehen und wo möglich die Stellung der Gezeiten beobachten … so warf ich meine Augen auff einen kleinen Hügel, von dem ich das Meer auff beyden Seiten, imgleichen die Ströhme oder Gezeiten der Ebbe und Fluth, auch was für einen Weg ich zurück zu nehmen hätte, ersehen konte.«

→Priel (1909)

Gien, die, »schweres Hebezeug, Flaschenzug für schwere Lasten«.

Niederdt. *gyn*, ostfries *gīn*, niederländ. *gijn* sind entlehnt aus engl. *gin* »Hebewerkzeug, Kran«, dies verkürzt aus altfranzös. *engin* »Apparat«, das auf lat. *ingenium* »kluge Erfindung, Scharfsinn« und *gignere* »hervorbringen« zurückgeht. Verwandt mit *Ingenieur*, *Genie*.

Der geöffnete See-Hafen (1702): »Noch ist eine andere Art, die obbemeldte grosse Raa mit einem so genandten Gyn … aufzuhissen.«

Heinrich Brarens, System der praktischen Steuermannskunde (1807): »Ferner ist dienlich, daß er eine Gine … mit dem Gangspil stark nach hinten spannen lasse.«

Gottlieb Reinicke, Schiffsjungendienst (1907): »Gienen, schwere Flaschenzüge mit fünf oder sechs Scheiben, werden zur Verstärkung der Trosse angebracht.«

gieren, »Wendungen nach links und rechts machen« (von Schiffen).

Entlehnt von niederländ. *gieren*, dies von engl. *to gyre*, altfranzös. *girer*, lat. *gyrare* »kreisen, drehen«, griech. *gyros* »Kreis«. Nicht verwandt mit *Gier*.

Heinrich Smidt, Michael de Ruiter (1848): »Die Aufregung wird so allgemein, daß selbst der Mann am Steuer seine Pflicht vergißt und das Schiff in den Wind giert.«

Heinrich Paasch, Vom Kiel zum Flaggenknopf (1901): »ein vor Anker liegendes Schiff giert, wenn das Vorene desselben beständig einige Kompaßstriche von rechts nach links und vice versa schwingt.«

Hamburgischer Correspondent (2.5.1907, Morgenblatt): »da die Urania etwas nach Backbord gierte, kommandierte der Lotse Backbordruder.«

→Pinne (1888)

Gig, die, ① »Beiboot für den Kapitän oder Kommandanten eines Schiffs«, daraus ② »robustes Ruderboot, oft für Übungszwecke«.

Im 19. Jahrh. aus engl. *gig* übernommen. Auf englischen Schiffen ist das als Visitenkarte betrachtete schlanke Beiboot des Befehlshabenden erst seit Ende des 18. Jahrh. mit diesem Wort belegt. Die Herkunft ist ganz unklar, als frühester Nachweis gilt *gig* etwa »flüchtiges Mädchen« (13. Jahrh.), sodass eine Bedeutung »in leichter und schneller Bewegung« möglich ist.

Schiffsjournal, Seewarte Hamburg (1831): »Hierauf fuhr der Capitain, Dr. Meyen und mit ihnen auch General Miller an Land mit der Gick.«

Albert Berg, Die preußische Expedition nach Ost-Asien (1864): »Aussenbords hangen an den sogenannten Davids die kleineren Boote, und hinter dem Heck die Capitäns-Gig … Vorauf fuhr die erste Pinasse, dann der Cutter, dann die Gig des Geschwaderchefs mit dem Gesandten.«

→ösen (1896)

Gischt, die, »Schaumköpfe der See«, »Sprühwasser, das über Deck fegt«.

Mittelhoch-, mittelniederdt. *gest*, *jest*, mittelniederländ. *ghest*, *ghist* »Gischt«, *gischen*, *geschen* »gären, brodeln«, niederländ. *gist* »Hefe«, engl. *yeast* »Hefe, Schaum«, schwed. *jäst* »Hefe«. Alle Formen gehen wie auch dt. *gären* auf das gleichbed. german. **jes-a-* zurück, dies von indoeurop. **jes-* »schäumen, wallen, sieden«. Die Form *Gischt* ist seit dem 17. Jahrh. belegt, die nautische Bedeutung seit dem 18. Jahrh.

Friedrich Schiller, Der Taucher (1797): »Und es wallet und siedet und brauset und zischt, / Wie wenn Wasser mit Feuer sich mengt, / Bis zum Himmel sprützet der dampfende Gischt / Und Flut auf Flut sich ohn Ende drängt.«

Gustav Frenssen, Hilligenlei (1905): »der weiße gischt spritzte.«

Glas, das, »halbe Stunde einer Deckswache; Durchlauf einer Sanduhr«, **glasen**, »die Schiffsglocke schlagen, um den Ablauf eines Glases anzuzeigen; mit der Schiffsglocke oder durch Aussingen eine halbe oder volle Stunde anzeigen«.

Übernahme des 16. Jahrh. aus dem Niederländ., verkürzt aus *Sandglas* nach den Sand-

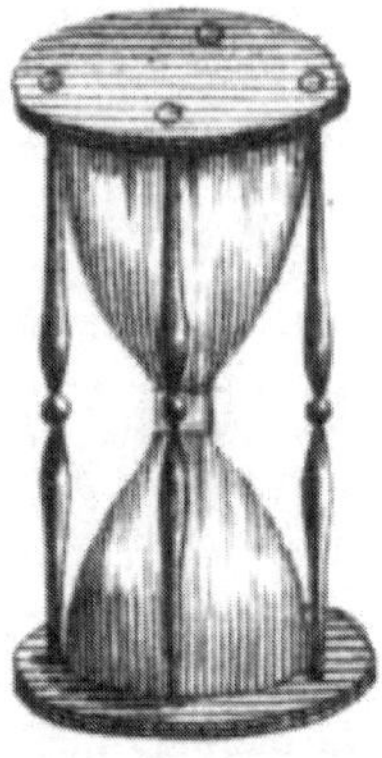

Glas: Zeitspanne von 30 Minuten, mit genormter Sanduhr bestimmbar. Stich, Anfang des 19. Jahrh.

uhren, die eine halbe Stunde liefen und die acht Glasen der vierstündigen Wache anzeigten. Sanduhren aus Glas sind im Abendland seit dem 14. Jahrhundert bekannt und wurden schnell zur Zeitmessung an Bord eingesetzt. Niederländ. *glas* stammt wie dt. *Glas* von german. **glaza-* zu indoeurop. **ghel-* »glänzen, schimmern«, verwandt mit *gelb*. Offenbar benannten die Germanen die ihnen durch die Römer bekannt werdenden glasartigen Schmuckgegenstände nach dem ihnen vertrauten Wort für Bernstein, german. **glasa-*. Daraus entstand wiederum lat. *glaesum* »Bernstein«.

Johann Jacob Saar, Ost-Indianische Funfzehen-Jährige Kriegs-Dienst Beschreibung (1662): »Nit weniger hat mann Sand-Uhren zu halben Stunden groß, die so wohl wer von den Soldaten auf der Wacht stehet, als welcher von den Schiffsgesellen am Ruder sitzet, auf dem Schiff sehen kann, und wann ein Glaas, oder die erste halbe Stund, aus ist, so geschicht ein Schlag mit der Glocken; wann die andere, zween, und so fort, biß die acht Gläser oder vier Stunden aus sind; denn wird die gantze Glocken geleutet, und so wohl ein anderer Officier mit seinem so genannten Quartir, als Mast- und Steurmann, die die Ordnung trifft, durch den Quartir-Meister gewecket, der in das untere Schiff gehet und laut ausruffet die vorige Wacht abzulösen, welche es treffe.«

Albert Berg, Die preußische Expedition nach Ost-Asien (1864): »jede Wache hat vier Stunden oder acht Glasen; man sagt nicht elf Uhr, sondern sechs Glas; zwölf Uhr, vier Uhr, acht Uhr sind acht Glas, halb eins, halb fünf, halb neun ein Glas u.s.w.«

Golf, der, »Meerbusen«.

Die Entlehnung aus italien. *golfo* ist im 14. Jahrh. mit zurückkehrenden Jerusalemfahrern nach Deutschland gekommen, aus spätlat. *colphus*, griech. *kólpos* »Wölbung, →*Busen*«. Im Vergleich zur offeneren *Bai* ist ein *Golf* von mehr Land umschlossen und durch eine Enge eingeschnürt, die passiert werden muss, um ihn zu befahren. Ohne weitere Ortsbezeichnung ist seit der span. Eroberung Mittelamerikas der *Golf von Mexiko* gemeint, seit dem 20. Jahrh. wegen der Ölquellen manchmal auch der *Persische Golf*.

Georg Pfintzing (nach 1436): »Dornach ... fuhren wir durch einen weyten und schönen culphum und der wint was fur uns und komen gen Rodis [Rhodos] an allerheiligen tag.«

Johann Albrecht von Mandelslo, in: Adam Olearius, Beschreibung der Newen Orientalischen Reise (1645/47): »In dieser Zeit müsen sich alle Schiff ... in dem Golfo Bengala retiriren.«

Heinrich Brarens, System der praktischen Steuermannskunde (1807): »der aus dem mexikanschen Meerbusen herkommende, etwa 10 Meilen breite, warme Golfstrohm, welcher beständig, ja bisweilen mit einem Gange zu 5, ja sogar 6 Knoten nach Nordosten fließt.«

→Prahm (1900), →Tanker (1935)

Gording, die, »Tau, mit dem ein Segel aufgegeit wird«.

Entlehnt aus gleichbedeut. niederländ. *gording* und zurückzuführen auf *gorden* »gürten«, das von german. **gurd-ja-* und indoeurop. **gherdh* »umfassen« abstammt. Verwandt ist *Garten*.

Johann Heinrich Zedler, Universal-Lexikon (1735): Gürtels, Gordings »Taue, mit welchen man die Segel einzuholen, einzunehmen, zu dämpfen und oder zusammenzuziehen pflegt, damit der Wind nicht so viel Macht daran haben möge.«

Hamburgischer Correspondent (5.4.1907, Abendblatt): »Der Matrose Jürgen Kriebe ist am 5. Februar auf dem Vollschiff Nesaia, als er auf der Vorobermarsraa ein Görding klaren sollte, durch das schlagende Segel zu Fall gebracht.«

Gösch, die, »kleine viereckige Flagge auf der Spitze des Bugspriets oder des Klüverbaums«,

Göschung, die, »Hissen dieser Flagge«.

Entlehnt von gleichbedeut. niederländ. *geus*. Die Kriegsschiffe der niederländ. Partei der Geusen, die gegen ihre Abhängigkeit von Spanien kämpften, führten am Bugspriet die nach ihnen benannte *Geus*, oft *Prinsengeus* genannt. Sie soll erstmals 1572 bei der Einnahme der Seefestung Den Briel zu sehen gewesen sein. Genaueres über den Grund für eine Flagge am Bugspriet ist unklar. Der beliebten Erklärung, sie sei dort als Ersatz für in Seegefechten weggeschossene Hauptflaggen gehisst gewesen, steht entgegen, dass bis nach der Einnahme des – unverteidigten – Briel kaum Auseinandersetzungen auf See stattfanden. →*Duckdalben*

Traurige Zeitung aus Cadix (1683): »Ebener massen [bezeigten] auch die alhier liegende Englische, Holländische und Hamburger Schiffe, mit Wehung ihrer Flaggen und Göschung zu halber Stengen ihre Condolenz.«

Johann Andreas Engelbrecht, Der wohl unterwiesene Schiffer (1792): »Bey Ankunft in der Bay zu Neapolis verspricht der Capitain einen kleinen Göeß von seinem Vordermaste wehen zu lassen.«

Heinrich Smidt, Michael de Ruiter (1848): »Ihr seht ja nicht einmal die weiße Gösch auf unserm Klüverbaum.«

Gräte, die, »dünne, spitze Verknöcherung des Bindegewebes bei Fischen«, umgangssprachl. »Knochen der Fische«.

Alter Plural, der zum Singular geworden ist, mit eingeengter Bedeutung, von mittelhochdt. *grāt* »Fischgräte, Bergrücken, Spitze, Stachel«. Es gehört als »Spitzes, Hervorstehendes« mit russ. *grot* »Wurfspieß«, poln. *grot*, tschech. *hrot* »Spitze« zu indoeurop. **ghrē-* »hervorstechen«.

Gräting, die, »Gitterrost als Verschluss einer Luke« ist ① wegen der Ähnlichkeit der Stäbe verwandt mit *Gräte* oder geht ② mit gleichbed. engl. *grating* auf lat. *crates* »Flechtwerk« und *indoeurop.* **ghrē-* »hervorstechen« zurück.

Schiller/Lübben, Mittelniederdeutsches Wörterbuch (Quelle aus Lübeck, 1499): »enes visches grade de was em geuallen in den hals«, »eines Fisches Gräte war ihm in den Hals gefallen.«

Victor Laverrenz, Auf der Back ist alles wohl! (1896): »Der Verschluss oben bildete eine Greeting, die er leicht emporheben konnte.«

Grog, der, »Heißgetränk aus Rum mit Wasser und Zucker«.

Entlehnung von gleichbed. engl. *grog*. Die Bezeichnung geht zurück auf den englischen Admiral Edward Vernon (1684–1757), der wegen des von ihm getragenen *grogram* »Rock aus Kamelhaar«, eigent. »grober Stoff« den Spitznamen »Old Grog« erhielt. Vernon befahl gesichert 1740 seinen Matrosen, statt purem Rum eine Mischung aus Rum und (kaltem) Wasser zu trinken. Die erste mögliche Verbindung zwischen Spitzname und Getränk ist für 1781 belegt; der Zusammenhang gilt seit dem *Classical Dictionary of the Vulgar Tongue* von Francis Grose (1796) als historisch verbürgt. Wort und Getränk könnten auch westindischen Ursprungs sein, aber dafür fehlen Belege. Schnell kommt statt des Zuckerrohrschnapses auch Weinbrand aus Trauben zum Einsatz. Das Wort *Rum*, erstmals 1654 belegt, wird auf eine Abkürzung für engl. dialektal *rumbullion* »Aufruhr« (wohl im Körper) zurückgeführt.

George Forster, Johann Reinhold Forster's Reise um die Welt (1784): »Ich habe schon mehrmals erinnert, daß Grog Brantwein mit Wasser vermischt ist.«

Grund, der, »Boden eines Gewässers«.

Mittel-, althochdt. *grunt*, altsächs., altengl. *grund*, engl. *ground*, niederländ. *grond*, altnord. *grunnr*, got. *grundu-* führen zu german. **grundu-*; verwandt ist auch altirisch *grindell* »Grund eines Sees«. Die Herkunft ist ungeklärt, außergermanische Verwandte sind nicht bekannt. Vielleicht ist bei spekulativer Bedeutung »Sandboden« als »Zerriebenes« ein Anschluss an indoeurop. **ghrendh-*, **ghren-*, **gher-* »hart über etwas streichen, zerreiben« und eine Verwandtschaft mit *Grind* »Wundschorf«, *Grand* »grober Sand«, altnord. *grandi* »Sandbank«, shetländ. *gronnins* »seichte Stelle im Meer« möglich.

Rudolf Capell, Norden (1678): »Ich hab zuvor in Beschreibung des Orts berichtet, daß die See allda so tieff sey, daß man auch auff 1400 Klaffter keinen Grund finden könne, dann so weit hat mans versucht, und wer weiß wo der Grund noch zu finden wäre, wo man noch tieffer forschen solte.«

Jean Peter van Antersons Fataler Schiffs-Capitain, übersetzt von DuBlancard (1742): »so bald es geschehen, befahl ich meinen Constablern, es erstlich leck zu schiessen und hernach in Grund zu bohren.«

Hamburgischer Correspondent (16.9.1907, Abendblatt): »Eveline … geriet bei der weißen Boje im Westgat an Grund.«

→Sand (1501), →Kabel (1629), →Riff (1717)

Gut, das, ① »Tauwerk der Takelung«, ② »Ladung an Bord, Handelsgut«.

Mittel-, althochdt. *guot* »Gut, Vermögen, Besitz«, niederl. *goed*, engl. *good* »Gut«, altnord. *goþs*, schwed., dän. *gods* »Eigentum«. ① Die nautische Verwendung geht auf die allgemeine Bedeutung »(zum Schiff, zum Segeln) passend, geeignet« zurück und verengte sich auf das Tauwerk. ② Als kaufmänn. Gut entwickelte sich die urspr. Bedeutung »zum Handel geeignet« weiter zu »einwandfrei« und »wertvoll«. Im 19. und 20. Jahrh. haben sich Wortgruppen wie *Leicht-* und *Schwergut*, *Schütt-* (urspr. *Stürz-*) und *Stückgut* verbreitet.

Über stehendes und laufendes Gut bei Heinrich von Holleben, Deutsches Flottenbuch (1905): »Das stehende Tauwerk oder stehende Gut dient zur Stütze der Masten, des Bugspriets und des Klüverbaums, das laufende Tauwerk oder laufende Gut dient zur Bewegung der Rahen, zum Beisetzen und Einziehen der Segel.«

Umständlicher bei Gottlieb Reinicke, Schiffsjungendienst (1907): »Stehendes Gut nennt man an Bord im Gegensatze zum laufenden Gut alles zur Takelung gehörige Tauwerk, das nicht durch Scheerbretter oder über Blöcke läuft und nicht zum Ausspannen oder Zusammenschnüren der Segel, sondern zum Halte der Masten, Stengen oder Rahen dient.«

Hamburgischer Correspondent (14.9.1907, Abendblatt): »Beide Masten sind eben über Deck abgebrochen, auch das sonstige Deckgut ist stark beschädigt.«

→Schiff (1292), →Freibeuter (1571), →Hängematte (1794/96)

Wanten:
A Große Want
B Besan-Want
C Fock-Want
D Große Stengen-Want
E Kreuz-Want
F Vorstengen-Want
G Große Bram-Want
H Kreuzbram-Want
I Vorbram-Want

Brassen:
q Große Marsbrassen
r Große Brambrassen
s Große Oberbrambrassen
t Fockbrassen
u Vormarsbrassen
v Vorbrambrassen
w Voroberbrambrassen

Rahen:
2 Große Rah
3 Große Marsrah
4 Große Bramrah
5 Oberbramrah
6 Fockrah
7 Vormarsrah
8 Vorbramrah
9 Voroberbramrah
10 Bagienrah
11 Kreuzrah
12 Oberkreuzrah
13 Blinderah
14 Schiebblinderah

Kriegsschiff mit stehendem und einem Teil des laufenden Tauwerks, um 1800.

H

Hafen, der, »geschützter Liegeplatz für Schiffe, oft zum Umschlag von Gütern«.

Mittelniederdt., -länd. *haven*(*e*), niederländ. *haven*, altengl. *hæfen*, *hæfne*, engl. *haven*, altnord. *höfn*, norw., schwed. *hamn*, dän. *havn*. Die Formen gehen wohl zurück auf eine auch in althochdt. *havan* »Gefäß, Topf«, regional »Hafen« steckende Bedeutung »das Umfassende«. Sie gehören mit altirisch *cúan* »Seehafen« aus kelt. **kapno-* und lat. *capere* »fassen, nehmen« zur indoeurop. Wurzel **kap-* »fassen, greifen«. Dann sind sie verwandt mit *heben*, *Haft*, →*Haff*. Die roman. Sprachen bilden ihre Bezeichnung aus lat. *portus* »Hafen«, italien., port. *porto*, span. *puerto*, französ. *port*, aber französ. auch *havre* als Entlehnung aus niederländ. *hafen*, *haven*. In Ortsnamen: dän. *København* »Kaufmannshafen«; französ. *Le Havre* »Der Hafen«, *Porz* (bei Köln, von lat. *portus*) »Hafen«.

Sigmund Feyerabend, Reyßbuch deß heyligen Lands (1584): »Zum 23. mögen die Pilger allenthalben im Schiff umbgehen on eynige widerrede des Patrons, und an einem jeglichen Port oder Hafen da er anckert, sol er sie auß und eyn führen one eynige jrer bezahlung.«

Frantz Ferdinand von Troilo, Orientalische Reise-Beschreibung (1717): »Die unsrigen als Frantzosen fiengen an, die Spanier aus Majorka dermaßen auszulachen, daß sie bald in dem Hafen an einander gerathen wären, welches auch wohl geschehen, so diß hier nicht Scala franca oder ein Frey-Hafen gewesen, wo Freund und Feind sicher einlauffen dürffen.«

Plattdt. bei John Brinckman, Kasper Ohm un ick (1855): »Wovel hest du in din Sporbüß? Ick gew di dat Geld wedder, so drad as min Oll Haben binnen kümmt«, »Wie viel hast du in deiner Sparbüchse? Ich gebe dir das Geld wieder, sobald mein Alter in den Hafen kommt«.

→Bucht (1675), →Embargo (1757), →Fjord (1836)

Haff, das, »flacher Küstensee, durch eine Nehrung oder Inselkette vom Meer getrennt«, vor allem an der Ostsee.

Mittelniederdt. *haf*, altengl. *hæf*, altnord. *haf*, norw., schwed., dän. *hav* »Meer«, im 13. Jahrh. an der Ostseeküste verselbstständigt zu »Haff«. Eine mittelhochdt. Entlehnung *hap* »Meer« vermischt sich mit der Bedeutung »Hafen«. Urspr. im Sinne von »Wellenbewegung, auf und ab« wohl zu *heben*, german. **haf-ja*, und damit auf indoeurop. **kap-* »fassen, nehmen« zurückzuführen. Verwandt mit →*Hafen*.

Livländische Reimchronik (13. Jahrh.): »ein teil vuor auch ir her mit schiffen oben umb daz lant, daz ist daz vrische hab genant«, »ein Teil fuhr auch dorthin mit Schiffen oben um das Land, das Frisches Haff genannt wird.«

Caspar Hennenberger, Ordnung der Preussischen grössern Landtaffel oder Mappen (1595): »es soll auch die frische neerung in dieser zeit (1190) durch solche starke nordwinde aufgetrieben, denn zuvoren kein haff allda, sondern lauter see gewesen sein soll.«

Über fries. *hef* bei Jan TenDoornkaat Koolman, Wörterbuch der ostfriesischen Sprache (1882): »See, Meer oder eigentlich nur derjenige Teil des Meeres, der sich zwischen der Küste und den Inseln befindet oder als Wattenmeer die Küste des Festlandes wie ein Gürtel umfaßt und einschließt.«

Hai, der, »Raubfisch aus der Ordnung der Knorpelfische, Selachii«.

Entlehnung aus niederländ. *haai*, mittelniederländ. *hay*, engl. dialektal *hoe* für Hai-Arten, norw. *hai*, schwed. *haj*, altnord. *hár*

Blauhai *(Prionace glauca)*.

»Ruderklamp, Dolle, Hai, urspr. Pfahl«, auch isländ. *hár*, norw. *haa* »Kesselhaken« entweder wegen der hakenförmigen Rückenflosse oder der ähnlich geformten Zähne. Über german. **hanhu* »Pfahl«, kymrisch *cainc* »Ast« und mit altind. *sankuh* »spitzer Stock«, auch »ein Wassertier«, auf indoeurop. **kāk-*, **kank-* »Zweig, Pflock« zurückzuführen. → *Landhai*

Johann Georg Aldenburgk, Reisebeschreibungen von deutschen Beamten (1930, Beleg von 1612): »erstlich haben sie fische gefangen, die hayen genannt werden, seynd grosse lange fische mit breyten köpffen, vnd einer dicken schwartzen haut.«

Friedrich Schiller, Der Taucher (1797): »Und dräuend wies mir die grimmigen Zähne / Der entsetzliche Hay, des Meeres Hyäne.«

Joseph von Eichendorff, Seemanns Abschied (1835/65): »Der Wassermann bei Blitzesschein / Taucht auf in dunklen Nächten, / Der Haifisch schnappt, die Möwen schrein – / Das ist ein lustges Fechten!«

Hallig, die, »flache Insel aus Marschland an der Nordseeküste Schleswig-Holsteins«.

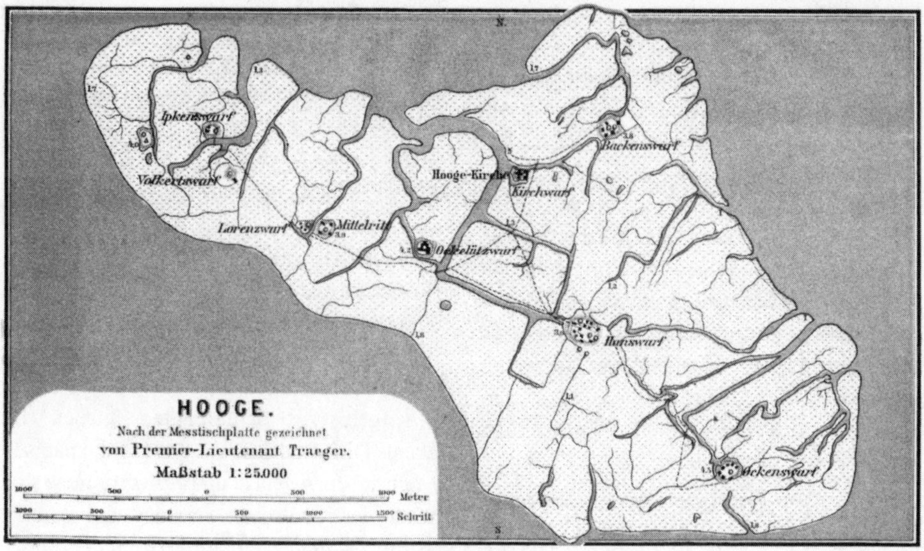

Die Warfen der Hallig Hooge, Zustand um 1890.

Aus nordfries. **halg* »nicht eingedeichtes Land, das bei Flut überspült werden kann«, altengl. *healh* »erhöhtes Marschland, Kuhle, Versteck«, altengl. *holh* »Höhle, Loch«, engl. *hole* »Höhle«. Verwandt ist dt. →*Holm* »Insel«, altnord. *holmi*, schwed. *holme*. Alle Formen gehen über german. **hulma* »kleine Insel«, lat. *collis*, griech. *kolōnos* »Hügel«, auch engl. *hill* auf die indoeurop. Wurzel **kel-* »ragen, erheben« zurück.

Biernatzki, Die Hallig (1826): »Im Gegensatz der größeren, durch Deiche und Dünen gesicherten Inseln werden die kleineren Eilande Halligen genannt.«

Heinrich Smidt, Seegeschichten und Marinebilder (1855): »Meinert Dirk ... ist von einer jener Halligen gebürtig, die neben einander in der Westsee hingestreut, ein redendes Zeugniß sind von jenen großen Land- und Wasserrevolutionen.«

Ernst Willkomm, Der Halligmann (um 1855): »Der Halligmann ... ist vor allem und zuerst Seemann, mit Fischfang und Viehzucht beschäftigt er sich bloß, insoweit das karge Stück Erde, das er bewohnt, ihm dies gestattet.«

Halse, die, »kursänderndes Segelmanöver auf dem Vorwindkurs, indem das Schiff mit dem Heck durch den Wind geht«. Gegenwort: →*Wende*

Übertragen von *Hals* »Dreher«, schon altnord. belegt, auf das Segelmanöver. Althochdt. *hals*, german. **halsa-*, geht mit lat. *collum* »Hals«, griech. *pélein* »bewegen« wohl zurück auf indoeurop.**kuel-* »drehen«. Das untere Eck der Segel und das Tau, womit es gezogen wird, heißt ebenfalls Hals. Verwandt mit *Kollier*, *Propeller*, →*Pol* »Achse, um die sich etwas bewegt«.

Albert Berg, Die preußische Expedition nach Ost-Asien (1864): »Da die Küste von Nippon leewärts in großer Nähe lag, so suchte der Commodor mit Hülfe der Segel zu halsen.«

Gottlieb Reinicke, Schiffsjungendienst (1907): »Auf der Morgenwache wird gehalst, d.h. das Schiff wird herumgedreht, daß es den Wind von der anderen Seite bekommt.«

→wenden (1901)

Hand, die, »Matrose bei einer Schiffsarbeit«.

Entlehnt aus gleichbedeut. engl. *hand*, in Übertragung der Hand auf die Person, die mit ihr arbeitet; in England seit dem 17. Jahrh. belegt.

Jürgen Andersen, Orientalische Reise-Beschreibungen (1669): »setzten all unsere Hände an, und bemüheten uns auffs eusserste solches zu verrichten, aber das schlenckernde Schiff wolte es nicht zulassen.«

Christian Gottlieb Daniel Müller, Anfangsgründe der Schiffbaukunst (1791): »Sie sind im Boden noch flacher ..., gehen daher auch weniger tief im Wasser, brauchen weniger Ballast, bedürfen die geringste Anzahl Hände zu ihrer Bemannung und seegeln gewöhnlich auch nicht so gut.«

Hans Parlow, Die Kaptaube (1902): »Es scheint also, Du willst damit sagen, daß Dich die Crew auf einmal zu klein vorkommt und daß Du mehr Hände an Bord haben willst.«

→Windjammer (1892)

Hängematte, die, »Segeltuch, das zwischen Haken gespannt als Schlafstelle an Bord diente«, urspr. Netz aus Schnüren, das zum Ruhen oder Schlafen zwischen Bäumen oder Pfosten gespannt wird.

Aufgehängte Schlafmatten hießen im Aruak-Dialekt der Taino auf Haiti, spanisch geschrieben, *hamaca*, und das verbreitete sich neben der spanischen Version auch als mittelfranzös. *amacca*, neufranzös. *hamat*, port. *maca*, italien. *amaca* in Europa, dt. *Hamaco*

Schnüren von Hängematten, Stich des 19. Jahrh.

(schon 1529). Das Fremdwort wurde im 17. Jahrh. unter dem Einfluss von niederländ. *hangen,* dt. *hängen* zu niederländ. *hangmak, hangmat,* dt. *hengmatten* (1627) umgebildet, schwed. *hängmatta*, norw. nachgebildet *hengekøje*. In anderen Sprachen blieb die Entlehnung unbeeinflusst erhalten, engl. *hammock*, französ. *haymac*.

Daniel Defoe, Robinson Crusoe, übersetzt von Ludwig Friedrich Vischer (1720): »Hang-Matten sind ein grobes Stück Leinwand, rund herum mit einem Stricklein benähet, welches mit den 4 Enden an die Balcken des 2ten Verdeckes gehänget wird; hierinne haben die Bootsknechte und Soldaten ihre Betten.«

George Forster, Reise um die Welt (1774): »Sie erkundigten sich vornehmlich, wo wir schliefen; der Capitain führte sie deshalb nach seiner Hangmatte, die noch ausgespannt da hing und ihnen viel Freude machte.«

Johann Hinrich Röding, Allgemeines Wörterbuch der Marine (1794/96): »Hängmatten ... Eine Art Bett, worauf die Matrosen und Seesoldaten schlafen ... Kauffahrer, deren Zwischendeck gewöhnlich mit Gütern vollgestauet ist, haben selten Hängmatten, sondern das Volk schläft in Kojen.«

Hanse, die, »Genossenschaft norddeutscher Kaufleute zur Förderung gemeinsamer Handelsinteressen«, »(überwiegend norddeutscher) Städtebund mit gemeinsamer Handelspolitik«.

Mittelniederdt., -länd. *hanse* »Handelsgesellschaft«, althochdt. *hansa* »(Krieger-) Schar«, altengl. *hōs* »Gefolge, Schar«, got. *hansa* »Schar, Menge«, zurückgehend auf german. **hanso* »Schar«. Herkunft unklar, vielleicht zu kymrisch *cant* »Schar« oder german. **henþan* »fangen, ergreifen«.

Johann Heinrich Zedler, Universal-Lexikon (1735): »Am sichersten ist es, daß man solche [Hanses, vornehme Herren] von dem alten Wort Hansa oder Hanse, Hanza herführe, welches wie einige wollen, eine Handlung, oder wie es am wahrscheinlichsten ist, eine wegen der Handlung geschlossene Gesellschaft bedeutet.«

Johann Christoph Adelung, Grammatisch-kritisches Wörterbuch (1811): »Die Hansa, oder Hanse ... ein in dem gemeinen Sprachgebrauche der Hochdeutschen veraltetes Wort ... Am häufigsten wurde dieses Wort in den mittlern Zeiten von der Verbindung der 85 Niederdeutschen Städte gebraucht, welche bald nach der Mitte des 13ten Jahrhundertes ihren Anfang nahm, und unter dem Vorsitze der Stadt Lübeck auf die Ver-theidigung ihrer gemeinschaftlichen Handlung und Sicherheit abzielete.«

Harpune, die, »eiserner Wurfspieß mit Widerhaken und Fangleine zur Jagd auf Wale und Fische«.

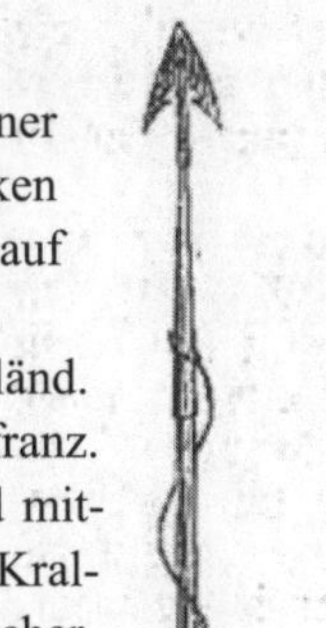

Wurfharpune mit Walfischleine.

Entlehnung aus niederländ. *harpoen*, dies aus mittelfranz. *harpon* »Eisenhaken« und mittelfranzös. *harpe* »Haken, Kralle«. Weitere Herkunft unsicher, wohl mit altwestfries. **harpōn* »zupfen«, isländ. *harpa* »zusammenkneifen« zu german. **harpō* »Harfe«, vielleicht unter zusätzlichem Einfluss von lat. *harpē* »Sichel, Hakenschwert«, griech. *hárpē* »Sichel, Elefantenhaken«.

Johann Georg Aldenburgk, West-Indianische Reiße (1627): »mit einem Harpon, welches ist ein Schiffs Instrument damit man grosse Fisch fenget, hat die Fazoon [Fasson] wie eine Gabel, von geraden Zancken, sechs Stacheln, unten an den Spitzen mit Widerhacken gleich Flitschpfeilen, … und mit einem Seil hundert Klaffter lang.«

Johann Anderson, Nachrichten von Island (1747): »So bald sie wahrnehmen, daß ein solcher Wallfisch hinter den Heeringen darein treibet, werfen sie sich ungesäumet mit Harponen, Spiessen und Messern versehen in ihre Böthe.«

Hamburgischer Correspondent (25.7.1908, Abendblatt): »Bei der modernen Walfischjagd kommt die mit der Hand zu werfende Harpune fast gar nicht mehr zur Anwendung; die Schiffe der Walfänger tragen vielmehr auf der Back ein kleines Geschütz zum Schießen der Harpune; diese ist an einer langen Leine befestigt und bleibt in der Wunde sitzen; sie endigt mit einem Sprenggeschoß, das den Wal tötet, indem es in seinem Körper platzt.«

→Leine (1723), →Dolle (1825), Harpunier →Ruder (1675)

Havarie, die, »Betriebskosten der Schifffahrt, Schaden an Schiff und Ladung, der Vorgang der Beschädigung, Verlust eines Schiffes«.

Arab. *ʿawārīya* »durch Meerwasser beschädigte Ware« geht zurück über *ʿawār* »Fehler, Mangel« auf *ʿawwar* »beschädigen, verderben« und ist seit dem 12. Jahrh. über den Seehandel nach Italien eingewandert. Entlehnungen sind venez. *varèa*, genues. *avàia*, italien. *avaria*, französ. *avarie*, niederländ. *averij*, *haverij*, niederdt. *Haverye* (1582) unter dem Einfluss von *Hafen*. Vielleicht ist aber auch das arabische Wort unter lateinischem

Havarie: Schiffbrüchige mit Blauhai *(Prionace glauca)*, Stich um 1890.

Einfluss entstanden oder es liegt eine Scheinentlehnung vor. Die Bedeutungen fächern sich schon seit dem Spätmittelalter auf. Als *große Havarie* wird die vorsätzliche Beschädigung des Schiffes verstanden, um einen Totalverlust zu vermeiden, etwa das Kappen der Masten oder das Überbordwerfen der Ladung. Unter *kleiner Havarie* sind alle Schäden durch Sturm, Unglücke usw. zusammengefasst.

Jean-Marie Pardessus, Lois maritimes (dt. Quelle von 1614): »Bey der Rechnung sollen die Schiffere alle Hauereyen groß und klein, wie auch Pilotasien [Lotsen-] und Passagien Geldt, unnd wie das sonst Nahmen haben mag, in Specie zu verrechnen.«

Der Stadt Hamburg Assekuranz- und Haverey-Ordnung (1731): »Wurde ein Schiff in der See, auf der Rhede oder in einem Haven … von einem andern … an- oder übersegelt, daß es zerbräche oder gar versünke, oder auch die Schiffe an einander liefen, antrieben oder anstießen … so soll der Schade über beide Schiffe, deren Frachtgelder und Güter, wie bei anderen communen [üblichen] Avarien, berechnet, folglich von einem jeden Schiffe zur Hälfte getragen werden.«

Joachim Nettelbeck, Eine Lebensbeschreibung (1821): »Jene Haverey aber betrug, soviel mir vorläufig bewußt war, noch etwas mehr sogar als [2000 Gulden].«

Heck, das, »hinterster Teil eines Schiffes«.

Mittelhochdt. *heck(e)* »Hecke«, mittelniederdt. *heck* »Hecke, Umzäunung, Einfassung«, mittelniederländ. *hec*, *hecken* »Gittertür aus Latten«, altengl. *hæc(c)* »niedriges Tor«, engl. *hatch* »Gitterrost als Lukenverschluss«, *hatchway* »Falltür«. Alle Formen gehen auf westgerman. **hagjo-* »Hecke, Einhegung« zurück. Dies stammt wie althochdt. *hag* »Hag«, altirisch *cai* »Haus«, lat. *caulae* »Gehege, Schranken um Altäre und Tribunale, Schafhürden« von indoeurop. **kagh-* »einfassen, Hürde, Flechtwerk« ab. Verwandt mit →*Kai.* Bedeutungsgeschichtlich unklar: ① Das Schiffsheck hat seinen Namen wohl vom Holzgitter erhalten, mit dem der Arbeitsplatz des Steuermannes als Schutz vor mitreißenden Sturzseen eingefasst war. Falls die Bezeichnung aber älter als diese Schiffsbauweise ist, könnte ② der Steuermann zunächst mit kreuzweise oder nebeneinander gelegten Planken einen festeren Standplatz erhalten haben; seit dem 14. Jahrh. belegt ist die jetzt erloschene früheste Bedeutung von engl. *hatch* »Planken, die zu einem Deck gelegt werden können«, später »Deck«. ③ Ferner könnte der Name auf die Auswölbung über dem Steuerruder zurückgehen, vielleicht wegen des besonderen Rahmenwerks unter der Beplankung der Wulst oder wiederum wegen des besonderen Decks darüber. Die engl. Bezeichnung *stern* »Heck« geht wohl auf altnord. *stjórn* »Steuer, Herrschaft, Haushalt« zurück, nautisch altschwed. *stiornfaster* »mit festgebundenem Steuer«, oder aber auf altfries. *stiarne* »Heck«, entweder seinerseits eine Entlehnung aus dem Altnordischen oder eine Eigenbildung; →*Steuerbord.* Die romanischen Sprachen, französ. *poupe*, span., port. *popa*, italien. *poppa* leiten ihre Bezeichnungen von lat. *puppis* »Hinterdeck des Schiffes« ab, dessen Herkunft umstritten ist, u.a. ① von *pupa* »Mädchen« als volkstümliche Seemannsbezeichnung für ein im Heck angebrachtes Götterbild, ② aus lautmalerisch indoeurop. **pū-p-* »Hinterer« als Hinterteil des Schiffs, mit altind. *putah* »Hinterbacke«, lat. *puppis* als personifiziertes Schiffshinterteil analog zu →*Gat* »Loch, Heck«.

Verklarung, Stadtarchiv Altona (1795): »Daß der ganze Heck des starken und hechten Schifs Nicolaus eingewichen und zerschmettert … ware.«

Lebensgeschichte des Capitain Carl Wolfgang Petersen (1880): »Das Schiff drehte immer rascher, eine See traf aber das Heck so heftig, als wollte sich der ganze Poopdeck vom Schiffsrumpfe trennen.«

Jan TenDoornkaat Koolman, Wörterbuch der ostfriesischen Sprache (1882): »Hackebord, Heckbord, Bord oder Rand des Hecks, äußerster Hinterteil eines Schiffs.«

Puppis →Besan (1486), →Klippe (1748), →Heckbord →achtern (1794/96), →Davit (1850)

heiig, »neblig, dunstig«.

Niederdt., niederländ. *hei* »von trockener Hitze unklare Luft«, »heißer, trockener, nebelartiger Dunst«, auch in Süddeutschland belegt, stammt von althochdt. *heia* »Hitze«. Von engl. *hazy*, frühneuengl. *hawsey*, *hasi*, ist ein Anschluss zu altengl. *hasu*, *haswe* »grau« unsicher. Dagegen ist mit litauisch *kaistù*, lettisch *kaist* »heiß« eine Abkunft von der indoeurop. Wurzel **ki-* »heiß« mit der Nebenbedeutung »hell« wahrscheinlich.

Geschichtsquellen des Erzstiftes und der Stadt Bremen (1841): »In dem iare 1361 in deme somere, do was groot hey.«

heißen →hissen

Helle, Hölle, die, »Behältnis oder Raum im Schiffsbug für Taue«.

Die erweiterte Bedeutung *Hölle* »enger, heißer, infernalischer Raum« ist von mehreren Berufssprachen ohne das Attribut »heiß« übernommen worden; Seeleute bezeichneten den Verschlag im 19. Jahrh. oft als *Hellegat* »Höllenloch« (→*Gat*). Nicht verwandt mit →*Helling*.

Wilhelm Dilich, Kriegsbuch (1608): »Vorn im schiffe ist noch eine cammer, darin allerhand nohturfft zum schiffe von Toygwerck und anderm, wird genennet die Helle.«

Traurige Zeitung aus Cadix (1683): »Da es ohngefehr 8 Uhr und eben an dem war, daß man vom Tische auffzustehen gesonnen, brachte unser Cajüt-Wächter die betrübte Zeitung [Nachricht], daß in der Helle unsers Schiffs Feuer vorhanden sei.«

Johann Joachim Schwaben, Jablonskies allgemeines Lexicon der Künste und Wissenschaften (1767): »Hell oder Hölle, unter dem Oberlauf des Vorderteils eines Schiffes ein Behältnis, wo man das Tauwerk und dergleichen verwahrt (es dient auch dem Hochbootsmann zur Kammer).«

Carl Dick, Otto Kretschmer, Handbuch der Seemannschaft (1899): »diejenigen Räume, in denen kleinere Mengen an Material, die zum täglichen Gebrauch schnell bei der Hand sein sollen, sowie wertvolleres Material und alle wertvolleren Inventariengegenstände des Bootsmanns-, Zimmermanns-, Torpedo- und Artilleriedetails untergebracht werden.«

Helling, die, »zum Wasser geneigte Ebene für den Bau und Stapellauf eines Schiffes«, auch **Helgen**, die (Plural).

Mittelniederdt. *hellinge*, *helding* »Schräge« geht mit mittelnieder-, -hochdt. *helden* »neigen« auf Vorformen von *Halde* und *hold* »zugeneigt« zurück, althochdt. *hald* »Halde«. Die Formen stammen mit altnord. *hallr* »Abhang«, »schief, schräg, geneigt« von gleichbed. german. **halþaz* ab. Herkunft umstritten, entweder zu indoeurop. **kel-* »neigen«, dann verwandt mit *Halde*, *Huld*, oder zu indoeurop. **kel-* »ragen, erheben«, dann verwandt mit →*Hallig*, dt. →*Holm* »Insel«. →*Slip*

Jens Jacob Eschels, Lebensbeschreibung eines alten Seemanns (1835): »Alle Leute mußten wieder nach hinten gehen und das zweite Mal nach vorne laufen, und wie dies geschah, so glitschte das Schiff vom Eise mit einer solchen Fahrt ab, als wenn ein neues Schiff vom Stapel oder von der Helling abläuft.«

Querhelling mit Schraubendampfer klar zum seitlichen Stapellauf.

Carl Reinhardt, Der 5. Mai, ein Lebensbild von der Unterelbe (1888): »Ein großes Barkschiff ward soeben auf die Helgen gezogen, um neu gekupfert zu werden.«

Hering, der, »Angehöriger einer Familie von Speisefischen, Clupeidae, Heringsfische«, namengebend der *Hering*, Clupea harengus.

Mittelhochdt. *herinc*, althochdt. *hering*, *hāring*, mittelniederdt. *herink*, *harink*, altsächs. *hering*, mittelniederländ. *harinc*, niederländ. *haring*, altengl. *hæring*, engl. *herring*. Alle Formen gehen zurück auf german. **hærenga*, **haringa*, **hēringa*. Der früheste Nachweis ist im 6. Jahrh. eine Entlehnung *haringus* ins Lateinische. Zweifelhaft verwandt mit ① niederländ. *haar* »Gräte«, ② altengl. *hār* »grau«, ③ wegen des massenhaften Auftretens mit dt. *Heer-* aus einer Umbildung von lat. *allēc*, *hallēc* »ein Pökelfisch«. Bekannte Arten der Zubereitung: Geräuchert als *Bückling*, mittelhochdt. *bückinc*, mittelniederdt. *buckink* im 15. Jahrh. entlehnt aus mittelniederländ. *buckinc*, dies zu mittelniederl. *buc* »Bock« wegen seines strengen Geruchs, niederländ. *bokking*, *boks-haring*. Gesalzen als *Matjes*, gekürzt aus *Matjeshering*, im 18. Jahrh. entlehnt aus niederländ. *maatjesharing*,

Hering *(Clupea harengus)* mit Sprotte *(Sprattus sprattus)*, natürliches Größenverhältnis.

zuvor *maeghdekens haerinck*, mittelniederländ. *medykens-*, *meekenhering*, zu *Mädchen* im Sinne von »jungfräulicher, noch nicht geschlechtsreifer Hering«. Der sauer eingelegte *Bismarck-Hering* soll auf den Fischhändler Johann Wiechmann aus Stralsund zurückgehen, der 1871 dem Reichskanzler ein Fässchen zugesandt habe, worauf Bismarck ihm das Namensprivileg erteilte. Der meist mit Gurke und Zwiebel gefüllte und mit einem Holzstäbchen zusammengesteckt *Rollmops* erhielt seinen Namen Anfang des 19. Jahrh. in Anlehnung an die ähnlich aussehende Hunderasse. *Sild,* Hering in Tunke, beruht auf der skandinavischen Bezeichnung des Fisches, altnord., isländ. *sīld*, norw., dän. *sild*, schwed. *sill*, mit unsicherer Herkunft.

Konrad von Megenberg, Buch der Natur (1349/50): »allec haizt ain härinch ... die pesten häring gēnt (gehen, gibt es) pei Schottenlant und die aller poesten pei däutschen landen.«

Urkundenbuch der Stadt Leipzig (Quelle von 1464): »das man keinen alden hering alhir, wenn der nuwe zukommen ist, ... hir keufen adder vorkeufen [kaufen oder verkaufen] sulle.«

Sebastian Brant, Das narren schyff (1494): »die fulen hering man vermyscht / das man verkouft sie gar für frysch.«

→Makrele (ca. 1300), →Sardellen (1561), Heringstonnen →Tonnage (vor 1430)

Heuer, die, »Arbeitslohn der Seeleute«.

Mittelniederdt. *hüre*, -länd. *hūre*, altsächs. *huria,* altengl. *hyr*, german. **hūr-ija-* »Pacht, Miete«, zu dt. *heuern*, niederländ. *huren*, engl. *to hire*. Die Herkunft der Formen ist unsicher, vielleicht zu griech. *kyros* »Rechtskraft« oder hethit. *kuššan-* »Lohn, Sold«, wenn überhaupt ein Bezug zu nichtwestgerman. Sprachen existiert. Die zunächst verbreitete weitere Bedeutung *Heuer* »Anstellung der Seeleute« ist auf →*Musterung* übergegangen, die Bedeutung »Anmietung eines Schiffs« auf → *Charter*. Nicht verwandt ist *Hure*, das von althochdt. *huore*, german. **huor* »Ehebruch«, **huoron* »huren« abstammt.

Jens Jacob Eschels, Lebensbeschreibung eines alten Seemanns (1835): »Ich verhäuerte mich wieder mit meinem vorigen Kommandeur Nanning Jakobs, welcher mich zum Jung-Matrosen machte ... hatte auch einen Kajütskoch gehäuert, der von den Capitainen bezahlt wurde.«

Seemannsordnung (1902): »Hat ein Schiffsmann sich durch mehrere Verträge für ein und dieselbe Zeit verheuert, so geht, falls auf Grund eines der Verträge eine Anmusterung stattgefunden hat, dieser, sonst der zuerst abgeschlossene Vertrag vor.«

Verheurer →Charter (1732)

Heuler →Seehund

hieven, »hochbringen, hinaufziehen«.

Um 1800 aus gleichbed. engl. *to heave* »heben« entlehnt, auch niederländ. *hieven*, norw. *hive*, schwed. *hiva*, zu german. **hafjan* »heben«. Verwandt sind →*Haff*, →*Hafen*. Die Ursprungsbedeutung der dt. Entlehnung ist wohl »eine Last mit einer Winde o.Ä. zu sich hinaufziehen« wie beim verwandten lat. *habere* »zu sich bringen, haben«.

Schiffsjournal, Hamburg, Seewarte (1809): »um 7 Uhr hiepten wir unsser ancker.«

Hamburgischer Correspondent (21.11.1907, Abendblatt): »Der heute von der fünften Reise zurückgekehrte Dampflogger Tony hat in schwerem Sturm einen Teil der Netze beim Einhieven verloren.«

Hissen von Segeln eines altrömischen Schiffs. Der Mastkopf hat Öffnungen für die Scheiben.

Himmelsbesen, der, »Nordwestwind«.

Jacob von Eggers, Neues Kriegslexicon (1757): »wird von den Seefahrenden der Nordwestwind genannt, weil er gleichsam den Himmel von Wolken rein kehrt.«

hissen, heißen, »hochziehen«.

Mittelniederdt. *hissen*, -länd. *hijsen*, engl. *to hoise*, *to hoist*, französ. *hisser*, italien. *issare*, span. *izar* geht wohl lautmalerisch auf das zischende Geräusch eines laufenden Taus zurück. Die Bedeutung ist urspr. »manuell hoch- und von sich wegziehen« durch die Arbeit mit Umlenkrollen (Scheiben). Weil das Wort in vielen german. und roman. Sprachen im 15. und 16. Jahrh. fast gleichzeitig auftaucht, sind Ursprung und Entlehnungsweg unsicher; die Wurzel in einer westgerman. Sprache ist aber unstrittig. Unklar ist, ob die Interjektion *»hissa!«* als Arbeitsruf beim Hissen als Ursprungsform oder als Ableitung zu betrachten ist. Die hochdeutsche Form *heißen*, gegen Ende des 19. Jahrh. zunehmend verbreitet, verliert in der 2. Hälfte des 20. Jahrh. wieder an Bedeutung.

In Scheinverdeutschung (»hissen« wird zu »hetzen«) bei Burkard Waldis, Esopus (1548): »irn curs sie nach Corintho setzten, ir segel gegem windt aufhetzten.«

Ludwig Theobul Kosegarten, Rhapsodieen (1794): »Die Anker wurden gelichtet; die Segel gehisset; die Wimpel flatterten.«

John Brinkman, Kasper Ohm un ick (1855): »Na, dunn let ik de Vagel Grip dalhoisten«, »na, dann lass ich den Vogel Greiff (die Rostocker Flagge) abhissen.«

Höft, das, ① »Landspitze, Kap«, ② »Damm«.

Niederdeutsch »Haupt« (→*Kap*), niederländ. *hoofdt* »eine in das Meer hervorragende Spitze des Landes«, in diesem Sinn für ① und ②; in Hamburg die Bezeichnung der Kajenköpfe (z.B. Amerikahöft, →*Kaje*). Mit der Bedeutung »Kopf« über german. **haubida* oder **habuþa* und indoeurop. **kapwet-*, lat. *caput*, auch mit →*Kapitän* verwandt.

Eberhard Tiling, Versuch eines bremisch-niedersächsischen Wörterbuchs (1767): »höfd, Damm, der in den Wasserströmen die Gewalt des Wassers bricht.«

Jan TenDoornkaat Koolman, Wörterbuch der ostfriesischen Sprache (1882): »Uferbefestigung von Steinen, Holz oder Reisig, welche kopfartig aus dem Wasser hervorragt oder halbkreisförmig vorspringt und in das Wasser hineinragt, um das Ufer oder besonders gefährdete Stellen zu schützen.«

Heinrich Kruse, Seegeschichten (1889): »Sieh, wie die Sonne noch einmal aus dunklem Gewölke hervorblitzt Und das bewaldete Thiessower Höwt wie mit Feuer bestrahlet.«

hohl Wasser, das, **hohle See**, die, »hoher Seegang«.

Der Überlieferung nach entstand der Ausdruck, weil »sich große Wogen bilden, zwischen welchen dann ebenso große Höhlungen oder Vertiefungen entstehen« (Joachim Heinrich Campe, *Wörterbuch der Deutschen Sprache*, 1808). Tatsächlich wird er wie in anderen Fachsprachen wohl in der schwächeren Bedeutung *hohl* »einwärts gebogen« gebildet worden sein. Im 17. Jahrh. ist der Audruck *vel concava* »hohle Seegel« belegt.

Levinus Hulsius, Beschreibung der newen Reyse, so die Hollendischen Schiff in den Orientalischen Indien verricht (1598): »derhalben denn daselbst auch das Wasser gar hohl gehet, wenn es nur ein wenig Windt gibet.«

Johann Wilhelm Vogel, Ost-Indianische Reise-Beschreibung (1716): »die große Indische See, welche greulich hohl von Wellen, und fast die gefährlichste zu seegeln ist.«

Adelbert von Chamisso, Reise um die Welt mit der Romanzoffischen Entdeckungs-Expedition (1836): »Wir behielten günstigen Wind, aber die See ging von den vergangenen Stürmen noch hohl.«

Hölle →Helle

Holm, der, »Fluß-, Küsteninsel«.

Mittelniederdt. *holm*, altnord. *holmr, holmi,* schwed. *holme*, engl. *hill* »Insel«. Alle Formen gehen über german. **hulma* »kleine Insel«, lat. *collis*, griech. *kolōnos* »Hügel« auf die indoeurop. Wurzel **kel-* »ragen, erheben« zurück. Verwandt mit →*Hallig*, vielleicht mit →*Helling*.

Adam Olearius, Beschreibung Der Kundbaren Reyse Nach Muscow und Persien (1663): »man sahe hin und wider viel kleine mit Schilff bewachsene Holme und Inseln und war auff 6 Meilen lauter Schlickgrund.«

Jürgen Andersen, Orientalische Reise-Beschreibungen (1669): »liessen das Ancker fallen vor dem Blockhause, welches auff einem Holm oder Steinklippe liegt am Ufer des Meers.«

Hörn, **Horn**, das, »Landspitze«.

Nach dem spitzen Herausragen aus dem Küstenverlauf benannt, die niederdeutsche Form *Hörn* in Ortsbezeichnungen der Nordseeküste («Scharhörn«), die hochdeutsche großräumiger («Horn von Afrika«); ferner oft als spitzer Berg in den Alpen («Romanshorn«). Die niederländische Seefahrerstadt *Hoorn*, Namensgeberin für das südamerikanische *Kap Horn*, liegt auf einer Landspitze im Ijsselmeer.

Johann Stumpf, Gemeiner loblicher eydgnoschafft beschreybung (1548): »sunst sind vil andere hörner und landspitzen an beiden obern und undern see.«

Huk, das, »Landspitze«.
Niederdt. Ortbezeichnung, niederländ. *hoek* («Hoek van Holland«), fries. *hōk*, engl. *hook* («Hook end«), german. **hakōn* »Haken«, auf dessen Form zurückgehend.

Adam Olearius, Beschreibung Der Kundbaren Reyse Nach Muscow und Persien (1663): » Da der Wind Westlich wurde, lichteten wir das Ancker und lieffen umb den Hueck oder Ecke in den Kessel.«

Elias Hesse, Ost-Indische Reise-Beschreibung (1687): »den 6. dito giengen wir aus dem Hafen vor Bantam mit unser Flotte unter Lösung des Geschützes, beydes an Land und auf den Schiffen, mit Gott unter Seegel, passirten die Huck oder ausstehende [herausstehende] Eck von dem Land Bantam.«

Hulk, der, »ausrangiertes, anderweitig genutztes Schiff«.

Engl. *hulk* ist in diesem Sinn erst seit dem 18. Jahrh. gebräuchlich, daraus niederländ. *hulk*, Entlehnung ins Deutsche erst seit dem Ende des 19. Jahrh. Zuvor, seit dem Mittelalter, ein schweres Lastschiff, das zum Kriegsschiff umgerüstet werden konnte. Es ist wohl über angelsächs. *hulc*, spätalthochdt. *holko*, altfranzös. *hulke*, *houlque*, mittellat. *hulcus* »Lastschiff« verwandt mit griech. *olkas* »Handelsschiff«. Die Einzelheiten sind unklar.

Hansisches Urkundenbuch, Beschwerdeschrift Lübecks (Quelle von 1342): »Greve Gherd nam ... in der havene thu Alborch ... Johanne Hovemanne useme borghere enen holk«, »Gerd Greve nahm im Hafen von Aalborg unserem Bürger Johann Hovemann einen Hulk.«

Dietrich Wilhelm Soltau, Beyträge zur Berichtigung des Adelungschen ... Wörterbuchs (1806): »Rumpf eines abgetakelten alten Schiffes mit einer hohen, starken, durch Wandtaue und Stage befestigten Mast und mit anderen nötigen Vorrichtungen, womit man andere Schiffe kielholt, Masten in selbige einsetzt, Kanonen ein- und ausladet usw.«

Gustav Goedel, Etymologisches Wörterbuch der deutschen Seemannssprache (1902): »altes, für seine Zwecke nicht mehr gebrauchtes Schiff, das als Kaserne, Werkstatt, zu Unterrichtszwecken benutzt wird.«

Hummer, der, »Angehöriger einer Familie mariner Zehnfußkrebse, Homaridae«.

Niederdt. *Hummer*, -länd. *hommer* ist entlehnt aus altnord. *humarr*, isländ. *humar*, norw., schwed., dän. *hummer*, engl. selten *homarine*, französ. *homard*. Unklar ist, ob griech. *kámmaros* »Krebs« auf die skandinavische Form zurückgeht oder umgekehrt. Engl. *lobster*, altengl. *lopustre*, geht auf lat. *locusta* »Meerkrebs, eigentlich Heuschrecke« wegen ihres ähnlichen Körperbaus zurück. Bezeichnungen: Der vor allem in der Nordsee lebende *Europäische Hummer*, Homarus gammarus, wird bis 50 cm lang und hat seine einstige wirtschaftl. Bedeutung verloren. Der *Amerikanische Hummer*, Homarus americanus, erreicht 60 cm und ist als Delikatesse begehrt. Der *Norwegische Hummer*, Nephrops norvegicus, wächst bis zu einer Länge von 20 cm; im Handel mit den drei Bezeichnungen

Hummer *(Homarus gammarus)* und Languste *(Palinuris vulgaris)* kämpfen um Beute.

Kaisergranat (wegen der roten Farbe wie die der Blüten des Granatapfels, der zweite Wortteil nicht verwandt mit →*Garnele*), **Langustine** (um ihn in die Nähe der teureren →*Languste* zu bringen) oder **Scampo** (Pl. *scampi*, von italien. *scampo*, eigentlich lat. *campa*, griech. *kampe* »Seepferdchen« wegen seiner Krümmung; in Deutschland sind »Scampi« allerdings →*Garnelen*).

Barthold Heinrich Brockes, Irdisches Vergnügen in Gott, Teil 1 (1721): »wer kann rochen, kabbeljauen, / hummer, crocodillen, stör / ohn' ein furchtsam wundern schauen?«

Johann Heinrich Zedler, Universal-Lexikon (1735): »Hummer … ist ein großer See-Krebs, der gut zu essen. … Er wird abgesotten gebrauchet, und auch das Fleisch gegessen… Cammarus, Griechisch, kámmaros, kommt von kámptos, flecto, ich beuge, weil der Rücken dieses Krebses wie ein Gewölbe oder Bogen ausgebogen ist.«

→Krebs (1811), →Languste (1864)

Hurrikan →**Orkan**

Hütte, die, »Bau auf dem hinteren Oberdeck, innen oft als Kajüte eingerichtet«.

Übernahme von niederländ. *hut*, verwandt mit →*Kajüte*.

Levinus Hulsius, Beschreibung der newen Reyse, so die Hollendischen Schiff in den Orientalischen Indien verricht (1598): »auff dem Schiff nicht mehr als 25 Mann übrig hatten, deren doch etliche nicht viel erfahren, vnd wol in die zehen Personen so kranck waren, daß sie in der Hütten stracks nieder liegen musten.«

Joseph Stöcklein, Der Neue Welt-Bott (1726): »gleich hernach trug der Sturm-Wind die Hütten deren Steuer-Leuten hinweg.«

Heinrich Smidt, Michael de Ruiter (1848): »Er gewahrte einen Schweden, der sich auf die Hütte des Admiralschiffs geschwungen und auf Peter Florisson angelegt hatte.«

→ahoi (1846)

I

in bulk →bulk

Insel, die, »von Wasser umgebenes Land«.

Mittelhochdt. *insul*, auf einer Entlehnung des 13. Jahrh. beruhend, sowie mittelhochdt. *insel*, althochdt. *isila*, auf einer Entlehnung des 9. Jahrh. beruhend, beides von lat. *insula* »Insel, von Straßen umgebendes Mietshaus«, mit unklarer Herkunft. Mit der ersten Entlehnung ins Deutsche nah verwandt sind engl. *isle*, französ. *île*, span. *isla*, italien. *isola*. Das Wort hat das nautisch gebräuchliche →*Eiland* ins Dichterische abgedrängt.

Johann Micraelius, Altes PommerLand (1639): »und hat Tacitus von diesen gemelten [vermeldeten] völkern allen nichts zu merken gehabt, als das sie in einer insul an dem meere gelegen.«

Thomas Murner, Narrenbeschwerung, bei Georg Wickram, Rollwagenbüchlein (16. Jahrh.): »man sagt von künig Fernand, / wie er vil neüwer insel fand / bei dem Calecutter land, darin man fand vil spezerei, / silber, gold war auch dabei.«

→Archipel (1508), →Kanal (1678), →Atlantik (1778), Koralleninsel →Atoll (1619)

J

Jacht →Yacht

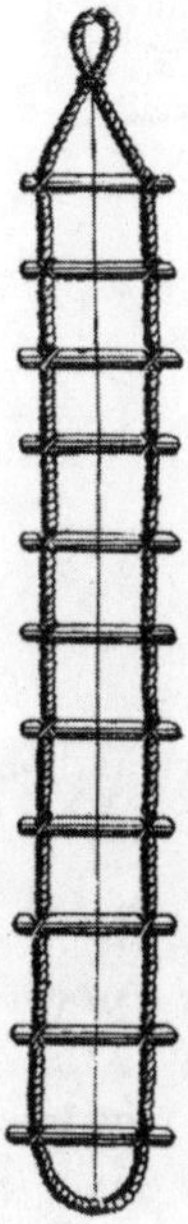

Jakobsleiter.

Jakobsleiter, die, »Leiter mit Seitenteilen aus Tauwerk und Holzsprossen, Strickleiter, Fallreep«.

Niederländ. *jakobsladder*, engl. *Jacob's ladder*, als nautische Bezeichnung im 19. Jahrh. aufgekommen, erste Belege engl. 1840, niederländ. 1859, in Grimms *Deutsches Wörterbuch* (1877) noch nicht aufgenommen; in romanischen Sprachen wohl ungebräuchlich. Das Wort geht auf den Traum Jakobs im Alten Testament zurück: »Er sah eine Treppe, die auf der Erde stand und bis zum Himmel reichte. Auf ihr stiegen Engel Gottes auf und nieder.« Der christliche Einfluss hat die Treppe in eine feste Leiter verwandelt, die Seemannssprache in eine Strickleiter.

Paul Gerhard Heims, Von der Wasserkante (1897): »die Leute, unter ihnen der Gerettete, entern auf der schrägen Jakobsleiter an Bord.«

Hans von Dambrowski, Der Seekadett (1894): »Enter auf! und wild, nicht Neben- oder Vordermann achtend, stürzen wir auf die Jacobsleiter zu.«

Jolle, die, »offenes Segelboot ohne festen Ballast, Schwertboot«, mit Kabine als Jol-

Jollen mit zwei und drei Masten und zwei flache Fischerboote *(cobles)*, Zeichnung, England 1828.

lenkreuzer, urspr. kleines offenes Arbeitsboot mit Riemen und Segel.

Im 16. Jahrh. übernommen aus mittelniederdt. *jolle*, daraus dän. *jole*, schwed. *julle*, niederländ. *jol*, daraus engl. *yawl*, französ. *yole*. Herkunft unklar, vielleicht ① zu altfranzös. *galie* »Ruderboot« und griech. *galéē* »Wiesel« →*Galeere* oder ② zu altnord. *kjōll* »Schiff« →*Kiel* und griech. *gaulos* »rundes Lastschiff«, eigentlich »Melkeimer, Krug, Bienenkorb« vergleichbar der dt. Schiffsbezeichnung »Pott«; griech. *galéē* und *gaulos* sind nicht verwandt.

Rudolf Capell, Norden (1678): »Von dannen sind sie langs der Russischen Küste mit zimlichem Fortgange fortgesegelt, und sahen sie gegen Norder Sonne abermahls eine Russische Jolle … Weil aber die Russen sahen, daß sie auff einem Irrwege waren, und daß die Flut meistentheils verlauffen war, sandten sie zween Männer mit einem grossen Brodt in einem kleinen Jolletgen (oder Bootgen) zu den unsern.«

Heinrich Smidt, Kopmann to Bergen (um 1850): »endlich trat aus dem Dunkel der Nacht ein noch dunklerer Schatten hervor, und eine nordische Jolle, von sicheren Händen geführt, ruderte der Felsenklippe zu.«

→Kiel (1821), →Moses (1835), →Barkasse (1847)

K

kabbeln, »gegeneinander laufen« (von kurzen Wellen).

Aus umgangssprachl. »sich zanken, streiten, necken« hat sich mit niederdt. *kabbelen* die nautische Bedeutung abgespalten, auch niederländ., dän. und schwed. Die Nebenform zu *kibbelen* »laut schwatzen« geht auf mittelhochdt. *kifelen* »nagen, kauen« zurück. Die Herkunft ist unklar, verwandt scheinen *keifen*, *Käfer*, *Kiefer*, →*Kieme* sowie norw. *kjeftje* »lärmen, schelten«; mit litauisch *žébti* »langsam essen« ist eine indoeurop. Wurzel **gep(h)-, geb(h)-* »Kiefer, essen« zu erschließen, sodass wahrscheinlich das Konträre (von Unter- und Oberkiefer, von Streitenden) oder aber das Verschlingende auf die Wellenbewegung übertragen wurde. Lat. *capulus* »Fangschlinge« ist jedoch mit →*Kabel* verwandt, nicht mit *kabbeln* oder *kapern*.

Johann Hinrich Röding, Allgemeines Wörterbuch der Marine (1794/96): »Kabbeln ... Wird von der See gesagt, wenn die Wellen gerade gegen einander laufen. Solches kann geschehen, wenn der Wind eine Zeitlang aus einer Himmelsgegend gewehet hat und sich alsdann plötzlich nach der entgegengesetzten Gegend wendet. Auf solche Weise springt das Wasser manchmal 15 bis 20 Fuß hoch.«

C. F. Sperling, Aus dem Loggbuch eines Kriegsseemannes (1906): »Für die Neulinge in der Schiffahrt ist gerade die Ostsee mit ihrem kurzen, kabbeligen Seegange bedeutend unangenehmer als der Ozean.«

Kabel, das, »starkes Tau«.

Über mittelniederländ. *cabel* (13. Jahrh.) aus französ.-pikard. *cable,* mittellat. *capulum* »Seil, Schlinge«, von lat. *capere* »ergreifen«, *capulus* »Fangschlinge, -seil«; wohl nicht verwandt mit →*kapern* oder →*kabbeln*. Verworfen ist ein Einfluss von arab. *habl* »Seil«. Die Übertragung auf »elektrischer Leitungsdraht« erfolgte im 19. Jahrh. Als Längenmaß urspr. 120 Faden, dann ein Zehntel einer →*Seemeile*, vor deren Standardisierung ca. 185 m.

Danziger Urkunde (1464): »item noch viiff hupen kabeltouw«, »desgleichen noch fünf Haufen Kabeltau«.

Adolf Decker, Diurnal der Nassawischen [holländischen] Flotta (1629): »Dieweil man noch im thun war, das Schiff in eine mehrere [größere] tieff zu bringen, so ist die Cabel, daran das Schiff geanckert lag, durch mißverstandt loß gemacht, dardurch das Schiff auf ein neues gegen den grundt angetrieben worden.«

Johann Christoph Adelung, Grammatisch-Kritisches Wörterbuch (1811): Kabeltaue sind »besonders diejenigen, welche das Anker halten, ... womit man die Bothe in das Schiff ziehet, die Schiffe am Land befestiget u.s.f.«

Joachim Nettelbeck, Eine Lebensbeschreibung (1821): »Inzwischen trieb, während der Nacht und Ebbezeit, wo wir vor Anker lagen, so ungeheuer viel Eis auf uns zu, daß wir das Schiff kaum vor drei Kabeltauen halten konnten.«

Kabellänge →Seemeile (1864)

Kabeljau, der, Gadus mor(r)hua, wirtschaftlich wichtigster →**Dorsch**, auch selbst v. a. in der Ostsee so genannt.

Herkunft unbekannt, niederländ. *kabeljauw*, französ. *cabillaud.* Frühester Nachweis in dieser Konsonantenstellung latinisiert niederländ. *cabellauwus* (1163, Flandern), aus span. *bacalao* (daraus eine weitere Entlehnung als *bakeljauw* im 16./17. Jh.), vielleicht aus lat. *baculum* »Stab, Stock«, wenn er getrocknet eine solche Form annimmt, oder wie *Stockfisch* (s.u.). Ableitungen aus dem Baskischen wurden verworfen, weil der Begriff an der Nordseeküste sehr alt ist. Die Herkunft von engl. *cod* ist unbekannt, vielleicht von *cod* »Sack, hinterster Teil des Fischernetzes«; nicht von griech. *gados* »ein Fisch«. Frisch eingesalzen heißt der Kabeljau **Laberdan** (vielleicht von *Labourdain*, der baskischen Küste, von wo aus der Kabeljau gefangen wurde), getrocknet **Stockfisch** (spätmittelhochdt. *stocvisch),* weil er an Stöcken zum Trocknen aufgehängt wurde), gesalzen und getrocknet **Klippfisch** (neuniederländ. *klipvis);* vielleicht ist die Trocknung auf Klippen aber nicht namengebend, sondern das Aufklappen, um den Kabeljau zu entgräten.

Walther Ziesemer, Das große Ämterbuch des Deutschen Ordens (Quelle von 1485): »4 grosze lexsze, item 3 kabelun«. Ebd. (1488): »4 schock flundern, item [desgleichen] 2 schock khabliaunhawpt«.

Johann Heinrich Johann Heinrich Zedler, Universal-Lexikon (1733): »Cabliau, ist ein See-Fisch von unterschiedener Länge, weissem Fleisch, starcken Kopf und starcken Leber. Eigentlich ist er nichts anders als ein großer Stockfisch … Diejenigen, so bey Schottland und unter Norwegen gefangen werden, bringt man in Fässer gepackt zu uns, und verkaufft sie unter dem Namen Laberdan, oder man trocknet sie daselbst an Klippen an der Lufft, dannenhero sie hernach Klipp-Fische heissen.«

→Makrele (ca. 1300), →Schellfisch (1330), →Hummer (1721), →Dorsch (1734)

Kabine, die, »Kammer während der Schiffsreise«.

Deutsche Entlehnung im 17. Jahrh. aus engl. *cabin* »Schiffskammer für Besatzung und Passagiere«, dort seit dem 14. Jahrh. gebräuchlich, altfranzös. *cabane*, frühroman. *capanna* »Hütte«, wohl von lat. *panna* »Zeltdach«, indoeurop. **pān-* »Gewebe« (→*Segel*).

Gewölbte Kabine auf einem römischen Schiff, Nachzeichnung des 19. Jahrh. von der Trajanssäule in Rom, errichtet 113 n. Chr.

Franz Grillparzer, Tagebuch auf der Reise nach Konstantinopel und Griechenland (1843): »abends bietet mir der wackere Kapitän Ferro eine leer gewordene Kabine an, und ich schlafe die erste Nacht gut.«

Ludwig Karl Schmarda, Reise um die Erde in den Jahren 1853–1857 (1861): »Die Passagiercabinen laufen an den Seitenwänden des Schiffs hin und haben ihre Eingänge aus den Salons.«

Kadett, der, »Offizieranwärter der Marine«.

Ähnlich in vielen europäischen Sprachen, von französ. *cadet* »Offizieranwärter, junger Mann«, zurückzuführen auf altprovenzal. *capdel* »Haupt, Führer« und lat. *capitellum* etwa »Häuptlein«, »nachgeborener Sohn«, einer Verkleinerung von *caput* «Haupt, Kopf«. Vielleicht spielt auch lat. *catellus* »Hündchen, Tierjunges« hinein. Dem Begriff liegt der Eintritt von nicht erbberechtigten Adelssöhnen in das französische Militär zugrunde. Unklar ist, ob die Bedeutung »Nachgeborener, junger Mann« für *Kadett*

Ursache oder Folge dieses Sozialphänomens war.

1864 Preuß. Expedition »Die Cadetten haben jeder seinen bestimmten Dienst: als Adjutant des ersten Officiers, als Observations-, Zwischendecks-, Signalcadetten.«

→Messe (1864). →wahrschauen (1864)

Kahn, der, »kleines Boot«, oft ohne Verdeck und Mast, regional als Flussschiff aber mit beidem, wohl ursprünglich ein Einbaum.

Niederdt. seit dem 14. Jahrh. geläufig, durch Luther in die Literatursprache eingebracht. Nord- und mitteldt. *kane,* altnord. *kani* »Schüssel, Holzgefäß« sind vielleicht verwandt mit mittelirisch *gann* »Gefäß«. Zugrunde liegt indoeurop. **gan(dh)-* »Gefäß«. Verwandt ist →*Kanne*.

Johann Heinrich Zedler, Universal-Lexikon (1737): »Kahn … ist ein kleines Fahrzeug, so lediglich durch ein oder zwey Personen vermittelst eines Ruders oder einer Stenge regiret wird, und keine Mast und Segel hat … Man pfleget aber auch ein mittelmäßiges Fahrzeug, so mit Segeln und Ruder fortgetrieben, und zum Transport derer Personen und Güter auf grossen Flüßen gebraucht wird, einen Kahn, Französisch Bateau, Holländisch, Schuit zu nennen.«

Johann Hinrich Röding, Allgemeines Wörterbuch der Marine (1794/96): »Die Kähne sind bald größer bald kleiner, je nachdem sie zu diesem oder jenem Gebrauch bestimmt sind; darin aber stimmen sie alle überein, daß sie länglicht und schmal sind, einen flachen Bord haben, aus einem Boden, Kniestücken und Seitenplanken zusammengesetzt sind und kein Steuer haben, sondern mit Riemen und Staken gelenkt und gefahren werden. Es giebt welche, worinn viele Personen und Sachen Platz haben. Man hat aber auch so kleine, in denen höchstens zwey Personen fahren können. Man hat auch Kähne die aus einem Baum gemacht sind.«

→ Passage (1792), →Dalbe (1858), →Fähre (1892)

Kai, der, auch **Kaje**, die, »befestigte Anlegestelle am Fluss- oder Seeufer«.

Entlehnt aus niederländ. *kaai*, altfranzös., -normann. *cai* »Hafendamm, Anlegestelle«, altbreton. *caiou* »Schutzwall«, altir. *cai* »Haus«, gall. *caio*, kymr. *cae* »Gehege«, zu indoeurop. **kagh-* »einfassen«, →*Heck*. Engl. *quay* und französ. *quaie* stellen wohl gleichfalls Entlehnungen aus dem Keltischen dar. →*Höft*

Elias Hesse, Ost-Indische Reise-Beschreibung (1687): »giengen vollends in die Stadt Hamburg, und logirten uns auf der Cay, in der Stadt Staade, bey Matthias Ellers ein.«

→Slip (1467)

Kahn mit Plicht im Bug, Kajüte im Heck, Duchten und Steuer.

Sandtorkai, Hamburger Hafen, Szene zu Ende des 19. Jahrh.

Kajak, das, »kielloses geschlossenes Paddelboot«, in der Arktis von den Inuit (Eskimos) vor allem zum Fischen entwickelt.

Früheste nachgewiesene Entlehnung ins Deutsche aus inuit. *qajaq* »einsitziges Männerboot« durch Adam Olearius, Vermehrte Newe Beschreibung Der Muscowitischen vnd Persischen Reise (1656): »Kajakka, ein klein Both«.

Johann Hinrich Röding, Allgemeines Wörterbuch der Marine (1794/96): »Der Grönländer fährt nicht allein in solchem Boot bloß mit einem Bogen und Pfeilen ausgerüstet auf die Jagdt, um Vögel zu schiessen, sondern wagt sich darin auch mit einer Harpune und Lanze die größten Wallfische zu tödten. In ihrer Sprache heißt ein solcher Kanoe Kojak d. i. Mannsboot, zum Unterschied von Umiak oder Weiberboot, welches ein offenes Boot ist, das von den Weibern geführt wird, und worinn sie ihre Familie und Habseligkeiten von einem Ort zum andern bringen.«

Kurd Laßwitz, Auf zwei Planeten (1897): »Es war eine Anweisung zum Verkehr in der Eskimosprache

Fischender Inuit im Kajak.

und zeigte als Titelvignette einen fein ausgeführten Holzschnitt, einen Eskimo in seinem Kajak auf wildbewegtem Meer dem Fischfang abliegend. ›Oh, sieh!‹, rief sie Se [dem Inuit] zu, ›hier ist ein Kalalek in seinem Kajak.‹«

Kajüte, die, »Wohn- und Schlafraum auf Booten und Schiffen«.

Mittelniederdt. *kajüte*, mittelniederländ. *kayhute*. Die Herkunft ist unklar, vielleicht über mittelfranzös. *cahute* »kleine Hütte«, dies als Entlehnung von mittelhochdt. *hütte* »Hütte«, oder direkt aus spätmittelhochdt. *kute* »Loch, Höhle«. Kaum als Kontraktion von *kooj-hütte*, einer »→*Hütte*« genannten Kammer des Kapitäns mit Kojen für Schiffsoffiziere.

Adam Olearius, Beschreibung Der Newen Orientalischen Reise / So durch Gelegenheit einer Holsteinischen Delegation an den König in Persien ist geschehen (1647): »Dahero auch einmahl welches zum erschrecklichsten ware, eine ungeheure See hinten üder die Cohüte ins Schiff schlug und dasselbe gantz bedeckte, wir fielen von den Schüttern über einander, vermeineten, itzt würden wir untergehen; musten das Wasser, so heuffig durch die zerbrochene Cojüte eingeschlagen, in eyl wieder außpumpen, fuhren also in immerwährenden Schrecken fort.«

Albert Berg, Die preußische Expedition nach Ost-Asien (1864): »Den hintersten Raum nehmen die Vorcajüte und die Capitänscajüte ein; erstere, in der die beiden achtersten Geschütze stehen, dient zu den Arbeiten des Capitäns mit den Offizieren, als sein Empfangs- und Speisezimmer.«

→Luv (1669), →Schot (1720), →Pantry (1899). Kajütkoch →Kap (1778)

kalfatern, »die Fugen zwischen hölzernen Schiffsplanken mit Werg und Teer (Pech) abdichten«.

Kalfatern eines Schiffsrumpfes bei Niedrigwasser, 19. Jahrh.

Aus niederländ. *kalfateren* (1530), dies aus französ. *calfater*, span. *calafatear*, wohl von arab. *qalfata* »abdichten«. Ob der Ausdruck über die Häfen der Provence ins Galloromanische eindrang oder zunächst im arabischen Spanien entlehnt wurde, ist unklar. →*Klabautermann*

Tommaso Garzoni, Piazza Universale (1659): »Wann die Schiffe mangelhaft werden, zeucht man sie wiederumb herauß, und kalfatet oder flicket sie wiederumb.«

Jean Peter van Antersons Fataler Schiffs-Capitain, übersetzt von DuBlancard (1742): »doch ließ ich die Thau- und Seegel-Wercke auf das fleißigste ausbessern, weil wir eine weite Fahrt vor uns hatten, und das Schiff unter mehr als 1000 Zuschauern Callfatern.«

→Persenning (1732), →Steven (1880)

Kalmar, der, »ein zehnarmiger Tintenfisch«, Ordnung Teuthida.

Entlehnt aus italien. *calamaro* »Tintenfisch, Kalmar«, spätlat. *calamarium* »Futteral für die Schreibfeder«, zu lat. *calamus* »Rohr, Schreibrohr«, weil der hornige Schnabel des Kalmars dem Schreibgerät ähnelt und das Tier eine tintenähnliche Flüssigkeit ausstoßen kann. Span. *calamar*, französ. *calmar*. Lat. *calamus* »Rohr« geht mit lat. *culmus* »Halm, Strohhalm« und gleichbed. griech. *kalamos* zurück auf indoeurop. **kel-* »dünner Schaft, Pfeil«. Verwandt mit *Halm*, nicht mit *Holm*. Die mythische *Riesenkrake* der Seefahrt, seit dem 16. Jahrh. geschildert, ist keine Krake, sondern wohl der *Riesenkalmar* Architeuthis dux, benannt von Steenstrup 1856, der eine Größe von 22 Metern erreichen kann. **Calamaris** »Gericht aus frittierten Tintenfischstücken« ist eine touristische Übernahme der 2. Hälfte des 20. Jahrh. aus gleichbedeutend span. *calamaris*. Engl. *squid* ist unbekannter Herkunft, sehr unsicher ein Seemannswort von *to squirt* »herausspritzen« wegen des Ausstoßens der Tinte.

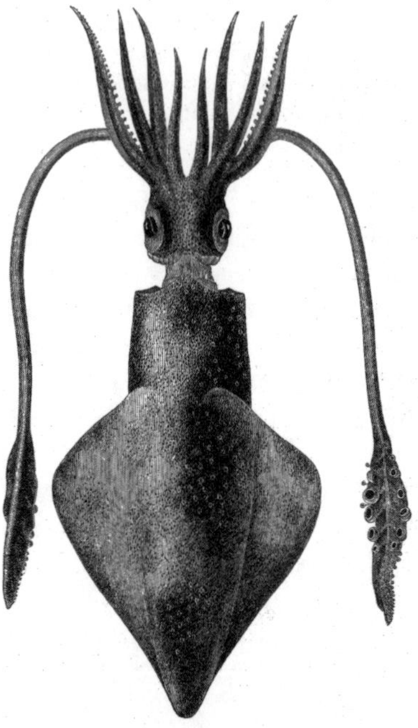

Gemeiner Kalmar *(Loligo vulgaris).*

Otto Julius Bierbaum, Eine empfindsame Reise im Automobil (1903): »Ein Verwandter des Pulps ist auch der Kalmar, den die Italiener wegen seiner reichlichen Tintenabsonderung Calamajo (Tintenfaß) nennen. Im Aquarium hält er nur ein paar Tage aus, und es hat etwas beängstigendes, dieses milchweiße, durchsichtige Tier, in dessen Leib es zuweilen karminrot aufglüht ..., unaufhörlich vorwärts und rückwärts schwimmen zu sehen, ohne daß es dabei den Körper wendet.«

Kalmen, die, »Gebiete beiderseits des Äquators, in denen Windstillen (→*Flauten*) herrschen«.

Entlehnt aus französ. *calme*, ital. *calma* »Ruhe bei großer Hitze«, von lat. *calor* und griech. *kauma* »Hitze«. Der Ausdruck war zunächst für alle windstillen Zonen gebräuchlich. *→Doldrums*, *→Rossbreiten*

Guido Gualtieri, Beschreibung der japonischen Legation (1587): »da zwischen kamen aber so grosse Calme (Calme ist wenn es gar haiß, trucken und windstill, daß man weder hinder sich noch für sich kan)«.

Jürgen Andersen, Orientalische Reise-Beschreibungen (1669): »In diesem Calm oder langwieriger stille, hatte uns der Strom von unsern Cours zimlich weit versetzet.«

→Rossbreiten (1905).

Kampanje, die, »Aufbau auf dem Achterdeck, Platz über der Hütte«.

Entlehnt aus niederländ. *kampanje*, schwed. *kampanen*, dän. *kompanen*, von spätlat. *capanna* »*→Hütte*«, *→Kabine*.

Johann Georg Aldenburgk, West-Indianische Reiße (1627): »In der folgenden Nacht kompt Sturm vnnd Unwetter, daß Hollandia vnnd Samson die Ancker lichten musten, davon war das Schiff Hollandia, da Herr von Dort vnser General auff ware, durch Sturm mit sampt der Schloupen verschlagen, daß man nicht wuste, wo er hin gestoben vnd geflogen? vnd kamen viel Stück Holtz von Masten, Rehen, Spillen, Campanien vnd Gallereyen, so wol auch todte Cörper ein.«

Der geöffnete See-Hafen (1702): »An beyden Seiten der Campagne ist eine kleine Treppe, worauf man auf- und absteigen kan, oben auf derselben aber ist weiter nichts als hinten eine Banck, wo die Trompeter ihren Platz haben, wann sie dem Capitaine zur Taffel oder sonsten zur Lust blasen: zu welchem End dann eine Kiste mit Tropeten, ingleichen eine Trommel in einer Tonne daselbst steht.«

Otto von Kotzebue, Neue Reise um die Welt (1830): »in der von zwanzig Personen bewohnten Cajüte de Campagne brach eine wahre Revolution aus; kein Stuhl. kein Tisch, nichts wollte an seinem Orte bleiben.«

Kanal, der, ① »künstlicher Wasserlauf als Verkehrsweg«, ② »natürliche Meeresstraße«.

Der Suezkanal bei Port Said (1869 eröffnet), trotz des Panamakanals (1914 freigegeben) die wichtigste künstliche Wasserstraße der Welt.

Entlehnung aus italien. *canale* »Wasserlauf, Röhre, Leitung« und lat. *canalis* »rohrförmig« von lat. *canna* »kleines Rohr, Schilf«. Dies stammt aus griech. *kanna*, babyl.-assyr. *qanu*, und sumer.-akkad. *gin* »Rohr«. Engl. *channel* »Kanal« geht über altfranzös. *chanel* auf lat. *canalis* zurück. Die engl. geogr. Bezeichnung *Channel* für die Wasserstraße zwischen England und Frankreich entstand vielleicht wegen ihrer starken Strömung; dt. *Ärmelkanal* nimmt zusätzlich das auf Karten erkennbare Bild des flatternden, sich verengenden Armteils eines Mantels auf, so auch frz. *la Manche*, dies von lat. *manica* »Ärmel«.

Johann Paul Augspurgers See-Reisen nacher Brasilien in America (1644): »den 2. Julii lieffen wir in den Mund des Canals; den 6. bekamen wir guten Wind und sahen die Custe von Engelland.«

Hans-Jakob Amman, Reisebeschreibung [eher: Felix-Christian Spöri, Americanische Reiszbeschreibung] (1678): »Als wir aber in dem Canal so weit kommen, daß wir die Insul Wicht [Isle of Wight] erlanget, hat uns der starcke Sud-Wind genöthiget allda einzulauffen.«

Christoph Schweitzer, Wurttemb. Journal- und Tage-Buch Seiner Sechs-Jährigen Ost-Indianischen Reise (1688): »den 20. verliessen wir Engelland und Franckreich, es wird das darzwischen seyende grüne Wasser, der Canal genandt.«

→Regatta (1730/76), →Nehrung (1733), →kapern (1821)

Kante, die, »Seeküste«.

In der Bedeutung »Rand des Festlandes« niederdt. und niederländ. *(water-)kant*, ähnlich verselbständigt wie *Kanten* »Ende des Brotes«; hochdt. eher dichterisch verwendet. Altfranzös. *cant* »Ecke« führt zu einem unbekannten gallischen Wort, das *cant(hus)* latinisiert wurde und auch zu breton. *cant* »Kreis« sowie kymrisch *cant* »eiserner (Rad-)Reifen, Felge, Rand« führte. Verwandt mit →*kentern*.

Hermann Weinsberg, Das Buch Weinsberg (über das Jahr 1571): »Doch geschach nu und dan schaden uff der sehe und an der sehekanten in stetten, flecken und scheffen.«

Gottlieb Warmund, Geldmangel in Teutschlande (1664): » Im 1416ten Jahr nach unsers Erlösers Geburt haben sich an denen Baltischen Seekanten in Unter-Teutschland [den niederdeutschen Ostseeküsten] dererley Ungestalte, mehr Unthiere als Menschen, am ersten sehen lassen.«

Hamburgischer Correspondent (21.1.1907, Abendblatt): Die ganze Nacht hindurch dröhnten die Warnungsschüsse von den Bastionen … und machten die Bewohner der Hamburger Wasserkante auf das Steigen der Gefahr aufmerksam.«

Kanu, das, »leichtes Paddelboot«, an Bug und Heck spitz zulaufend, urspr. ein Einbaum.

Das Wort wurde von Kolumbus 1492 aus der Karibik nach Europa gebracht, span. *canoa* aus dem karib. *Arawak* (auf den Bahamas gesprochen) *canoa*, *kanawa*. Als *Kannao*, *Canoa* kommt es schon in deutschen Reiseschilderungen des 16. Jahrh. vor und wird im 18. Jh. als *Kanoe*, *Kanu* entlehnt aus engl. *canoe*, das auf französ. *canot* und die span. Form *canoa* zurückgeht.

Johann Jacob Bodmer, Der Noah (1752): »Ueber welchen [einen Golf] zu setzen die kraft des schwimmenden pferdes, oder der stärkern kanots nichts taugt.«

Johann Hinrich Röding, Allgemeines Wörterbuch der Marine (1794/96): »Die Indianer von Labrador haben sehr künstlich verfertigte Kanoes, die sie ungemein gut zu regieren wissen. Solches bestehen aus einem leichten hölzernen Rumpf, mit Seekalbfellen anstatt Seitenplanken und Verdeck bekleidet; in dem Verdeck ist nur eine Oefnung, die der Indianer gerade ausfüllt … Wenn auch sein Kanoe umschlägt, so fällt

Kanuten von der aleutischen Insel Unalaska auf Fischjagd.

er nicht geraus, weil er seine Jacke fest um den Rand der Oefnung gebunden, so daß kein Wasser eindringen kann. Dann richtet er sich mit seinem Kanoe vermittelst seines Riems wieder auf.«

→Piroge (1794/96)

Kap, das, »Landspitze, vorspringender Teil einer Felsenküste«.

Entlehnt aus niederländ. *kaap* »Vorgebirge«, mittelfranzös. *cap*, altprovencal. *cap* »Kopf, äußerstes Ende«, lat. *caput* »Kopf«. Wenn auch selten, aber doch schon lat. auch als »Kap« verstanden, z. B. ein *caput vadorum* an der nordafrikan. Mittelmeerküste beim Dichter Corippus (*Iohannis seu De bellis libycis*, 549 n. Chr.). Als deutsch wird das Wort erst im 17. Jahrh. verwendet; zuvor war als Fremdwort *cabo, capo* aus dem Italienischen gebräuchlich und als »Ecke« oder »Spitze« verstanden: »Haupt oder Ecke der Guhten Hofnung« (Olfert Dapper, *Beschreibung von Africa*, 1670/71).

Die Reisen des Samuel Kiechel (um 1600): »den 21. düs uf 2 stund in tag stüesen düe marinari düe frigatta ins mör, sasen dorein und zogen an rudern fort, öttliche meil, büs wür umb einen capo oder spüz kamen«, »am 21. des Monats um zwei Uhr morgens stießen die Seeleute die Fregatte ins Meer, setzten sich hinein und ruderten etliche Meilen fort, bis wir um ein Kap oder eine Spitze kamen.«

George Forster, Reise um die Welt (1778): »da wir auf der Ueberfahrt von England bis zum Cap ganz besonders gutes Wetter gehabt hatten, so waren auch jetzt noch in keiner Cajütte Anstalten gegen solche Stürme vorgekehrt worden.«

→Kargo (1720), →See (1864)

kapern, »ein Schiff aufbringen«, auf private Rechnung ein Schiff im Handelskrieg oder durch privilegierte Seeräuberei (mittels Kaperbrief) erbeuten.

Entlehnt von niederländ. *kapen* »Seeräuberei betreiben«. Herkunft sicher niederländisch, aber Weiteres unklar, vielleicht von altfries. *kāpia* »kaufen« oder von *kap* »Kap« vielleicht ① als Ausguck vom Vorgebirge für seeräuberische Zwecke, aber bei der niederländ. Topographie unwahrscheinlich, eher ② im Sinne von »von Kap zu Kap fahren, um Schiffe abzufangen« oder ③ mittelniederl. *cāpen* »Ausschau halten«, dann weitläufig verwandt mit dt. *gaffen*. Wohl nicht zu →*kabbeln* oder von lat. *capere* »nehmen«.

Wouter Schouten, Ost-Indische Reyse … durch Walther Schultze (1676): »Wir gedachten auch an die Engelländischen Caper, oder Seeräuber, welche täglich in dieser Gegend auf ihren Nutzen laurten.«

Joseph Stöcklein, Neuer Welt-Bott (1748): »Um 11 Uhr sahen wir ein grosses Schiff von den Küsten Africae, geraden Weegs auf uns zugehen, welches dieweilen es sich mit Aussteckung der Flaggen nicht zu erkennen gabe, glaubten wir, es wäre ein Türckischer Caper.«

Joachim Nettelbeck, Eine Lebensbeschreibung (1821): »Leider konnten wir's im Kanal nicht vermeiden, nach und nach mit sieben englischen Kapern zusammen zu gerathen.«

→Freibeuter (1694), Kaper →Logger (1835)

Kapitän, der, »Kommandant eines Schiffes«, Schiffsführer mit Patent, in Sport und Freizeit →**Skipper**.

Mittelhochdt. *kapitān* »Anführer, Hauptmann« ist entlehnt aus altfranzös. *capitaine*, spätlat. *capitāneus* »durch Größe auffallend« von lat. *caput* »Kopf, Haupt«; *Hauptmann* ist deswegen eine wörtliche Übersetzung. In der Bedeutung »Schiffsführer« seit dem 15. Jahrh. als Übernahme von italien. *capitano*. Verwandt mit *Chef*. Im Mittelalter ist der Captain mit zunehmender Bewaffnung der Handelsschiffe zunächst ein der Schiffsführung (dem *Master*, →*Maat*) beigeordneter Soldat mit militärischer Funktion und nachgeordneten Offizieren; die Militärs verdrängen allmählich das zivile Personal und übernehmen die wichtigsten Funktionen. →*Höft*

Hans Staden, Warhafftige Historia vnnd beschreibung einer Landtschafft der Wilden, Nacketen, Grimmigen, Menschenfresser Leuthen, in der Newenwelt America gelegen (1556): »Der Capitan in dem Schiff war genannt Pintado, der wolte in Prasilien faren, auf Kauffmanschafft.«

Georg Christoph von Neitzschitz, Siebenjährige und gefährliche Europä-, Asiat- und Africanische Welt-Beschauung (1686): »Diese Fortun und greulicher Sturm hatte biß auf den 13. Octobr. in der Nacht hefftig angehalten, daß auch der Capitain selbst bekant, dergleichen Wind habe er, so lange er zur See gereiset, nicht gehabt.«

Hamburgischer Correspondent (27.3.1908, Morgenblatt): »An der Ostsee ist es Steuerleuten möglich mit 30 Jahren – in mehreren auch bekannten Fällen sogar mit 27 Jahren – Kapitän zu werden, wogegen an der Nordsee, besonders bei den Großrhedereien, es selten vorkommt, daß ein Offizier Kapitän wird vor dem 40. Lebensjahr.«

→Gast (1627), →Korb (1717), →Gig (1831), →Kajüte (1864)

kappen, »im Notfall durch-, abtrennen«.

Aus niederländ. *kappen* ins Niederdt. entlehnt, von dort weiter zu dän. *kappe*, schwed. *kappa*. Herkunft unklar, ① verwandt mit oberelsäss. *kchapfen* »in kleine Stücke hacken«, vielleicht auch mit engl. *to chap* »spalten«, span. *capar* »verschneiden«, mittellat. *capo* »Kapaun« oder griech. *kopís* »Messer«, ② über französ. *couper* »schlagen«, *Coup* »gelungener Schlag« zu lat. *colaphus*, griech. *kolaphos* »Ohrfeige, Faustschlag«.

Johann Georg Aldenburgk, West-Indianische Reiße (1627): »Die Hispanische Armada kappete jhre Ancker ab und triebe deß Nachts in der Bahje herumb von wegen der Brandschiff.«

Arnold Montanus, Gesandtschaften in Japan (1669): »das ausgeworfene Anker schien nicht starck genug, drümb hielt man vor rahtsam solches auff zu winden; aber indem sie damit im wercke begriffen, wuchs der Sturm so hart an, daß sie es in stücke kappen musten.«

Daniel Defoe, Robinson Crusoe, übersetzt von Ludwig Friedrich Vischer (1720): »Zwey unweit von uns anckernde Schiffe hatten, weil sie zu schwer beladen, ihre Mast-Bäume kappen und über Boord werffen müssen.«

Der wohl instruirte Schiffer (1732): »Den Fock-Mast hätten sie auch gekappet, um das Schiff an den Wind zu bringen, und daß es besser auf der See liegen und vor den Wellen sich leichten könne.«

Lebensgeschichte des Capitain Carl Wolfgang Petersen (1880): »Um nun dem Stranden vorzubeugen, wurden die Masten gekappt.«

→zurren (1835)

Karavelle, die, **Kraweel**, der, »ein- bis dreimastiges lateinbesegeltes Frachtschiff mit hohem Heckaufbau«.

Erster europäischer Segler, der gegen den Wind kreuzen konnte. Die Planken überlappten nicht, sondern bildeten eine glatte

Außenhaut, die nach der Schiffsbezeichnung **Kraweel** hieß, engl. *carvel-built*. Karavellen waren zunächst im Mittelmeerraum verbreitet, im 13. Jahrh. für lateinbesegelte Fischerboote an der portugiesischen Atlantikküste, im 14. Jahrh. dort für Zweimaster mit →*Back* und *Hütte*, schnell bis zur Nord- und Ostsee verbreitet. Im 15. Jahrh. erfolgte in Portugal die planmäßige Weiterentwicklung zur Atlantikfahrt. Im Nord- und Ostseeraum bekanntestes Exemplar ist »dat grote Kraweel«, die »Peter von Danzig«, als »Pierre de la Rochelle« in der Bretagne gebaut und 1462 als erstes Schiff seiner Art in die Ostsee eingelaufen. Im Unterschied zu Koggen sind bisher archäologisch keine Kraweelen nachgewiesen worden. Entlehnung aus französ. *caravelle*, port. *caravela*, aus spätlat. *carabus*, griech. *korabos* »ein kleiner Kahn«, im östlichen Mittelmeer aus Flechtwerk mit Lateinsegel. Keine Verbindung zu lat. *vela* »Segel«.

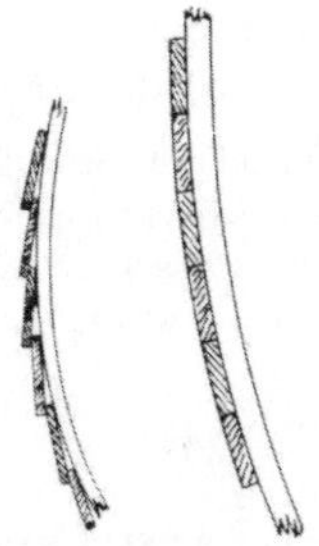

Links Klinker-, rechts Kraweel-Beplankung im Querschnitt.

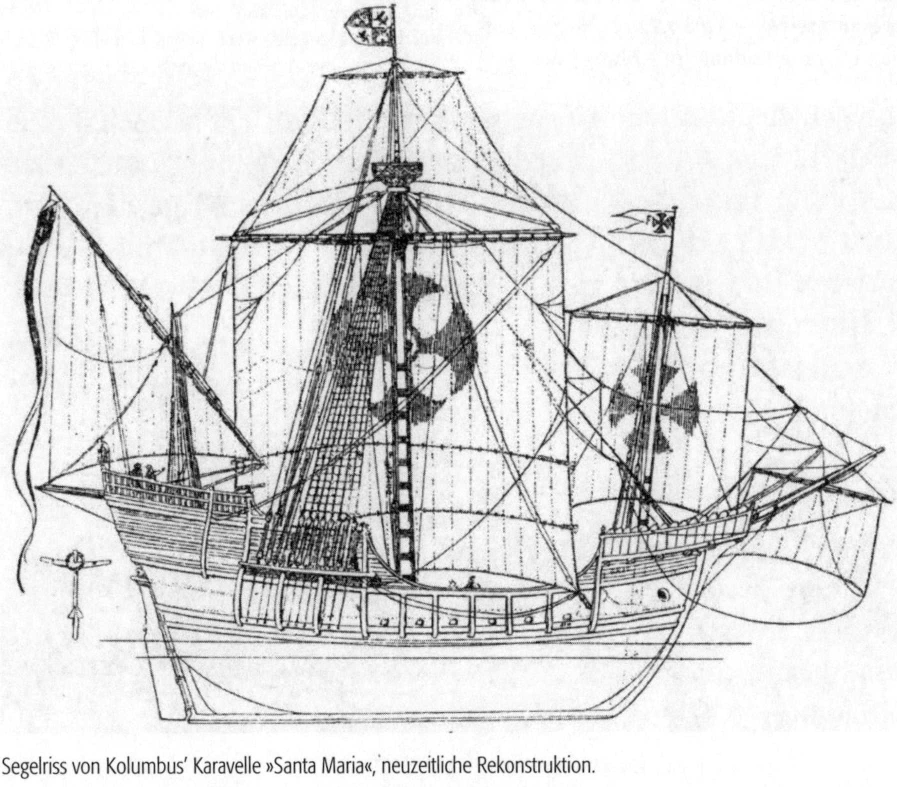

Segelriss von Kolumbus' Karavelle »Santa Maria«, neuzeitliche Rekonstruktion.

Sebastian Franck, Weltbuch (1542): »dahin die gravel vor eis und Gefrust [Frost] nit geen mochten.«

Sigmund Feyerabend, Reyßbuch deß heyligen Lands (1584): »welche Räuber hetten kürtzlich genommen ein groß Carvelle von Candia und alle leut, die in der Carvellen gewesen, erstochen.«

Kargo, auch **Cargo**, der, »Schiffsladung, -fracht«.

Entlehnt aus engl. u. span. *cargo*, italien. *carico*, mittellat. *carricum* »Fracht, Ladung«, dies von lat. *carrus*, griech. *karros* »Wagen, Karren«. Verwandt ist auch französ., engl. *charge* »bestimmte Menge, Ladung, Charge«. Im Gegensatz zur Schiffsladung heißt das Schiff selbst →*Kasko*. *Superkargo* »Aufseher über die Ladung im Auftrage des Interessenten«, wie engl. *supercargo* von gleichbed. span. *sobrecargo* etwa »der die Fracht übersieht«.

Johann Sigmund Wurffbain, Ost-Indianische Krieg- und Ober-Kauffmanns-Dienste (1686): »Die Cargo oder Ladung dieser erwehnten 9 Schiffe betreffend, bestunde selbige in Specereyen, Materialien.«

Daniel Defoe, Robinson Crusoe, übersetzt von Ludwig Friedrich Vischer (1720): »Unser Schiff war zur Kauffmannschaft ausgerüstet, und hatte einen Super-Cargo am Boord, dem, nach unserer Ankunft am Cap, die fernerweitige Veranstaltung [des Warenhandels] oblag.«

Adelbert von Chamisso, Reise um die Welt mit der Romanzoffischen Entdeckungs-Expedition (1836): »Denn zwei Autoritäten können auf einem Schiffe nicht zusammen bestehen, und das lehrt die Erfahrung auch auf den Kauffahrteischiffen, wo es meist unerfreulich zugeht, wenn neben dem Kapitän ein Supercargo und Stellvertreter des Eigenthümers ist.«

Kargo im Hafen von New Orleans, Lithografie von William Walker (1883).

Kasko, der, »Schiffsrumpf, Schiff«.

Der Fachbegriff des Versicherungswesens ist entlehnt aus span. *casco* (beschädigter) »Schiffsrumpf«, eigentl. »zerbrochenes Stück, Scherbe«, von span. *cascar* »zerbrechen«. Das Verb geht zurück auf lat. *quassare,* die Intensivform von *quatere* »schütteln, zerschlagen«, und stammt von indoeurop. **(s)kūt-* »erschüttern, zerbrechen«. Verwandt ist althochdt. *scutten* »schütten, schütteln, zerbrechen«. Im Gegensatz zum Schiff selbst bedeutet →*Kargo* »Ladung«. **Kasko**, die, Kurzwort für »Versicherung eines Fahrzeugs«, urspr. des Schiffes mit allem Zubehör. Verwandt auch *diskutieren* »zerlegen (von Argumenten)« aus der Vorsilbe *dis-* und *quatere.*

Der Stadt Hamburg Assekuranz- und Haverey-Ordnung (1731): »Der Risico oder die Gefahr bei einer Versicherung, die auf das Casco des Schiffs geschiehet, beginnet von der Zeit an, da das Schiff seine Ladung oder Ballast einzunehmen angefangen.«

Hamburgischer Correspondent (3.2.1909, Morgenblatt): »Der überfällige hiesige Dampfer Maria Rickmers ist hier versichert und zwar das Casco mit 450.000 M(ark) und die Fracht mit 100.000 M.«

Katamaran, der, »Segel- oder Motorboot mit Doppelrumpf«.

Lehnwort von engl. *catamaran*, dies von tamil. *kattu maram*, aus *kattu* »zusammengesetzt« und *maram* »Baumstämme«, »Auslegerboot«. Die Weiterentwicklung →*Trimaran* für ein Dreirumpfboot ist eine Neubildung des 20. Jahrh.

Früheste Nennung in Europa wohl bei William Dampier, A new voyage round the world (1697): »On the coast of Coromandel (Madras) … they call them Catamarans.«

Kausch →Auge

Kelp →Alge

kentern, »umkippen, umschlagen (von Wasserfahrzeugen)«.

Niederdt. *kenteren*, niederländ. *kenteren, kanteren* »auf die Seite legen«, von niederländ. *kant* »Seite, Kante«, dies aus altfranzös. *cant* »Ecke«. Weiteres →*Kante.*

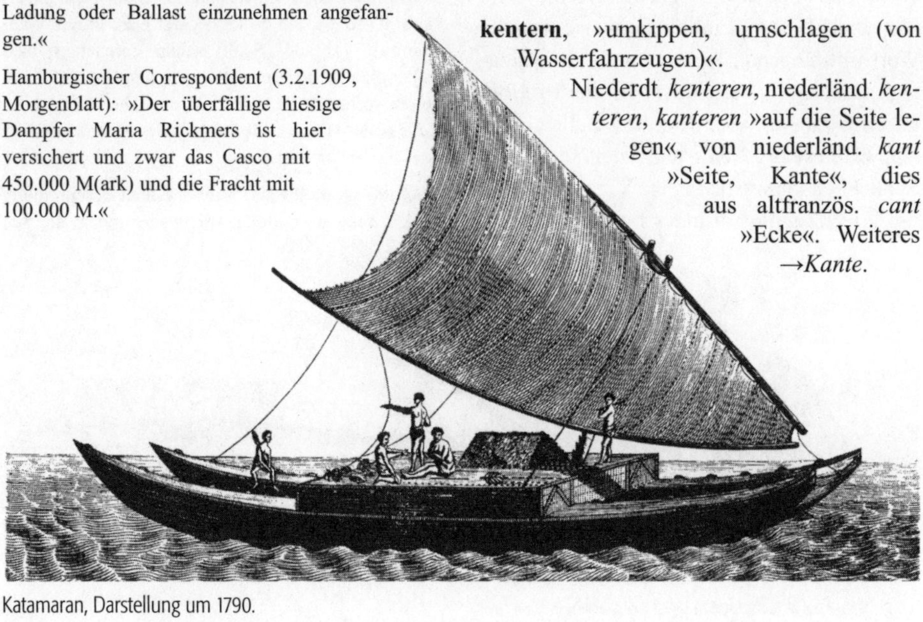

Katamaran, Darstellung um 1790.

Friderich Martens, Spitzbergische oder Groenlandische Reise-Beschreibung (1675): »Wann von der einen Seite das Speck vom Wallfisch geschnitten, ehe sie den Wallfisch umbkehren oder kentern, schneiden sie das Fischbein herauß.«

Joachim Nettelbeck, Eine Lebensbeschreibung (1821): »Eine halbe Minute später kam die T'Gelke hinten in meinem Kielwasser wieder zum Vorschein, aber gekantert und das Unterste zu oberst schwimmend.«

Heinrich Smidt, Meeresstille und hohe See (1861): »Das gekenterte Boot mit den geknickten Rippen war nicht zu flotten.«

Kiel, der, seemänn. »Grundbalken, unterer mittschiffs verlaufender Längsträger eines Schiffes«.

Herkunft unklar. Mittelniederdt. *kēl, kil* geht zurück auf altnord. *kjølr* »Kiel«, vielleicht als »halsförmig Geschwungenes« mit *Kehle* und indoeurop. **gel-* »verschlingen« verwandt. Darin ist möglicherweise das alte Wort mittelhochdt. *kiel* »Schiff« aufgegangen, altsächs. *kiol*, altengl. *cēol*, altnord. *kjōll*, german. **keula-* »Schiff«, dies vielleicht als »Gewölbtes« mit *Keule* und *Kugel* verwandt. Schließlich könnte noch eine Verwandtschaft mit griech. *gaũlos* »rundes Lastschiff« existieren. Verstärkt wird der Kiel durch ein *Kielschwein*, aus schwed. *kölswin* »Kielschwelle, -Bohle« und umgangssprachlicher Vertauschung von *-schwelle* (schwed. mundartl. *svill*) und *-schwein* (schwed. *svin*); möglich sind auch getrennte Herkünfte. Der Kiel erhöht auch den Querwiderstand im Wasser; dieser Effekt wird durch ein →*Schwert* verstärkt, das gelegentlich mit dem Kiel verwechselt wird. Das brutale *Kielholen*, das Durchziehen eines mit Steinen beschwerten Verurteilten unter dem Kiel, kommt in Holland spätestens im 16. Jahrh. (niederl. *kielhalen*, engl. *keel-hawl*) auf und erscheint dt. erstmals 1627 in »West-Indianische Reiße« von Johann Georg Aldenburgk: »das gefehrliche Kilhalen«. Der Name der *Hafenstadt Kiel* wird von mittelhochdt. *kīl* »Keil«, der Form der Förde, abgeleitet.

Levinus Hulsius, Beschreibung der newen Reyse, so die Hollendischen Schiff in den Orientalischen Indien verricht (1598): »In dieser gegend were unsers Vice-Admirals Ysbrands Schiff schier gescheitert, also daß er sich verderbens verwogen, dann es auff einen Felsen so hart auffgefahren, das etliche stück seines Keiles oder vntern theil deß Schiffes zerbrochen auff dem Wasser umbflossen.«

Joachim Nettelbeck, Eine Lebensbeschreibung (1821): »nur unsre Jölle war wieder mit in die See

Kielgeholte Fregatte an einem Dock, 19. Jahrh.

gerissen worden, bis sie endlich mit dem Kiel nach oben, dennoch an Land trieb.«

→Bord (1590), →Schwert (ca. 1689). Als Baum → Baum (1636)

Kieme, die, »Organ der Tiere zur Wasseratmung«.

Herkunft und Bedeutungsgeschichte unklar: ① Mittelhochdt. *kiuwe*, *kiwe*, althochdt. *kiuvva* »Kieme(n), Kiefer, Kinnbacken«, altsächs. *kio*, altengl. *cian* haben als Verben althochdt. *kiuwan*, altengl. *céowan* »kauen«, sodass »Kauendes, Backen« gemeint wäre. Dazu Jacob und Wilhelm Grimm, Deutsches Wörterbuch (1854): »der name stammt aus einer zeit, wo man die kiemen als die kauenden kinnbacken der thiere ansah«. Hier könnte neuschwed. *gäl*, neuengl. *gill* »Kieme« zu griech. *chelýnē* »Lippe, Kinnlade« und indoeurop. **geuwōn-* »Backe« passen. In der Evolution sind umgekehrt aus den Kiemenbögen, die die Kiemen halten, tatsächlich die Kiefer entstanden. ② Als eingekerbter Körperteil ist auch eine Nebenform von hochdt. *Kimme* »Einschnitt« möglich, ostfries. *kim(me)* »Einkerbung, in die der Boden eines Fasses passt, Rand eines Fasses, Horizont«, engl. *chime, chimb* »Rand eines Fasses«, altengl. *cimbing* »Fuge«. Vielleicht besteht hier Verwandtschaft mit *Kamm* wegen dessen Kerben zwischen den Zähnen, indoeurop. **gembh-* »beißen«, **gebh-* »Kiefer, Mund, essen«, →*kabbeln*. Eine Verbindung zwischen ① und ② könnte über avestisch *zafar-* »Mund, Rachen« und altirisch *gop* »Schnabel, Mund« bestehen. Bis zum 18. Jahrhundert war für *Kiemen* die Bezeichnung *Fischohren* verbreitet.

Johann Heinrich Zedler, Universal-Lexikon (1737): »Er [der Lachs] hat … am Kopfe aber auf iedweder Seite vier Blut-rothe Kiefen oder Fisch-Ohren.«

Johann Christoph Adelung, Grammatisch-Kritisches Wörterbuch (1811): »Kieme … knochenförmige Öffnungen mit kammförmigen Strahlen an dem Kopfe der Fische, welche ihnen anstatt der Lunge zum Athemhohlen dienen, und sehr uneigentlich auch Ohren oder Fischohren genannt werden, da sie doch mit dem Gehöre nichts zu thun haben.«

Kink, der, »Schlinge durch Verdrehung eines Schiffsseiles, Knick in einer Trosse«.

Entlehnt aus gleichbedeut. niederländ. *kink*, daraus entlehnt auch dän., schwed. engl. *kink*. Zu Grunde liegen könnte eine german. Wurzel **kink-* »knicken«. Die Redewendung *sich aus den Kinken bergen* bedeutet »aufpassen«, weil die Gewalt des abrollenden Taus die Beine brechen kann.

Johann Hinrich Röding, Allgemeines Wörterbuch der Marine (1794/96): »Kink, Falten oder Augen, welche neue oder hart gedrehte Taue in sich selbst machen.«

Reinhold Werner, Das Buch von der Deutschen Flotte (1898): »Dann wurde es für jeden Zeit, sich aus den Kinken zu bergen, wie die Matrosen zu sagen pflegen, wenn ihm seine Gliedmaßen lieb waren.«

Woche (1905): »Auf kleinem Raum drängen sich auf dem Segelschiff so viele Sachen zusammen, daß die Fahrt nur glatt vonstatten gehen kann, wenn alle Enden – Taue kennt man an Bord nicht – richtig geschoren (über die Leitrollen geführt) sind, wenn sie auf Deck ohne Kinken (Verschlingungen) aufgeschossen (in runden Haufen sauber zusammengelegt) sind.«

Klabautermann, der, »Schiffsgeist, Kobold«.

Die Figur rumort im Schiff, klopft von außen an schadhafte Planken und zeigt entweder durch Erscheinen oder Verschwinden den Untergang des Schiffes an. Umwandlung von *Kalfatermann*, dem Schiffszimmermann, →*kalfatern*. Die Vorstellung geht auf mittelalterliche Vorlagen von einem Geist im Mastbaum zurück, besonders im Mittelmeer verbreitet; →*Elmsfeuer*.

Heinrich Heine, Reisebilder, Die Nordsee (1826): »Als ich nun fragte: wer der Klabotermann sei? antwortet der Erzähler sehr ernsthaft: Das ist der gute, unsichtbare Schutzpatron der Schiffe.«

Heinrich Smidt, Seegemälde (1828): »Vater Sym begann: Klaubautermann, das ist der Name des Schutzgeistes, der sowohl das Schiff, als auch die Schiffenden, beschützt, und wo er sich an Bord befindet, da darf man nicht befürchten, daß dem Schiffe irgend ein Unheil widerfahre, denn er hält seine schützende Hand über alle.«

Klampe, die, »eine Vorrichtung an Deck, am Mast, am Kai usw. zum Belegen von Tauwerk, meist mit zwei gegenüberliegenden Hörnern«.

Verwandt mit hochdt. *Klammer, Klemme*, mittelhochdt. *klamben* »verklammern«, altnord. *klombr* »Klemme, Schraubstock«.

Wigardus à Winschooten, Seeman (1681): »een strook houts, dat ergens aan vast gespijkert werd, om iets anders daar mede vast te hegten«, »ein Stück Holz, das an etwas angeschlagen wird, um etwas anderes damit festzuheften.«

Hamburgischer Correspondent (28.9.1907, Morgenblatt): »Der Unfall ist darauf zurückzuführen, daß der Mann sich als Ausgucksmann auf eine Verholklampe vorn gesetzt hatte, dort anscheinend eingeschlafen und dadurch über Bord gefallen ist.«

→Baas (1742)

Klampe.

klar, »fertig« (von Schiffen), »durchsichtig« (von der Luft).

Entlehnt aus lat. *clarus* »laut, weithin schallend, hell, klar«, dies auf lat. *calare* »ausrufen, zusammenrufen« zurückgehend.

Johann Georg Aldenburgk, West-Indianische Reiße (1627): »sahen wir in der See ein Schiff, lichteten den Anker widerumb, giengen zu segeln, machten die Stück [Geschütze] klar, bereiteten vns zum fechten, lavirten biß so lang wir erkennen kundten, ob es Freund oder Feind?«; »lag der Hispanischen bestes Gallion … bey der Insul Taberica unklar.«

Joachim Nettelbeck, Eine Lebensbeschreibung (1821): »so meldete sich denn der Licent-Buchhalter, den ich an der Stimme kannte, mit der räthselhaften Nachricht, daß es auf meinem Schiffe unklar sey und ich hurtig zum Rechten sehen möchte.«

Kliff, das, »jäher Abhang, Steilküste aus Gestein, Abbruchkante am Meeresufer«.

Mittelniederdt., -länd. *clif, clef*, altnord *klif*, altengl. *clif*, verwandt mit →*Klippe*.

Wilhelm Raabe, Deutscher Mondschein (1873): »auf Sylt speiste ich … und lief dann geradeaus gen Norden den Strand entlang, manchmal bis zum roten Kliff.«

Klippe, die, »aus dem Meer ragender oder bis unter die Wasseroberfläche reichender Fels«.

Entlehnt aus mittelniederländ. *klippe, clippe*. Verwandt mit →*Kliff*, Herkunft unklar. Es geht wohl auf althochdt. *kleb* »Klebriges, Schlüpfriges« oder »Glattes, Rundes« zurück und dieses vielleicht auf indoeurop. **gel* »(sich) ballen, Gerundetes, Kugeliges«, vielleicht auch auf einen vor-indoeuropäischen Restwortschatz.

Contrafaytung der See-Mappen (1599): »Als es aber zu Mitternacht bey Mondsschein vermeynte am allersichersten zu seyn, fuhre das Schiff auff einen Coralle-Klippen.«

Joseph Stöcklein, Neuer Welt-Bott (1748): »Wir sahen nemlich mit anbrechender Morgen-Röhte gerad von unserer Puppi [→Heck] etwann auf eine Stund in die Ferne das Meer entsetzlich schaumen und aufwallen, welches bey so sanftem Wind und ruhigem Meer ein unfehlbares Zeichen ist einer unter dem Wasser verborgenen Stein-Klippen.«

→Kurs (1431), →Pricke (1717), →Jolle (1850), klippicht →Eiland (1669)

Klipper, der, »schnelles Segelschiff«, im engeren Sinn scharf gebaute große Frachtsegler.

Übernahme aus engl. *clipper*, einem in amerikanischen und australischen Gewässern aufgekommenen Begriff für Schnellsegler, die Mitte des 19. Jahrh. auf einigen englischen und US-Werften gebaut wurden und sich Rekordrennen mit Ladungen von neuem Tee, Wolle oder Guano lieferten. Zugrunde liegt engl. *to clip* »(die See) durchschneiden«. Im 20. Jahrh. erfolgte mit dem Düsenantrieb die Übertragung auf die Luftfahrt. Die Schreibung ist *Clipper* für schnelle Flugzeuge und *Klipper* für Schnellsegler.

Arthur Young, Nautical Dictionary (1846): »This kind of bow is termed a clipper bow, and a vessel so built a clipper«, »diese Art Bug wird Klipper-Bug genannt, und ein so gebautes Schiff ein Klipper.«

Der auf seiner Jungfernfahrt gesunkene Klipper »N. T. Hill«, Gemälde von William P. Stubbs, 1878.

Bernhard von Wüllerstorf-Urbair, Reise der österreichischen Fregatte Novara (1861): »Seitdem man aber nach dem Beispiele der Vereinigten Staaten von Nordamerika Klipper baut, haben in der Construction der Mercantilschiffe Verbesserungen stattgefunden.«

Frankfurter Allgemeine Zeitung (9.1.1985): »Im Kriege verbot die amerikanische Regierung die Ausfuhr von Zeitschriften und Zeitungen nach Übersee, weil sie weiterhin mehr druckten, als die besten Spione erfahren konnten. Und die Lissabonner Außenstelle des deutschen Geheimdienstes kaufte die Toilettenabfälle der ankommenden Transatlantik-Clipper, um wenigstens aus der Reiselektüre der Passagiere zu schöpfen.«

Klippfisch →Kabeljau

Klüse, die, »Öffnung in der Schiffswand« (Deck, Schanzkleid, Reling) zum Durchziehen von Ketten, Tauen oder Trossen.

Mittelniederländ. *kluse* entlehnt aus mittellat. *clusa* »Abgeschlossenes«, vgl. *Klause*, urspr. ein Raum, in dem Ankertaue lagen. Übertragen auch *Klüse* »Auge«: *Klüsen dicht,* »die Augen geschlossen, schlafend«.

Der geöffnete See-Hafen (1702): »Unter dem Gallion befinden sich auch die Klusen, welches an jeglicher Seite zwey in den Bauch des Schiffes gemachte grosse Löcher sind, wodurch die schwere Ancker-Touwe gehen, um die Ancker so wol in das Wasser oder in den Grund fallen zu lassen, als auch wieder zu lichten oder herauszuwinden.«

Paul Gerhard Heims, Im Rauschen der Wogen, im Branden der Flut (1890): »Der Trenton hatte durch das schwere Stampfen den Rudersteven gebrochen und schließlich durch die Ankerklüsen sieben Fuß Wasser in den Heizraum bekommen.«

→Barre (1794)

Klüver, der, »ein Vorsegel«, dreieckiges Segel, das vor der *Fock* gefahren wird.

Im 18. Jahrh. entlehnt aus niederländ. *kluiver*, dies zu niederländ. *kluif* »Klaue«, mittelniederländ. *clieven*, altsächs. *klioban*, altengl. *cléofan*, altnord. *kljufa* »spalten«, verwandt mit lat. *glubere* »entrinden, ein Tier abdecken«, übertragen: »berauben, ausplündern« und griech. *glyphein* »aushöhlen, gravieren«. Zugrunde liegt indoeurop. **gleub(h)-* »spalten, trennen«. Über das nur noch regional verbreitete Verb *klieben* »spalten« besteht Verwandtschaft mit hochdt. *klauben*, *Kloben*. Der Begriff wurde in den Niederlanden wohl nach der Gabelform des gleichnamigen Leitrings, an dem das Segel fährt, gewählt; *klauw* »Klaue« dort dialektal auch als Leitring an der →*Gaffel.*

Der wohl instruirte Schiffer (1732): »Ein Klüfer- oder Auslieger-Seegel.«

Friedrich Gerstäcker, Reise um die Welt (1847): »Bleede sprang von seinem Sitz auf, warf einen flüchtigen Blick über den Horizont und schritt dann zur Ankerwinde, dort durch Hülfe der da befestigten Taue, den Klüver einzuziehen.«

Knoten, der, nautisch: »Einheit für die Geschwindigkeit von Seefahrzeugen« (1 kn = 1 sm/h = 1,852 km/h), allgemein: »Verknüpfung von Tauen«.

Entlehnt aus neuengl. *knot* »Knoten«, zu altengl. *cnotta* »Verdickung«, altengl. *cnyttan,* verwandt ist neuengl. *to knit* »stricken«. Hochdt. *Knoten*, mittelhochdt. *knote* »Verknüpfung, Verdickung« geht zurück auf althochdt. *knodo, knoto* »geflochtener Riemen«. Verwandt mit *Knüttel*, *Knödel, Knute.* Herkunft unklar: entweder ① aus einer Wortgruppe, die verdickte, gedrückte Gegenstände bezeichnet, mit *kn-* beginnt (z. B. *Knolle*) und in indoeurop. **gneut-*, **gen-* »zusammendrücken, Geballtes« wurzelt (daraus z. B. *knutschen, Knopf, Knorren, Knust* »Ende eines Brotes«), oder zurückgehend auf ② indoeurop. **genu-* »Knie« wie griech. *góny* »Knie, Gelenk, Knoten« (verwandt sind *knobeln, Knochen, Knöchel*). Die nautische Einheit geht auf Knoten (→*Stek*) oder andere Markierungen in der Logleine (→*Log*) zur Messung der Schiffsgeschwindigkeit zurück. Dazu rollt die mit dem Logscheit beschwerte Logleine ins Wasser ab; maßgeblich sind die nach einem bestimmten Zeitabstand gezählten Knoten: »Dann muß man observiren, wie viel Knoten kommen, während daß das Sand-Uhr lauffet.« (C. B. A., *Fortsetzung Des geöffneten See-Hafen*, 1715) In Deutschland waren 6,84 Meter zwischen den Knoten und ein 14-Sekunden-Glas üblich. Vom »Laufen« der Logleine bzw. der Uhr stammt der Ausdruck »das Schiff läuft so und so viel Knoten«.

Heinrich Brarens, System der praktischen Schifferkunde (1807): »Der aus dem mexikanischen Meerbusen herkommende, etwa zehn Meilen breite, warme Golfstrohm, welcher beständig, ja bisweilen mit einem Gange zu 5, ja sogar 6 Knoten nach Nordosten fließt.«

Albert Berg, Die preußische Expedition nach Ost-Asien (1864): »Die Fregatte lief jetzt unter vollen Segeln vor dem Winde mit einer Fahrt von 12 Knoten.«

→spleißen (1702), →Palstek, →Stek (1794/96), →Golf (1807)

Kogge, die, »einmastiger bauchiger Handelssegler« des 12. bis 14. Jahrh. mit mehrstöckigen Aufbauten auf Bug und Heck; Handels- und Kriegsschiff der Hanse, erstes Fahrzeug mit Steuerruder am Heck.

Althochdt. *kocko* »Schiff zum Heringsfang« ist entlehnt aus altfranzös. *coque* »Schiff«, spätlat. *caudica* »Boot«, lat. *caudex* »aus Baumstämmen gemachter Kahn«, als »abgeschlagener Baum« zu lat. *cudere* »schlagen, bearbeiten«. Zugrunde liegt indoeurop. **kau-, *kow-* »hauen, schlagen«. *Hauen* ist verwandt. Die hochdt. Form *kocko* wird im 13.–15. Jahrh. von der mittelniederländ. und mittelniederdt. Form *kogge* und der Bedeutung »Handelsschiff« verdrängt. Die gelegentlich behauptete Wortverwandtschaft von *Kogge* und *Kugel* ist unwahrscheinlich.

Sendschreiben Hamburgs an die Preußischen Städte wegen des Kampfes gegen die Vitalienbrüder (1408): Eine Streitmacht habe vergeblich die Vitalienbrüder verfolgt »mit twen koggen unde mit 3 cleynen schepen, ghemannet mit 300 werachtigen, umbe desulven vitaliebruder to vorvolgende«, »mit zwei Koggen und mit drei kleinen Schiffen, bemannt mit 300 Wehrmännern, um ebendiese Vitalienbrüder zu verfolgen.«

Koje, die, »schmale Schlafstätte oder -kammer an Bord«.

Niederländ. *kooi*, niederdt. *Koje* (auch *Kaue* »Kleider- und Waschkabine«) gehen zurück auf mittelniederl. *cooye*, mittelniederdt. *koje* »enger Verschlag, Stall«, entlehnt aus lat. *cavea* »Höhlung, Behältnis, Käfig«, zu lat. *cavus* »hohl, nach innen gewölbt, konkav«. *Käfig, Kaverne, konkav* sind verwandt, aber nicht →*Kajüte*. In der Neuzeit bedeutete die *Koje* zunächst oft eine →*Hängematte*, später ein hochklappbares, dann ein fest eingebautes Bett.

Jürgen Andersen, Orientalische Reise-Beschreibungen (1669): »Andere Maurische Kauffleute, die auch gerne gemachlich liegen wolten, mieteten von den Botsleuten ihre Kojen umb 20, 30 und mehr Thaler.«

Johann Gottfried Manski, Leben, Reisen und Schicksale (1803): »Das was auf der Koye des Verstorbenen gefunden wird, erbt der Aufwärter oder Aufpasser, wie er eigentlich genannt wird.«

Adelbert von Chamisso, Reise um die Welt mit der Romanzoffischen Entdeckungs-Expedition (1836): »In jeglicher Seitenwand der Kajüte sind zwei Koyen befindlich, zu Schlafstellen eingerichtete Wandschränke, beiläufig sechs Fuß lang und dritthalb breit.«

→Hängematte (1794/96), →Wache (1803), →Sturm (1908)

Kollision, die, »Zusammenstoß von Schiffen, eines Schiffes mit einer Hafenmauer«.

Mit engl. *collision* aus lat. *collisio* »Zusammenstoß«, dt. und engl. in nautischer Bedeutung erst seit etwa 1850, in England zunächst als Amerikanismus geltend, vielleicht Übertragung von Zug- auf Schiffskollisionen. Von lat. *col-* »zusammen« und *laedere* »verletzen, beschädigen«.

Wilhelm Ullrich, Sammlung von seerechtlichen Erkenntnissen (1861): »Die Gas-Compagnie bestritt die Competenz der hamburgischen Gerichte und die Anwendbarkeit des hamburgischen Rechts, weil die Luna zur Zeit der Collision auf der Fahrt nach London sich befunden habe.«

Hamburgischer Correspondent (18.3.1908, Abendblatt): »Es wurde nun ein Boot ausgesetzt, nach dem Gegendampfer hingefahren und festgestellt, daß es der englische Dampfer Cresswell war, mit dem wir kollidiert hatten.«

→Pier (1907)

Kombüse, die, »Schiffsküche«.

Niederländ. *kombuis*, mittelniederdt. *kabus*, mittelniederländ. *cabuse* »Vorratskammer«. Das Wort scheint aus dem Niederdt. zu stammen und als niederländ. Schifffahrtsausdruck verbreitet worden zu sein; die Kombüse konnte ein beweglicher Herd an Deck oder ein fester Raum im Schiffsinnern sein. Herkunft unklar, vielleicht Bildung mit niederdt. *hūs* »Haus« wegen niederdt. *kabuus* »Kerngehäuse im Obst«. Küchenchef: →*Smutje*; Kombüse auf einer Yacht: →*Pantry*. Eng verwandt ist *Kabüse* »Bretterverschlag, abgetrennter Raum, Schlafstelle«, *Kabäuschen* »kleiner Raum«, auch *Kabuff* »kleiner, schlechter Raum«.

Johann Georg Aldenburgk, West-Indianische Reiße (1627): »Die Matroosen musten die Tonnen auß den Schiffen an das Land, dieselben wider mit Wasser zu versehen bringen, vnd Holtz auff den Schiffen in der combuis oder Küchen zu brennen, abhawen.«

Cornelis Gijsberts Zorgdrager, Alte und neue Grönländische Fischerei und Wallfischfang (1723): »Den 21sten September war es so grimmig kalt, daß sie die Combüse oder Schiffs-Küche unten in den Raum machen mußten.«

Albert Berg, Die preußische Expedition nach Ost-Asien (1864): »hinter dem Fockmast steht die Kambüse, wo der Koch und seine Gehülfen walten.«

Kommandant, der, »Kapitän eines Marineschiffes oder -bootes«.

Entlehnt aus französ. *commandante*, altprovenzal. *comandador*, italien. *commandante*, zu lat. *commendare* »anvertrauen, befehlen«, gleichbedeut. *mandare* aus *manum dare* »in die Hand legen«. Die enge Bedeutung eines milit. Befehlshabers ist erst für das 17. Jahrh. nachweisbar. Die Bezeichnung *Kommandeur* ist nicht immer militärisch.

Johann Friedrich Schütze, Holsteinisches Idiotikon (1801): »Komdür, Kommandeur, Befehlshaber eines Schiffes. He is min Komdür: Ich diene unter ihm als Matrose. Komdüren: zu Schiff befehlen.«

Kommandeur →Heuer (1835), Kommandierender →Brücke (1864), Kommandant →Brecher (1890)

Kommodore, der, Funktionsbezeichnung oder Dienstgrad: ① »Befehlshaber eines

Schiffsverbandes«, ② »Kapitän im niedrigsten Admiralsrang«, ③ »Geschwaderführer der Marineflieger«, ④»ältester Kapitän einer Reederei«.

Entlehnung aus neuengl. *commodore*, dies entlehnt aus niederländ. *kommandeur*, mittelniederländ. *commandeur, commandoor*, das wiederum auf französ. *commandeur* und span. *comendador* zurückgeht. Ausgangswort ist lat. *commendare* »anvertrauen, befehlen«. →*Kommandant*

Frühester gedruckter Nachweis in der London Gazette (1695): »The commandore joyned them with above 500 sea-men.« »Der Kommodore kam mit über 500 Seemännern hinzu.«

Kompass, der, »Messgerät zum Bestimmen der Himmelsrichtung«, meist mittels Mag-netnadel, modern auch als *Kreiselkompass*. Entlehnt aus italien. *compasso* »Zirkel«, von italien. *compassare* »rundherum abschreiten« wegen der Bewegung der Mag-netnadel, zu lat. *passus* »Schritt«.

Früher Nachweis des Instruments in Europa bei Alexander Neckham, De naturis rerum (1187): »They also have a needle placed upon … a dart, and it is turned and whirled round till the point of the needle looks north-east«, »Sie haben auch eine Nadel, die auf einem Pfeil steckt, und sie wird gewendet und herumgedreht, bis die Nadelspitze nach Nordosten schaut.«

Frühe dt. Verwendung des Wortes in Wallfart zu dem hailigen Grab, Handschrift von Konrad Grünemberg (1487): »… der pillot, der ist der weg furer nach ainem stern oder comppas, den er stäts an sicht [ansieht].«

Kompass im maritimen Gebrauch von Arabern, im Mittelmeerraum und bei Skandinaviern nicht vor ca. 1100 belegt. Theorien der Übernahme von den Chinesen, die die Magnetwirkung lange kannten, sind trotz ihrer großen Popularität unbewiesen.

→Nautik (1522), →Tau (1730), →Sextant (1856)

Konterbande, die, ① »Schmuggel oder Schleichhandel«, ② »Schmuggelware«, im Seerecht »zu Kriegszwecken beförderte Güter auf Schiffen neutraler Staaten«.

Ende des 15. Jahrh. entlehnt *Kontrebando* aus italien. *contrabando* »Schmuggel«, aus *contra* »gegen« und *bando* »Erlass« im Sinne von »gegen die Bekanntmachung« bzw. »Waren, deren Einfuhr verboten ist«. Anfang des 17. Jahrh. neu entlehnt aus französ. *contrebande*, aus dem die dt. Schreibung entsteht. – Eingedeutscht und veraltet: *Bannware*.

Hans Keller, Reiserechenbuch (1489): »der mit mir des nachts vffstund vnd mir half den contrabando zu machen.«

Johann Heinrich Zedler, Universal-Lexikon (1733): »Contrabande Waaren, Marchandises de contrabande, sind solche Waaren, welche in einem Lande aus- oder einzuführen verboten, entweder weil sie das Land selbst in Quantität hat, und also selbe Zufuhr nicht leiden will, damit die Einwohner nicht mit ihren Waaren und Manufacturen sitzen bleiben, und Fremde hingegen das Geld dafür aus dem Lande ziehen; oder damit nicht die Feinde, besonders in Kriegs-Zeiten, durch deren Zufuhr gestärcket werden … Also ist in Schweden die Ausfuhr des Getraydes, derer Bock-Felle, weil die Soldaten solche zur Kleidung selbst nöthig haben, des … Theeres, Mast-Bäume, eichener Plancken, eiserner Stücken [Kanonen] und dergleichen Geräthschaften vielfältig verboten worden, damit nicht des Königs Flotte oder Magazins selbst Gebrech leiden, auch etwan andere, und sonderlich des Reichs Feinde dadurch möchten gestärcket werden. Hiervon kömmet nun, daß in den meisten Friedens- und Commercien-Tractaten besondere Articul, welche die für contraband erklärte Waaren specificiren, zu finden sind.«

Kontinent, der, »Erdteil«, »europäisches Festland«.

In vielen europ. Sprachen, dt. seit dem 15./16. Jahrh. nachgewiesen, zurückzuführen auf lat. *terra continens* »zusammenhängendes Land«, *continere* »zusammenhalten«. Nautisch hält sich lange die Bezeichnung *festes Land*, →*Festland*.

Matthias Quadt, Enchiridion cosmographicvm (1599): »Continens oder Continuum bedeut das gross vnnd feste landt.«

Paul Ludolph Berckenmeyer, Geografische Fragen (1737): »Continens, Terra Firma, Festes Land, ist dasjenige, welches keine Insul ist.«

→Rossbreiten (1777), →Schelf (1892, 1967)

Konvoi, der, »Geleitzug, Schiffsverband zur gemeinsamen Durchführung einer Fahrt«.

Entlehnt aus französ. *convoi* »Geleit« zu *convoyer* »geleiten«, dies zu spätlat. **con-viare* aus *con-* »zusammen« und *via* »Weg«. Der maritime Gebrauch des Wortes begann, entlehnt aus dem Französ., in England als *convoy* »Kriegsschiffe, die Handelsschiffe begleiten und schützen«. Im 18. Jahrh. geht die Bedeutung auf den ganzen Geleitzug über.

Früher Beleg bei Henry Blount, A Voyage into the Levant (1636): »Galleys … to be our Convoy against Pyracy«, »Galeonen, die unser Geleit gegen Piraterie sein sollen.«

William Dampier, Reisen nach den Südlichen Ländern, Neu-Holland (1707): »man giebet auch unsern Barquen und anderen Schiffen … meistentheils immer ein Kriegs-Schiff zur Convoy mitte.«

Heinrich Smidt, Deutsche Schiffe und dänische Kaper (1864): »Viele Kauffahrer verstanden nicht im Convoy zu segeln.«

Koralle, die, »der Klasse der Nesseltiere angehörendes Meerestier mit kalkhaltigem Skelett«, Tier, aus dem Korallenriffe und -bänke entstehen, im engeren Sinn die *rote Edelkoralle* Corallium rubrum.

Mittelhochdt. *koral* ist entlehnt aus altfranzös. *coral*, lat. *corallium*, griech. *korallion*. Herkunft unklar, vielleicht Zusammenhang mit griech. *kórē halós* »Tochter des Meeres« nach einer indischen Vorlage, oder mit hebr. *gorāl* »kleiner Stein«. Dt. gelegentlich *Meerstein*.

Albrecht Dürer, Tagebuch (1520): »… der herr Lazarus von Rafenspurg hat mir für die 3 bücher, die ich im geschenkt habe, wieder geschenckt … ein weiß corelln.«

Johann Heinrich Zedler, Universal-Lexikon (1733): »Corallen … sind steinigte, harte Zweige, von unterschiedlichen Farben, welche im Grunde des Meeres, wie kleine Bäumlein, offt etliche Schuhe hoch in die Höhe wachsen … Das Wort Corallum, und Corallus kommt von kórihálòs, … ein See-Rüthlein, weil die Corallen in der See kleine Aestlein oder Rüthlein zu treiben pflegen.«

Johann Christoph Adelung, Grammatisch-Kritisches Wörterbuch (1811): »Die Koralle … eine steinartige ästige Masse in Gestalt eines Baumes, welche auf dem Grunde des Meeres angetroffen wird, und von kleinen Würmern herrühret, welche selbige als ihre Wohnung bauen.«

Korallenklippe →Klippe (1599), Koralleninsel →Atoll (1619)

Korb, der, »geschützte Plattform als Ausguck am Vordermast, Mastkorb«, →*Krähennest*.

Mittelhochdt. *korp*, althochdt. *korb*. Das Wort war zunächst in Süddeutschland verbreitet und ist wohl direkt aus dem Mittelmeerraum entlehnt, letztlich aus lat. *corbis* »Korb«, eigentlich »Geflochtenes«, von indoeurop. **ger-* »drehen, krümmen, winden«, woraus die Bedeutung »flechten« entstand. Dem erweiterten indoeurop. **ge-rei-b-* liegt vielleicht althochdt. *ref* »Gestell zum Tragen auf dem Rücken« zugrunde, auch in mittelengl. *rip* »Fischkorb«, →*reffen*. Über lat. *curvus* »krumm, gebogen« sind *Kurve*, *Kurbel* verwandt. Abgeleitet sind »Korb« als Bezeichnung für eine geflochtene Reuse und als Maßeinheit der Hochseefischerei (etwa 1 Zentner Fische). Verwandt mit →*Korvette*. Das im niederdt. Sprachgebiet für *Korb* verbreitete →*Mars* ist heute umgangssprachlich ausgestorben.

Hans Georg Ernstinger, Raisbuch (um 1600): »... hinauf in den corb zu höchst des schiffs gestiegen, von dannen man etlich meil in das meer hinein sehen khan.«

Frantz Ferdinand von Troilo, Orientalische Reise-Beschreibung (1717): »Der Capitain ließ im Korbe auf dem Mast-Baum mit dem Perspektiv fleißige Wach halten.«

→Mars (1598/1601), →Matrose (1813), →Krähennest (1891), Fischkorb →Reuse (1543)

Korsar, ① »allg. Seeräuber, Freibeuter, besonders an der Küste Nordafrikas«, auch sein Schiff; ② »Zweimannjolle mit Trapez und Spinnaker«.

Entlehnt aus italien. *corsaro* »Seeräuber«, mittellat. *cursarius* »Seeräuber«, auch »Schnellsegler« (Schiff), von lat. *cursus* »Fahrt, Wettlauf« und *currere* »laufen, rennen«, aus indoeurop. **kers-* »laufen«. Verwandt ist →*Kurs*. Das rote Krummschwert auf den Segeln der Jollenklasse nimmt das Seeräubermotiv auf.

Dietrich von Schachten, in: Reinhart Röhricht, Deutsche Pilgerreisen nach dem Heiligen Lande (Quelle von 1491): »Alss wir vor ausfuhrenn, sahenn wir etliche Kursari, das siendt Meer-Räuber, auff dem Meer hienn undt her, doch sie thättenn unss nichtt.«

Die Reisen des Samuel Kiechel (um 1600): »es wahren wol 2 malteser frigatta do, aber es sein Cursari, wölche hiniber in Barbaria streiffenn, oder wo süe wüssen, ein beütt zu krüegen.«

Michael Heberer, Aegyptiaca Servitus (1610): »Als wir nun des Morgens früh im Tunckeln hat an der Insell herfuhren, sahe die Vorwacht ... etwas niedrige Felsen im Meer ligen und vermeinten es weren Christliche Seeräuber oder Coursaire.«

Korvette, die, »ein kleines schnelles dreimastiges Kriegsschiff mit geringem Tiefgang«.

Entlehnt von französ. *corvette* »schnelles Schiff«, *corve* »Fangschiff«, wohl aus niederländ. *corver* »Heringfangschiff«, von *korf* »→*Korb*« vielleicht nach den Körben, in denen der Fang gelagert und gemessen wurde. Lat. *corbita* »langsames Transport- oder Lastschiff«, das mit einem Mastkorb versehen war, heißt urspr. *navis corbita*, ist also nur über *corbis* »Korb« verwandt. Die zivile Verwendung des Schiffs ist ab der 2. Hälfte des 15. Jahrh. belegt, die militärische erst ab etwa 1800 in Frankreich, seit dem 19. Jahrh. in Deutschland. Korvetten sind heute zwischen *Schnellboot* und →*Fregatte* klassifiziert.

Johann Wolfgang von Goethe, Italienische Reise (1787): »Donnerstag den 29. geh' ich mit der Corvette, die ich, des Seewesens unkundig, in meinem vorigen Briefe zum Rang einer Fregatte erhob, endlich nach Palermo.«

Dietrich Wilhelm Soltau, Beyträge zur Berichtigung des Adelungschen ... Wörterbuchs (1806): »Corvette, bei den Franzosen dreimastiges Kriegsschiff, welches wie eine Fregatte gebaut aber kleiner und leichter ist und nicht über 20 Kanonen führt.«

Krabbe, die, »ein Zehnfußkrebs«, namengebend vielleicht die essbare *Nordsee-Strandkrabbe* Carcinus maenas; **Krabben** allg. »zehnfüßige Krebse«, Unterordnung Brachyura.

Nur im germanischen Sprachgebiet belegt; mittelniederdt. *krabbe*, mittelniederl. *crabbe*, altnord. *krabbi*, altengl. *crabba*. Herkunft unklar, entweder ① wie →*Krebs*, *krabbeln* von indoeurop. **gerb-* »ritzen, kratzen, krabbeln« oder ② von lat. *carabus* »eine Art langgeschwänzter Meerkrebs«, entlehnt aus griech. *karabos* »stacheliger Meerkrebs«, aus unbekannter Sprache übernommen; sehr unsicher ist eine Beziehung zu indoeurop. **kar-* »hart« und eine Verwandtschaft mit →*Garnele*. Lat. *carabus*, griech. *karabos* tragen beide die zweite Bedeutung »kleines Schiff«, vielleicht als »geflochtenes Schiff« übernommen von ähnlich klingendem lat. *corbis* »→*Korb*«, weitläufig verwandt mit →*Karavelle*. *Krabben pulen*, an der Küste »Krabben aus ihrer Schale herausholen«, allgem. »Dinge aus etwas herausschälen«, im 18. Jahrh. aus mittelniederdt. *pūlen*, -niederländ. *pul(l)en* »schälen« zu mittelniederdt. *pūle* »Schale, Hülse«. Herkunft unklar, vielleicht verwandt mit *pellen*; wegen des langen Vokals wohl keine Verwandtschaft mit engl. *pull*, altengl. *pullian* »ziehen«, urspr. »(ab-)pflücken« →*pullen*. Das Wort ist aus der Landwirtschaft in den Wortschatz der Fischer übergegangen. Zu den Krabben gehören Taschenkrebse und Tiefseekrabben; einige Arten, →*Garnelen*, werden im Handel »Krabben« genannt.

Aristoteles, Tierkunde (vor 335 v. Chr.): »Die Krabben paaren sich mit den Vorderseiten, wobei sie die faltige Hülle übereinander legen. Zuerst steigt die kleinere Krabbe von hinten auf. Ist diese oben, dreht sich die größere auf die Seite. … Aber es ist nicht so, dass ein Tier in das andere einen Teil einführte.«

Johann Heinrich Zedler, Universal-Lexikon (1737): »Krabbe, Pagurus, ist ein Geschlecht der See-Krebse, eines Schuhes lang, und breiter als lang … Dieser Fisch ist mit einer sehr starcken Schaale bedecket, welche dichte, röthlicht oder gelblicht ist.«

Im Krähennest, Zeitschriftenillustration, 1875.

Krähennest, das, »geschützter Ausguckposten auf dem Vordermast«.
Im 19. Jahrh. mit niederländ. *kraaiennest* dem engl. *crow's nest* entlehnt. Dt. *Krähe* geht auf althochdt. *kra* »Krächzvogel« zurück, engl. *crow* auf altengl. *crawe*. Beides ist lautmalerisch gebildet, mit *krächzen* und *krachen* verwandt und geht mit den Krächz- und Lärmvögeln, lat. *graculus Dohle*, litauisch *garnys* »Reiher, Storch«, russ. *žurávl'* »Kranich« sowie mit altind. *gárjati* »brüllt« zurück auf die verwandten indoeurop. Schallwurzeln **ger-/*gra-* »heiser schreien«. Althochdt. und altengl. *nest* stammen ab von indoeurop. **nizdom* »Ort des Niedersitzens«, von *ni* »nieder« und **sed* »sitzen«. Engl. *crow's nest* war Anfang des 17. Jahrh. ein befestigter Platz auf einer Höhe, im 19. Jahrh. auf Grönland- und Walfahrt oft ein Fass am Mastkopf zum Erspähen von Walen oder eisfreien Flächen, so der früheste Beleg von 1818. Die genaue Bedeutung bleibt unklar, vielleicht vom Krächzen der Krähen, wenn sie sich in sicherer Höhe auf einem Ast niedergelassen haben. In der Livländ. Reimchronik aus dem 13. Jahrh. ist mittelhochdt. *kreiennest* eine »belagerte Burg«.

Ernst Constantin, Im Zauberlande (1891): »Auf dem Isbjörn wurde stets eine Wache von zwei Mann gelassen, die wechselweise vom Mastkorb, Krähennest genannt, auf das Eis und seine Veränderungen beobachten mußten.«

Julius Payer, Die Österreichisch-Ungarische Nordpol-Expedition (1876): »Um den Horizont möglichst zu erweitern, befestigte man bisher ein Faß, das Krähennest, an die Spitze des Vordermastes, in welchem sich unausgesetzt ein wachhabender Officier befindet und von wo aus alle Operationen des Schiffs geleitet werden.«

Krake, der, »Oktopode«, achtarmiger Kopffüßer.

Entlehnt aus der norw. und dän. Volksüberlieferung *krake* »Tintenfisch, →*Polyp*«, aus norw. *krake* »verkrüppeltes Tier«; verwandt mit altnord. *krokr* »Haken, Bogen«, altengl. *crycc*, althochdt. *krucka* »Krücke, Stab mit Krümmung«. Die Herkunft ist unklar. Die Bezeichnung wurde 1815 durch den Biologen Lorenz Oken auf die achtarmigen Kopffüßer übertragen. Im Unterschied zu den

Gemeiner Krake *(Octopus vulgaris)*. Brehms Tierleben, 1887.

Oktopoden sind die *Dekapoden* (mit Tintenfischen, →*Kalmar*) zehnfüßig. Ein Mythos der Seefahrt ist der *Riesenkrake*, der, wenn er mit Architheutis dux identisch ist, bis zu 22 Meter (einschl. Tentakeln) lang werden kann und kein Krake, sondern ein zehnarmiger *Riesenkalmar* ist.

Detlev von Liliencron, Trutz, blanke Hans (1882): »Und wie sie drohend die Fäuste ballen, zieht leis aus dem Schlamm der Krake die Krallen.«

Jacob Wassermann, Laudin und die Seinen (1925): »Doch in der Richtung, in der der ungeheure, in Achterschleifen gewundene Zug schwamm, war ein riesiges, offenes Maul, der Rachen einer Krake.«

krängen, überkrängen, »sich seitwärts neigen« (von Schiffen und Booten).

Niederdt. *krängen, krengen,* niederländ. *krengen* »beugen, wenden, drehen«, engl. *to cringe* »kauern, sich unterwerfen, einziehen«, altengl. *cringan, crincan* »fallen« geht mit altnord. *krangr* »hinfällig«, althochdt. *krankalon* »straucheln, wanken« auf german. **krangjan* »kehren« zurück. Zugrunde liegt indoeurop. **ger-* »drehen, winden«. Verwandt sind →*Korb, krank*, nicht *Kran*. Im Unterschied zur kurzzeitigen Krängung heißt eine dauerhaftere Neigung infolge falscher Beladung, Wassereinbruch usw. →*Schlagseite*

August Mey, Bilder aus dem Hamburger Hafen (1899): »Der Vice eilt an Deck und sieht den Prince of Wales unfern vom Lande, schräg nach der Backbordseite übergekrenkt, liegen.«

Hamburgischer Correspondent (3.5.1909, Abendblatt): »Lusitania hat sich infolge des eingetretenen Sciroccowetters bis auf 40 Grad übergekrängt und arbeitete wegen des starken Seegangs heftig auf der Untiefe.«

Absichtliches Krängen eines Schiffes am Liegeplatz erlaubt das Abdichten der Planken auf der Außenseite, gelegentlich auch ohne Entladung; Hamburgischer Correspondent (13.5.1909, Abendblatt): »Man hofft die offenen Säume, ohne zu löschen, mittels Krängen des Schiffes kalfatern zu können.«

→Tau (1627)

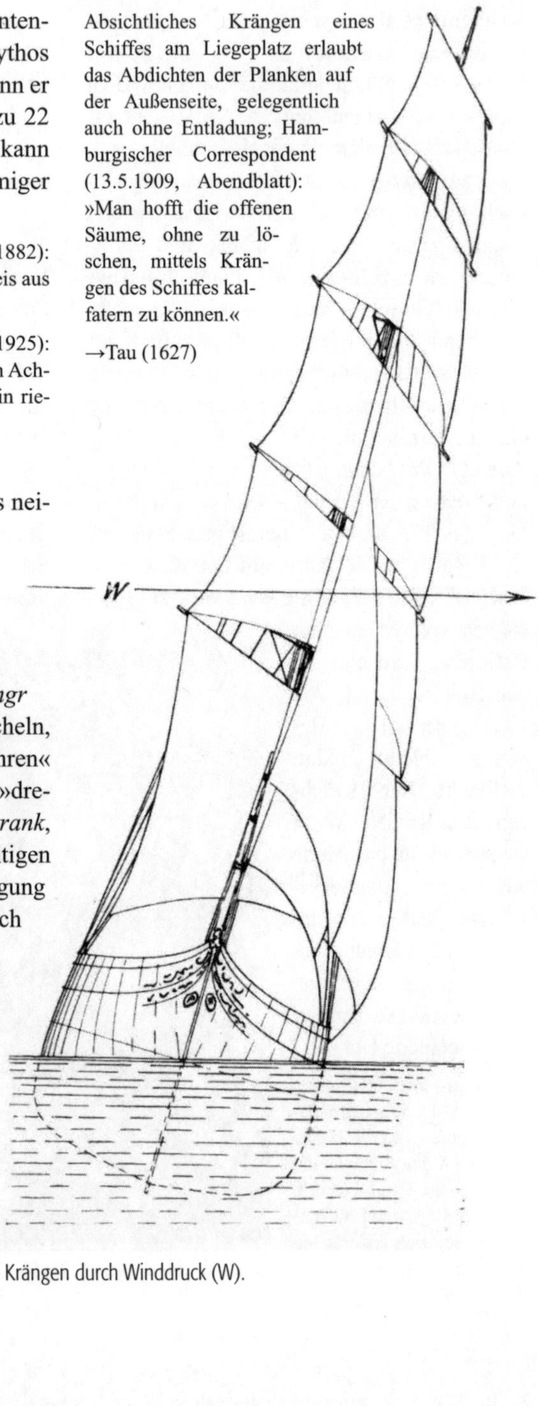

Krängen durch Winddruck (W).

Kraweel, kraweel →Karavelle

Krebs, der, »Angehöriger der großen Gruppe der Gliederfüßer«, Unterstamm Crustacea, mit →*Krabbe*, →*Garnele*, →*Hummer*, →*Languste* und →*Shrimps*.

Taschenkrebs *(Cancer pagurus)*.

Die Wortgruppe ist nur im Deutschen und Niederländischen bekannt, althochdt. *krebaz*, altsächs. *crevit*, mittelniederländ. *crevet*, niederländ. *kreeft*. Eine Verwandtschaft mit →*Krabbe* ist unklar. Die Übertragung auf die gleichnamige Krankheit ist schon für das Spätmittelalter belegt, weil Geschwüre die Farbe gesottener Krebse hatten. Französ. *crevette* »kleiner Krebs« geht vielleicht als parodistisch-feminine Form zu *crevé* »junger Lebemann«, dies aus *chèvre* »Ziege, Böckchen«, auf eine Übertragung im lukullischen Bohème-Milieu um 1900 in Paris zurück; ähnlich *Langoustine* und →*Languste*.

Johann Heinrich Zedler, Universal-Lexikon (1737): »Krebs ... ist ein Wasser-Geschöpffe so unter die ... Schahlen-Fische gehöret ... In dem grossen Meer gibt es nicht nur Krebse, denen Fluß-Krebsen in allen gleich / ohne daß sie ungleich grösser sind / sondern auch allerhand Gattungen derselben von verschiedenen Gestalten.«

Johann Christoph Adelung, Grammatisch-Kritisches Wörterbuch (1811): »Der Krebs ... Eigentlich, ein ungeflügeltes mit einer schwärzlichen Schale bedecktes Wasser-Insect, mit acht Füßen, zwey Scheren, zwey beweglichen Augen auf einem Stiele und einem gelenkigen unbewaffneten Schwanze; Cancer. Zu diesem Geschlechte gehören die Humber, welche die größte Art der Krebse sind.«

→Garnele (1561), →Hummer (1735), →Krabbe (1737), →Garnele (1900), Wendekreis des Krebses →Linie (1726, 1744)

kreuzen, ① »im Zickzack gegen den Wind segeln«, ② »Hin- und Herfahren«, um verschiedene Ziele zu erreichen.

Wie engl. *to cruise* entlehnt aus niederl. *kruisen* »kreuzen«, ähnlich französ. *croiser*, span. *cruzar*, entlehnt aus lat. *crux* »Kreuz«.

Kreuzer, der, ursprünglich »Kriegsschiff zum Kreuzen vor Küsten«, ab 19. Jahrh. schnelles Kriegsschiff mit unterschiedl. Funktionen.

Johann Georg Aldenburgk, West-Indianische Reiße (1627): »Deß andern Tages liessen sich die vnserigen widerumb für den Mund der Bahje [vor der Zufahrt zur Bai] sehen, lavireten vnd creutzeten hin vnd her, die Hispanischen wollen sich dennoch nicht herauß begeben.«

Gottlieb Reinicke, Schiffsjungendienst (1907): »das Wiedersichtbarwerden von Leuchttürmen oder anderen Landmarken, die man vorher weit zu luvwärts gesehen hatte und die nun weit nach Lee gerückt erscheinen, bringt den Jungen allmählich den Begriff des Aufkreuzens, d.h. gegen den Wind vorwärtsarbeitens bei.«

Kugelfisch, der, »Speisefisch in Japan«.

Der japan. Fischname **Fugu** (von jap. *fuku* »anschwellen«, die Schriftzeichen bedeuten

Steil- und Flachküsten, Saunders Island vor Nordwestgrönland, um 1900.

auch »Glück«) ist eine Sammelbezeichnung; *Fugus* stellen die bekanntesten Vertreter der *Kugelfische* (Tetraodontidae), die sich bei Gefahr mithilfe von Wasser zu einem Mehrfachen ihrer Körpergröße aufblasen können. Viele Körperteile der Kugelfische sind giftig, ihre Einfuhr nach Deutschland und die Zubereitung hier sind verboten. In Japan sind Fugu-Köche besonders ausgebildet und lizensiert.

Nach der Online-Enzyklopädie Wikipedia: In die bundesweit erste rot-grüne Koalitionsvereinbarung von 1985 in Hessen wurde in einer nächtlichen Verhandlungsrunde auf Wunsch der Grünen ein Passus aufgenommen, der den Beitritt Hessens zum Shanghaier Kugelfisch-Abkommen vorsah. Der Grund: Der Kugelfisch dürfe nur von besonders geschulten Köchen zubereitet werden, die aber meistens aus Asien stammten und immer nur befristete Aufenthaltsgenehmigungen erhielten. Dies führe zu Problemen in den Restaurants, die Kugelfisch als Spezialität anboten. Das Shanghaier Kugelfisch-Abkommen sorge für Abhilfe, indem es für die Köche Aufenthaltssonderregelungen vorsehe. Es war allerdings eine freie Erfindung der Grünen. Gleichwohl bemerkten zunächst weder die SPD-Vertreter noch die zur Prüfung berufenen Juristen oder die Medien den Scherz, sodass er Eingang in die förmliche Koalitionsvereinbarung fand.

Kurs, der, »Bewegungsrichtung eines Schiffes«.

Entlehnt zu mittelniederdt. *kors*, niederländ. *koers,* engl. *course* aus mittelfranzös. *cours*, altfranzös. *cors* »Seereise«, dies aus lat. *cursus* »Lauf« und *currere* »laufen, rennen«. Zugrunde liegt indoeurop. **kers-* »laufen«. Verwandt sind →*Korsar*, *Kurier*, mittelhochdt. *hurren* »sich schnell bewegen«, engl. *to hurry* »eilen«.

Brief des Hauptmanns von Wisborg (1431): »Darunder vormisseden se eres koars unde segelden upp ene blynde klippe«, »Unterdessen vermissten sie ihren [rechten] Kurs und segelten auf eine unsichtbare Klippe.«

Adam Olearius, Beschreibung Der Kundbaren Reyse Nach Muscow und Persien (1663): »Mit solchem jetzt erwehnten harten Winde, weil wir unsern rechten Lauff oder Cours (wie es die Schiffer nennen) halten kunten, seynd wir selbige Nacht 15 Meilen fortgestrichen.«

→hissen (1548), →Kalmen (1669), →Eiland (1720)

Küste, die, »Meerufer, Zone der Berührungslinie von Land und Meer«.

Entlehnt aus niederl. *kust*, mittelniederländ. *coste* »Küste«, mittel- und altfranz. *coste* »Rippe, Seite, Abhang, Flanke«, lat. *costa* »Rippe«. Daher verwandt mit *Kotelett*. In Deutschland ist seit dem 15. Jahrh., in Frankreich seit 1502 *côte* als »Küste« belegt, dem zuvor oft ein von der Rippe unterscheidendes *See-* vorangestellt war, das bis heute in niederländ. *see-kust*, engl. *sea-coast* erhalten blieb.

Johann Paul Augspurgers ... See-Reisen ... nacher Brasilien in America (1644): »Den 6. bekamen wir guten Wind und sahe die custe von Engelland, segelten lengst der custe.«

Jean Peter van Antersons Fataler Schiffs-Capitain, übersetzt von DuBlancard (1742): »liessen uns sorgfältig angelegen seyn, die etwa hier liegenden Sand-Bäncke zu meiden, weil wir uns gantz gewiß nicht weit von einer Küste zu seyn glaubeten.«

→Kanal (1644), →Eiland (1720), →Haff (1882)

Kutter, der, ① »motorgetriebenes Fischereifahrzeug mit Schleppnetz«, ② »einmastiges Segelboot mit mind. 2 Vorsegeln«, ③ »Rettungs-, Beiboot eines Kriegsschiffs«.

Entlehnt von engl. *cutter* »Schneider«, seit dem 18. Jahrh. »die Wogen durchschneidendes (schnittiges) Schiff« von *to cut* »schneiden«, unklarer Herkunft ohne germanische Verwandte; frühe Formen sind erst seit dem späten 13. Jahrh. belegt, zuvor war altengl. *snidan* »schneiden« gebräuchlich.

Als Beiboot bei Wilhelm Heine, Reise um die Erde (1856): »in der Meinung, daß vielleicht Schiffbrüchige um Hülfe bäten, ward der zweite Kutter in Bereitschaft gesetzt, um ans Land gesendet zu werden.«

Als Küstenfahrzeug bei Friedrich Spielhagen, Hammer und Amboß (1869): »alsbald wurden auch schon die bereit gehaltenen Waarenballen von dem Deck der Jacht herabgelangt und von der Mannschaft unsers Kutters ... in Empfang genommen.«

→Davit (1850), →Gig (1864), Zollkutter →Priel (1909)

Kutter, um 1790.

L

Laberdan →**Kabeljau**

Labskaus, das, »Stockfisch mit Kartoffeln und Gurken«, eine Seemannsspeise.

Entlehnung aus engl. *lobscouse* mit unklarer Herkunft. Die Zutaten zum Labskaus waren nicht festgelegt; so konnte auch Pökelfleisch mit Gemüse und Schiffszwieback verwendet werden.

Ablehnend ist schon der vermutlich früheste gedruckte Beleg, Edward Ward, Wooden World Dissected (1706/08): »He has sent the Fellow … to the Devil that first invented Lobscouse«, etwa »er wünschte den Kameraden zum Teufel, der das Labskaus erfunden hat.«

Lebensgeschichte des Capitain Carl Wolfgang Petersen (1880): »Wir hatten unser Fischlabskaus und unsere Schildkrötensuppe mit geschnittenen Yams zu uns genommen.«

Lachs, der, »Salm«, der Speisefisch Salmo salar.

Mittelhochdt. *lahs*, althochdt. und altsächs. *lahs*, altnord. *lax*, altengl. *leax* aus indoeurop. **lakso* »Lachs«, auch litauisch *lašišà*, russ. *losos'*. Umstritten ist die Herkunft als »der Gesprenkelte« zu litauisch *lāšas* »Tropfen«, lett. *lāse* »Sprenkel, Tupfen«. Im romanischen Sprachgebiet und als Lehnwort ist *Salm* verbreitet. *Lachs* gehört zu den Wörtern, deren Verbreitung die Sprachforscher benutzten, um die Herkunft des Indoeuropäischen aus der norddeutschen Tiefebene zu beweisen, weil das Wort im ganzen Sprachraum verbreitet ist, auch dort, wo es keine Lachse gibt, etwa in der südrussisch-kirgisischen Steppe (das »Lachsargument«). Die Diskussion ist jetzt dadurch kompliziert worden, dass das ur-indoeurop. **loksos* wohl ursprünglich gar nicht den *atlantischen Lachs* (Salmo salar) meint, sondern die ähnlichen *Lachsforellen* (Salmo trutta labrax und

Lachs *(Salmo salar,* oben*)* und Lachsforelle *(Salmo trutta)*, die beiden Beweisobjekte im Streit um das »Lachsargument« (siehe Text).

Salmo trutta caspius), die im Schwarzen bzw. Kaspischen Meer leben. Damit würden die frühesten Formen von *Lachs* weder die »norddeutsche« noch die »russische« Hypothese beweisen. Der **Salm**, lat. *salmo* »Lachs«, eigentlich »ausgewachsener Lachs«, wird am Rhein, durch den er ausgewachsen zum Laichen aufsteigt, in dieser eingeschränkten Bedeutung in die westgerman. Sprachen entlehnt, althochdt. *salmo*, mittelhochdt. *salm*, niederländ. *zalm,* und verdrängt dort die Form *Lachs*. Von der lateinischen Form stammen ab italien. *salmone, sermone*, span. *salmón*, port. *salmão* und französ. *saumon* über altfranzös. *samoun, salmun*, aus dem engl. *salmon* entstand. Weitere Herkunft unklar, vielleicht zu lat. *salire*, indoeurop. **sel-* »springen« und einem ur-indoeurop. Ursprung.

Schriftliche Belege früh, weil Lachse beliebte Abgaben waren: Karl Lamprecht, Deutsches Wirtschaftsleben im Mittelalter (1885, Quelle des 14./15. Jahrh.): »pflichtig sin zu geben … den funften fische salmen ader lahss.«

Johann Heinrich Zedler, Universal-Lexikon (1737): »Lachs, Salm … ist ein piscis anadromus oder zurück gehender Fisch, welcher aus dem Meere weit in die Ströme hinauf steiget, und wenn er daselbst geleichet, seinen Weg wieder zurück in das Meer nimmt … Das Wort Salmo kommt von Sal, Saltz, weil fast aller Lachs gesalzen wird, wenn er sich halten soll.«

Johann Wolfgang von Goethe, Diné zu Coblenz (1774): »Ich war indeß nicht weit gereis't / hatte ein Stück Salmen aufgespeis't.«

→Kabeljau (1485), →Butt (1636)

Ladung, die, »Fracht eines Transportschiffs«.

Niederdt. u. niederländ. *lading*, Substantivierung von mittelhochdt. *laden*, althochdt. u. altsächs. *hladan*. Zugrunde liegt german. **hlaþ-a-* »laden, einfüllen«, das mit litauisch *kloti* »hinbreiten, überdecken« und altkirchenslaw. *klasti* »legen, laden« auf indoeurop. **kla-* »hinlegen, ausbreiten« zurückgeht. Verwandt sind *Last* und *→Ballast*.

Karl Otto Müller, Welthandelsbräuche (Quelle von 1506): »die palln auf wegn oder ins schiff laden«, »die Ballen auf Wagen oder ins Schiff laden.«

Der wohl instruirte Schiffer (1732): »Bey der Einladung selbsten hat der Schiffer wohl in Acht zu nehmen, daß alle Packen, Ballen und Stück-Gühter wohl gezeichnet, damit … bey der Ablieferung keine Irrung entstehe.«

Johann Gottfried Seume, Mein Leben (1813): »Von der Mannschaft wurde alles gerettet, aber von der Ladung fast nichts, da sie aus lauter Artikeln bestand, die nicht das Wasser vertragen konnten.«

→Fracht (1629), →Kasko (1731), laden →löschen (1359)

Lagune, die, »Wasserfläche, die vom offenen Meer durch Landstreifen oder Riffe abgetrennt ist«.

Entlehnt aus italien. *laguna*, lat. *lacuna* »flacher See, Vertiefung« zu *lacus* »See, trogartige Vertiefung«, griech. *lakkos* »Teich, Zisterne«. Zugrunde liegt indoeurop. **laku* »Wasseransammlung in einer Grube«. Obwohl naheliegend, ist eine Verwandtschaft dieser Wortgruppe mit german. **leg-* »tröpfeln, sickern«, dt. *→Leck, Lache, Lake*, altirisch *loch*, engl. *lake* wenig wahrscheinlich, außer durch eine sehr frühe gemeinsame Wurzel. *Lagune* hat sich in Deutschland über Reiseliteratur aus Venedig verbreitet, wo *laguna* selbst erst im 16. Jahrh. stetig wird.

Teutscher Merkur (1784): »Korallen-Klippen, welche einen Kreis bilden und innterhalb derselben eine Lagune oder eine Art von kleinem See einschließen.«

Johann Wolfgang Goethe, Italienische Reise (1786):

»... als wir nun in die Lagunen einfuhren ... die Erdzunge, welche die Lagunen schließt.«

→Atoll (1619)

Landhai, der, »Winkeladvokat, Betrüger«.

Anspielung auf den →*Hai* als Raubfisch; übernommen aus engl. *shark*, das in dieser abwertenden Bedeutung seit Anfang des 19. Jahrh. belegt ist.

Friedrich Gerstäcker, Erzählungen (1871): »Einen Advokaten gefangen? – einen Landhai – das ist kostbar – na, wenn das die Mannschaft erfährt, dann darfst du dich aber auf einen Spaß all around gefaßt machen – einen Landhai an Bord!«

Gustav Frenssen, Hilligenlei (1905): »schon in Cuxhaven fiel er den Landhaien in die Hände.«

Daheim (Heft 6, 1907/08): »Kaum liegt das Schiff fest und ist von Zollbehörde und Gesundheitspolizei freigegeben, steigen die Landhaien an Bord, um Jan Maat anzufallen.«

Landratte, die, »Person, die ihr Leben nicht auf See zubringt«.

Verächtliches Matrosenwort für Landbewohner, erst seit dem 19. Jahrh. belegt.

Heinrich Laube, Reisenovellen (1837): »man erzählt, daß diese Auktoritäten ... auf dem Haff und der Ostsee krank werden wie Landratten.«

Friedrich Gerstäcker, Reise um die Welt (1847): »Auch sind wir ja Stürmen, Klippen und tausend andern Gefahren ausgesetzt, von denen sich die Landratten gar nichts träumen lassen.«

Bremer Handelsblatt (1853): »die ganze zollvereinspolitik muß das landrattenthum abstreifen und von salzwasser durchdrungen werden.«

Languste, die, »ein Krebs aus der Familie Palinuridae, Zehnfußkrebse ohne Scheren«, namengebend die *Gemeine Languste* (Palinurus vulgaris).

Entlehnt aus französ. *langouste* »Languste«, auch »Heuschrecke« wegen der körperlichen Ähnlichkeiten, lat. *locusta* »Heuschrecke« auch bereits in der Bedeutung »Languste«, etwa bei Plinius, Naturkunde (nach 77 n. Chr.): »Bei den Langusten und Krabben stehen ... sehr harte Augen hervor.« Die Erweiterung **Langustine** meint den *Kaisergranat* (→*Hummer*) und verschiedene Großgarnelen. Zur französ. Scherzbezeichnung *Langoustine* →*Krebs*.

Gustave Flaubert, Salambo (1863, dt. 1904): »Die Gallier ... rissen sich um die Wassermelonen und Limonen, die sie mit der Schale verzehrten. Neger, die noch nie Langusten gesehen, zerstachen sich das Gesicht an ihren roten Stacheln.«

Georg Ebers, Eine ägyptische Königstochter (1864): »Langusten sind die wohlschmeckenden scheerenlosen Hummer, die an den Küsten des Mittelmeers, des rothen Meeres, ja schon an den atlantischen Gestaden Frankreichs vorkommen.«

laschen, »Gegenstände aneinander befestigen«.

Seit dem 18. Jahrh. entlehnt aus engl. *lash* »lasch, herabhängend«, altnord. *lǫskr* »faul«, niederländ. *las* »Lasche, Verbindung«. Die Verbindung mit französ. *lâche* »locker, lose, schlaff« ist unklar, ebenso die Rückführung auf die Wortfamilie von *(er-)löschen* oder *lassen*.

Ansichten aus Japan, China und Siam. Die preußische Expedition nach Ost-Asien (1864): »an der Schiffswand lief ein langer Tisch vor der Stückpforte her, unter welcher das Rohr des hierher gehörigen Geschützes festgelascht war.«

Die Gartenlaube (1883): »Ich ließ den Mast, das Segel mit Rae und Baum und ein paar Ruder zusammenlaschen ... und wir warfen dies über Bord als schwimmenden Anker.«

Last →**Ladung,** →**Ballast**

lavieren, »kreuzen, sich hindurchwinden«. Mittelniederdt. *lavēren*, mittelniederländ. *loveren* »gegen den Wind segeln, kreuzen« gehen zurück auf das gleichbedeutende mittelfranzös. *lovier*, dies von mittelfranzös. *lof* »Windseite«, das wohl wiederum aus einer mittelniederländ. nicht belegbaren Form von niederländ. *loef* »→*Luv*« stammt.

Otto Heinrich, Jerusalemfahrt (1521): »nach mittag kam ain wind, der etwas wider unns war, hierumb man lavieren must.«

Johann Wilhelm Vogel, Ost-Indianische Reise-Beschreibung (1716): »Der Wind war uns nicht sonderlich dienlich, darum wir mehrentheils lavirten.«

Die Übertragung »sich hindurchwinden« ist bereits im 16. Jahrh. verbreitet, wird aber umgekehrt bei Leopold Schwarzenbach, Synonyma (1564), als Ausgangsbedeutung verstanden: »Lauirn, wider den Wind / oder beseits außfahren / Jst ein Metaphora von den Schiffleuten.«

→klar, →kreuzen (1627), →Pinne (1888)

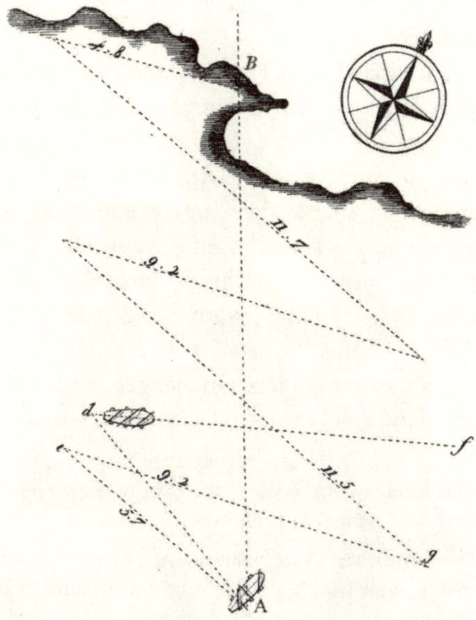

Das Lavieren gemäß einer Schautafel von ca. 1790. Das Segeln gegen den nördlichen Wind, bei dem zwischen Schiff (A) und Hafen (B) in Luftlinie 12 Meilen zu überwinden sind, erfordert sechs Gänge. Die Gänge nach d und f sind ohne Abdrift durch den Wind, die Gänge nach e und g realistisch mit Abdrift kalkuliert. Die Zahlen geben die Strecken in Meilen an.

leck, »undicht«, **Leck**, das, »undichte Stelle, Loch im Schiffsrumpf«, **lecken** »undicht sein«. Mittelniederdt. *leck, lak*, mittelniederländ. *leck*, *lac*, altengl. *hlec*, altnordisch *lekr* »undicht«, zu althochdt. *-lehhan*, *-lehhen* »undicht sein«, altengl. *leccan* »benetzen«, altnord. *leka* »tropfen, rinnen, undicht sein«. Alle Formen gehen zurück auf german. **lek-a* »undicht sein« und indoeurop. **leg-* »tröpfeln, sickern, zergehen«. Verwandt mit *lechzen* »dürsten«. **Leckage**, die, abstrakt »die Leckstellen eines undichten Schiffs« oder »Undichtigkeit von Behältern, Schaden durch auslaufende Flüssigkeiten«, französierend in der Studentensprache vor 1800; →*Takelage*.

Der wohl instruirte Schiffer (1732): »Weiter ist der Schiffer schuldig währender Reise auf die Güter ein wachendes Auge zu haben, und so viel möglich dieselbe in gutem Stande zu erhalten suchen, mithin, wenn er in fliessenden Sachen, als Oel, Wein, Saltz, Zucker eine Lecage vermercken solte und dazu kommen kan, so viel in seinen Kräfften, dem weitern Lecken vorkommen.«

Weniger verantwortlich machte ihn das Emder Waterrecht (15. Jahrh.): »vnde so int schip enich guedt leckende worde vnde vth den vate lepe, so sal de mester daer aff sunder schade bliven«, wörtl.: »und wenn im Schiff einige Güter leckend werden und aus dem Fass so soll der Meister [→*Kapitän*] davon ohne Schaden bleiben.«

→lenzen (1647), →Wasser (1696), →Grund (1742)

Lee, »die windabgewandte Seite des Schiffs«.

Niederländ. *lij*, engl. *lee*, mittelniederdt. *lē*, altsächs. *hleo, hlea* »Schutz, Obdach, Decke«, altnord. *hlē* »Schutz, Leeseite« aus german. **hlewa* »schützender Ort, Obdach«. Umstritten ist eine Verbindung zu gotisch *hlija*, griech. *klisía* »Hütte, Zelt«. Verwandtschaft von *Lee* und *lau* besteht vielleicht über german. **hlewja* »mild, warm« und indoeurop. **kel-* »warm«, lat. *calere* »wärmen«, dann *Lee* als »warmer Platz, Ort, der gegen den kalten Wind geschützt ist«. Gegenwort: →*Luv*

Johann Hinrich Röding, Allgemeines Wörterbuch der Marine (1794/96): »Alles, was man in der Gegend, nach welcher der Wind hinweht, sieht, liegt in Lee.«

Hamburgischer Correspondent, Abendblatt (31.10. 1907): »Eine Landung in der Nähe des Dampfers war der hohen Brandung wegen unmöglich und es wurde deshalb vereinbart, daß beim Verlassen des Schiffes die zuerst zu Wasser gelassenen Boote unter Lee des gestrandeten Dampfers liegen bleiben sollten, bis das letzte Boot ausgesetzt worden war.«

→Halse (1864), →kreuzen (1907), leewärts →Pinne (1888)

Leichter, der, »flaches Wasserfahrzeug ohne Eigenantrieb zum Be- und Entladen von Schiffen«.

Seit dem 14. Jahrh. entlehnt aus mittelniederländ. *lichter, lichtscip, -scute, -boot*; engl. *lightor, lighter* (seit 15. Jahrh.); Weiteres →*lichten*.

Urkunde Gerhard von Gelderns (1377): »naves que vulgo lichtskip dicuntur«, »Schiffe, die allgemein Leichtschiff genannt werden.«

Filip von Zesen, Beschreibung der Stadt Amsterdam (1664): »Ausser diesen schiffen befindet sich alhier auch eine große mänge anderer schiffe, welche ohne mast und segel fahren, und die wahren [Waren], sonderlich aber das korn, aus den großen schiffen vor der stadt zu hohlen, und sie also leichter zu machen pflegen; daher sie auch gemeiniglich Leichters genennet werden.«

Leine, die, »→Tau, →Seil« zum Ziehen von Schiffen, Hochwinden von Gegenständen.

Mittelhochdt. *līne*, althochdt. *līna*, niederländ. *lijn*, mittelniederl. *line*, engl. *line*, altengl., altfries. *līne*, altnord. *lína*, schwed. *lina* »Leine, Seil«, als »aus Flachs gedrehtes Seil« von althochdt., -engl., -nord. *līn* »Lein, Flachs«, auch griech. *lináia* von *línon*, lat. *līnea* von *līnum*. Der sehr alten Bezeichnung für die Pflanze liegt vielleicht indoeurop. **lino-* »Lein, Flachs« zugrunde, aus deren Bast die Taue geschlagen (gedreht) wurden.

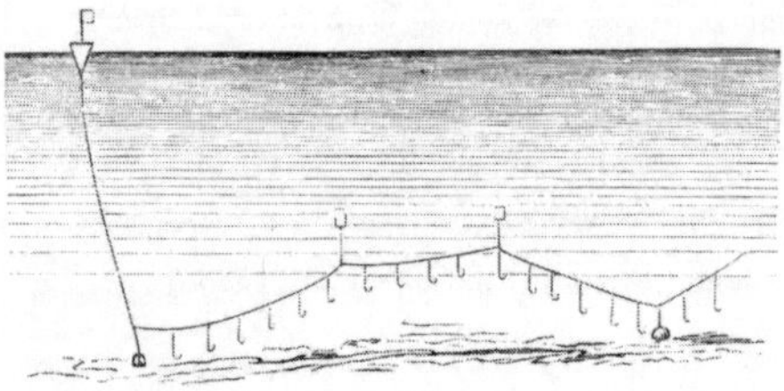

Leine beim Fischfang: Langleinen mit Haken für Köder zum Dorschangeln, durch Schwimmkörper vom Grund gehoben. Schema des 19. Jahrh.

Als Hilfe bei der Treidelfahrt schon im Marienburger Ämterbuch (1402): »2 grosze lynen, do man die schiffe mit obirczut«, »zwei starke Taue, mit denen man die Schiffe aufwärts zieht.«

Cornelis Gijsberts Zorgdrager, Alte und neue Grönländische Fischerei und Wallfischfang (1723): »Leine, ein Seil, bedeutet hier gemeiniglich das Seil, woran die Harpun gebunden ist, welche, wenn ein Wallfisch verwundet worden, der Leinschiesser ... los lässet.«

→Schlepper (1673), →Dolle (1825), →Harpune (1908)

lensen →**lenzen**

lenzen, »Wasser aus einem Schiff pumpen«.

Entlehnt aus gleichbedeut. niederländ. *lensen* »leeren«, zu *lens* »leer, trocken«; daher auch dt. gelegentlich *lensen*. Niederländ. *lens*, das auch »schlapp, matt« bedeutet, ist wohl nicht verwandt mit lat. *lentus* »biegsam, geschmeidig«, weil keine Zwischenformen nachweisbar sind. Als Verb ist *lenzen* erst im 19. Jahrh. belegt, aber als Adjektiv nautisch *lens* seit dem 17. Jahrh. Niederdt. und niederländ. **lensen** »im Sturm vor dem Wind segeln«, »mit kleinster Besegelung vor dem Sturm herlaufen«, »ohne Segel vor dem Winde hinsteuern« geht vielleicht auf die Bedeutung »leer, ohne Segel« zurück.

Adam Olearius, Beschreibung Der Newen Orientalischen Reise / So durch Gelegenheit einer Holsteinischen Delegation an den König in Persien ist geschehen (1647): »Das Schiff lag so unruhig vor Anker, und wurde so Leck daß wir die übrige Zeit am Tage wie auch die gantze Nacht durch mit stetigen Pumpen zubringen musten, und habe ich in einer Stunde zwey tausend Stiche gezehlet, und wurde doch nicht lenß.«

Ferdinand Grautoff, Seestern (1906): »das Schiff mußte auch schwer leck sein, denn die Lenzpumpen warfen an beiden Bordseiten mächtige Wasserstrahlen aus.«

lensen →Brecher (1835)

Leuchtturm, der, »aufragendes Bauwerk, das Lichtzeichen zur Orientierung oder Warnung der Schifffahrt abgibt«.

Das Wort ersetzt seit dem 17. Jahrh. verschiedene Ableitungen von griech. *pharos*, italien. *faro* und ist eine dt. Eigenbildung,

Der Leuchtturm von Eddystone bei Plymouth, England. Wegen seiner Stabilität galt er Zeitgenossen als Triumph der Ingenieurskunst. Sein Feuer in 41 Meter Höhe war 28 km weit zu sehen. Weil die Strömung seinen Standort unterspülte, wurde 1882 diese erste auf einer Klippe im Meer errichtete Steinkonstruktion auf einen Nachbarfelsen versetzt. Der alte Sockel aus Zement und verzahnten Granitblöcken war so stabil gebaut, dass er noch heute erhalten ist.

vgl. abweichend engl. *lighthouse* wörtl. »Leuchthaus«, niederländ. *vuurtoren* wörtl. »Feuerturm«, die ebenfalls zu dieser Zeit gebräuchlich wurden. Dt. *leuchten*, althochdt. *liuhten* geht wie lat. *lucere* »leuchten, hell sein«, *lux* »Licht« zurück auf indoeurop. **leuk-* »leuchten«. Nicht verwandt mit →*lichten*, →*Leichter*. Dt. *Haus*, althochdt. *hūs* ist umstrittener Herkunft, vielleicht von indoeurop. **(s)ka-* »Bedeckendes«. Früh schreibt Erasmus Francisci, *Historisches Rauchfaß* (1674): »auff diesem Felsen steht derselbige Leucht-Thurn«, zunächst auch mit Fremdwörtern erklärt: »Pharum, Fanal oder Leucht-thurn« (Joseph Stöcklein, *Neuer Welt-Bott*, 1732). Französ. *phare*, italien., span. *faro* usw. geht zurück auf lat. *pharus, pharos*, griech. *pharos* vom Leuchtturm Pharos vor Alexandria, eines der sieben Weltwunder. Der älteste noch existierende Leuchtturm ist der von La Coruña in Spanien (Grundsteinlegung 100 n. Chr.), der älteste ununterbrochen in Betrieb der von Hook Point in Irland (5. Jahrh.). →*Blüse*

Paul Gerhard Heims, Von der Wasserkante (1897): »Der Hauptzweck des neuen Kanals wird immer der sein, die Verbindung zwischen den Kriegshäfen von Kiel und Wilhelmshafen herzustellen, ohne daß der Leuchtturmwärter von Skagen es merkt.«

Daheim (1908): »Das ist die Insel Neuwerk, erklärte mir Sander, deren gewaltiger Leuchtturm der älteste an der Nordseeküste ist.«

Hamburgischer Correspondent (14.1.1909, Morgenblatt): »Der Leuchtturmwärter in Carmanah meldet: 2 Sm. westlich von Carmanah ist Wrackgut gefunden.«

→Bake (1717, 1902), →kreuzen (1907)

lichten, »erleichtern, heben« (den Anker, eine Last).

Gemeint ist, das Schiff vom Ankergewicht zu erleichtern oder den Anker durch das Heben an Bord gewichtlos zu machen. Zugrunde liegt niederländ. *ligten, lichtern*, mittelniederländ. *lichten* »(er-)leichtern«, aus mittelniederl. *licht* »leicht«. Althochdt. *līhti*, altsächs. *līht*, altengl. *lēoht*, altnord. *lēttr* aus german. **lenhta-*, indoeurop. **lenkwhot-* »leicht«. Der verwandte indoeurop. Stamm **leguh* »leicht in Bewegung und Gewicht«, altindisch *raghú, laghú-* »eilend, schnell, leicht«, führt zu griech. *elachýs* und lat. *levis* »leicht«, französ. *lever*, engl. *to levy* »heben«. Engl. *to weigh anchor* »den Anker lichten«, wörtl. »wägen, gewichten« geht zurück auf german. **weg-a* »bewegen«.

Emder Wasserrecht (15. Jahrh.): »Ghy heren, lychtet uwen ancker, want he licht uns voel tho nha, vnde wy mochten daer by an schaden kommen«, »Ihr Herren, lichtet euren Anker, denn er liegt uns viel zu nah, und wir könnten dadurch zu Schaden kommen.«

Johann Georg Aldenburgk, West-Indianische Reiße (1627): »in dem er [seinen Anker] mit grosser Arbeit gelichtet, begundte es in der Nord Zee zwischen Doveren in Engeland vnd Calais in Franckreich zu stürmen.«

→Klüse (1702), →Barkasse (1821)

Liek, das, »Segelkante«, meist verstärkt durch säumendes Umklappen des Segelstoffes, ein aufgenähtes Tau oder einen eingenähten Draht.

Niederdt. *like*, niederländ. *lijk*, mittelniederländ., altnord. *līk* »Saumtau«, zu lat. *ligare*, indoeurop. **leig-* »binden«.

Der geöffnete See-Hafen (1702): »Hiebey ist vorhero zu mercken, daß von dem dicken Touw, welches so wohl um dieses, als auch alle andere Segel, rund herum befestiget, und das Lick genennet wird.«

Friedrich Kries (Übersetzer), William Scoresby's des Jüngern Tagebuch einer Reise auf den Wallfischfang (1825): »Der Wind wuchs so schnell, daß ehe wir unsere Segel hinreichend einziehen konnten, das stehende Leik vom großen Marssegel nachgab, und dieses sogleich zerriß.«

Rudolf Kinau (ohne weitere Angabe): »uns' Topseil fleug in Fetzen över de See, blooß de Lieken bleeben sitten.«

Linie, die, ① »→*Äquator*«, verkürzt aus *linea aequinoctialis*, Linie der Tagundnachtgleiche; ② bestimmte Strecke, auf der Schiffe verkehren; Gesellschaft, die diese Linie befährt.

Althochdt. *linna* »Linie« geht zurück auf lat. *līnea* »Leine, Schnur, Faden aus Leinen« zu *līneus* »aus Lein, aus Bast« und *līnum* »Leinen, Flachs«, also eigentlich »gespannter Faden«, ein damit gezogener »gerader Strich«. →*Leine*, →*Linienschiff*. Verwandt mit *Pipeline*.

In Bedeutung ① bei Adolf Decker, Diurnal der Nassawischen [holländischen] Flotta (1629): »und führen von der Insul St. Helena hinweg, der Liny zu eylend.«

Linienschiff, das, ① urspr. »großes Kriegsschiff, das in Kiellinie kämpft«, also im Kielwasser des vorausfahrenden Schiffes den

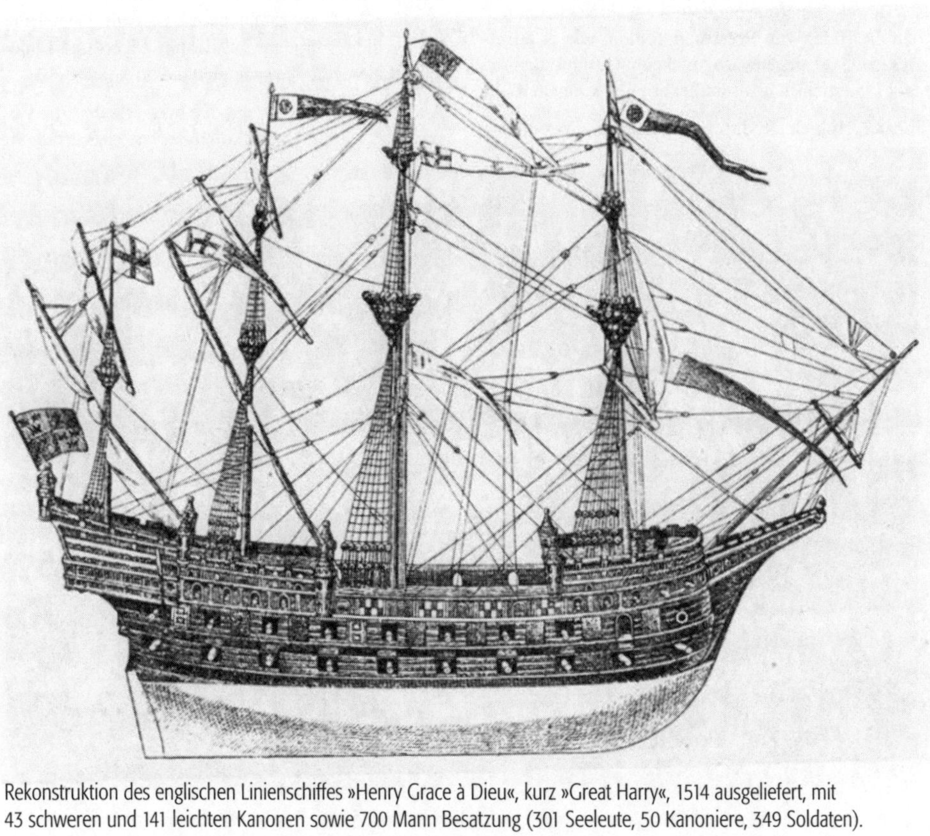

Rekonstruktion des englischen Linienschiffes »Henry Grace à Dieu«, kurz »Great Harry«, 1514 ausgeliefert, mit 43 schweren und 141 leichten Kanonen sowie 700 Mann Besatzung (301 Seeleute, 50 Kanoniere, 349 Soldaten).

Feind mit seiner Schiffsartillerie bekämpft, ② planmäßig verkehrendes Schiff.

Engl. *ship-of-the-line*; in Deutschland *Linienschiff* seit dem 18. Jahrh. gebräuchliche Bezeichnung aus →*Linie*, →*Schiff*. Flotten deutscher Länder verfügten nicht über hochseetüchtige Linienschiffe mit Kanonen auf zwei bis drei Decks. Linienschiffe wurden in der dt. Kriegsmarine erst seit 1893 mit der Indienststellung der »Brandenburg« eingeführt und nach dem 1. Weltkrieg in *Schlachtschiffe* umbenannt.

Tobias George Smolett, Peregrine Pickle, übers. v. Wilhelm Christhelf Siegmund Mylius (1785): »Dieses Beweis bestätigte er durch die feste Versicherung: daß die Häfen von Brest und Toulon, wie er zuverlässig wüsste, gegenwärtig nicht ein Geschwader von acht Linienschiffen zusammenbringen könnten.«

Johann Hinrich Röding, Allgemeines Wörterbuch der Marine (1794/96): »Linienschiff, Schiff von der Linie, Rang Schiff … Ein Orlogschiff [Kriegsschiff], welches eine hinlängliche Anzahl Kanonen hat sich in Linie der Bataille stellen zu können. Zu den Linienschiffen rechnet man überhaupt alle die über 50 Kanonen haben, und auf den untersten Deck 24 Pfünder führen.«

Linientaufe, die, selten vor 1850 für »Äquator-, Meertaufe«.

Über die Linientaufe früh bei Joseph Stöcklein, Der Neue Welt-Bott (1726): »Endlich zogen wir für das erste mal durch die Gleicher-[Äquator-]Linie, da dann die Boots-Leute ihre abgeschmackte so genannte Meer-Tauff angestellt haben (…) die Bootsleute hielten allhier ihre gewinnsüchtige Meer- und Linietauff derje•igen, die sich nicht davon loskauften.«

Auch der Wendekreis des Krebses erlaubte die Zeremonie, wie Johann Heinrich Zedlers Universallexi-

Linien- oder Äquatortaufe, auf Passagierschiffen des 19. Jahrhunderts mit allerlei Schabernack begangen.

kon (1744) zeigt: »Tauffe (…) ist bei den Seefahrenden eine weltliche aber alt hergebrachte Gewohnheit, so mit denen gehalten wird, die zum ersten mahl an gewisse Orte gelangen, als wen sie die Linie passiren, auch wohl allein den Wendecreyss oder Tropicum und dergl.«

Joseph Stöcklein, Der Neue Welt-Bott (1726): »Gleichwie sonsten unter der Linie, und unter dem Krebs-Wender zu geschehen pfleget, also namen auch heut die Boots-Leute ihre gewöhnliche Meer-Tauf vor die Hand.«

→Atlantik (1599), →Proviant (1606), Linienfahrt →Container (1957)

Log, das, »Messgerät für die Fahrgeschwindigkeit eines Schiffes«.

Urspr. bestand das Gerät aus einem zu Wasser gelassenen Logscheit, der Logleine mit Knoten in festgelegten Abständen und dem Logglas, einer Sanduhr. Die Abroll- entspricht der Schiffsgeschwindigkeit, →*Knoten*. Aus engl. *log* »Log«, eigentlich »Klotz, Holzscheit« seit Ende des 18. Jahrh. ins Dt., Niederländ. u. Französ. entlehnt. Die Herkunft ist unklar, vielleicht lautmalerisch wie das zeitgleich im 16. Jahrh. aufgekommene *clog* »Holzklotz«.

William Bourne, A regiment for the sea (1577): »They hale in the logge or piece of wood again, and looke how many fadom the shippe hath gone on in that time«, »sie holen das Log oder Holzstück wieder ein und schauen, wie viele Faden das Schiff in der Zeit gelaufen ist.«

Alexander von Humboldt, Kosmos, Entwurf einer physischen Weltbeschreibung (1847): »Es ist in allen Schriften über die Schifffahrtskunde, die ich untersucht, die irrige Meinung verbreitet, als sei das Log zur Messung des zurückgelegten Weges nicht früher angewandt worden als seit dem Ende des 16ten oder im Anfang des 17. Jahrhunderts.«

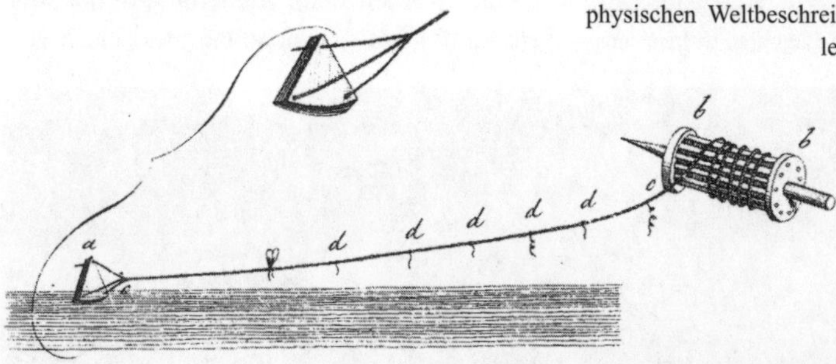

Messen mit Log:
Der Wasserdruck auf das dreieckige Logholz (a) zieht die Logleine (c) von der Logrolle (b). Die Zahl der innerhalb von 14 Sekunden abgerollten Logknoten (d), die in Deutschland 6,84 m voneinander entfernt waren, ergab die Geschwindigkeit in Knoten (Seemeilen pro Stunde).

Wilhelm Heine, Reise um die Erde (1856): »Neben dem Lieutenant hält am Vorderdeck ein Midshipman Wacht und wirft alle halbe Stunde das Log aus, die Schnelligkeit des Schiffs zu bestimmen.«

Logbuch, das, »Schiffstagebuch«, in das neben dem Kurs auch der mit dem →*Log* ermittelte Lauf eingetragen wurde.

Engl. *log-book* nachweisbar seit 1679, in Deutschland seit Ende des 18. Jahrh.

Carsten Niebuhr, Reisebeschreibung nach Arabien und andern umliegenden Ländern (1774): »da ich bemerkte, daß unsere Rechnung nach dem Logbuch uns bey unserer Ausreise weiter nördlich und bey unserer Zurückkunft weiter südlich brachte als wir würcklich waren, so untersuchte ich die Loglinie.«

Carl von Görtz, Reise um die Welt (1852): »die Ortsbestimmung ist mittelst astronomischer Eselsbrücken schnell erfolgt und ist in das Logbuch, welches analog zu den Büchern der Kaufleute gewissenhaft geführt werden muß, einzutragen.«

Logger, der, »kleines Fischereifahrzeug«.

Urspr. war es ein schnelles zwei- bis dreimastiges Küstenboot, als Aufklärer, Depeschen- und Paketboot oder zur Kaperfahrt eingesetzt, dann vor allem im Heringsfang, seit 1900 mit Maschine als »Dampflogger«. Engl. *lugger*, niederländ. *logger*, französ. *lougre*; die Herkunft von Schiff und Wort ist unklar. Frühester Nachweis in England 1757, vielleicht vom schon 1677 belegten Segel *lug-sail* »Luggersegel«, das auf engl. *lug* »Ohr, herabhängende Ohrenklappe« zurückgeführt werden kann, wiederum mit unklarer Herkunft. Als Bezeichnung des Fischerei-

Heringslogger auf der Nordsee, 19. Jahrh.

fahrzeugs aus dem Französ. (dort 1781 belegt) ab 1860 ins Niederländ. entlehnt, dem aber eine viel frühere Entlehnung aus dem Englischen oder dorthin vorausgehen könnte: mittelniederländ. *luggen* »mit Schleppnetz fischen« von *lui* »schlapp, herunterhängend«.

Jens Jacob Eschels, Lebensbeschreibung eines alten Seemanns (1835): »der englische Kaper war ein Lugger-Schiff, seine Schanzkleidung war lauter Korck.«

Theodor Mügge, Der Vogt von Sylt (1851): »Mitten zwischen hohen Dreimastern und langen italienischen Luggern ragte der ungeheuere Schornstein auf, an dem die Säulen des freigelassenen Dampfes jetzt prasselnd und zischend aufströmten.«

löschen, »Schiffsfracht entladen«.

Mittelniederdt. *lössen*, mittel- und neuniederländ. *lossen* geht wie *lösen* »aufmachen, loswerden« zurück auf *los* »lose, leer, ledig« und meint das Leeren des Schiffs, sein Befreien von der Fracht. Althochdt. *lōs* »befreit, beraubt, falsch« geht auf german. **lausa* »los, frei« zurück. Verwandt sind engl. *loss*, dt. *Verlust*, *Verlies,* nicht aber *löschen* »ein Feuer beenden«, dies von *legen*.

Brügger Urkunde (1359): »Item dat de vorseide coopliede hare scepe wel lossen ende laden moghen«, »Ebenso, dass die vorgenannten Kaufleute ihre Schiffe wohl löschen und laden mögen.«

Löschen in der Antike: Ein römisches Kauffahrteischiff wird über eine Planke entladen. Der Mast ist ausgehoben. Nachzeichnung eines Reliefs in Salerno, 19. Jahrh.

Der wohl instruirte Schiffer (1732): »Nach dem Preussischen See-Recht soll ein Schiff von 50 Lasten und darunter innerhalb von acht, von 50 bis 100 in 14 Tagen, und über 100 Last groß in drey Wochen gelosset werden.« (1 Last entspricht 2 metrischen Tonnen).

→flott, →Tallymann (1899)

Lot, das, Gerät zum Messen der Wassertiefe.

Mittelhochdt. *lōt*, mittelniederländ. *loot*, niederländ. *lood*, altnord. *lodh* »Gewicht, Senkblei«, altengl. *lēad*, engl. *lead*, altfries. *lād*. Alle Formen stammen aus westgerman. **lauda* »Blei«, das wohl aus dem Keltischen entlehnt ist. Die Bedeutungen »Senkblei, Lötmetall« blieben im Deutschen erhalten, obwohl *Lot* von *Blei* (german. **bliwa*, vielleicht aus einer nicht-indoeuropäischen Sprache) verdrängt wurde. Verwandt mit *löten*, weil zuerst mit Blei gelötet wurde. Die Tiefenangaben des Lotes erfolgten in →*Faden* oder *Klafter*.

Koppmann, Seebuch (15. Jahrh.): »werpet dat lot.«

Elias Hesse, Ost-Indische Reise-Beschreibung (1687): »Wir … warffen unser Loth auch, und fanden auf hundert Faden tieff weissen Sand-Grund.«

Hamburgischer Correspondent, (25.11.1908, Morgenblatt): »Zeuge Kapitän Toft führte die Strandung auf Verwechslung des Feuers von Ameland und desjenigen vom Norderney-Feuerschiff zurück, sowie darauf, daß er 3½ Uhr morgens dunkelgrauen Sand gelotet und geglaubt habe, er befinde sich zwischen Borkum und Norderney.«

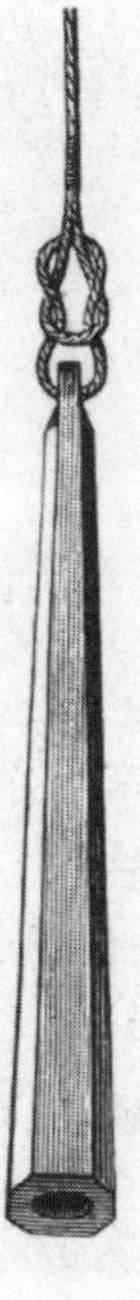

Lot an der Lotleine.

Lotse, der, »ortskundiger Führer im Schiffsverkehr« (an Küsten, in Flüssen und Häfen).

Im 17. Jahrh. verkürzt aus mittelniederdt. *lootsmann*, mittelniederländ. *lōtsmann*, über engl. *lodesman*, altengl. *lādmann* aus altengl. *lād* »Weg«. Spätmittelalterlich ist die dt. Form *lēdsage*, wörtl. »Wegsager«. → *Pilot*

Verordnung Kampens über die Lotsengebühr (1400): »zoe wat schipheren … comen ende eenen loetsman wynnen op te segelen zoe sal hem die schipher die cost gheben ende die coeplude soelen dat loan betalen«, »wenn Schiffer kommen und einen Lotsen gewinnen, um [fluss-]auf zu segeln, soll der Schiffer die Kost geben und die Kaufleute sollen den Lohn bezahlen.«

Laws of Oleron (1536): »If a ship is lost by default of the lodeman, the maryners may … bring the lodeman to the windlass or any other place, and cut off his head«, »Wenn ein Schiff durch Fehler des Lotsen verloren geht, dürfen die Seeleute den Lotsen zum Ankerspill oder einem anderen Ort bringen und ihm den Kopf abschneiden.«

→Schlepper (1673), →Pilot (1741), Lotsenboot →Pegel (1657)

Luk, das, »verschließbare Öffnung im Deck eines Schiffes«; **Luke**, die, »verschließbare Öffnung, durch die geladen wird«, eigentlich »Verschluss«.

Mittelniederdt. und -länd. *lūke*, zu althochdt. *-lūhhan*, altsächs. *lūkan*, altnord. *lūka*

Der Lotse, Gemälde von Emile Renouf.

»schließen«. Zugrunde liegt german. **luka* »verschließen« und vielleicht indoeurop. **leugh* »biegen« im Sinn von »zusammenbiegen, zumachen«. Verwandt mit *Loch* und *Lücke*, nicht mit *lugen*, dies zu engl. *to look*, von indoeurop. **leuk-* »leuchten, sehen« →*lichten*.

Levinus Hulsius, Schiffart (1606): »... in das Schiff, durch die Luycken (so grosse Thüren seind).«

Gleichbedeutend mit Lukendeckel, -verschluss bei Rodenberg, Stilleben auf Sylt (1876): »Es war mir mit Hülfe des zweiten Steuermannes nicht möglich das Luck so geschwind überzulegen, daß nicht eine ungeheure Masse Wasser im Raum zu den Menschen hinunterstürtzte.«

→Moses (1702), →Persenning (1732), →Reep (1859), →zurren (1902)

Luv, die, »windzugewandte Seite des Schiffes«.

Niederdt. *lūf*, mittelniederländ. *lōf* »Windseite, Handfläche«, von einem Ruder gleichen Namens, das auf der windzugewandten Seite angebracht war, niederländ. *loeve* »Ruderpinne«, mittelengl. *lof* »großes Ruder«, altnord. *lōfi* »flache Hand«, althochdt. *laffa*, *lappo* »Ruderblatt«, mittelhochdt. *laffe* »flache Hand«. Zugrunde liegt vielleicht indoeurop. **lēp* »flach sein, Handfläche, Schaufel, Ruderblatt«. Verwandt mit →*lavieren*. Gegenwort: →*Lee*

Gotthard V. von Hövel, Chronik (1564): »Auerst de leve gott gaff gnade, dat de wint umbginck und de Denen und Lubeschen den loff kregen«, »Aber der liebe Gott gab Gnade, dass der Wind drehte und die Dänen und Lübischen [Lübecker] den Luv bekamen.«

Jürgen Andersen, Orientalische Reise-Beschreibungen (1669): »und schoß unsern grossen Maß über Bort, und die grosse Cajütte zu nichte, er aber bekam so viel in seine Seite (dann wir hatten die Low von ihm), daß er mit Top und Takel sank.«

Jens Jacob Eschels, Lebensbeschreibung eines alten Seemanns (1835): »durch das beständige Überwerfen des Salzes nach Loefert hatte das Schiff sich etwas in die Höhe gerichtet, und da der Sturm auch abgenommen, so richtete es sich vollends so hoch auf, daß das Ruder wieder so tief ins Wasser kam um Kraft zu haben.«

→Verklicker (1840), Luvnock →Bram (1880), luvgierig →Pinne (1888)

M

Maat, der, ① »Gehilfe« von Steuer- oder Bootsmann, Koch usw., ② daraus »Unteroffizier der Marine«.

Zunächst niederdt. *māt* allgemein »Kamerad, Macker«, in Deutschland seit dem 18. Jahrh. in seemänn. Bedeutung, schon um 1800 auch für Seesoldaten. Das Wort geht zurück auf mittelniederdt. *māt* »Kamerad«, allgemeiner mittelhochdt. *gemazze*, althochdt. *gimazzo* »wer das Essen mit anderen teilt, Tischgenosse« mit der Gemeinsamkeit anzeigenden Vorsilbe *gi-* »ge-«, zu althochdt. *maz*, german. **mat-* »Speise«. Es geht auf indoeurop. **mad-* »nass, triefen, fett, gemästet« zurück. Verwandt ist →*Matrose*. **Backsmaat**, der, »Seemann, der zusammen mit bestimmten anderen seine Mahlzeit einnimmt«. →*Back*

Nautisch engl. schon in den Cely Papers, 1485/86: »To the bottswhayn and hys matte«, »an den Bootsmann und seinen Maat«.

Früher hochdt. Beleg in Der geöffnete See-Hafen (1702) über den Bottelier, der den Schiffsproviant beaufsichtigte: »Nach fornen zu ist eine Thür, ... wodurch der Buddelier ins Raum gehen kann, ... darinnen der Buddelier und Buddeliers Maat oder Gehülffe, so neben ihm, jedoch noch unter seinem Commando steht, schlaffen.«

Mahlstrom, der, auch **Malstrom**, »starker Sog oder Strudel, aus dem man sich nicht mehr befreien kann«.

Der sagenumwobene *Malstrom* ist der Wirbel *Moskenstraumen* der Lofoten, der seine Kraft aus einer topographischen Besonderheit der norwegischen Inselgruppe bezieht: Die Enge zwischen zwei Inseln beträgt fünf bis acht Kilometer bei einer Wassertiefe von nur 40 bis 60 Metern, während das umliegende Meer wesentlich tiefer ist und der Tidenhub bei bis zu vier Metern liegt. Zunächst als niederländ. *maelstroom*, jetzt *maalstroom*, Zusammensetzung aus *malen* »drehen« und *stroom* »Strom«, →*strömen*; dt. seit Ende des 16. Jh. Das Wort wurde auch entlehnt zu engl. *mael-strom*, französ. *maelstrom*, isländ. *málstraumur*. German. **mal-a* »mahlen« aus indoeurop. **mel-* »zermalmen, zerreißen«. Zahlreiche Verwandte, u.a. *Mühle, Mehl, malmen, Müll.* **Mahlsand**, der, »bewegter feinkörniger →*Sand* einer Sandbank, in den gestrandete Schiffe unrettbar einsinken«, auch vor der Mündung von Elbe und Weser.

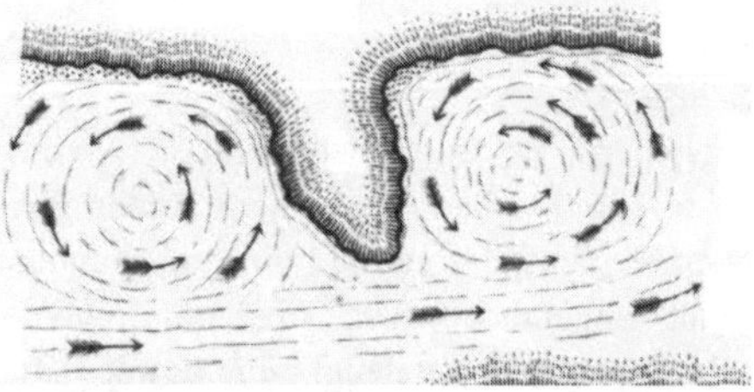

Mahlströme an einer Halbinsel, die in einen Strom ragt.

Erste Darstellung in Mercators Atlas von 1595. Die früheste bekannte Nennung stammt von Anthony Jenkinson in den »Principle Navigations« von Richard Hakluyt (um 1589): »There is between the said Rost Islands, and Lofoote, a whirle poole, called Malestrand, which ... maketh such a terrible noise, that it shaketh the rings in the doores of the inhabitants houses of the said Islands, ten miles of«, »Zwischen den genannten Rost-Inselns und Lofot gibt es einen Wirbel, Mahlstrom genannt, der einen so furchtbaren Lärm macht, dass er die Türklopfer der Einwohner der genannten Inseln schüttelt, zehn Meilen weit.« Jenkinson nennt wohl irrtümlich den Namen des südschwed. Ortes Malestrand, heute Marstrand.

Pierre Martin de LaMartinière, Neue Reise in die Nordischen Landschafften (1675): »dieser Maelstroom ist die grössteste Drehe oder Strudel in der gantzen Nord-See, in welchem manch Schiff, so demselben, ehe man es inne wird, zu nahe kompt, verlohren gehet.«

Makrele, die, »ein Speisefisch des Atlantiks und der Nordsee«, Scomber scombrus, Angehöriger der Familie der Makrelenfische (Scombridae).

Goldmakrele *(Coryphaena hippurus)*.

Spätmittelhochdt. *makrēle*, mittelniederländ. *makereel, makreel*, mittelengl. *macrelle*, dies entlehnt aus altfranzös. *maquerel* »Makrele«, auch »Zuhälter, Kuppler«, vielleicht wiederum entlehnt aus niederländ. *makelaar* »Kuppler«, hieraus auch dt. *Makler*; das latinisierte *macarellus* stammt wohl aus dem Französischen. Die Herkunft bleibt unklar: Zwar kopuliert nach Volksglauben die Makrele sowohl mit Heringsmännchen als auch mit -weibchen oder stiftet die Ehe zwischen den beiden, aber dieser Glaube ist erst für das 19. Jahrh. bezeugt. Wahrscheinlich lag im Mittelalter nur Lautgleichheit vor. Strittig ist auch die Alternative aus mittelfranzös. *mâcher* »kauen, zersetzen« wegen der dürftigen Belege.

Havelok der Däne (ca. 1300): »Keling he tok, and tumberel, Hering, and þe makerel«, »Kabeljau nahm er und Tümmler, Hering und die Makrele.«

Gesner, Fisch-Buch (1670): »Der Macrell mag also genannt seyn … auß Ursach daß er etwas mager ist.«

Johann Heinrich Zedler, Universal-Lexikon (1739): »Makrele … Ist ein See-Fisch, denen Fischern wohl bekannt … Der Frantzösische Name Maquereau, welches auf Frantzösisch so viel, als ein Kuppler bedeutet, ist diesem Fisch darum gegeben worden, dieweil man dafür hält, daß er gewohnet ist, so bald der Frühling kommt, denen jungen Alsen, welche insgemein Jüngferlein, Vierges auf Frantzösisch, genennet werden, nachzufolgen, und sie zu ihren Männlein hinzugeleiten, Einige aber wollen, dieser Name komme von Macula, Flecken, her, weil dieser Fisch gefleckt ist und deswegen auch Macularellus sey betitelt worden.«

Mallemucke, die, ① »Eissturmvogel« (Fulmarus glacialis) im Nordatlantik, ② »Schwarzbrauenalbatros« (Diomedea melanophris) im Südpolarmeer, ③ »Besatzungsmitglied eines Kap-Horn-Umseglers«.

Zu Grunde liegt das niederländ. Kompositum *mallemok*, aus mittelniederdt. *mal* »verrückt, seltsam, wunderlich« und niederländ.

dialektal *mok* »Möwe«. Der Begriff stammt von holländischen Seeleuten, weil sich die Sturmvögel in ihrer Beutegier wie »mall« von den Walfängern auf harpunierten Walen oder abgespeckten Kadavern erschlagen ließen. →*Albatros*.

Friderich Martens, Spitzbergische oder Groenlandische Reise-Beschreibung (1675): »Bey diesem Fische vernahmen wir viel Voegel, die meisten waren Mallemuekken.«

[Erstbeschreibung bei] Johann Anderson, Nachrichten von Island (1747): »Mallemucke, eine bunte grönländische Meve der grösseren Art ... mit weißschwarz- und faulgelben Federn, einem geraden vorn am oberen Kiefer nur ein wenig gekrümmten Schnabel und hinten kreuzweise über einander geschlagenenen Flügeln.«

Lorenz Oken, Allgemeine Naturgeschichte für alle Stände (1837): »Die holländischen Walfischfänger nennen den grauen Sturmvogel Mallemucke (dumme Mucke).«

Malstrom →**Mahlstrom**

manövrieren, »ein Schiff Bewegungen ausführen lassen, auf einem Schiff bestimmte regelmäßige Bewegungen ausführen«.

Im 18. Jahrh. *Manöver* entlehnt aus französ. *manœvre* »Handhabung«, dies aus mittellat. *manuopera* »Handarbeit«, von *manus* »Hand« und *operare* »arbeiten«. Schwenks mit der Hand wurden zunächst bildlich auf Schiffswendungen übertragen und dann zu Flotten- und Truppenbewegungen verallgemeinert. Der seemännische Gebrauch ist in Frankreich erst 1616 erstmals belegt.

Johann Hinrich Röding, Allgemeines Wörterbuch der Marine (1794/96): »Schiffsmanoeuver ... Heißt 1) Eine jede nach gewissen Gesetzen bewerkstelligte Wendung oder Veränderung des Weges des Schiffs vermittelst der Segel und des Steuers ... Das Manoeuvre und die Rangirung einer Kriegsflotte nennt man Seetaktik. 2) Eine jede Arbeit oder Dienst der bey den Segeln, Tauen und Ankern geschieht.«

Johann Wolfgang von Goethe, Belagerung von Mainz (1822): »ein heftiges allen unbegreifliches Kanonieren am Ende unsers linken Flügels; zuletzt klärte sich's auf, das Feuer sei auf dem Rhein, wo die holländische Flotte vor Ihro Majestät dem Könige manoevrire.«

Manta →**Rochen**

Marina, die, »Yachthafen«.

Ende des 18. Jahrh. in Beschreibungen Italiens übernommen aus italien. *marina* »Lagune, Seepromenade, Gestade«, lat. *marina* »Küstenregion«, *marina loca* »Plätze an der Küste« (Plinius) auf lat. *mare* »→*Meer*« zurückgehend.

Als »Yachthafen« früheste Belege in Webster's New International Dictionary of the English Language (1934): »Marina, ... a dock or basin providing secure moorings for power boats and launches«, »Marina, ... ein Kai oder ein Hafenbecken mit sicheren Liegeplätzen für Motoryachten und Barkassen.«

In der Zeitschrift Yachting Monthly (1935): »Fees for keeping a yacht in a municipal ›marina‹ (trick name for basin) are modest. Yachts are tied up in slips in these marinas.«, »Die Gebühren, um eine Yacht in einer städtischen ›Marina‹ (Kunstname für Hafenbecken) zu unterhalten, sind mäßig. In diesen Marinas werden Yachten an Anlegern festgemacht.«

Marine, die, allg. »Seewesen eines Staates«, daraus die zivile »Handels-« und die militärische »Kriegsmarine«, als Kurzwort *Marine* in militär. Bedeutung.

Im 17. Jahrh. entlehnt aus gleichbedeutendem französ. *marine*, mittelfranzös. »Meerwasser, Navigation, Flotte«, altfranzös. »Küste, Gestade« zum Adjektiv altfranzös. *marin*, lat. *marinus* »zum Meer gehörig«, dies zu lat. *mare* »→*Meer*«. Aus dem Lateinischen stammen auch italien., span. *marino* »Marine«, port. *marinho*. In den Niederlanden hat sich im 17. Jahrh. *Marine* »Seestück« verselbstständigt, ein Bild mit Meer oder Seefahrt als Hauptmotiv. Das Adjektiv **marin** »dem Meer angehörend« ist lateinisch seit dem römischen Schriftsteller Ennius (239–169) gebräuchlich, französ. seit dem 12. Jahrh., engl. seit dem 15. Jahrh., dt. erst seit dem 19. Jahrh. und überwiegend in wissenschaftlicher Verwendung.

Eine Definition gibt etwa Kaspar Stieler, in Zeitungs Lust und Nutz (1695): »Marine, Seeverfassung, und alles was zum Meer und Schiffswesen gehört.«

Der Begriff war in England früh in Amtsgebrauch, etwa 1551 »Treasourer of the Kinges maiesties maryne and see causes«, etwa »Schatzmeister ihrer königlichen Majestät Marine- und Seesachen«, 1566 »her Ma(jes)ties Marine Service«, etwa »ihrer Majestät Kriegsmarine«.

Frühe engl. Erläuterung von *marin* bei Wylliam Caxton, The subtyl historyes and fables of Esope [and] Poge the Florentyn (1484): »Ther was fond within in grete Ryuer a monstre maryn or of the see«, dt. etwa: »In einem großen Fluss wurde ein Monster gefunden, marin oder von der See.«

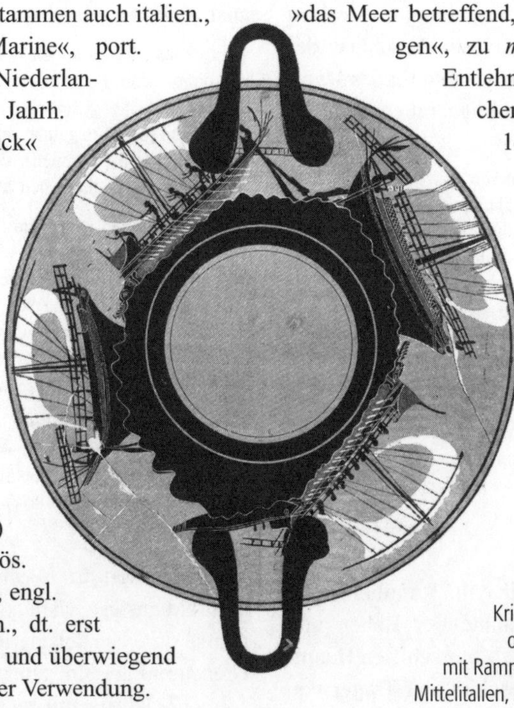

Griechische Handels- und Kriegsmarine, mit Kauffahrern ohne Ruderer und Galeeren mit Rammspornen. Schale aus Vulci, Mittelitalien, Abzeichnung des 19. Jahrh.

maritim, ① »zum Meer gehörend«, ② »Seewesen und Schifffahrt betreffend«.

Im 19. Jahrh. entlehnt aus lat. *maritimus* »das Meer betreffend, auf das Meer bezogen«, zu *mare* »→*Meer*«. Als Entlehnung in anderen Sprachen früher verbreitet, im 14. Jahrh. französ. *maritime*; im 16. Jahrh. engl. *maritime*.

Das Wort ist wohl zuerst in Die beiden Bacchis des römischen Schriftstellers Plautus (254–184 v. Chr.) nachweisbar: »Censebam ne effugisse a vita marituma (sic)«, »schon glaubt' ich, frei vom Leben auf der See zu sein.«

Früh bei John Coke, The Debate between the Heraldes of Englande and Fraunce (1550): »Therle of Arundell … with a puissaunt army myrytayne dystroyed … all the nauy of Flaunders«, wörtl.: »Der Earl von Arundell zerstörte mit einer mächtigen maritimen Armee die gesamte Flotte Flanderns.«

Mars, der, »Mastkorb, Plattform am Mast als Standplatz für den Ausguck«.

Im 13. Jahrh. entlehnt aus gleichbedeut. niederländ. *mars*, übertragen von *merse* »Korb eines umherziehenden Krämers«, urspr. »Kaufmannsware« von lat. *merces* »Kaufwaren«; altfranzös. *merx* »Ware«.

Verwandt mit dt. *Kommerz, Markt* (gleichbed. französ. *marché*, engl. *market*), französ. *merci* »Abschluss eines Handelsgeschäftes, Dank«, engl. *mercy* »Vergebung«, *merchant* »Kaufmann«. Der Mars am Abschluss des Untermastes war namengebend für das *Marssegel* und dessen zugehörige Takelungsteile.

Niccolò Pimenta, Newe Historische Relation, was in den Orientalischen Indien … sich zugetragen (1598/1601): »Gegen der Nacht folgeten sie uns hinden nach, vnnd gaben ein ander die gantze Nacht Feuwerzeichen auß dem Mers oder Korb«; die Bezeichnung →*Korb* war in Süddeutschland verbreitet und stammt wohl als Entlehnung aus dem Mittelmeerraum.

Früher schriftflicher Beleg in Die Pilgerfahrt des Ritters Arnolf von Harff (1496/99): »der selvyge mastboym was hoygh van dem understen bys oeven an die merssche tzwey hundert vier ind tzwentzich voesse hoych«, »dieser Mastbaum war vom Untersten bis oben an den Mars zweihundertvierundzwanzig Fuß hoch.«

Mast, der, ① »Segelbaum, Rundholz oder Metallrohr zur Aufnahme der Rahen und Segel«, ② daraus »bei Motorschiffen Hauptstütze für das Ladegeschirr und Träger von Signaleinrichtungen«, verkürzt aus »Lademast«.

Mittel- und althochdt. *mast* (auch »Fahnen, Speerstange«), altengl. *mæst*, engl. *mast*, altnord. *mastr*, norw., schwed., dän. *mast*. Alle Formen gehen zurück auf german. **masta* und indoeurop. **mazdo*. Die Entlehnung aus den german. in die roman. Sprachen erfolgte mit nicht ungewöhnlichem Konsonantenwechsel von *d* zu *l* in lat. *malus* »Stange, Mast«; mittellat. *mastus* ist schon im 8. Jahrh. im deutschen Sprachgebiet belegt; verwandt sind auch altirisch *matan* »Keule« und altkirchenslaw. *mostú* »Brücke, Knüppeldamm«. Vielleicht Entlehnung von arab. *mazzān* »Mast« aus italien. *mezzana* »→*Besan*«. Nicht verwandt ist →*Maat*. Alt- und mittelhochdt. sind Formen von *Mastbaum, Segelbaum* verbreitet, altnord. auch *siglu-tré* »Segelbaum«.

»Mittelmast« (eines Dreimasters) bei Gaspar Ens, West- und ostindischer Lustgart (1618): »Etliche Stundt, ehe sie die Ancker bey Porto Rico außwurffen, bekamen sie gegen Abendt ungefehr achtzehen Schuß auß den groben Stücken [Kanonen], unter welchen einer den Admiral Defiance durch den Mittelmast schoß.«

Ortsbezeichnung »vor dem Mast« bei Reinhold Werner, Buch von der deutschen Flotte (1898): »Es herrscht, namentlich auf Kriegsschiffen, vor dem Maste, mit welchem Namen man die vor dem Großmast liegenden Wohnungsräume der Matrosen und aller derjenigen Personen bezeichnet, welche nicht zum Stabe des Schiffes gehören, ein eigentümliches Leben.«

→Deck (um 1600), →Fock (1638), →Luv (1669), →Fall (1702), Besanmast →achtern (1681), Brammast →Bram (1778), Fockmast →kappen (1732), Großmast →Barkasse (1864)

Matrose, der, ① »Seemann des niederen Schiffsdienstes«, daraus »ausgelernter Seemann der Handelsmarine«, ② »unterster Dienstgrad der Kriegsmarine«.

Im 17. Jahrh. entlehnt aus niederländ. *matroos*, dies aus französ. *matelots* »Seeleute«, dies wiederum im 14. Jahrh. entlehnt aus dem Mittelniederländ., ① entweder *mattenot, mattennoot* »Kamerad, Mattengenosse« von lat. *matta* »Matte, Bodenbelag«, weil Seeleute häufig ihren Schlafplatz teilen mussten, oder ② aus *matghenoot* »Tischgenosse« von german. **mat-* »Speise«. →*Maat*

Adolf Decker, Diurnal der Nassawischen [holländischen] Flotta (1629): »Der Herr Admiral ist so bald mit allen den 5 Compagnien Soldaten und ein klugen Hauffen Matrosen ans Land gegangen.«

Daniel Defoe, Robinson Crusoe, übersetzt von Ludwig Friedrich Vischer (1720): »Wir hatten zwar ein gutes Schiff, aber es war schwehr beladen, und schwanckte

Ein Kriegsschiff mit Masten, Stengen und Stagen (um 1790, vereinfachte Darstellung).

A Großer Mast
B Große Stenge
C Große Bramstenge

D Fockmast
E Vorstenge
F Vorbramstenge

G Besanmast
H Kreuzstenge
I Oberkreuzstenge

K Großes Stag
a Großes loses Stag
l Großes Stengenstag
b Loses Stag der großen Stenge
o Großes Bramstengenstag

N Vorstag
c Loses Stag des Fockmastes
O Vorstengenstag
P Vorbramstengenstag

Q Besanstag
R Kreuzstengenstag
S Oberkreuzstengenstag

T Bugspriet
U Klüverbaum
V Wasserstag
W Großmars

dermassen in der See, dass die Matrosen etliche mahl schrien: Nun werde es sich leck arbeiten.«

Johann Gottfried Seume, Mein Leben (1813): »Wenn ich nicht mit den Matrosen arbeitete, lag ich bei schönem Wetter mit dem Virgil oben im Mastkorbe.«

→Bai, →Prise, →Kombüse (1627)

Meduse →Qualle

Meer, das, »Gesamtheit des die Erde bedeckenden Wassers; ein großer Teil davon«.

Althochdt. *mari*, mittelhochdt. *mer*, altfries. *mere*, altengl., engl. *mere*, altnord. *marr*, altkirchenslaw. *more*, altir. *muir*, lat. *mare*, indoeurop. **mari* »Meer« und vielleicht aus einem nicht-indoeuropäischen Restwortschatz. Im german. Sprachraum gilt auch, im engl. nur noch die Bedeutung »Binnensee«, weshalb sich für *Meer* auch norddt. (die) →*See*, engl. *sea*, niederl. *zee* verbreitete. Verwandt mit →*Marine*, *Moor*, *Marsch*. Nautisch wird bis heute meist *See* gebraucht. **Meerbusen**, von lat. *sinus maritimus* »→*Busen*«. **Meerfräulein, -jungfrau**,

Stadtwappen von Warschau, Fassade des 19. Jahrh. Die Herkunft der Meerjungfrau (»Syrenka«) als Emblem ist zwar sagenumwoben, aber historisch unklar.

Mermaid, myth. Frau mit Fischschwanz (→*Nixe*), oft mit den Sirenen identifiziert; *Mermaid* seit dem 16. Jahrh. auch Beiname des *Manati* (Seekuh, Manatus americanus) wegen der Ähnlichkeit. **Meerkatze**, althochdt. *merikazza*, engl. u. niederländ. *meerkat*, wohl aus Afrika »über das Meer« gekommene langgeschwänzte Affenart, Gattung Cercopithecus; eine frühmittelalterl. Entlehnung aus hind. *markat*, Sanskr. *markata* »Affe« ist noch zweifelhafter als die maritime Namensgebung. **Meerrettich**, althochdt. *mer-ratih*, umstrittene Herkunft: ① im 9. Jahrh. aus dem fernen Südosteuropa gekommener, fremder Rettich (wie →*Meerkatze*, →*Meerschweinchen*), *Rettich* von lat. *radix* »Wurzel«, ② wegen Schärfe bzw. Ungenießbarkeit zu *Mähre* »Pferd«, engl. *horseradish*, weil scharfe bzw. ungenießbare Pflanzen oft Tiernamen als Futterbezeichnung tragen, ③ zur Vorsilbe verselbstständigt aus *Ar(e) moracea* »die Bretonische«, weil Meerrettich in der Bretagne gut gedeiht und per Schiff über das Meer ausgeführt wurde. Die botanische Bezeichnung Armoracia rusticana ist neuzeitlich und gibt keinen etymologischen Hinweis. **Meerschaum**, von lat. *spuma maris* für die Koralle *Alconium digitatum*, weil sie als verdickter Schaum des Meeres galt; ab 18. Jahrh. ein schwimmfähiges, weißliches Mineral aus Kleinasien für Pfeifenköpfe. **Meerschwein**, althochdt. *meriswin*, von lat. *porcus marinus*, →*Delfin* oder →*Tümmler* wegen seines Specks. **Meerschweinchen**, seit dem 17. Jahrh. in Deutschland bekannter, aus Südamerika über das Meer gekommener Nager mit schweineähnlichen Quieklauten. **Meerstein** →*Koralle*. **Meerwolf**, Art der Streifenbarsche, →*Barsch*

→fahren (nach 1231), →Strand (13. Jahrh.), →Gestade (1349/50), →Ozean (1394), Meerfisch, Meergeschnälz →Auster (1643), Meerschnecke →Admiral (1811), Meerschwein →Delfin (1631/55)

Mermaid →Meerfräulein

Messe, die, »gemeinsamer Speise- und Aufenthaltsraum auf Schiffen«, früher »Speise- und Wohnraum der Offiziere«.

Mitte des 19. Jahrh. entlehnt aus engl. *mess* »(vierköpfige) Tischgesellschaft, →*Backschaft*«, auf Schiffen seit dem 16. Jahrh. belegt, seit dem 14. Jahrh. »Speise, Mahlzeit«,

Offiziersmesse unter Deck.

dies entlehnt aus altfranzös. *mes* »aufgetragene Speise, Portion« zu lat. *missum* »geschickt« und *mittere* »schicken« im Sinne von »aus der Küche Geschicktes«; italien. *messo* »Gang bei einem Essen«, französ. *mess* »Messe«, norw. *messe*, schwed. *mäss*. Über lat. *mittere* »entlassen, aussenden« auch verwandt mit *Messe* »Gottesdienst«, das seine Bezeichnung wohl gekürzt aus der Schlussformel »*ite, missa est*«, »geht, es ist Entlassung« bezog; diese Ableitung ist jedoch umstritten. *Messen* »Jahrmärkte, Handelsausstellungen« entstanden aus Märkten, die anlässlich von Gottesdiensten an Heiligentagen abgehalten wurden.

Albert Berg, Die preußische Expedition nach Ost-Asien (1864): »Im Zwischendeck liegen das Lazareth, die Cadettenmesse, die Kammern der Decksofficiere, Aerzte und Beamten, und im hintersten Theile, gewöhnlich von den Kammern der Officiere umgeben, die Officiersmesse.«

Max Foß, Marine-Kunde (1901): »Der Kommandant meßt allein.«

→Pantry (1899)

Meuterei, die, »Rebellion an Bord«.

Meuterei ist ein altes Anführerdelikt; als Straftat von Untergebenen wurde es erst seit der frühen Neuzeit betrachtet. Seither drang die Bezeichnung zunächst in die Soldatensprache und war seit etwa 1600 auch für Seeleute gebräuchlich. Seit dem 16. Jahrh. entlehnt aus französ. *meuterie* »Empörung, Aufstand, Revolte«, von *meute*, altfranzös. *muete* »Bewegung, Aufruhr, Jagdzug, eine Koppel Jagdhunde, Hundemeute«, aus spätlat. **movita* »Bewegung« zu lat. *movere* »bewegen«. Es geht mit altind. *mivati* »schiebt, drängt, bewegt« auf indoeurop. **meu-* »fortschieben« zurück. Verwandt sind *Motor*, *mobil*, *Moment*. Im 14. Jahrh. spaltete sich von französ. *meuter* eine Wortfamilie um das Adjektiv *mutin* »meuternd« in der urspr. Bedeutung »sich erheben, revoltieren« ab, aus der auch engl. *mutiny* »Meuterei« hervorging.

Niederländ. in den Placcaeten van Brabandt (1609): »Incursien van ghemuytineerde, Zeerovers, piraten ende gheboefte«, »Überfälle von Meuterern, Seeräubern, Piraten und Buben.«

Johann Christoph Adelung, Grammatisch-Kritisches Wörterbuch (1811), ohne Bezug zur Seefahrt: »eine unerlaubte Verbindung mehrerer, besonders wider ihre Obern«.

Als Metapher früh bei Richard Carew, A Herring's Tayle (1598): »On traytor sea, and mid the mutine windes«, etwa »auf verräterischer See und in meuternden Winden«.

Mist, der, »Nebel«.

Mittelniederdt., niederländ. *mist*, mittelniederländ. *mest*, engl., norw., schwed. *mist*, isländ. *mistur*. Alle Formen gehen zurück auf german. **mihstoz* »Nebel« und mit altkirchenslaw. *migla*, altind. *míh*, armen. *mēg* auf indoeurop. **mighlā* »Nebel, Wolke« sowie **meigh-*, **migh-* »flimmern, blinzeln, dunkel«. Nicht verwandt ist dt. *Mist* »Dung, Streu«.

Sprichwort aus Eberhard Tiling, Versuch eines bremisch-niedersächsischen Wörterbuchs (1769/71): »Mist het den Oost in der Kist«, weil auf den Nebel oft frischer Ostwind folgt.

Jens Jacob Eschels, Lebensbeschreibung eines alten Seemanns (1835): »wir kamen in einen Nebel, der dieses Jahr den ganzen Sommer, bis im Augustmonat, im Ocean und in der Nord- und Ostsee war, weshalb dieses 1783ste Jahr von den alten Seeleuten das Mist-Jahr genannt wird.«

Mole, die den Hafen von Methoni in Griechenland schützte, Stich des 19. Jahrh.

Mole, die, »Hafendamm«.

Lehnwort aus italien. *molo*, in dieser Form dt. noch bis in das 19. Jahrh., von lat. *mōlēs* »Wehr, Hafendamm«, urspr. »massiger Bau, Anstrengung, Mühe«, lat. *moliri* »sich abmühen«, griech. *mōlos* »Anstrengung«. Zugrunde liegt indoeurop. **mo-lo-* »sich mühen«. Verwandt sind *Mühe*, *müde*.

Ludwig, Teutsch-engl. Lexikon (1716): »Mole, starke, steinerne Wehr in den Städten, die an der Mittelländischen See liegen, so deswegen gemacht ist, daß die Meereswellen, wenns stürmt, sich daran brechen und die Schiffe dahinter sicher liegen mögen.«

Gustav Frenssen, Klaus Hinrich Baas (1909): »Aber weißer sind die Brecher, die weithin über die Mole fliegen.«

Mollymauk →Albatross

Monsun, der, »großräumiges Windsystem vor allem in Süd- und Südostasien mit halbjährlichem Richtungswechsel«.

Seit dem 17. Jahrh. entlehnt aus engl. *monsoon*, dies seit dem 16. Jahrh. aus port. *monçao*, erstmals im Reisebericht Navegação do Capitão Pedro Alvares Cabral (1500), aus arab. *mausim* »(für die Überfahrt günstige) Jahreszeit«. Die Kenntnis der Winde ermöglichte den regen Handelsverkehr zwischen den Küsten Indiens, Arabiens und Afrikas.

Alexander von Humboldt, Kosmos, Entwurf einer physischen Weltbeschreibung (1845): »Monsun ... wird abgeleitet von dem arabischen Worte mausim, bestimmte Zeit, Jahreszeit, Zeit der Versammlung der Pilger in Mecca. Das Wort ist auf die Jahreszeit der regelmäßigen Winde übertragen.«

Mooring, die, auch **Muring**, »Hafenanker«, z. B. Kette, um ein Schiff auf Reede oder im Gezeitenstrom ohne eigenen Anker festzumachen.

Entlehnung aus engl. *to moor* »mit Seilen verankern«, mittelengl. *more* »vertäuen«, altengl. **mæran* (bekannt nur *mærels-rāp* wörtl. »Mooring-Reep«), mittelniederländ. *māren* »ein Schiff festmachen«. Es hat sich mit lautlich ähnlichem Verb altengl. *merran*, mittelniederdt., -länd. *merren*, frühneuhochdt. *mehren* »(das Wegtreiben) hindern« vermischt, das im Rheinland als »ein Schiff am Ufer anseilen« verbreitet war. Entlehnung zu französ. *amarrer* »festmachen«. Engl. *Mooring* »Trossen und Taue zum Festmachen« ist seit dem 16. Jahrh. belegt. Die spätlat. Form *moragium* »Gebühr für die Nutzung der Mooring« stammt aus dem 13. Jahrh.

Zum Einsatz von zwei Schiffsankern das Handbuch der Seemannschaft (1899): »Das Vertäuen vor Ebbe und Fluth oder Vermooren, was bei längerem Aufenthalt in einem Hafen mit regelmäßigem Stromwechsel stets zur Anwendung kommen sollte, erfolgt in der Art, dass man das Schiff vor beide Buganker legt, letztere aber so fallen lässt, dass ihre Verbindungslinie in der Stromrichtung liegt.«

Hans von Dambrowski, Der Seekadett (1894): »hier ankerten wir zur größeren Sicherheit und, um beim Wechsel der Flut nocht in zu großem Bogen zu schwoien [schwingen], mit zwei Ankern: wir vermoorten.«

Moses, der, ① »jüngster Schiffsjunge, Schiffsneuling«, ② kleines Beiboot.

Die Abkunft beider Begriffe geht auf die Aussetzung des kleinen Moses in einem Körbchen zurück (Bibel, 2. Mo 2,3).

Jens Jacob Eschels, Lebensbeschreibung eines alten Seemanns (1835): »Es war uns nicht möglich, unser großes Boot auszusetzen, denn unser Schiff schlenkerte in der hohen See zu hart; wir mußten also unsere kleine Jolle aussetzen, ein plattes Ding (derzeit auf den Schiffen ein Moses genannt) und sehr klein, so daß sie nicht mehr als vier Mann tragen konnte.«

Eine barocke Erklärung in Der geöffnete See-Hafen (1702): »Er dienet sonsten auf Englischen Schiffen, der Kauffleute Güter aus- und einzubringen, weil er gerade über der großen Lucke stehet, dahingegen hierzu die Deutschen auch den Spanischen Tackel gebrauchen, und weil dieser an dem grossen Mast als vor die Beschreibung ausweiset, befindlich, mithin von der Lucke noch abstehet, als wird zu dessen Behuff eine Talje oben in des Hangers Auge fest gemacht, und noch ein Block unter den Fock-Mars gehangen, davon der Looper auf die Back gehet, so, daß der Spanische Tackel nach vornen zu und recht über die grosse Lucke gebracht wird, um daselbst die Wahren aus- und einzuziehen: welches die Seefahrende gemeiniglich den Mosis nennen.«

Möwe, die, »ein großer weißer Seevogel«, Angehörige der Unterfamilie Larinae (»Möwenvögel«), vor allem die Gemeine Möwe Larus canus.

Frühneuhochdt. *mew* aus mittelniederdt. *meve*, -niederländ. *meeu, meewe*, altsächs. *méu*, altnord. *már*, altengl. *meau*, *mæw*, engl. *mew*, aus german. **mæwo*. Möglich ist eine vorgerman. Form **moiqo-s*. Ursprung wohl nach dem Möwenschrei lautmalerisch.

Dionysios von Philadelphia: »Die Möwen sind gegen die Menschen sehr zutraulich und wohnen nahe bei ihnen, als ob sie die besten Freunde wären ... Ursprünglich sollen die Möwen Menschen gewesen sein und zuerst den Fischfang erfunden haben; dann seien sie durch den Willen der Götter in Vögel verwandelt worden, doch ihre Vorliebe für Städte und Häfen sollen sie behalten haben.«

Sehr früher dt. Beleg im lat.-engl. Corpus Glossorum (725): »alcido ... meau«. Im Alt- und Mittelhochdt. sind keine verwandten Bezeichnungen nachweisbar.

Sturmmöwe *(Larus canus)*.

Muring →Mooring

Muschel, die, »Weichtier der Meere und Süßgewässer mit zwei den Körper bedeckenden Schalen«, Klasse Lamellibranchiata, auch Bivalvia genannt, namengebend wohl die *Miesmuscheln* Mytilus edulis und galloprovincialis.

Althochdt. *muscula*, altsächs. *muskula*, altengl. *muscle*, altfranzös. **mosle* sind entlehnt aus frühroman. **mūscula*, lat. *mūsculus* »Mäuschen«, lat. *mūs* »Maus, Muskel«, weil die Bewegung der Muskeln unter der Haut an eine laufende Maus erinnern kann; die Über-

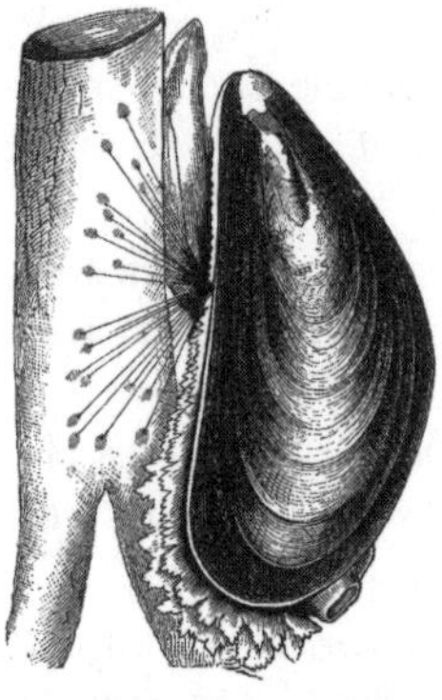

Miesmuschel *(Mytilus edulis)*, mit ihren Byssusfäden an einem Holzstück festgesetzt.

tragung der Bedeutung »Maus« auf »Muschel« beruht wohl auf ihrer ähnlichen Form und Farbe. Vielleicht stammt der Name für die Muschel auch vom Schließmuskel, der die Schalen fest zusammenhält. Niederländ. *mossel* stammt von der altfranzös. Form, neufranzös. *moule*. Der erste Wortteil von **Miesmuschel** geht wohl auf Formen von *Moos* zurück.

Bildlich bei Heinrich Knaust, Tragedia von Verordnung der Stende (1539): »Ich bin ja mit list umbfangen, wie Jacob mit mussel behangen.« Die häufigen Darstellungen von Venus, in einer Muschel geboren oder darin über das Meer fahrend, gehen auf dasselbe griech. Motiv bei Aphrodite seit dem 4. Jahrh. v. Chr. zurück.

Johann Heinrich Zedler, Universal-Lexikon (1739): »Muschel … ist eigentlich ein Meer-Gewächs, welches insgemein eine Art Fische in Schalen, und bey denen Fischereyen gantz bekannt ist. Die besonderen Arten derselben sind fast unzehlbar … Es hat sich noch niemand die Mühe genommen, solche in gewisse Classen zu bringen, und ordenthlich abzutheilen.«

→Tauchen (1726), Muschelhafen →Back (1675)

Musterung, die, »Verhandlung und Abschluss eines Arbeitsvertrages für Seeleute«, Verlautbarung einer An-, Um- oder Abmusterung vor dem Seemannsamt; →*Heuer*.

Seit dem 17. Jahrh. für Seeleute, seit dem 15. Jahrh. für die Inspektion von Truppen und Ausrüstung, von italien. *mostra* »Zeichen, Ausstellung, Probestück«, von lat. *monstrare* »zeigen«.

Johann Georg Aldenburgk, West-Indianische Reiße (1627): »Auß der Stadt Herberg zu Ambsterdam … muste alles Volck strack vermög der Muster Roll in die Schmackschiff (flachbödige Barken) gehen.«

August Mey, Bilder aus dem Hamburger Hafen (1899): »Stücken verliest nun die Musterrolle, nach der sich die Mannschaft verpflichtet mit dem Johann Cäsar, Capitän Meyer, von Hamburg nach San Franzisko und weiter zu segeln.«

→Heuer (1902)

N

Nautik, die, »Schifffahrtskunde«, Gesamtheit der zur Schifffahrt nötigen Wissensgebiete.

Der genaue Entlehnungsweg ist unklar. In Deutschland ist der Begriff im 18. Jahrh. aus dem Engl. *nautics* und Französ. *art nautique* »Schifffahrtskunst« aufgekommen, niederländ. *nautiek*, schwed. *nautisk*. Er stammt ab von griech. *nautikē (technē)* »Schifffahrtskunde« und dessen Adjektiv *nautikos* »zur Schifffahrt gehörig«, hier und später in vielen Entlehnungen substantiviert zu »Seewesen« sowie *nautēs* »Schiffer, Seemann«. Ausgangswort ist *naūs* »Schiff«, das wie Sanskrit *nāuh*, pers. *nāv*, armen. *naw* »Schiff«, dt. *Nachen* aus german. **nakwan*

Matrose mit Sextant.

»Schiff«, auf die indoeurop. Wurzel **nāus* »Schiff« bzw. **navagos* »das Schiff treibend« zurückzuführen ist. Aus lat. *nauticus* »Seemann« zu *navis* »Schiff« entwickelte sich eine eigene lat. Wortfamilie, →*Navigation*. Verwandt sind altnord. *nor* »schiffen«, altisländ. *naust* »Schiffschuppen«, altengl. *nowend* »Schiffer«.

In der Neuzeit in Frankreich um 1500 als Entlehnung *nautique* aus dem Lat. oder Griech. nachweisbar, frühester engl. Beleg bei Huluet (1552): »Anaximander (...) inuented the Nauticall (...) compasse«, »Anaximander erfand den nautischen Kompass.«

In italien. Quellen erst seit dem 17. Jahrh., als lat. Wort bei niederländ. und dt. Buchdruckern nautischer Literatur seit dem späten 16. Jahrh. in Gebrauch. Im 20. Jahrh. wurde der Begriff auf die Luft- und Raumfahrt ausgeweitet.

Navigation, die, »die Kunst, ein Schiff über See zu führen«, v.a. die Orts- und Kursbestimmung von Schiffen.

Ähnlich in vielen europäischen Sprachen, Ende des 16. Jahrh. entlehnt aus lat. *nāvigātio* »Schifffahrt« zu *nāvigāre* »schiffen, segeln, fahren«, *nāvis* »Schiff« und *agere* »treiben, handeln, führen«. Aus griech. *naūs* »Schiff« hat sich eine eigene Wortfamilie entwickelt (→*Nautik*, dort siehe auch zur indoeurop. Herkunft). *Naue*, die, »Fährschiff«, binnenländ. Entlehnung von lat. *navis* und italien. *nave* »Schiff«, auch in den Lautformen *Nähe* und *Naffe*. Verwandt ist auch *Nef*, die, spätmittelalterliches Handelsschiff in Nordwesteuropa.

Wunderer, Reyße in Moschaw (1590): »Weil wir (...) mit einfallenden schnellen Sturmwindten, Meerraubereyen, ungeheuren Belven [Wellen] und anderen gefahren umbgeben, könne solch navigation ohn steiff regiment nicht vollbracht werden.«

Tommaso Garzoni, Piazza Universale (1659): »Ein guter Schiffman muß sich auch nicht ein geringes auff deß Himmels Lauff verstehen, unnd sonderlich auff die Stück, so zur navigation insonderheit gehören.«

Nehrung, die, »schmaler Landstreifen, der ein Haff vom Meer trennt«.

Mittelhochdt. *nerge*, aus dem westgerman. Adjektiv **narwa* »eng«, altsächs. *naru*, niederländ. *naar*, altengl. *nearu*, neuengl. *narrow* und der häufig zur Begriffsbildung genutzten Endung *-ing*, *-ung*. Verwandt mit *Narbe*. Die italien. Entsprechung zu Nehrung lautet *Lido* (→*Lagune*).

Johann Heinrich Zedler, Universal-Lexikon (1733): »[Das Kurische Haff] wird durch die Halb-Insel Curisch-Nehrung genannt, von dem Baltischen Meere abgesondert, und vermischet sich mit selbigem bey der Stadt Memel nur durch einen kleinen Canal.«

ebd. (1735): »Frisch-Nehrung ... heißt eine Halb-Insul in Preußen ... Sie gehöret denen Dantzigern ... Man hat auf dieser Halb-Insul Weinberge angelegt, sie haben aber vor der Ost-See nicht bekleiben können.«

→Haff (1595)

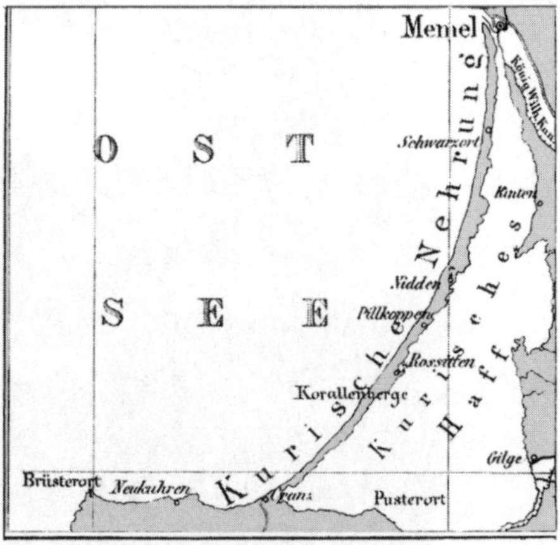

Kurische Nehrung und Kurisches Haff, Ende 19. Jahrh., mit den damaligen deutschen geografischen Bezeichnungen.

Netz, das, »Maschenwerk für den Fischfang«.

Althochdt. *nezzi*, altsächs. *net(ti),* altengl. *nett*, engl., niederländ., altnord. *net*, altfranzös. **net*, gotisch *nati* gehen auf german. **natja* »Netz« zurück. Mit lat. *nodus* »Knoten«, *nassa* »Fischreuse, aus Binsen geflochtener Korb« stammt es von indoeurop. **ned-* »zusammendrehen, knüpfen« ab, erweitert aus **(s)ne-* »(einen Faden) zusammendrehen, weben, spinnen, nähen«. Verwandt mit *Nessel, nesteln, nähen, Nadel*. Französ. *filet* von lat. *filum* »Faden«, auch franz. *rets*, span. *rede*, italien. *rete* von lat. *rete* »Netz«. *Netzhaut* nimmt altfranzös. sowohl *nette* als auch *rétine*, lat. *retina* auf, das auf lat. *rete* »Fisch-, Wurfnetz« zurückgeht, weil die antiken Ärzte die Haut des Augenhintergrundes mit einem Fischnetz verglichen. *Rete* geht über *rarus* »locker, dünn, selten« auf indoeurop. **erē* »trennen, locker, undicht sein« zurück.

Johann Heinrich Zedler, Universal-Lexikon (1740): »Zum Fisch-Fang gehören allerley grosse und kleine Wathen oder Zieh-Netze … Damit sich die Netze weder weiter ausdehnen, noch enger einziehen mögen, als die behörige Breite und Länge erfordert, muß man selbige nach der Breite, die sie haben sollen, nehmen, auf einem grossen Platz offt ausbreiten, und … austrocknen lassen, da sich denn das Geflechte an denen Maschen so fest an einander schlinget, und zusammen hält, daß es grosse Mühe braucht, wenn sie sich über die rechte Länge oder Breite ausdehnen sollen.«

Hamburgischer Correspondent (12.3.1909, Abendblatt): »Wiederholter Mahnungen des Seeamts ungeachtet war das Klüverbaumnetz nicht bis an die Back herangeführt, sodaß der Mann vermutlich aus dem Netz zwischen diesem und der Schiffswand hindurchgefallen ist.«

→Fisch (um 830), →hieven (1907)

Nixe, die, »Wasserfrau«, weiblicher Wassergeist mit menschlichem Oberkörper und Fischschwanz.

Seit Anfang 11. Jahrh. kommt eine weibl. Form *nickesa* der männl. Form *Nix* auf. Dieser heißt althochdt. (9. Jahrh.) *nihhus*, mittelhochdt. *nickes* »Wassergeist, Krokodil«, altengl. *nicor* »Wassergeist, Flusspferd, Walross«, gleichbed. altnord. *nykr*, daraus engl. *nicker*, niederländ. *nikker*, schwed. *näck*, dän. *nøk* »Wassergeist«. Aus den skandinav. Formen

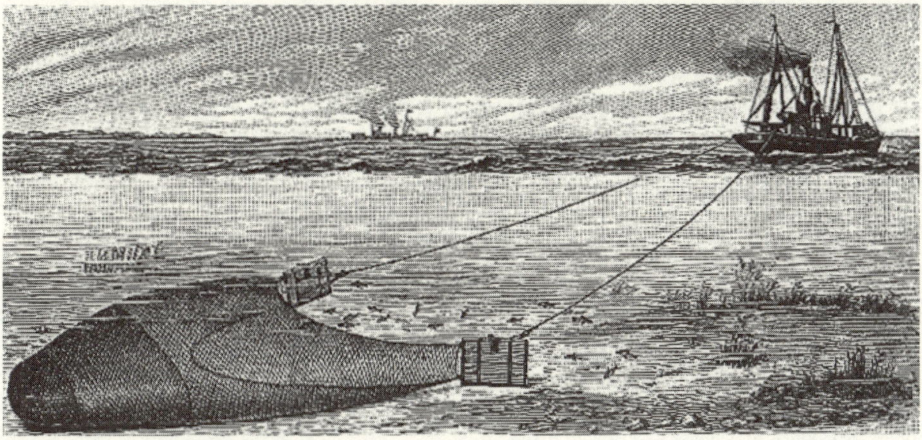

Fischfang mit Schleppnetz auf dem flachen Grund der Nordsee.

im 19. Jahrh. wird dt. *Neck*, *Nöck* rückentlehnt, auch unter dem Einfluss des nicht verwandten *necken* (dies abgeleitet von *nagen*). Nicht verwandt mit →*Nock*. Zu Grunde liegen german. **nikwuz*, griech. *nizein,* altind. *nénekti* zu indoeurop. **neig-* »waschen«. Im Volksglauben waren *Nixe* und *Nixen* Personifikation von Wasserunglücken in Meeren, Flüssen, Seen und Teichen. »Dazu kam als ein sehr Wesentliches die beunruhigende Frage, wer und was den Menschen töte, der ins Wasser gerät, da doch eine Menge von Pflanzen und Tieren in ihm unbeschwert leben.« (Hanns Bächtold-Stäubli, *Handwörterbuch des Aberglaubens*) Im dämonischen Wasser leben die Geister in Gestalt gefährlicher Tiere, wohl daher Zuschreibungen von Krokodil oder Flusspferd. Mischformen von Menschen und Tieren sind häufig; allerdings sind *Nixen*, selbst wenn ihr Oberleib menschlich ist, oft klein. Seltener sind sie den Menschen wohlgesonnen, dann als hilfsbereite, aber auch harte Strafen verhängende Kobolde, die Hausarbeit übernehmen. Brauende Nebel am Gewässer erwecken den Eindruck waschender Wesen; vom Waschen und der aufgehängten Wäsche als Metapher für »Nebel« haben *Nix* und *Nixe* ihren Namen. *Nymphen* und *Nereiden* der Antike waren den Menschen hingegen freundlicher gesonnnen. Schon die Odyssee zeigt sehr früh, dass weibliche Wassergeister, die *Sirenen*, eine Gefahrzeit anzeigten. Überlieferungen von *Sirenen* mit Fischschwänzen sind erst seit dem 6. Jahrh. nach Chr. verbreitet, zuvor selten. →*Meerfräulein*

Johann Heinrich Zedler, Universal-Lexikon (1747): »Wassernixe … In den heutigen Zeiten höret man nicht so viel mehr von dergleichen Seemännern oder Seeweibern, und also scheinen diese alten verlegenen Historien ziemlicher masen verdächtig zu seyn.«

Nock, die, »Ende einer Rah«.

Niederdt. Entlehnung des 16. Jahrh. aus mittelniederländ. *nocke*, neuniederländ. *nok* »Spitze, höchster Punkt eines Gebäudes«, norw. *nokke* »Haken«, schwed. *nock, nocke* »Haken, First«. Altnord. *hnykill* »Knoten, Geschwulst« und neuisländ. *hnjúkur* »Bergkuppe« deuten auf die Bedeutung »kurz, gedrungen« wie auch in *Klotz, Klumpen, Knopf* hin. Zugrunde liegt indoeurop. **kneu-,* erweitert aus **ken-* »zusammendrücken, -knicken, Geballtes«. Eng verwandt sind *Nock* »knolliger Berg«, *Nocken* »Vorsprung an einer Welle«, *Nockerl* »Klößchen«.

Chytraeus, Nomenclator (1582): »de ende oder spitzen an der segelstange, de Raanocken.«

Brommy (1848): »wenn zwei Schiffe im Gefechte hart an einander liegen, so sagt man: sie liegen Raanocke an Raanocke«.

Als Nebenbedeutung auch für die Enden der Kommandobrücke: »Dixie stampfte wütend von einer Nock der Kommandobrücke auf die andere.« (Die Flotte 12/1907)

→Talje (1702), Luvnock →Bram (1880)

Nord, **Norden**, der, »Himmelsrichtung nach dem Polarstern oder Nordpol«.

Als Substantiv »Norden« und/oder Adverb »nördlich«; althochdt. *nord*, altsächs. *norð*, altnord. *norðr*, altfries. *north* gehen mit westgerman. **norða*, griech. *nérteros* »unterer, unterirdisch«, umbr. *nertru* »links« sowie armen. *nerk'in* »der Untere« zurück auf indoeurop. **ner-* »unten, links«. Die Richtung ist für Seefahrer oder Opfernde entweder »dort, wo die Sonne unten ist«, oder »links von mir, wenn ich zum Morgenlicht, zum Sonnenaufgang schaue«. Engl. *north*, französ. *nord*, span. *norte*, niederländ. *noord*.

Das lat. *septentrionalis* »nördlich«, *septentriones* »Norden«, von *septem* »sieben«, stammt von den sieben Sternen des nördlichen Sternbildes Großer Bär. →*Arktis*

Johann Heinrich Zedler, Universal-Lexikon (1740): »Nord … heisst in der Seefahrt die Gegend, welche nach Mitternacht liegt. Dieser Name wird allen denen Dingen, so nach Mitternacht gehören, gegeben. Also sagt man, der Nord-Wind, der Nord-Stern, die Nord-See, die Norder-Breite des Erdballes, Nordfahrer, welche nach Norden schiffen, und so weiter.«

Johann Hinrich Röding, Allgemeines Wörterbuch der Marine (1794/96): »Nord, Norden … Der Durchschnittspunct des Mittagskreises mit dem Horizonte an derjenigen Seite des Himmels, welche gegen den Nordpol zugekehrt ist. Er ist einer von den vier Haupt- und Cardinalpuncten, durch welche im Horizont die 4 Hauptgegenden bestimmt werden.«

→Flaute (1673), →Jolle (1678), →See (1744), Nordwind →Haff (1595), Nordsee →lichten (1627), →Mahlstrom (1675), →Schlick (1794)

Die Himmelsrichtung Nord auf einem Kompass.

O

offshore, **off shore**, »in Küstennähe«.

Übernahme der 2. Hälfte des 20. Jahrh. aus dem Engl., wo es im 18. und 19. Jahrh. als Richtungsbezeichnung diente. Frühester Beleg bei Daniel Defoe, *Captain Singleton* (1720): »The Wind blowing off Shore«, »der Wind bläst von der Küste weg«. Zur Ortsbezeichnung dient das Wort seit Ende des 19. Jahrh. Dt. in maritimer Verwendung als Lagebezeichnung auf dem →*Schelf* seit den späten 1960er Jahren mit dem Beginn der Erdöl- und Erdgasexploration in der Nordsee, engl. seit 1966 nachgewiesen. In wirtschaftlicher Bedeutung für Niedrigsteuergebiete, oft kleine Inselstaaten, engl. seit 1961 belegt, dt. seit etwa 1985.

Die Welt (23.10.1967): »Die erste … hochentwickelte Tieftauchanlage wird für ›Off-shore‹-Bohrarbeiten verwendet.«

Der Spiegel (2.5.1977): »Insgesamt 26 mal seit 1964 kam es bei ›Offshore‹-Bohrungen zu solchen Blowouts.«

Oktant, der, »Gerät zur Navigation mit Gradeinteilung«.

Von lat. *octans* »Achtelkreis« nach dem Kreisbogen von 45 Grad, an dem die Höhe eines Himmelskörpers über dem Horizont oder der Abstand von zwei Himmelskörpern – z. B. Sonne und Mond – abgelesen werden kann; sein Spiegelsystem verdoppelt die Maßhöhe auf 90 Grad. Der →*Sextant* löste den Oktanten ab.

Carsten Niebuhr, Reisebeschreibung nach Arabien und andern umliegenden Ländern (1774): »Ich bemühete

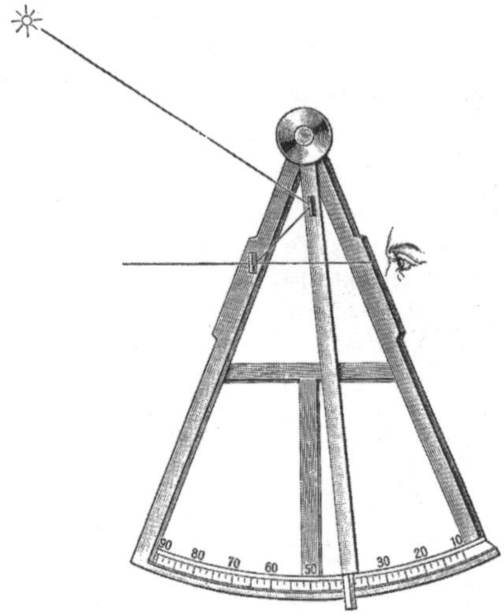

Hadleys Oktant von 1731 mit Blicklinien: Der waagerechte Blick fixiert durch eine kleine Öffnung den Horizont, der reflektierte führt zur Gradangabe.

mich auf allen meinen Seereisen nicht nur des Mittags, sondern oft auch des Nachts die Polhöhe unsers Schiffes vermittelst eines guten Hadleys Octanten zu bestimmen.«

Johann Hinrich Röding, Allgemeines Wörterbuch der Marine (1794/96): »Der grosse Newton hat wahrscheinlich die erste Idee von Spiegelquadranten gehabt. J. Hadley war aber der erste der 1731 … die Beschreibung eines solchen Octanten bekannt machte und der daher allgemein für den Erfinder angesehen wird, weswegen derselbe auch insonderheit in England den Namen des Hadleyschen Octanten führt … Mit einem Spiegeloctanten kann man keinen Winkel über 90° messen. Zur Messung grösserer Winkel dient der Sextant.«

→Sextant (1794/96)

Oktopus →Krake

Ölzeug, das, »wasserdichte Kleidungsstücke der Seeleute aus geöltem und gefirnisstem Leinen«.

Seit Anfang des 19. Jahrh. belegt.

August Mey, Bilder aus dem Hamburger Hafen (1899): »Tritt man in einen solchen Laden, so stösst dem Besucher der Geruch von Leinöl entgegen, den das dort hängende Oelzeug, bestehend aus Jacken, Hosen und Südwestern, ausdunstet.«

Gottlieb Reinicke, Schiffsjungendienst (1907): »Das Ölzeug mit dem Südwester hat ihn nicht geschützt, weil er nicht wußte, wie man den Kopf gerade om das aufspritzende Wasser stecken muß, um trocken zu bleiben.«

Orkan, der, »schwerer Sturm« der Windstärke 12.

Im 17. Jahrh. entlehnt aus niederländ. *orkaan*. Dies geht über span. *huracán* »Wirbelsturm« zurück auf Taino (karib.) *huracan* »schwerer Sturm«. Die früheste Überlieferung nennt span. *furacan* (1510). Aus span. *huracán* entstanden port. *furação*, französ. *ouragan* »schwerer Sturm«, engl. *hurricane*, aus dem seit Anfang des 19. Jahrh. dt. **Hurrikan** »Wirbelsturm (in Mittelamerika)« entlehnt ist.

Johann Albrecht von Mandelslo, in: Adam Olearius, Beschreibung der Newen Orientalischen Reise (1645/47): »Also wie wir von Africa einhundert Meilen unnd mehr wieder in der See waren, überfiel uns ein erschrecklicher … Sturm, den die [West-]Indienfahrer Hercan nennen.«

Hans-Jakob Amman, Reisebeschreibung [eher: Felix-Christian Spöri, Americanische Reiszbeschreibung] (1678): »… haben sie sich eines grossen Ungewitters, welches sie Orcan heissen, zu beförchten, da alßdann das Meer solcher gestalten wütet und auflauft, daß es grosse Last-Schiff 2 in 3 und mehr Meilen in das Land wirft.«

Daniel Defoe, Robinson Crusoe, übersetzt von Ludwig Friedrich Vischer (1720): »Wir erfuhren dadurch, es sey ein Schiff von Bristol, so seine Ladung auff Barbadoes eingenommen und nach Hause gesollt, aber wenige Tage, ehe es völlig seegelfertig, durch einen erschröcklichen Orcan aus der Rheede vor Barbadoes weggetrieben worden.«

ösen, »ein Boot ausschöpfen«.

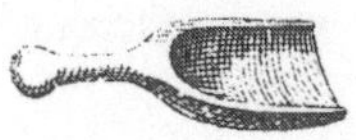

Ösfass.

Seit dem 13. Jahrh. als niederdt. nachgewiesen, niederländ. *hoozen, oosen* »ösen«, *hoosvat* »Ösfass, Schaufel zum Ausschöpfen«. Es stammt von altnord. *ausa* »gießen, schöpfen« und ist verwandt mit lat. *haurīre* »schöpfen«. Nicht verwandt sind *Öse* »Metallring«, *ösen* »verwüsten«, *öd* »leer«.

Friedrich Heinrich von der Hagen, Minnesinger (1838-61): »unde wir niht ōsen wol, unser schif werde ünden vol«, »und wenn wir nicht gut ösen, wird unser Schiff unten voll.«

Friedrich von Dincklage-Campe, Anker geschlippt (1896): »noch hatten zwei Matrosen ununterbrochen mit Ausößen des Spritzwassers aus der zierlichen Gig zu schaffen.«

Holger Drachmann, Hamborger Schippergeschichten, übers. von Otto Ernst (1899): »sunn afgebrok'ne Schüffel … dee wor suns as Reserve-Oitzfatt brukt«, »so eine abgebrochene Schaufel, die sonst als Reserve-Ösfass gebraucht war.«

Ost, Osten, der, »Himmelrichtung zum Sonnenaufgang«.

Althochdt. *ostan* »Osten«, *ostana* »von Osten«, *ōst* »im Osten«, altengl. *ēasten* »im Osten«, altnord. *austr* »nach Osten«; alle Formen gehen zurück auf german. **austa* »ost-«. Aus der Grundform indoeurop. **austro* »östlich«, **ausos* »Morgenröte« entstanden gleichbedeutendes lat. *aurora*, griech.

héōs, altkirchenslaw. *zaustra* »am Morgen« und avest. *ušastara* »östlich«. Lat. *auster* »Südwind«, *australis* »südlich« bedeutete urspr. die östliche Richtung und ging auf die südliche über. Außerdem als »Morgenland, Richtung nach Sonnenaufgang«: engl., französ., span. *orient(e)* von lat. *oriens* »Morgen«, *oriri* »aufgehen«, und französ., span., italien. *levant(e)* von lat. *levare* »erheben«, *levis* »leicht«.

Johann Heinrich Zedler, Universal-Lexikon (1740): »Ost, wird von denen Schiffern zur See die Gegend genennet, die sonst Morgen heisset«.

Johann Hinrich Röding, Allgemeines Wörterbuch der Marine (1794/96): »Ost, Osten … Der Durchschnittspunct des Equators mit dem Horizonte an derjenigen Stelle wo die Gestirne aufgehen. Er ist einer von den vier Haupt- und Cardinalpuncten, durch welche im Horizont die 4 Hauptgegenden bestimmt werden, und ist 90° von dem Nord- und Südpuncte entfernt. An den Tagen der Nachtgleichen, wenn die Sonne im Equator steht, geht sie im Ostpunct selbst auf.«

→Flaute (1673), →Galiot (1716), →Mist (1769/71), Ostsee →See (1530), →Mist (1835), →kabbeln (1906), →Kapitän (1908)

Ozean, der, »Meer zwischen den Kontinenten«, Abb. →*Atlantik.*

Umstritten ist die Deutung von mittelhochdt. *occēne*; die endgültige Form ist seit dem 17. Jahrh. entlehnt aus mittellat. *occeanus*, lat. *oceanus*, griech. *ōkeanós*. Engl. *ocean*, französ. *océan*, span. *océano*, italien., port. *oceano*, niederländ. *oceaan*. Eine frühe Übersetzung stammt aus der Handschrift *Macer de herbis* (1394): »occeanum«, ein »wutend mer«. Begriffsgeschichte: In der frühen Antike war dies der bei Homer beschriebene, das Land und die Meere ringförmig einschließende unendliche Weltstrom. Mit fortschreitenden geografischen Entdeckungen wandelt sich der *Ozean* seit Herodot zum »Weltmeer«, womit insbesondere der *Atlantik* im Gegensatz zum *Binnenländischen* (Mittel-)*Meer* gemeint war. In der griech. Mythologie ist Okeanos, mit seiner Gattin Thetys zerstritten, der Ursprung der Götter und aller Dinge, aber dennoch Zeus' Macht unterlegen. Aus ihm fließen das Meer, die Flüsse, Quellen und Brunnen. Die Vorstellung ist nicht indoeuropäischen, sondern vorderorientalischen Ursprungs und weist enge Parallelen zum babylonischen Ur-Paar Apsu und Tiamat auf, wobei Tiamat das Süß- und Apsu das Salzwasser-Prinzip verkörpert. Der Name von Okeanos' Frau Thetys ist von Tiamat abgeleitet, während das Wort Okeanos wohl auf eine semitische Wurzel zurückgeht. Die Vorstellung des *Ozeans* als eines alles umfassenden Weltmeeres erlaubte es Griechen und Römern, einzelne Meere als dessen Seitenarme zu betrachten. Darauf beruhen historisch die drei heute etablierten Bezeichnungen »Atlantischer«, »Indischer« und »Pazifischer« Ozean (→*Atlantik*, →*Pazifik*), auch die Betrachtung des *Kaspischen Meeres* als Ozean in der Antike, bevor er als Binnensee erkannt wurde. Der österreichische Geologe Eduard Süß benannte 1893 das Meer, das vor mehr als 60 Millionen Jahren die beiden Urkontinente Laurasia und Gondwana trennte und mit den Kontinentalverschiebungen verschwand, nach Thetys.

P

Paddel, das, »Stechruder; frei (ohne →*Dolle*) geführtes Ruder zur Fortbewegung von Booten«.

Im 19. Jahrh. entlehnt aus neuengl. *paddle* »Ruder des Kanus der Indianer und Malaien«, das seit dem 17. Jahrh. gebräuchlich ist. Vorläufer bezeichneten mit dem Wort ein Kratzblatt, um den Pflug zu reinigen. Auch die Entlehnungen in die anderen europäischen Sprachen gehen auf das Englische zurück. Die Herkunft ist ungeklärt, nicht verwandt ist venezian. *padela* »Kalfateisen«, dies wohl von lat. *pāla* »Spaten«; dieses Wort vermischt sich mit *paddle* zu seltenem *spaddle* »kleiner Spaten«, von engl. *spade* »Spaten«. Das dt. Verb **paddeln** »mit kurzen Schritten laufen, im Wasser planschen, mit kurzen Stößen schwimmen«, engl. *to paddle* »planschen, watscheln, torkeln«, geht über niederdt. *padden* »schreiten, treten« vielleicht auf mittelhochdt. *phaden*, althochdt. *phadōn* »einen Pfad betreten« oder niederdt. *padden* »hüpfen wie eine Padde« auf *Padde* »Frosch« zurück. Der Zusammenhang von *Paddel* und *paddeln* ist unerklärt.

William Strachey, The historie of travell into Virginia Britania (um 1621): »In steed of oars they vse paddles and sticks with which they will row faster than we in our bardges«, »anstatt Riemen gebrauchen sie Paddel und Stöcke mit denen sie schneller rudern als wir in unseren Barken.«

Daniel Defoe, Robinson Crusoe (1719): »I saw them … row (or paddle, as we call it) all away.«, »Ich sah sie hinwegrudern (oder paddeln, wie wir es nennen).«

Herman Soyaux, Aus West-Afrika (1879): »Von kräftigen Ruder- oder richtiger Paddelschlägen getrieben, [schossen wir] über die grünliche Flut dahin.«

August Mey, Bilder aus dem Hamburger Hafen (1899): »Aber nicht mittels langer Riemen, nein, mittels kurzer Paddel wird das Boot fortbewegt, wodurch es möglich ist, auch schmale, sonst nicht passirbare Strecken zu durchfahren.«

→Dingi (1794)

Pall →**Spill**

Palstek, Pahlstek, der, »Knoten mit einer Schlinge, die sich unter Zug nicht zusammenzieht«, urspr. »Schlinge, um Schiffe im Hafen an Pfählen zu befestigen«.

Palstek, der wohl bekannteste Schifferknoten.

Gebräuchliche niederdt. Form für das gelegentlich auch verwendete hochdt. *Pfahlstich*. Althochdt. *pfāl* von lat. *pālus* »Pfahl« und *pangere* »befestigen«, verwandt mit *Palisade*. Niederdt. *stēk* »Stich, Zusammenfügen zweier Tauenden aneinander, Befestigung eines Taues an einem Gegenstand« von althochdt. *stih* »Einbohren eines spitzen Gegenstandes«, auch schon »Knoten«, zu indoeurop. **(s)teg* »stechen, spitz«. Verwandtschaft auch mit *stecken*. Der seemänn. Wortgebrauch kommt vielleicht vom Stecken des Pfahls im Auge des Taus.

Johann Hinrich Röding, Allgemeines Wörterbuch der Marine (1794/96): »Pfahl-Stich, Dückdalben-Stich … Ist eine Art Leibknoten der sich nicht zuschliert. Mit solchem Stich befestigt man Schiffe in einem Hafen an Pfähle.« →*Dalbe*

Eine Schlinge diente auch als Sicherung für außenbords Arbeitende, die sich hineinsetzen; Hamburgischer Correspondent (6.3.1904, Morgenblatt): »Der Zimmermann wollte nun in einem Pfahlsteck sitzend, leichtsinnigerweise, das Speigat von Außen klaren, während der Dampfer bei Tonne 9 im Nordkanal noch mit voller Kraft lief.«

Panne, die, »Betriebsstörung, Steckenbleiben«, urspr. seemänn. »aufbrassen, in der Flaute sitzen«.

Übernahme von Anfang des 20. Jahrh. aus französ. *panne* »(Motor-)Störung, Stillstand, Elend«, dies aus dem seit dem 16. Jahrh. gebräuchlichen seemänn. *être en panne* »Segel in Stellung ohne Fahrtwind haben«, *mettre en panne* »aufbrassen, die Segel so stellen, dass sie keinen Fahrtwind haben«. Das Wort geht wohl auf lat. *pinna* »Flügel, Feder, Ende der Rah eines Lateinersegels« zurück (auch →*Finne*), oder vielleicht auf lat. *panna* »Segelwerk« zu *pannus* »Stück Tuch, Lappen«, dann verwandt mit *Fahne*, vgl. aber →*Segel*.

Pantry, die, »Anrichte«, urspr. »Speisekammer, Anrichtezimmer an Bord«.

Ende des 19. Jahrh. übernommen aus dem Engl., wo es urspr. in großen Haushalten verwendet wurde und zurückgeht auf altfrz. *paneterie*, mittellat. *paneteria* »Brotkammer« von lat. *panis* »Brot«. Früheste Verwendung an Bord ungewiss, engl. erst 1840 belegt. Niederländ. *provisiekamer* →*Proviant*.

Philipp Kniest, Aus Sturm und Not (1899): »Unter Deck in den Kajüten und in der Stewards-Pantry gab es großen Wirrwarr, da alles nicht niet- und nagelfeste übereinander polterte und zu Scherben zersprang und zerfiel.«

Andreas Gildemeister, Auf einem Segelschiffe rund um Kap Horn (1901): »Es folgte nach vorne zu die Messe (Esszimmer) mit der Pantry (Anrichtezimmer) des Stewards als Seitenraum.«

→Crew (1909)

Pardune, die, »Tau, das eine Stenge seitwärts und nach hinten befestigt, Abspannseil«.

Niederländ. *perdoen*, *pardoen*, dän., schwed. *bardun*, entlehnt finn. *partuuna*, nicht engl. und in den romanischen Sprachen. Herkunft unklar.

Der geöffnete See-Hafen (1702): »Die Perdoen dienen um die Stenge in ihrem Stand bey und vor dem Wind zu halten.«

Carl Reinhardt, Der 5. Mai, ein Lebensbild von der Unterelbe (1888): »Stubborn war auf der Reeling angelangt und hielt sich an einer Pardune fest.«

Gustav Frenssen, Klaus Hinrich Baas (1909): »wir fuhren mit scharfem Wind aus Südwest, der pfiff und heulte in den Perduhnen.«

Passage, die, »Durchfahren einer Meerenge oder eines Kanals, allgem. eines Meeres, Schiffsreise«.

Im 16. Jahrh. übernommen von mittel- und altfrz. *passage* »Durchgang, Überfahrt«, daraus latinisiert mittellat. *passagium* »Durchgang, Wege-, Fährgeld«. Die Substantive gehen auf altfrz. *passer* »passieren« zurück, von lat. *passus* »Schritt« zu lat. *pandere* »auseinanderbreiten, ausspreizen« und *patēre* »offen sein, offen stehen«. Die stärker auf Überfahrten begrenzte Bezeichnung **Passagier** »Schiffsreisender« wurde ebenfalls im 16. Jahrh. übernommen und geht über altfranz. *passagier* »Fährmann, Schiffer« auf altfranz. *passage* zurück, urspr. wohl in Abgrenzung zu *voyage* »Reise« für längere Strecken. Verwandt mit →*Kompass*, *Pass*, *pesen*, *Spaß*.

Magdeburg-Industriehafen: Passagiere verlassen ein Schiff, 1947.

Johann Fischart, Gargantua (1575): »das … Galeenrecht vermag, daß man keinen frembden Passagier auf nimpt.«

Die Reisen des Samuel Kiechel (um 1600): »… güeng ich des morgens früeh zu schif, neben andern passaschiri, deren bey zehen wahren.«

Der Ausdruck *blinder Passagier* bezeichnete mit *blind* für »versteckt, heimlich, verborgen« seit dem 18. Jahrh. einen Reisenden, der von einer Postkutsche mitgenommen wird, ohne voll gezahlt zu haben, und geht in diesem Sinn auf die Schifffahrt über. Johann Wolfgang von Goethe, Campagne in Frankreich 1792 (gekürzt): »so miethete ich eilig einen Kahn [von Koblenz] bis Düsseldorf. Als ich nun mich eingeschifft und sogleich auf dem Strome dahin schwimmen sah, begleitet vom gethreuen Paul und einem blinden Passagier, welcher gelegentlich zu rudern sich verband, hielt ich mich für glücklich, und von allem Übel befreit.« Mit dem Aufkommen von Eisenbahnen entwickelte sich die Bedeutung zu »Reisender ohne Fahrkarte«, heute stattdessen »Schwarzfahrer«, in der Schifffahrt zu »Passagier, der sich an Bord verbirgt, um kein Fahrgeld zu zahlen«, wohl erst zu Anfang des 20. Jahrh. verbreitet. Kluge, *Seemannssprache* (1911), nennt den Begriff noch nicht. Die Bezeichnung *Überschmuggler* »Einschleicher, der eine Überfahrt ohne Bezahlung machen will« bezieht sich vor allem auf Personen, die ein Schiff zur illegalen Auswanderung benutzen; engl. *stowaway,* etwa »einer, der sich wegverstaut« (seit 19. Jahrh.), →*Schmuggler*.

→Havarie (1614), Passagier →Galeasse (1836), Steward (1855)

Passat, der, »regelmäßiger, beständiger, zum Äquator wehender tropischer Ostwind«, auf der Nordhalbkugel aus Nordosten, auf der Südhalbkugel aus Südosten wehend.

Entlehnt über das Niederdeutsche aus frühneuniederländ. *passaatwind,* verkürzt *passaat*, erstmals 1638 *Passade Wind* (s.u.), vielleicht die Übersetzung eines nicht belegten span. Ausdrucks **viento de passada* »(günstiger) Wind für die Überfahrt«, →*Wind,* →*Passage*, heute *viento alisio* »Passatwind, Wind«, französ. *vent alizé* und ähnl. in anderen roman. Sprachen, von unklarer lat. Herkunft. Die arab.-port.-engl. Bezeichnung →*Monsun* geht ebenfalls auf die Schifffahrt zurück.

Erster Beleg bei David Pietersz de Vries, Korte ... aenteyckeninge van verscheyden voyagiens (1638, erschienen 1655): »Den 9 October sagen wy Illie de Madera O. van ons, de Windt N. W. ende dese N.W. Windt bleef by ons tot op 16 graden, als eer wy de Passade Wind kregen vanden Noord-Ooste«, etwa: »Am 9. Oktober sahen wir die Insel Madera östlich von uns, der Wind kam aus Nordwest und dieser Nordwestwind blieb bei uns bis zum 16. Breitengrad, als wir den Passagewind von Nordost bekamen.«

Niederdt. schon bei Johann Tangermann, Wechwyser tho de Kunst der Seevaert (um 1655): »denn gemeenlick weyet de Norde Ost Passassie Wint in Januarij, Februarij und Martij«, »denn im Allgemeinen weht der Nordostpassagenwind im Januar, Februar und März.«

Hochdt. bei Elias Hesse, Ost-Indische Reise-Beschreibung (1687): »diesen Tag bekamen wir auch mit grossem Sturm den dieser Zeit hier wehenden Passada oder Z. O. (Zuidoost-, Südost-) Wind.«

Pazifik, der, auch Pazifischer oder Stiller Ozean, »das Meer zwischen Asien und Australien im Westen und Amerika im Osten«.

Übernommen aus engl. *Pacific (Ocean)*, dies aus italien. *Mar Pacífico*, so überliefert als Benennung durch den port. Seefahrer Magellan (Magalhães) nach dessen Südumfahrung Amerikas 1520, weil ihm der neu erreichte Ozean wenig stürmisch schien. Von lat. *pacificus* »friedlich«, dies zu *pax* »Frieden«. Im deutschen Sprachgebrauch statt »Stiller Ozean« seit 1863, nachdem um 1850 auf Anregung der Geographischen Gesellschaft zu London die Bezeichnungen der Meeresräume völkerverbindlich festgelegt wurden. Von den Ozeannamen setzten sich Pazifik und Atlantik durch, Indik nicht.

Antonio Pigafetta, Die erste Reise um die Erde, aus dem Italien. übers. v. Robert Grün (1968, Eintrag von Dezember 1520): »In diesem Zeitraum ... legten wir beinahe 4000 Leghe (zu 5,57 km) zurück, auf einem Meer, das wir Mare Pacifico nannten, weil wir während der ganzen Fahrt keinen Sturm erlebten.«

Frühester engl. Beleg bei Peter Martyr of Angleria, Decades of Newe Worlde, übersetzt von Richard Eden (1555): »The sayde sea cauled Pacificum (that is) peaceable«, »die besagte See, Pacificum genannt, das ist friedlich.«

Frühester dt. Beleg bei L. Kiesewetter, Fremdwörterbuch (1863): »Pazifik, der stille Ozean«.

Pegel, der, »Wasserstandsmesser, Wasserstand«.

Im 18. Jahrh. übernommen aus niederdt. *pēgel,* mittelniederdt. *pēgel, peil,* mittelniederländ. *pēgel, peil* »Wasserstandsmarke«, aus mittellat. *pagella* »Maßstab, Flächen- und Flüssigkeitsmaß«, urspr. »Spalte«, von lat. *pagina* »Seite, Blatt«, auch »vier Reihen im Viereck gebundene Weinstöcke«. Verwandt mit →*peilen, picheln.*

Johann Karl Gottfried Jacobsson, Technologisches Wörterbuch (1793): »das eingehauene Merkzeichen an einer Brücke oder Schleuse, welches für den Schiffer die Beschaffenheit der Wasserhöhe anzeigt«.

Johann Hinrich Röding, Allgemeines Wörterbuch der Marine (1794/96): »Peil heißt eigentlich ein Merkmal woran man die Höhe des Wassers erkennt.«

peilen, ① »optisch oder durch Funk einen Standort bestimmen«, ② älter »die (Wasser-) Tiefe messen, loten«.

Im 18. Jahrh. übernommen von gleichbedeutendem niederdt. *peilen*, mittelniederdt. *pēgelen, peilen*, mittelniederländ. *pēghelen* »messen, Wasserstand bestimmen, Richtung und Lage feststellen«, von mittelniederdt. *pēgel, peil* und mittelniederländ. *pēghel, peil*. Weiteres →*Pegel*.

Hamburger Pilotage-Ordnung (1657): »Der Inspektor nebenst den Schifferen von denn Loozbothen … sollen gehalten sein, jeder monath zum wenigsten einmahl die Elbe ein und auß zu siegelen (segeln) und die tieffe der Elbe zu peyelen.«

Eberhard Tiling, Versuch eines bremisch-niedersächsischen Wörterbuchs (1769/71): »peideln, die Tiefe des Fahrwassers mit dem Peidel während der Fahrt messen, wenn man das Aufstoßen des Schiffes befürchtet«.

Perle, die, »schimmerndes Kügelchen aus kohlensaurem Kalk in Perlmuscheln, wegen Farbe und Glanz als Schmuck verwendet«.

Seeperlenmuschel *(Meleagrina margaritifera)*, links eine geöffnete mit Perlen. Der Rekord soll bei 87 Perlen in einer Muschel liegen.

Mittelhochdt. *perle, berle*, althochdt. *perala, perula*, altsächs. *perula*, niederländ. *parel, paarl*, mittelengl. *perle, peerle*, neuengl. *pearl*, französ. *perle* gehen alle auf frühroman. **perula* zurück. Herkunft umstritten: ① **perula* wird vielfach mit lat. *perna* »Hinterkeule« verbunden, seit Plinius auch »eine Muschelart«. Der Autor spricht aber nicht von der Perle in der Muschel, sondern von der Muschel selbst: »Man nennt auch eine Muschelart *pernae*, die sehr häufig an den Pontischen Inseln vorkommen; sie stecken wie ein Schweineschenkel aufrecht im Sand fest und klaffen, wo Raum ist, nicht weniger als einen Fuß weit auseinander, um nach Nahrung zu jagen.« ② Mittellat. *perula, pirula* »Nasenspitze«, im 7. Jahrh. belegt, als Verkleinerungsform zu lat. *pirum, pera* »Birne« wegen der ähnlichen Form; aber auch damit scheint eher die Muschel als die Perle gemeint. ③ mit Konsonantenwechsel, der für Venedig und Verona belegt ist, aus lat. *pilula* »Kügelchen, Pille«, verkleinert von *pila* »Ball«.

Plinius, der die Perle *margarita* und die Muschel *conchis* nennt, schreibt in seiner Naturkunde (77 n. Chr.): »Von allen Gegenständen nehmen die Perlen den ersten und höchsten Preis ein. Hauptsächlich liefert sie uns der Indische Ozean, woher sie zwischen so vielen und so großen Seeungeheuern … über so viele Meere, aus so weit entferntem so glühend heißem Land kommen. Auch die Inder suchen sie nur an Inseln, und zwar nur an wenigen … Diejenigen vom Persischen Meerbusen des Roten Meeres in der Gegend von Arabien werden jedoch außerordentlich gelobt.«

Perlenfischer →Tauchen (1726)

Persenning, die, auch **Presenning**, »festes, wasserdichtes Segeltuch zur Abdeckung«.

Übernommen aus dem Niederdt., dies aus niederl. *presenning*. Herkunft umstritten, entweder aus französ. *préceinte* »Umhüllung« oder aus port. *percinta, precinta* »Umhüllung mit Segeltuch«, beides zu lat. *praecinctus* »umhüllt«, *praecingere* »umhüllen, umgürten«. Verwandt ist engl.-amerik. *precinct* »Polizeidistrikt« im Sinne von »geschützte Fläche«.

Willem Meerman, Comoedia Vetus (1612): »Presenning. Een dekkleedt van geteerd zeildoek, geschikt om de waeren, daer onder leggende, voor water en ongeval te bevryden«, »ein Abdeckkleid von geteertem Segeltuch, dient dazu, die Waren, die darunter liegen, vor Wasser und Unfall zu beschützen«.

Der wohl instruirte Schiffer (1732): »Sind nun die Güther … alle eingeladen und wohl gestauet, muß der Schiffer auch letztlich noch dahin sehen, daß er seine Lucke im Raum wohl zucalfatere …, und wenn das Schiff ein doppeltes Deck hat und Kaufmanns-Waaren unter dem Deck enthalten, gleichfals seine obersten Lucken mit Pressennings, das ist geteert Segel-Tuch, wohl zuschalcken [mit Tau oder Klampen festmachen] oder zunageln lasse, damit Ladung vor dem See-Wasser gesichert.«

Pforte, die, »Schiffsöffnung, die durch Platten, nicht durch Fenster verschlossen wird«.

Mit der Hauptbedeutung »Tor, Eingang« auf gleichbedeut. lat. *porta* zurückgehend. In der Kriegsmarine verbreitet war die Bezeichnung Stückpforte »Öffnung für ein Geschütz«. →*Stück*

Der geöffnete See-Hafen (1702): »hernachmahls aussen her, jegliche Pforte mit einer Klappe versehen wird«.

Joachim Nettelbeck, Eine Lebensbeschreibung (1821): »Beim Eintritt in seine Kajüte sahen wir, daß ihm die Brandung beim Einlaufen hinten die Fenster und Porten in Stücke geschlagen hatte, und daß drinnen Alles vol Wasser stand.«

Hamburgischer Correspondent (12.10.1907, Morgenblatt): »Die Ladung des Dampfers Mervinian ging am 3. Oktober 6 Uhr abends über, das Schiff wurde auf die Seite geworfen und die Pforten im Backbordbunker brachen.«

Pier, der, seemänn. die, »Hafendamm als Anlegeplatz rechtwinklig zum Ufer, Kaizunge, Landungsbrücke«.

Im 19. Jahrh. entlehnt aus gleichbedeutendem engl. *pier*, mittelengl. *pēr*, »Pfeiler«. Die Herkunft ist umstritten: ① aus mittellat. bezeugtem *pera* »Stütze, Pfeiler«, deren Herkunft wiederum unklar ist, ② wegen Problemen bei Laut und Bedeutung wohl nicht zu altfranzös. *piere*, lat. *petra* »Stein«, ③ aus regional altfranz. *pire* »schützende Reihe von Pfeilern, Wehr, Baum vor einem Hafen«, ④ aus altfranz. *appuye* »Stütze« zu frühroman. **podiare* »stützen, gründen«, lat. **appodiare* »helfen«, von lat. *podium* »Sockel, Unterstützung«.

Lebensgeschichte des Capitain Carl Wolfgang Petersen (1880): »Den nächsten Morgen wurde unsere Brigg an den Peer gelegt und die nöthigen Vorbereitungen getroffen, um den Kaffee in der damals in New-Orleans üblichen Weise vermittelst Pferde auszuladen.«

Hamburgischer Correspondent (1907): »Amadarat ist von Sutton Port ausgehend mit dem Pier in Kollision gewesen und hat diesem Schaden zugefügt.«

Pier 9 in Baltimore, Maryland, an der US-Ostküste, um 1885. Der Norddeutsche Lloyd fuhr den Hafen von Bremerhaven aus mit seinen Auswandererschiffen an.

Pilot, der, seemänn. »Lotse« (veraltet).

Aus verschiedenen Sprachen und zu unterschiedl. Zeiten entlehnt, mittelniederdt. *pilot*, mittelniederl. *pilote*, mittelfranz. *pilote*, italien. *pilota, pedotta, pedoto*, span. *piloto*, alle aus mittelgriech. *pēdṓtēs* »Steuermann« zu griech. *pēdón* »Ruderblatt, Steuerruder« und *pūs* »Fuß, Fußspur«, vielleicht wegen der

Ähnlichkeit von Fuß und Ruderblatt. Seit dem 16. Jahrh. auch für einen Anführer, zugleich verengt sich die Bedeutung seemänn. von »Steuermann« auf »Hafenlotse«. Seit Ende des 18. Jahrh. in Frankreich auch für einen Ballon-, seit Anfang des 20. Jahrh. für einen Flugzeugführer verwendet. Im internationalen Seeverkehr ist engl. *pilot* gebräuchlich.

Weller, Die ersten deutschen Zeitungen (Quelle von 1505): »Der Piloto, das ist der schiffuerer, oder schiff layter.«

Johann Jacob von Wallhausen, Kriegsmanual (1616): »Pilot, Einer so das Schiff regieret.«

Johann Heinrich Zedler, Universal-Lexikon (1741): »Pilot, Loot, Lotmann … ist eigentlich derjenige, so eines Hafens gute Kundschafft hat, und die ein- und ausgehenden Schiffe geleitet, damit sie sicher durchkommen. Dergleichen sind in allen Seehäfen bestellet, und kommen den annahenden Schiffen auf eine gewisse Weise entgegen, bis dahon sie auch die abfahrenden wieder begleiten. In einer weitern Bedeutung wird es von einem jeden erfahrenen Steuermann gesagt.«

→Kompass (1487), →Havarie (1614), →wahrschauen (1627)

Pinasse, die, ① »mit 14 Rudereren bemanntes Boot der Kriegsschiffe« seit dem 19. Jahrh., ② »leicht segelndes Schiff kleinerer Art mit acht Rudern« seit dem 18. Jahrh., ③ »kleines Kriegsschiff« seit dem 16. Jahrh.

Entlehnt von niederländ. *pinas*, französ. *pinasse*, geht das Wort zurück auf span. *pinaza* (13. Jahrh.) von *pino*, lat. *pinus* »Pinie«, weil das Boot ursprünglich aus deren Holz gebaut wurde. Aus der span. Form stammt auch anglonormann. *espinace, espynasse*, engl. *pinnace*.

Weller, Die ersten deutschen Zeitungen (Quelle von 1528): »Pinaze seind braite Schiff, die Roß darin zufüren.«

Levinus Hulsius, Beschreibung der newen Reyse, so die Hollendischen Schiff in denn Orientalischen Indien verricht (1598): »Das Schiff Roterdam war ein Pinasse … genannt S. Peters Nachen, darauff 6 Eysene stück [Kanonen] vnd 8 Mörser gewesen.«

→ Sand (1599), →Barkasse, →Gig (1864)

Pinguin, der, »flugunfähiger, schwimmgewandter, gesellig am Meer lebender Vogel«, Ordnung Sphenici.

Herkunft umstritten: ① von lat. *pinguis* »feist, fett«, aus lat. *pimos* »fett« und *finguis* »dick«; dt. hieß der Pinguin *Fettgans*, wahrscheinlicher ② von breton. *penn gwenn* »weißer Kopf«, weil viele Bretonen im Nordwestatlantik zur See fuhren und den Namen geprägt haben könnten, oder ③ von walisisch *pen gwyn* »weißer Kopf«, weil die ältesten Quellen diese Abkunft melden. Zunächst bezeichnete der Begriff den **Riesenalk** (Alca impennis), der an den Küsten Neufundlands, Grönlands und Islands lebte (1844 ausgerottet), dann auch den **Tordalk** des Nordens (Alca torda). Wegen der Ähnlichkeit der *Alken* mit den *Pinguinen* übertrugen ihn Seefahrer auf die Tiere der Südhalbkugel; sie waren zuerst 1520 von Magellan an der Südspitze Amerikas entdeckt worden, noch ohne dass der Entdecker den »Gänsen« (Magellan) einen eigenen Namen gegeben hätte. Der erste sichere Beleg für die Bezeichnung *Pinguin* (1577) durch Kapitän Francis Fletcher meint schon die Pinguine des Südens, verweist aber auf die walisische Herkunft des Namens, sicher die Alken des Nordens; bis zum Ende des 16. Jahrh. ist die Bezeichnung sowohl für die Alken wie die Pinguine häufiger belegt. Die früheste, unsichere Nennung geht auf Kapitän Richard Hore zurück, der 1536 bei Kap

Königspinguin *(Aptenodytes patagonicus)* und die ersten Träger des Namens Pinguin, Tord- (li.) und Riesenalk. Weiße Köpfe, auf die angeblich die Bezeichnung zurückgeht, sind nicht wirklich dominant.

Breton südlich von Neufundland auf die Vögel stieß. Unklar ist, ob Hore deren Bezeichnung *Pinguin* von den dort an Land lebenden Bretonen aufgeschnappt, ob das Wort an Bord geprägt oder ob es später aus anderer Quelle in den erst 1589 erschienenen Bericht über Hores Reise eingebaut wurde. **Alk**, der, ist ein Angehöriger der Familie der Alkenvögel (Alcidae). Engl. *auk*, dän. *alke*, altnord. *álka* gehen wohl über german. **al*, **all* wie viele Tiernamen (*Elster*, *Elch*) zurück auf indoeurop. **el-*, **ol-* »eine Farbe, -farben«.

Francis Fletcher, Log of ›Golden Hind‹ (24. 8. 1577): »Infinite were the Numbers of the foule, w[hi]ch the Welsh men name Pengwin & Maglanus tearmed them Geese«, »unendlich war die Anzahl der Vögel, die die Waliser Pengwin nennen, und Magellan bezeichnete sie als Gänse.«

Johann Christoph Adelung, Grammatisch-Kritisches Wörterbuch (1811) nennt Pinguin den »englischen Namen einer Art Patschfüße«.

Nicht zuzustimmen ist Samuel Johnsons Wörterbuch (1755): »Wie es heißt, ist dieser Vogel bereits mit diesem Namen von den ersten Entdeckern Amerikas vorgefunden worden, und weil Pinguin auf Walisisch einen weißen Kopf bedeutet und der Kopf dieses Vogels weiß ist, hat man dafürgehalten, dass Amerika einst von Wales aus besiedelt wurde.«

Pinne, die, seemänn. ① »Hebelarm des Steuerruders«, ② »Stift, auf dem die Kompassnadel ruht«.

Entlehnt aus mittelniederdt. *pin(ne)* »Nagel, Pflock«, ausgestorben mittelhochdt. *pfinne*, althochdt. *pfin*, aus german. **pennōn* »Nagel«, altnord. *pinni*, altengl., altsächs. *pinn*.

Die Herkunft ist unsicher: ① aus mittellat. *pinna* »(Helm-)Spitze«, ② aus lat. *pinna, penna* »Feder«, daraus »Pfeil« und andere spitze Gegenstände, »Nagel«, von indoeurop. **pet-* »fliegen, fallen«; die aufgrund der verwandten Bedeutungen naheliegende Zusammenführung von ① und ② ist im Einzelnen schwierig.

Adam Olearius, Beschreibung Der Newen Orientalischen Reise / So durch Gelegenheit einer Holsteinischen Delegation an den König in Persien ist geschehen (1647): »Als wir uns nun gesetzt, satzten Wind und Wellen dem Schiffe noch hart zu, das die Pinne am Rohr [Ruder] abbrach.«

Carl Reinhardt, Der 5. Mai, ein Lebensbild von der Unterelbe (1888): »Luvgierig, wie eine alte Wetterfahne, warf er beim Laviren den Steuermann fast mit der Ruderpinne leewärts über Bord.«

Pirat, der, ① »Seeräuber«, ② »eine Jolle«.

Im 15. Jahrh. entlehnt aus gleichbed. italien. *pīrāta*, griech. *peirātēs*, eigentlich »einer, der prüft, ob es gelingt«, zu *peirān* »wagen, unternehmen, sein Glück im Abenteuer suchen, Seeräuberei treiben« und *pēīra* »Wagnis, Erfahrung«.

Niclas von Wyle, Translationen (1478): »von den birraten zu allen orten bekrieget vnd angegriffen.«

Im Abenteuerroman Apollonius von Tyrus (Ende 15. Jahrh.): »sy waren rauber auff dem mer; die hieß man ›beratten‹.«

→Meuterei (1609), →Konvoi (1636), →Bukanier (1690)

Piroge, die, »indianischer Einbaum mit seitlich aufgesetzten Planken«.

Im 16. Jahrh. entlehnt aus französ. *pirogue*, dies aus span. *piragua*, aus der karib. Sprache Galibi *pirauge*.

Johann Heinrich Zedler, Universal-Lexikon (1741): »Pirogue, … eine Art einer platten Barqve, welche aus einem eintzigen Baum gezimmert ist, auf dessen Seiten statt der Breter nur geflochtene Matten von Schilf oder Binsen, oder zuweilen Kürbisse, angemacht sind, u. dessen sich die Wilden in Süd-America gebrauchen … Auf einer Pirogue befinden sich offtmahls bis 50 Mann nebst ihrer Kriegs-Munition.«

Johann Hinrich Röding, Allgemeines Wörterbuch der Marine (1794/96): »Piroge … So heissen die aus einem Stamm gearbeiteten Fahrzeuge der Wilden, die auch sonst Kanoes genannt werden. Die mehrsten davon sind sehr schmal und lang dabey, so daß sie sehr leicht umschlagen können. Die wenigsten führen daher Segel und selbst zum Rojen … wird wegen ihrer Rankheit viele Geschicklichkeit erfordert.«

Planke, die, »Bohle, langes, breites Brett der Schiffsaußenhaut, des Decks«, auch »Einzelbrett«.

Mittelhochdt. *planke, blanke*, mittelniederdt., mittelniederl. *planke*, altfranz. *planche*, altnord. *plank* sind entlehnt aus spätlat. *planca* »Bohle, Brett, Planke«, mittellat. **palanca* und lat. *phalanga* »Stange, Rolle, Walze« zu griech. *phálanx* »Stange, Rolle, Walze, Schlachtreihe«. Verwandt mit *Bohle.*

Peter van der Horst, Beschriving Van der Kunst der Seefahrt (1673): »Noch funden wir eine Planck mitten auffgeborsten, welches viel Wasser brachte.«

Hamburgischer Correspondent (12.2.1909, Morgenblatt): »Hier stellte sich heraus, dass die Planken des Schiffes durch Eis abgescheuert waren.«

→Bord (1457), →Kahn, →Kanu (1794/96)

Plankton, das, »das Schwebende«, »die Gesamtheit der im Wasser treibenden Lebewesen, die sich nicht gegen den Wasserstrom bewegen können«.

Aus griech. *planktos* »umhergetrieben« zu griech. *plázesthai* »umherirren, -schweifen«, Neubildung des Physiologen Victor Hensen (Kiel 1887), die die 1845 von Johannes Müller eingeführten Bezeichnungen *Auftrieb*, *pelagischer Mulder* verdrängte. Noch vor 1900 Übernahme in viele andere Sprachen.

Victor Hensen (1887): »Über die Bestimmung des Planktons, oder des im Meere treibenden Materials an Pflanzen und Tieren.«

Ders. (1892): »Ergebnisse der … 1889 ausgeführten Plankton-Expedition.«

Plate, die, »Sandbank, Untiefe«.

Ostfries. *plate*, *plāt* »Sandbank« geht mit niederländ. *plat*, niederdt. *platt* »flach« auf gleichbedeut. altfranzös. *plat*, volkslat. **plattus* und griech. *platys* »weit, flach, eben« zurück. Die gemeinsame Wurzel ist indoeurop. **pel-*, **pla-* »ausbreiten, breit, flach«. Verwandt mit →*Flunder*, *Fladen*.

Jan Ten Doornkaat Koolman, Wörterbuch der ostfriesischen Sprache (1882): »breite, flache Sandbank, sofern sie eine größere Ausehnung hat und regelmäßig bei jeder Flut überschwemmt wird«, vor allem im Wattenmeer.

Heinrich Kruse, Seegeschichten (1889): »Und in der Mündung der Ems, da ist ein bedenkliches Wasser Voll Untiefen und voll Sandbänken und Platten«.

Hamburgischer Correspondent (16.1.1909, Abendblatt): »Ueber die Havarie der drei Torpedoboote wird weiter gemeldet, dass sie bei der Hubertusplate an Grund gewesen.«

Plattfisch →Scholle

Plicht, die, urspr. »Schutzdach im Vorschiff«, jetzt »offener, vertiefter Sitzraum hinter der Kajüte einer Yacht«.

Entlehnung aus mittelniederdt. *plicht*, mittelhochdt. *phlichte*, althochdt. *plihta*, angelsächs. *plihtére*, mittel-, neuniederländ. *plecht*. Der Ort der Plicht ist nach Schiffstyp unterschiedlich.

Bei Michael Richey, Idioticon Hamburgense (1755): »hinterer verdeckter Teil eines offenen Fahrzeugs«.

Bei Dietrich Wilhelm Soltau, Beyträge zur Berichtigung des Adelungschen … Wörterbuchs (1806): »auf … Flußschiffen ein Behältnis vorn und hinten in diesen Schiffen«.

Bei Heinrich Paasch, Vom Kiel zum Flaggenknopf (1901): »der den Leichterleuten als Kajüte dienende Raum im Vorende einer Schute oder irgend eines anderen kleinen Fahrzeugs«.

→Steven (1673)

Pol, der, geograf. »nördl. oder südl. Endpunkt der Erdachse«.

Mittelhochdt. *polus*, entlehnt aus lat. *polus* »Endpunkt der Erd- und Himmelsachse, Polarstern«, zu griech. *polos* »Achse, Himmel« und *pélesthai* »sich bewegen«, *pélein* »sich drehen«. In Dtld. ist bis ins 18. Jahrh. die lat. Form *polus* gebräuchlich. Die Redewendung »von Pol zu Pol« ist seit etwa 1770 bezeugt. Verwandt mit →*Halse*.

Simon Roth, Ein teutscher Dictionarius (1571): »Polus, Ein Angel[punkt] des Himels, der spitz oder gipfel, ist ein Stern …«

Lorenz Diefenbach, Glossarium Latino-Germanicum (1857): »polus hymel, das vsserst am hymel. hymmels farbe. des hiemels nabe oder velge.«

Polus arcticus, polus antarcticus, Polarzirkel →Arktis (ca. 1217, 1314, 1604, 1784)

Polder, der, »eingedeichtes Marschland, Koog«.

Im 18. Jahrh. übernommen aus niederländ. *polder*, mittelniederländ. *polre*. Herkunft unklar; vielleicht über mittelniederdt. *pōl* verwandt mit *Pfuhl*.

Johann Heinrich Zedler, Universal-Lexikon (1741): »Polder … heisset in Holland, ein mit Dämmen und Teichen eingefastes, durch Kunst trocken gemachtes, und mit Gräben durchzogenes Land, dergleichen daselbst viele anzutreffen.«

Poller, der, »kurzer Pfahl, kurzes Rohr am Kai zum Festmachen von Tauen oder Trossen anlegender Schiffe«.

Übernommen von niederdt. *boller, bolder*, niederländ. *bolder* wohl zu mittelniederländ. *bōl* »Baumstamm«, altnord. *bolr, bulr* »Stamm, Rumpf«, vielleicht aus indoeurop. **bhel-* »aufblasen, anschwellen«. Eine Verwandtschaft mit mittelhochdt. *bole*, neuhochdt. *Bohle* ist wahrscheinlich, auch mit *Balken, Ball*. Ab 19. Jahrh. *bolder* entlehnt zu engl. *bollard*, französ. *boulard*, span. *bolardo* »Poller«.

Eberhard Tiling, Versuch eines bremisch-niedersächsischen Wörterbuchs (1769/71): »ein auf dem Bord eines Schiffes hervorstehender Pfahl oder Block, um welchen man die Seile schlägt und befestigt«.

Joachim Nettelbeck, Eine Lebensbeschreibung (1821): »Er fiel, stürzte mit dem Rücken auf den Rand des, auf dem Verdecke stehenden, Bootes, von da mit dem Kopf gegen die scharfe Ecke eines Pöllers, und endlich auf das Deck.«

Polyp, der, zoolog. »Kopffüßer mit Tentakeln«.

Im 16. Jahrh. in mehreren europ. Sprachen entlehnt aus lat. *polypus*, griech. *polýpous* »→*Krake*, Tintenfisch →*Kalmar*«, aus *polys* »viel« und *pūs* »Fuß«. Engl. *polyp(e), poulp* und niederländ. *poliep* stammen aus französ. *polype*. »Polyp« als Bezeichnung für Polizist wegen seiner Fangarme ist veraltet. Das Wort wird heute für Kopffüßer kaum noch verwendet, sondern nur noch für eine festsitzende Form der Qualle und anderer Hohltiere einschließlich der einzelnen Individuen der Korallen, und medizinisch für Wucherungen der Schleimhaut, die seit alters *Polypen* heißen.

Bezeichnung des Tintenfisches als »Vielfüßer« schon frühgriechisch in Homers Odyssee (ca. 8. Jahrh. v. Chr.): »... [Odysseus] faßte den Felsen beim Ansturm, hielt sich stöhnend mit beiden Händen und ließ so die große Woge vorüberziehn. ... Wenn ein Polyp aus dem bergenden Loche gezerrt wird, dann haften dicht an den Warzen Stückchen des Felsens; geradeso hingen jetzt von der Haut seiner mutigen Hände die Fetzen am Felsen ...«

Erste wissenschaftl. Darstellung in Aristoteles' Tierkunde (4. Jahrh. v. Chr.), z.B.: »Die Nahrung führt er sich zu mit den beiden Fangarmen über dem Munde. Den äußersten Fangarm, der sehr spitz ist ..., benutzt er bei der Begattung. Vorn am Leib über den Fangarmen haben sie den Trichter, durch den sie das Wasser ausstoßen, das sie im Leibe ansammeln, wenn sie mit dem Maul etwas aufgenommen haben.«

Engl. etwa bei Robert Greene, Mamillia (1583): »The Polipe chaunge themselves into the likenesse of euerie obiect«, »Der Polyp passt sich der Erscheinung jedes Objektes an.«

Wolfhart Spangenberg, Anmütiger Weißheit LustGarten (1621): »der vielfüßige fisch polp oder meerkuttel«.

Portolan, **Portulan**, der, »mittelalterliches Handbuch mit Küstenbeschreibungen«, später nur die ursprünglich zugehörigen »mittelalterlichen Küstenkarten«.

Entlehnt aus italien. *portolano*, eine Zusammenführung von italien. *porto*, lat. *portus* »Hafen« und italien. *ortolano*, lat. *hortulanus* »Gärtner«, dies von *hortus* »Garten«. Verwandt ist →*fahren*. Als »Sammlung maritimer Informationen« auf antike Vorbilder zurückgehend, wurden sie urspr. nur für die genuesischen und venezianischen Seefahrer des 13. und 14. Jahrh. verfasst, aber seit dem 16. Jahrh. allgemein verwendet. Den ältesten Nachweis als Bezeichnung für ein Buch bzw. eine Karte enthält ein venezianischer Portolan von 1445. Die älteste Bedeutung des Wortes war wohl »Aufsichtsbeamter eines Hafens«, »jemand, der einen Hafen wie ein

Gärtner seinen Garten pflegt« (13. Jahrh. in Neapel und Sizilien).

Prahm, der, »flacher, schwerer, breiter Lastkahn«.

Mittelniederdt., -hochdt. *prām,* entlehnt aus tschech. *prám* »Fahrzeug, Schiff, Fähre«, alttschech. **prām*, altkirchenslaw. *pramu* zu indoeurop. **per-*, **por-* »hinüberbringen, durchbohren«. Mit Elbschifffahrt und Hanse war der Begriff weit verbreitet, niederl. *praam*, norw., engl. *pram*, franz. *prame*, span. *prama*. Verwandt mit →*fahren*, althochdt. *farm* »Flussfähre«, engl. *fare* »Gebühr«. Ungewiss ist, ob im Begriff zwei Entlehnungen verschmolzen sind, neben ① der aus dem Tschechischen über die Elbe ins Mittelhochdt. auch ② eine aus dem Russischen ins Niederdeutsche des baltischen Deutschordenslandes und nach Skandinavien. Vielleicht waren auch verschiedene Schiffstypen gemeint; slawische Prahmen sollen mit Segeln und Rudern seetüchtig ausgerüstet gewesen sein.

Hamburgisches Urkundenbuch (Quelle von 1368): »Vortmer moghen se hebben erer eghene prame … unde gheven van deme prame ene halve mark Schonesch«, »fortan mögen sie ihre eigene Prahm haben und von der Prahm [als Gebühr] eine halbe Mark Schonisch geben.«

William Dampier, Neue Reise Um die Welt (1703): »Ihr Nachen war nicht groß genug, sie so weit zu führen, dannenhero wurden sie Rathes, die Mastbäume von der Barque abzuhauen, und den Oberloff wegzunehmen, und also gleichsam eine Arth eines Prahmes daraus zu machen.«

Gedenkblätter der k. u. k. Kriegs-Marine (1900): »Im Golfe von Saloniki angelangt, wurden zwei große Prahmen gesichtet, in welchen man alsbald griechische Seeräuber erkannte.«

→Fähre (1638)

Pricke, die, »fest im Grund verankerter kleiner Baum oder Zweig als Fahrwassermarkierung an der Backbordseite«.

Pricke aus Reisig.

Im 18. Jahrh. übernommen aus niederdt. *pricke*, niederl. *prik*, engl. *prick* »Stange, Stachel, Spitze«, zu mittelhochdt., -niederdt. *prikken* »leicht stechen, pieksen«, altengl. *prician*, westgerman. **prikjan* »stechen«. Die Herkunft ist unklar, vielleicht eine Laut nachahmende Bildung. Zugehörig sind engl. *perch* »Navigationsmarke in Flachwasser«, seit dem 15. Jahrh. belegt, französ. *perche*. Italien. *pertica* kommt aber von lat. *pertica* »Pfahl, langer Stab, Maßstab«, dessen Herkunft unklar ist.

Johann Manson, Seebuch (1717): »am Stührbord läst man auch zwo kleine Klippen, … darauf pflegt ein Prick zu stehen, den läßt man auch am Stührbord.«

Hamburgischer Correspondent (3.2.1909, Abendblatt): »Nachdem wieder Eisbildungen eingetreten sind, kann vorläufig auf die richtige Lage der Fahrwassertonnen und die Vollständigkeit der Stangenseezeichen und Pricken … nicht gerechnet werden.«

Priel, der, »schmaler Wasserlauf im Watt«.

Im 18. Jahrh. aus niederl. *priel* entlehnt, das zu dieser Zeit in der Gegend um Groningen nachweisbar ist. Herkunft unklar.

Heinrich Smidt, Seegeschichten und Marinebilder (1855): »Ein schmaler Priel, kaum breit genug, die Jolle durchzulassen, führte zum Fallreep.«

C. F. Sperling, Aus dem Loggbuch eines Kriegsseemannes (1906): Der beständig laufende Ebb- und Flutstrom hat auf dem Grunde der Watten tiefe Gräben gezogen, sogenannte Priels, in denen sich die Fische in großer Anzahl bei fallendem Wasser sammeln.«

Gustav Frenssen, Klaus Hinrich Baas (1909): »Wie Karl Lüders mit seinem Ewer mit der Tide heraufkommt und hier in den Priel einlaufen will, begegnet ihm der verdammte Zollkutter.«

Prise, die, »von einem kriegführenden Staat eingezogenes feindliches oder neutrales Handelsschiff oder -gut«.

Im 16. Jahrh. entlehnt aus französ. *prise* »das Weggenommene«, dies nichtmaritim auch als »(mit den Fingern genommene) kleine Menge«, z. B. Salz, Schnupftabak. Im 12. Jahrh. als Einfangen von Tieren belegt, zu altfranzös. *prisun* »Gefangennahme«, lat. *praehensa* zu lat. *praehendere* »nehmen«. Span., italien. *presa*, niederländ. *prijs*; dt. wird zunächst oft die Umbildung *preis* benutzt; frühneuengl. *prise* wird zu neuengl. *prize*. Nicht verwandt sind dt. *Preis*, engl. *price* »Wert«, die von lat. *pretium* »Kaufpreis« abstammen.

Hans Staden, Warhafftige Historia vnnd beschreibung einer Landtschafft der Wilden, Nacketen, Grimmigen, Menschenfresser Leuthen, in der Newenwelt America gelegen (1556): »Auch wo er Frantzösische Schiff in Prasilien … fünde, solten preiß sein.«

Johann Georg Aldenburgk, West-Indianische Reiße (1627): »alle gefangene von Mönchen, Schiffern und Matroosen, die auff den Hispanischen preysen gewesen«, »alle Gefangenen, Mönche, Schiffer und Matrosen, die auf den spanischen Prisen gewesen.«

Friedrich Gladow (Sperander), A la Mode-Sprach der Teutschen (1727): »Prise, ein Zeitungswort, so von denen Schiffen, die auf der See erbeutet worden, gebrauchet wird; heißt dem Wort nach die Nehmung, der Griff.«

Proviant, der, seemänn. »Vorrat zur Verpflegung an Bord«, allg. »Vorrat an Lebensmitteln, Reiseverpflegung«.

Im 14. Jahrh. erstmals belegt, mittelhochdt. *proveance*, mittelniederl. *provande* aus altfranzös. *provende* »Lebensunterhalt« sowie frühneuhochdt. *proviant* aus italien. *provianda*, beides von spätlat. *praebenda* »vom Staat Darzureichendes, Lebensmittel für das Militär« zu lat. *praebere* »hinhalten« und *habere* »halten«. Der Wechsel von *prae-* zu *pro-* erfolgte wohl unter dem Einfluss des nicht verwandten *providere* »vorhersehen, Vorsorge tragen«. Engl., französ. *provisions*, span. *provisiones*, niederländ. *proviand*, schwed., norw. *proviant*. Verwandt mit *Provision*, *Pfründe*. Proviantschiffe zur Versorgung von Marineeinheiten sind ab dem 16. Jahrh., die Bezeichnung Proviant auf Schiffen ist ab dem frühem 17. Jahrh. belegt.

Johannes Evangelist Schlager, Wiener Skizzen des Mittelalters (1846, Quelle von 1536): »Proviandschiff«, ebd., Inventar des Marinehafens Wien (»Arsional«, 1540): »20 Rueder so man zu den Profiandschiffen praucht«.

Levinus Hulsius, Erste schiffart jn die Orientalische Indien (1606): »Den 4. Junij [1595] sind wir lineam æquinoctialem passirt und hat die grosse Hitze allhie all unser Prouiant verderbet.«

pulen →**Krabbe**

pullen, »mit Riemen rudern«.

Erst im 19. Jahrh. aus engl. *to pull* »ziehen, rudern« entlehnt; dort seit dem 17. Jahrh. belegt. Nicht verwandt mit *pulen* →*Krabbe*.

William Dampier, A New Voyage round the World (1699): »Pull away, an expression usual among English seamen, when they are Rowing«, »Zieh weg [das Boot], ein üblicher Ausdruck unter englischen Seeleuten, wenn sie rudern.«

William Wymark Jacobs, Seemannshumor (1901): »dann ertönte das willkommene, taktmäßige Geräusch der Riemen in den Dollen: Pull fix to, lüd! [Rudert fix zu, Leute!], brüllte Kraeft.«

Pütz, der, »Eimer«.

Entlehnt von niederländ. *puts* »Schiffseimer, mit dem Wasser aus der See an Bord geholt wird«, und der Verkleinerungsform *poesje* »zylinderförmiges Eimerchen, mit dem aus dem Trinkwasserfass an Bord geschöpft wird«. Die Herkunft ist unklar: ① Entlehnung von französ. *poche* »(lederne) Tasche«, weil der Eimer urspr. aus Segeltuch bestand, und altfranzös. *pouch(i)er* »einlochen, einfüllen« zu lat. *puteus* »Brunnen, Grube« und *putare* »schneiden, reinigen«, auch mittelniederl. *put* »Grube mit Wasser«, altengl. *pytt*, neuengl. *pit* »Grube«, auch »sackartiger Teil eines Fischernetzes, Tasche an einem Bekleidungsstück«, dt. im Ruhrgebiet *Pütt* »(Kohle-) Grube«; verwandt ist auch althochdt. *pfuzza* »Pfütze«, ② niederländ. lautmalerische Neubildung zum Geräusch, mit dem das Schöpfeimerchen unter Wasser an die Wand des Holzfasses schlägt. Vielleicht auch ③ sehr weitläufige Verwandtschaft mit *putzen* »sauber machen«, über frühneuhochdt. *butzen* »säubern«, letztlich zu lat. *putare* »(Schmutziges ab-)schneiden, reinigen«.

Pütz.

Adolf Decker, Diurnal der Nassawischen [holländischen] Flotta (1629): »Ein jeder soll wol in acht nehmen, daß bey jedwedern stück Canon ein Balie Wasser werd gestelt, als auch auff den überlauff und alle anderen plätze, da es die Nothurfft sollte erfordern, mit jhnen eymern oder putsen swabbens [Mopp aus Tau-Enden] darbey umb die Stück abzukühlen und den Brand, so Gott verhütt, zu leschen.«

Hamburgischer Correspondent (13.2.1907, Abendblatt): »Von diesem vermutlich mit der ganzen Besatzung verloren gegangenen Dampfer ist bei Helligvaer und Givaer noch weiteres Wrackgut, bestehend aus einer Kajütstür, einem Spiegelrahmen, einer Deckspütze mit Messingbändern und dem Namen Augusta an den Strand getrieben.«

Q

Qualle, die, »Meduse«, ein Meerestier, »glocken- oder schirmförmige, frei schwimmende Geschlechtsgeneration von Nesseltieren«.

Niederdeutsch *qualle* »Qualle«, urspr. »Aufgeblasenes«, niederländ. *kwal*, im 16. Jahrh. in die Literatursprache aufgenommen, geht wohl zurück auf hochdt. *quellen*, althochdt. *quellan*. Verwandt mit *Qualm*, *Qualster* »zäher Schleim«. Möglich ist auch eine Ableitung aus lat. *coăgulum* »Lab, Gerinnungsmittel«, aus *com-* »mit-, zusammen« und *agere* »treiben, betreiben«. Engl. *jellyfish* wegen der halb erstarrten Struktur, seit dem 19. Jahrh. allgemein verwendet, geht über mittelengl. *gelé, jelly* »Gallerte, Sülze« und romanischem, im Altprovenzalischen nachgewiesenen *gelaria* »Sülze« zurück auf lat. *gelus* »Eiseskälte, Frost«. Es ist verwandt mit dt. *Gallert, Gelee, Gelatine* aus verschiedenen Ableitungen im Sinne von »halb erstarrt«, italien. *gelato* »Eis«. Französ. *méduse* geht wie die seltenere dt. Form **Meduse** auf lat. *Medusa*, griech. *Medousa* zurück, eine mythische Schreckgestalt, deren Schlangenhaar rund um den Kopf der Form von Quallen gleicht.

Otto Keller, Die antike Tierwelt (1913): »Die ›sogenannten Lungen‹, sagt er [Aristoteles], entstehen von selbst, sind wie freilebende, nicht angewurzelte Pflanzen und haben keine Empfindung und unterscheiden sich wenig von den Schwämmen.«

Scheibenqualle (»echte Qualle«, Klasse *Scyphozoa)*.

Quarantäne, die, »Isolierung von Personen oder Tieren zum Schutz vor der Ausbreitung einer Epidemie«.

Im 17. Jahrh. entlehnt aus französ. *quarantaine*, altfranzös. *caranteine*, italien. *quarantina* »Zeitraum von vierzig Tagen«, von altfranzös. *carante*, spätlat. *quarranta*, lat. *quadraginta* »vierzig«. Erstmals ist das Zurückweisen eines pestverseuchten Schiffes im Jahr 1374 in Venedig belegt. Die staatlich vorgeschriebene Wartezeit für Schiffe aus Seuchengegenden orientierte sich in Bedeutung und Wortgebrauch an den zahlreichen Vierzigtagesfristen des Alten Testamentes für Vorbereitungen und Prüfungen, etwa die Dauer von Moses' beiden Aufenthalten auf dem Sinai oder von Christus' Fasten in der Wüste.

Der Quarantäne-Hafen von Malta, Stich von Charles Frederick de Brocktorff, vor 1850.

Michael Heberer, Aegyptiaca Servitus (1610): »denn alle Schiff, so auß Levante oder Auffgang der Sonnen zu Maltha (wie auch anderer örter Siciliae und Italiae) ankommen und kein cartam sanitatis, das ist, Beweiß haben, daß sie auß gesunden orten abgereist, müssen Viertzig Tag lang, so sie quarentennas nennen, uff dem freyen Feld mit allen jhren sachen verharren.«

Hieronymus Welsch, Reiß-Beschreibung (1658): »es ist uns aber nichts desto weniger (weilen zu Venedig die Pest starck grassirt) zugemuthet worden, auff die 40 Tag lang (so die Italianer quarantia nennen) ausser der Stadt zu verbleiben.«

Quarantäneanstalt →Bilge (1892)

R

Radar, der oder das, entlehntes Kurzwort aus engl. *Radio Detecting and Ranging* »durch Funk auffinden und die Entfernung messen« und bedeutet ein elektromagnetisches Verfahren zum Erfassen von ortsfesten und beweglichen Objekten; auch das Gerät dafür (eigentlich: Radar-Gerät).

Die grundlegende technische Entwicklung des Radars erfolgte in den dreißiger Jahren in den USA und Europa unter Projektbezeichnungen, in Deutschland etwa als *Freya*.

Eine öffentliche Verwendung des Akronyms *Radar* ist erstmals nachweisbar in der New York Times (18.11.1941): »The Navy undertook a special enlistment campaign today to recruit men for training in maintenance of the radio device known as ›Radar‹, which is used to locate ships and aircraft that are hidden by fog or darkness«, »Die Marine veranstaltete heute eine besondere Einschreibungskampage zur Rekrutierung von Männern, die die Wartung des Funkgerätes trainieren sollten, das als ›Radar‹ bekannt ist und dazu dient, Schiffe und Flugzeuge zu orten, die in Nebel oder Dunkelheit verborgen sind.«

Rah, **Rahe**, die, »Querstange am Mast«, urspr. ein Rundholz, besonders zur Befestigung eines Rahsegels.

Mittelniederdt., mittel-, neuniederländ. *rā* und in anderen Schreibungen, althochdt. *raha*, altnord. *rā* »Segelstange«, von german. **rahō* »Stange«. Vielleicht liegt Verwandtschaft mit dt. *(sich) regen, Reck* »Querstange zum Aufhängen von Gegenständen und zum Turnen« vor, vielleicht auch mit norw. *rjaa* »Stange zum Trocknen des Getreides«, altnord. *reigjast* »den Körper aufrichten«, litauisch *rieklas* »Stangengerüst zum Trocknen und Räuchern« und einer indoeurop. Wurzel **reik-* »sich aufrecken, Stange, Latte«. Engl. *yard* geht auf mittelengl. *yherde* »Gerte« zurück, frz. *vergue* und span. *verga* auf lat. *virga* »dünner Zweig«. Die Benennung der Rahen erfolgt nach Mast und Segel, z. B. Kreuzobermarsrah.

Rufus, Lübecker Chronik (1430): »unde nehmen dar uth ere ankere, segele, raa unde sture«, »und nehmen (aus dem Schiff) ihre Anker, Segel, Rahen und Steuer«.

Johann Sigmund Wurffbain, Ost-Indianische Krieg- und Ober-Kauffmanns-Dienste (1686): »Darauf bekamen sie einen schweren Blitz … welcher wie ein schmaler Stral Feuers den großen Mastbahm hinauf lieff … wodurch ermeldeter Mast von unten an biß an das große Zwerg-Holtz die Rhee genannt, zerschmettert … worden.«

Adelbert von Chamisso, Reise um die Welt mit der Romanzoffischen Entdeckungs-Expedition (1836): »Das Meer ebnete sich zu einem glatten Spiegel, schlaff hingen die Segel von den Raaen und keine Bewegung war zu spüren.«

→Nock (1582), →Want (1662), →Stenge (1676), →Fall (1702), →Gut (1907)

Ration, **Ranzon**, die, »portionierte Speisen und Getränke an Bord«.

Niederdt. *ransūn*, *rantsūn* entlehnt aus gleichbedeut. niederländ. *rantsoen* »Ration«, dies aus französ. *ration*, altfranzös. *racion* »Rechnungführung für eine Einheit Soldaten«, lat. *ratio* »berechneter Anteil, Berechnung«, *ratus* »berechnet«, *reri* »meinen, glauben, urteilen«.

Adolf Decker, Diurnal der Nassawischen [holländischen] Flotta (1629): Decker 1629: »Den 7. hat man dem Volck jhre portion gemacht, welches auff Schiffmännisch Rantzon heißet.«

Johann Wilhelm Vogel, Ost-Indianische Reise-Beschreibung (1716): »Nach verzehrenden Morgen-

Brod giebt der Bottelier einem jeden seine Ration Wasser, und muß jedweder, der nicht an der Officier-Taffel speiset, seine Portion (welche insgemein eine Kanne, zu Zeiten aber, wenn man viel contrairen Wind und Sturm hat, nur 1 Maaß oder Nösel ist) absonderlich in seinem Gefäß empfangen und sich damit 24 Stunden behelffen.«

Heinrich Smidt, Seegeschichten und Marinebilder (1855): »Eine halbe Ration; sie reicht nicht zum Nothwendigsten aus.«

Ree!, »Ausführungskommando für ein Wendemanöver beim Segeln«.

Wohl seemänn. verkürzt aus mittelniederdt. *rēde, reit* »bereit« wie engl. *ready*, entweder ① aus german. **raideja-* »ordnen« und indoeurop. **arə* »fügen« oder ② aus german. **(ga)raiða* »gerüstet zur Fahrt« und indoeurop. *reidh- »fahren, in Bewegung sein« (→*Reede*). Kein Zusammenhang des Wendemanövers besteht mit der lat. Vorsilbe *re-* »zurück, entgegen«.

Cornelis Gijsberts Zorgdrager, Alte und neue Grönländische Fischerei und Wallfischfang (1723): »Dieses Eis, in welches man nun so kecklich hineinsegelt, wurde dazumal als eine gefährliche Klippe … angesehen: denn so bald man es entdeckete, wurde von Stunad an ree, ree geruffen, und man wendete sich, so gut man konte, wieder davon weg.«

Gottlieb Reinicke, Schiffsjungendienst (1907): »Sobald die Segel anfangen zu killen, d. h. im daran entlang wehenden Winde zu klappern, ruft er: Reee! Auf dieses Kommando werden die Klüverschoten ausgefiert und sofort beginnt das Schiff, sich sehr schnell rechts herumzudrehen.«

Reede, die, »Außenhafen«, »Ankerplatz vor dem Hafen oder Strand«.

Hochdt. seit dem 17. Jahrh., zunächst oft als *Reide*, von mittelniederdt., -länd. *rēde*, zu mittelniederdt. *rēde, reit* »bereit«, also »Platz, an dem Schiffe bereit gemacht werden«, »sich (für günstigen Wind) bereit halten«. Dies unterstützt eine Ableitung aus german. **(ga)raiða* »gerüstet zur Fahrt«, zu indoeurop. **reidh-* »fahren, in Bewegung sein« (→*Ree!*). Dazu seemänn. »vor Anker reiten«, engl. *to ride at anchor* »bei Seegang (außerhalb des Hafens) stampfend vor Anker liegen«, also vielleicht auch *Reede* »Platz, wo die Schiffe vor Anker reiten« aus einer Mischung von *bereit* und *reiten*. Schott. *raid*, engl. *road, roadsted* (wörtl. »Reitstatt«). Französ. *rade* ist eine Entlehnung aus altengl. *rád*. Span. *rada*, niederländ. *rede*, *ree*.

Lübecker Niederstadtbuch (1480): »uppe der reyde vor Travemunde«, »auf Reede vor Travemünde«.

Arnold Montanus, Gesandtschaften in Japan (1669): »Mombasa, eine Stadt auf feinen hohen Felsen gelegen, und rund umb mit der See beflossen, woselbst eine gute Rehde war.«

→Tau (1627), →Orkan (1720), →Seemeile (1864)

Reeder, der, »Eigentümer eines Schiffes, das ihm zum Erwerb durch die Seefahrt dient«, Schifffahrtsunternehmer.

Noch im 17. Jahrh. Schiffsausrüster, Befrachter, mittelniederdt., -ländisch *rēder*, zu *rēden* »bereiten, ausrüsten«, dann Schiffseigner. **Reederei**, die, Unternehmung eines *Reeders*, urspr. (Mitte 18. Jahrh.) eine Vereinigung von Miteigentümern eines Schiffes, mit dem erwerbsmäßig für gemeinschaftliche Rechnung Seefahrt getrieben wurde. Engl. *shipowner*, französ. *armateur* (von lat. *armare* »bewaffnen, ausrüsten«), span. *armador*, italien. *armatore*, niederl. *reder*.

Overijselsche stad-, dik- en markteregten (1409): »Dat een ijeghelijc schipher sine reijders tot elker jeijsen rekenschap ende bewisinenge doen sal«, »dass ein jeglicher Schiffer seine Reedern zu jeder Reise Rechenschaft und Beweis tun soll«.

Stralsunder Urkunde (1412): »Vortmer bekenne wy …, dat wy den zulven schiphern unde eren rederen scholen gheyen vor ere vracht erer schepe …«, »Weiters bekennen wir, dass wir den selben Schiffern und ihren Reedern die Erlaubnis geben für ihre Schiffsfracht.«

Der wohl instruirte Schiffer (1732): »Der Eigenthümer des Schiffes ist nun entweder selber Schiffer, oder bestellet einen andern dazu …, und ist also ein Rheder derjenige, welcher das Schiff ausrhedet, das ist ausrüstet, und mit aller zur Reise erforderlichen Nothdurfft versiehet.«

→Schiff (1742), →Schlepper (1905), →Kapitän (1908)

Reep, das, »Tau, Seil«.

Im 18. Jahrh. aus dem Niederdt. übernommen, mittelniederdt. *rēp*, mittel-, neuniederländ. *reep*, althochdt. *reif* »Ring, Seil, Strick, Kreis, ringförmiges Schmuckstück«, altfranzös., altengl. *rāp*, altnord. *reip*. *Reeper* »Seiler«, *Reeperbahn* »Auslege- und Flechtstrecke für Seile«, verselbständigt zum Ortsnamen für das Vergnügungsviertel in Hamburg. **Fallreep** »Tau zum Heruntergleiten aus dem Schiff, Tau längs der Fallreepstreppe, Leiter zum Schiffsrand«, →*Jakobsleiter*. Engl. *rope*, norw. *reip*, schwed. *rep*, dän. *reb*, finn. *raippa* als Entlehnung aus dem German., französ. *corde* »Schnur« von lat. *chorda* »Darmsaite, Darm«, auch span. *cuerda*.

Friedrich Gerstäcker, Das Wrack (1852): »Reepschläger prügelt sich mit dem Segelmacher, sagen die Matrosen, wenn die schlaffen Taue gegen die Segel und diese wieder ihrerseits schwerfällig gegen die Masten schlagen.«

Die Gartenlaube (1859): »Auf einen eigenthümlichen Ruf der Bootsmannspfeife springen vier hübsche Knaben, die Fallreepsjungen, durch die Luken herauf und postiren sich an die Treppe, um den Ankommenden die Taue zu halten.«

→Tamp (1794/96). Fallreep →Priel (1855)

reffen, »die Segelfläche durch Aufrollen verkleinern, verkürzen«.

Seit dem 17. Jahrh. hochsprachlich nachweisbar, niederdt. *reffen* abgeleitet von *Reff*, einem zum Reffen eingerichteten Teil des Segels: Ein quer über das Segel genähter Tuchstreifen mit Bändseln und Ringen erlaubt, das Segel bis dorthin einzuziehen und festzumachen. Mittelniederdt. *ref* »Reff«, niederländ., engl. *reef*, altnord. *rif* eigentl. »Rippe«, niederländ. *reven* »reffen«, dän. *rebe*, schwed. *refva*, norw. *riv*, isländ. *rifa*. Französ. *ris* »Reff« (schon 1135 belegt), span. *rizo* gehen auf die nicht bezeugte mittelfranzös. Form **rifs* zurück, die wohl von altnord. *rif* stammt. Vermutlich geht *Reff* wie →*Riff* wegen seiner Formähnlichkeit

Reeper bei der Arbeit, Darstellung um 1790.

Beginn des Segelreffens, Stich von Ende des 19. Jahrh.

auf Vorläufer von *Rippe* zurück, aus german. **rebja-* »Rippe« und indoeurop. **rebh-* »überwölben, überdachen« (hier im Sinne der von Rippen abgedeckten Brusthöhle).

William Davenant & John Dryden, Shakespeare's Tempest (1667): »Come, reef both Top-sails«, »Kommt, refft beide Toppsegel.«

Jens Jacob Eschels, Lebensbeschreibung eines alten Seemanns (1835): »Es war Abend, und der Wind fing hart an zu wehen, so daß wir alle Refen in unsern Marssegeln einstecken mussten.«

dichtreffen →Brecher (1835)

Regatta, die, »sportliche Wettfahrt von Booten auf markierter Strecke«.

Seit dem 18. Jahrh. aus italien. *regata* »Gondelwettfahrt in Venedig«, zu *regatare* »wetteifern, -fahren«. Die weitere Herkunft ist unklar, vielleicht ① zu *gatto* »Katze« wegen ihrer Streitsucht, ② zu spätlat. **recaptare* »rivalisieren«, mittellat. **captiare* »zu erringen versuchen« oder ③ zu italien. *riga* »Reihe (startender Gondeln«), dann verwandt mit *Reihe, Riege*. Die allgemeinere Bedeutung »Bootswettfahrt« verbreitet sich als engl. *regatta* seit der ersten Veranstaltung unter diesem Namen auf der Themse am 23.6.1775, dt. seit Anfang des 19. Jahrh. belegt. Französ. *régate*, span. *regata*, niederländ. *regatta*.

Der früheste Beleg stammt aus dem 13. Jahrh. (anonym): »ver la lor regata far«, »sieh' sie ihre Regatta machen.«

Johann Georg Keyssler, Reisen (1730/76): »Wenn auswärtige vornehme Prinzen sich in Venedig aufhalten, pflegt ihnen die Republik gemeiniglich die Ergötzung einer Regatta oder eines Wettlaufs der Gondeln auf dem grossen Canale zu geben.«

Reling, die, »Geländer um das Oberdeck eines Schiffes«.

Im 19. Jahrh. entlehnt aus neuengl. *railing* »Reling«, von *rail* »Latte«, mittelengl. *raylle*, altfranzös. *reille*, spätlat. **regla, regula*

»Latte, Richtschnur, Lineal« zu lat. *regere* »richten, lenken, herrschen«. Im 18. Jahrh. als *Regeling* entlehnt aus niederdt., -länd. *regeling*, zu mittelniederdt. *rēgel* »Riegel, Querstange, Latte«. Vielleicht ist der lat. Einfluss auf die germanischen Vorläufer von althochdt. *rigil* »Riegel« auch nur sekundär, und das Wort ist mit *Reck*, →*Rah* und *Reihe* verwandt. Niederländ. *reeling*; span. *regala* ist verwandt mit »Riegel«, französ. *lice* mit »Leiste«. Ein auf das Deck aufgesetzter Schutz aus geschlossenen Platten, also die Verkleidung der Reling, heißt →*Schanzkleid*.

Joseph Stöcklein, Der Neue Welt-Bott (1726): »Unser Schiff ist von einem Sturmwind mit solchem Gewalt auf die eine Seiten niedergebogen worden, daß ein großer Schwall Meer-Wassers durch den Regeling … hinein schuße.«

Paul Gerhard Heims, Von der Wasserkante (1897): »Die Bö legte die Leviathan mit einem solchen Ruck auf die Seite, daß zwei Leute, die an der Großreling arbeiteten und nichts Böses vermutheten, mit einem großen Bogen aus der Takelage flogen und über Bord gingen.«

→Davit (1850), →Brücke (1864), →Winsch (1907)

Reuse, die, »Korb oder Netz in Trichterform zum Fischfang«.

Mittelhochdt. *riuse*, mittelniederdt. *ruse*, althochdt. *rūsa*, niederländ. *reus, ruis, reuze*, schwed. *ryssja*. Das Wort bezeichnet auch andere Körbe. Die Herkunft ist unsicher: ① Wenig wahrscheinlich ist eine Sprachverwandtschaft mit dt. *Rohr* im Sinne von »aus Rohr Geflochtenes«. ② Unerklärt bleibt der Konsonantenwechsel auch bei einer Verbindung mit altfranzös. *rūsche*, neufranzös. *ruche* »Korb, Bienenkorb« aus latinisiertem *ruscus* von gallisch *rusca*, altirisch *rūsc*; auf keltischen Ursprung gehen immerhin Entlehnungen in das Altprovenzalische und Katalanische zurück. ③ Möglich ist die Rückführung des Materialwortes von mittelhochdt., neuniederländ. *rusch* »Binse, Schilf, Ried«, altengl. *risc, rysc*, neuengl. *rush* auf eine indoeurop. Wurzel **rezg-* »flechten, binden«. Französ. *nasse*, span. *nasa* »Reuse« gehen zurück auf gleichbed. lat. *nassa*, verwandt mit dt. *Netz, Nessel*.

Zwei Reusen auf einer byzantinischen Münze des 3. Jahrh., Bevölkerungs- und Fischreichtum symbolisierend.

Heinrich von Eppendorf, Natürliche History Caii Plinii Sccundi (Plinius, 1543): »Wenn die Meerbarbel in ein reuß oder korb schleuffet, begert sie nicht mit dem Kopf zů erst hinauß, damit sie jhre augen nicht verletze, sondern kehrt sich umb, unnd schlecht so lang umb den eingang der reusen her, biß er weiter wirt, schleifft alßdenn hinderwerts hinauß.«

Auch in sexueller Konnotation als Vulva, Fastnachtssprüche (1628): »darzu sie keins bosen nicht gedacht, / bis das er ir den visch in die reusen pracht«.

Riemen, der, umgangsspr. »Ruder, um ein Schiff fortzubewegen«.

Mittelhochdt. *rieme*, althochdt. *riemo*, mittelniederländ. *rieme*, niederländ. *riem*. Das Wort wurde schon zur Zeit des römischen Reichs entlehnt aus lat. *rēmus* »Riemen«, französ. *rame*, span. *remo*, zu griech. *eretmos*, altindisch *arítrah* »Ruder«, indoeurop. **erə-/rē-/rō-* »rudern«. Wohl nah verwandt mit der griech. und indischen Form ist german. **airā* »Riemen«, daraus altengl., altnord. *ár*, neuengl. *oar*, norw. *åre.*, schwed. *år, åra*, dän. *aare*, entlehnt finn. *airo*, aber niederländ., fries. oder dt. Entsprechungen fehlen. Ver-

Rudern mit Riemen, Stich um 1790.

wandt mit →*Ruder, rojen*. Die Tätigkeit des Ruderns mit einem Riemen heißt **riemen**, →*pullen* »mit den Riemen seitwärts« oder →*wriggen* »mit dem →*Skull*, einem Riemen im Heck«.

Johan Thuocher, Bericht der Meerfart (1561): »Am viertzehenden tag deß Jenners kam ein Galeen von Constantinopel, sonder [ohne] Riemen, dz ist o[h]n Růder, mit eytel [etlichen] Türcken vnd jrer Kauffmanschafft.«

Wittenberger Bibel (1599): »Vnde de Lüde remeden, dat se wedder tho Londe qwemen«, »und die Leute riemten, dass sie wieder an Land kamen.«

→Davit (1373), →Dolle (ca. 1666/94), →wricken (1935), als Verb riemen →stechen (1659), →bugsieren (1675)

Riff, das, »eine die Schifffahrt gefährdende Reihe von Klippen oder Korallenbänken«, früher oft »eine gefährliche lang gestreckte Sandbank«.

Im 17. Jahrh. als niederdt. *Reff, Riff* in die Literatursprache aufgenommen. Die mittelniederdt. Vorläufer *rif, ref,* mittelniederl. *rif, rib* (vor allem als »Sandbank« verstanden) sind wohl aus dem skandinavischen Sprachraum entlehnt, schwed. *ref*, norw. *riv*, dän. *rev* zu altnord. *rif* »Rippe« in topographischer Bedeutung, ähnlich →*Küste*. Engl. *reef* ist wohl aus dem Niederländ. oder Niederdt. entlehnt. Französ. *récif* »Felsenriff« von span. *arrecife* ist aus arab. *(ar)rasif* »Damm, Deich« entlehnt. Verwandt ist auch →*reffen*.

Hansisches Urkundenbuch (Quelle von 1299): »obstaculum ref«, »das Hindernis Riff«.

Robert Norman, The safeguard of sailers (1584): »From the northwest corner of Burckum, doth lie a riff of sand«, »ab der Nordwestecke von Borkum liegt ein Sandriff.«

Johann Manson, Seebuch (1717): »Auf der Nordwest Ecken ist meist scharf Grund, von der Norr Udden schiest ein Stein Reeff, ein viertel Meil zur See, von der Südost Udden schiest ein Sand Reeff ein ziemlichs stück aus vom Lande.«

→Schäre (1669)

Rigg, das, »Takelage eines Segelschiffs«.

Im 19. Jahrh. übernommen aus engl. *rig* »Takelage«, *to rig* »takeln«, vielleicht auch entlehnt in norw. schwed. *rigga*, dän. *rigge* »takeln«. Herkunft unklar.

William Caxton, Blanchardyn and Eglantine (1489): »He rigged certaine ships, wherein he and diuers of his Lordes embarqued them-selues«, »er takelte mehrere Schiffe, in die er und mehrere seiner Lords sich einschifften.«

Gustav Frenssen, Hilligenlei (1905): »Von Staten Island bis zum Äquator ist kein Mann in die Ricken gestiegen, ein Segel zu wechseln.«

Robbe, die, »Flossenfüßer«, Ordnung Pinnipedia.

Seit dem 17. Jahrh. in der Literatursprache, niederdt. *rubbe*, nordfries., niederländ. *rob*, mit dem Bewegungsverb *robben*. Es stammt wohl ab von niederländ. *robben* »reiben, sich balgen«, nordfries. *rubben* »reiben, raufen, zerren«, schwed. *rubba* »verschieben«, isländ. *rubba* »kratzen, scheuern«, dt. *rubbeln* »tüchtig scheuern«, wenn das Verhalten an Land namensstiftend war. Dann verwandt mit dt. *Raub* aus westgerman. **rauba* »das Entreißen«, *rauh* und lat. *rumpere* »zerbrechen«, von indoeurop. **reu-* »reißen, rupfen«. Zu engl. *seal* »Robbe« →*Seehund*. Französ. *phoque*, span. *foca* stammt von lat. *phoca*, griech. *phōkē* »Robbe«.

Die *Mönchsrobben* des Mittelmeeres waren schon Homer bekannt. In der Odyssee (ca. 8. Jahrh. v. Chr.) heißt es von Proteus: »Ist er an Land, dann schläft er in einer geräumigen Höhle. / Um ihn herum aber sammeln sich Robben und schlafen; es sind dies / Kinder der herrlichen Meerfrau. Diese entsteigen der grauen / Flut und schnauben die bittren Gerüche der salzigen Tiefe.«

Seehunde erwähnt Tacitus, Germania (um 98 n. Chr.) als »Ungeheuer, die der Ozean in seinen äußersten Teilen und das unbekannte Meer hervorbringen«.

Ferdinand Freiligrath, Moostee (1838) schreibt über einen Vulkanausbruch: »Wolken, Rauch und Asche wallen, / und am Strand die Robben winseln, / und die rothen Steine fallen / nieder auf entfernte Inseln.«

Gustav Freytag, Die Journalisten (1854): »Dort [am Nordpol] werde ich während dem Rest meiner Tage traurig mit Eisbären Domino spielen oder unter den Robben die Anfänge journalistischer Bildung verbreiten.«

→Balje (1835)

Rochen, der, »ein Knorpelfisch mit stark verbreiterten, teils flügelartigen Brustflossen«, Ordnung Rajiformes.

Dt. seit dem 15. Jahrh. belegt. Mittelniederdt. *roche*, mittelniederländ. *rochge*, altengl. *reohhe* sind vielleicht verwandt mit *rau*

Orakel auf einer griechischen Vase: Penelope beobachtet das landende Boot. Über dem Ruderer Odysseus schwebt ein Vogel, der einen Rochen mit giftigem Stachel trägt. Der Rochen wird fallen und Odysseus töten. Nachzeichnung, Mitte des 19. Jahrh.

wegen der Beschaffenheit der Rochenhaut. Engl. *ray*, französ. *raie*, span. *raya* gehen zurück auf lat. *raia* »Rochen« unbekannter Herkunft. Vielleicht haben der german. und der roman. Zweig das Wort auch gemeinsam aus einer unbekannten Sprache entlehnt. *Glattrochen* tragen in Deutschland die Handelsbezeichnung »Seeforelle«. Zu den *Rochen* gehören auch *Sägefische* und *Mantarochen*. **Manta**, Kurzbezeichnung für Angehörige der Unterfamilie der *Teufelsrochen* (Mobulinae), z. B. der *Riesenmanta* (Manta birostris). Das Wort entstammt dem amerikan. Spanisch, aus dem *manta* »Tuch, Umhang« auf den Fisch mit der gewaltigen Spannweite der Flossen übertragen und ins Englische übernommen wurde. Zugrunde liegt spätlat. *mantus* »kurzer Mantel«, wohl eine Entlehung aus dem in Spanien verbreiteten Keltischen. Verwandt sind *Mantel, Mantilla*.

Jacob van Merlant, Der Naturen Bloeme (2. H. 15. Jahrh.): »Rais dats der Rochghen name, een lelic visch ende onbequame ende die te verduwen es sere swaer«, »Rais, das ist der Rochen Name, ein hässlicher und ungeschickter Fisch, und der zu verdauen sehr schwer ist.«

Thierbuch Alberti Magni (1545): »rayche welchen die Franzosen rayr nennen, ist auch eine art der plateissegeschlecht [Schollen], gantz rundt, flach und breidt.«

Antonio de Ulloa, A voyage to South America, übers. von John Adams (1758): »The name manta has not been improperly given to this fish …; for being broad and long like a quilt, it wraps its fins round a man, or any other animal, … and immediately squeezes it to death«, »Den Namen Manta hat dieser Fisch nicht zu Unrecht erhalten; weil er so breit und lang ist wie eine Steppdecke, umhüllt er mit seinen Flossen einen Mann, oder ein anderes Tier, und drückt es sofort zu Tode.«

→Hummer (1721)

rojen →Ruder

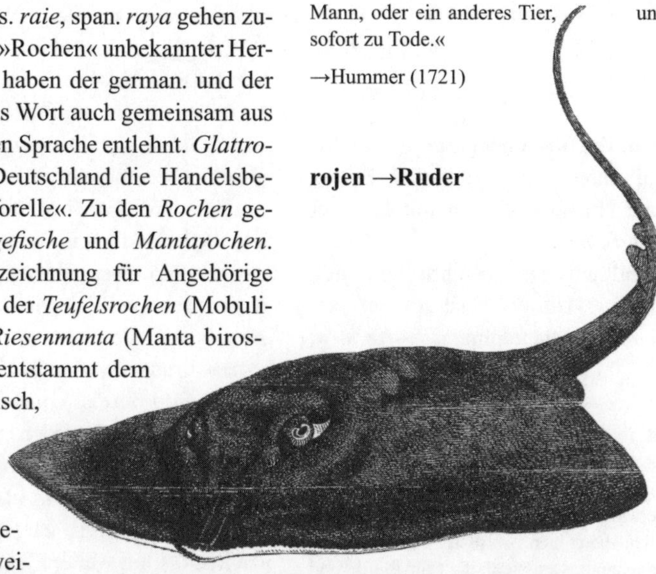

Stachelrochen *(Dasyatis)* unbestimmbarer Art, Ende des 19. Jahrh.

rollen, ① »rollende Bewegung der Wellen«, »hoher Seegang«, ② »Überholen eines Schiffes von einer Seite zur anderen« als Bewegung um die Querachse (→*schlingern*, anders: →*stampfen*).

Mittelhochdt., mittelniederländ. *rollen*, entlehnt aus mittelfranzös. *rouler* mit zwei Quellen: ① von altfranz. *roeler* »sich drehend bewegen« aus altfranzös. *roele* »kleines Rad« und lat. *rotella* »Rädchen«, ② von altfranzös. *role* »Rolle« und lat. *rotulus* »Walze«; beides geht auf lat. *rota* »Rad, Rolle« zurück; altind. *ráthah* »Wagen«. Verwandt mit *Rad*, *rotieren*.

In Bedeutung ①: Tägliche Rundschau (1908): »Aus Südwesten rollte noch immer die schwere Dünung, in der das Schiff stark arbeitete.«

In Bedeutung ②: Adelbert von Chamisso, Reise um die Welt mit der Romanzoffischen Entdeckungs-Expedition (1836): »Als das Schiff … zu rollen begann, wurden auf demselben die Anfangs lauten Passagiere still.«

Rossbreiten, die, »Kalmengürtel um 25 bis 35 Grad nördlicher und südlicher Breite, subtropische Hochdruckzonen mit häufiger Windstille auf See«.

Dt. Nachbildung des 19. Jahrh. von engl. *horse latitudes*. Dieser Ausdruck ist erst im 18. Jahrh. aufgekommen. →*Kalmen*, →*Passat*

George Forster, A Voyage round the world (1777): »The latitudes where these calms reign, are named the horse-latitudes by mariners … because they are fatal to horses and other cattle which are transported to the [American] continent«, »die Breiten, wo diese Windstillen herrschen, werden von Seeleuten Rossbreiten genannt, weil sie tödlich für Pferde und anderes Vieh sind, die zum amerikanischen Kontinent transportiert werden«.

Heinrich von Holleben, Deutsches Flottenbuch (1905): »Zwischen diesen Zonen der Nordost- und Südostpassate liegt nun die Gegend der Kalmen, der Stillen, oder, wie der Matrose sagt, der Stillten; still ist aber nicht die richtige Bezeichnung, man hat derer viele andere, z. B. die Pferdebreiten, weil Transportschiffe mit Pferden an Bord hier oft ihre Ladung haben tot über Bord werfen müssen.«

Ruder, das, hier seemänn. »Steuer, Vorrichtung zum Steuern eines Schiffes« (umgangsspr. »Stange mit Blatt zur Fortbewegung eines Ruderbootes« →*Riemen*).

Mittelhochdt. *ruoder*, althochdt. *ruodar*, mittelniederdt. *roder*, *rōr*, niederdt. *rōr*, niederländ. *roer,* altengl. *rōþor*, neuengl. *rudder* aus westgerman. **roþra-* »Steuerruder«. Die skandinavischen Formen mittelschwed. *rodher*, färöisch *róþur*, dän., norw. *ror* stammen aus dem Niederdt.; altnord. *róþr*, isländ. *róþur*, norw. *ror* bedeuten den Akt des Ruderns. Das Verb *rudern* verdrängt das neben *riemen* »mit Riemen rudern« noch im 18. Jahrh. dominante *rojen*; beide gehen zurück über mittelhochdt. *rüejen, rüegen*, mittelniederdt. *rōien*, mittelniederländ. *roeyen*, niederländ. *roeien*, altengl. *rōwan*, engl. *row*, altnord. *rōa,* schwed. *ro* sowie außergermanisch auch griech. *eretmos*, altindisch *arítrah* auf die indoeurop. Wurzel **erə-/rē-/rō-* »rudern«. Zur Ableitung lat. *remus* →*Riemen*. Französ. *gouvernail* von lat. *gubernaculum* »Steuerruder«, *gubernare* »steuern«. Span. selten *gobernalle, gobernáculo*, meist *timón,* port. *timão*, italien. *timone* von lat. *temo* »Deichsel, Zugstange« zu *tenere* »ziehen«. Eine weitere lat. Bezeichnung ist *palma, palmula* »Steuerruder« von indoeurop. **pelā-* »ausbreiten, flach«, z. B. in der altengl. Überlieferung (725) »palmula, steorroðor«. *Ruderblatt* »flacher Teil von Riemen, Skull oder Paddel«, »der Bestandteil des (Steuer-)Ruders, auf den das Wasser wirkt«; der zweite Wortteil geht in der Bedeutung »sprießendes Pflanzenteil« auf althochdt. *blat* zurück. Mit engl. *blade*, niederländ. *blad* »Blatt«, altnord. *blað* »Blatt, Klinge« ist er zurückzuführen auf german. **blado-* »Blatt«, indoeurop. **bhlo-* »Blume, Blüte, sprossen, hervorbrechen«. Mit lat. *folium*, griech. *phyllon* »Blatt« gehört er zur indoeurop. Wurzel **bhel-* »anschwellen«. Das Wort wurde wegen der äußeren Form übertragen auf flache Gegenstände, darunter früh das Ruderblatt, altengl. (um das Jahr 1000) *roðres blæd*, und im 19. Jahrh. auch übertragen auf das Blatt der Schraube.

Matrosen rudern einen Offizier, Buchillustration, 1895.

Levinus Hulsius, Beschreibung der newen Reyse, so die Hollendischen Schiff in den Orientalischen Indien verricht (1598): »Es stunden 10 oder 12 Männer an dem Ruder.«

Johann Wilhelm Vogel, Ost-Indianische Reise-Beschreibung (1716): »Das Ruder wurde auch wieder gelöset, und hatten 18 Mann volle Arbeit, dasselbe zu bezwingen und zu regieren.«

Friderich Martens, Spitzbergische oder Groenlandische Reise-Beschreibung (1675): »Ein guter Steurer ist negst dem Harpunier am besten nutz in einer Schlupen, er steuret mit einem Riemen und sihet vornen aus, die andern vier Männer keren ihre Rücken nach vornen und sehen nach hinten, derowegen der Steurer und Harpunier allezeit rufft roya an, oder streich, das ist, daß sie neher am Walfische und ein wenig davon riemen.«

→Riemen (1561), Pinne (1647), Rojdulle →Dolle (1900), Ruderbank →Ducht (1638)

S

Salm →**Lachs**

Salz, das, »Natriumchlorid (Kochsalz)«, Bestandteil des Meerwassers, Nährstoff, Würzmittel.

Mittel-, althochdt. *salz*, niederländ. *zout*, altengl. *saelt*, engl., got., altnord., schwed., isländ. *salt*. Alle Formen stammen aus german. **salta-* und indoeurop. **səl-* »Salz«, ebenso griech. *háls*, lat. *sāl* mit vielen romanischen Formen, russ. *sol'*. Umstritten ist, ob die Wurzel ursprünglich **sal-* »schmutzig grau« nach dem ungebleichten Rückstand des Salztrocknens oder »Bodensatz nach dem Verdunsten, Abgesetztes« zu indoeurop. **sē-/sə-* »sich setzen, heraussträufeln« meint. →*Schlick*, →*Bai*

Homer, Odysseus (ca. 8. Jahrh. v. Chr.): »Spät erst kam er herauf, spie aus das salzige Wasser.«

Plinius, Naturkunde (nach 77 n. Chr.): »Alles Salz aus den Seen ist sehr fein und bildet kleine Klumpen. Eine andere Art entsteht von selbst aus dem Seewasser, wenn es an den äußersten Küsten und Klippen einen Schaum hinterläßt. Dieses Salz wird durch den Tau völlig verdichtet; das an den Klippen gefundene ist schärfer.«

Salz diente auch als Verkürzung für *Salzwasser*, Martin Opitz, Gedichte (ca. 1745): »die stücke [Geschütze] gaben plitz, die schiffe speyten feuer, / das blaue saltz erschrack.«

→Fracht (1629), →leck (1732), Salzig →Brackwasser (1647), Salzwasser →Balje (1723).

Sand, der, »lose Anhäufung feiner Mineralkörner«, an Küsten als (Sand-)Strand.

Mittel-, althochdt. *sant*, altsächs., altengl., engl. *sand*, altnord. *sandr*, niederländ. *zand*

Die Bremer Bake auf der Sandbank »Hohe Weg« und zwei bremische Tonnenleger, Außenweser, Ölgemälde im Haus Schütting in Bremen, 1790.

gehen auf german. **sanda* zurück. Das Wort könnte aus einem älteren german. **samad-* entstanden sein, denn ein indoeurop. Grundwort **samdho-* ist durch das verwandte griech. *amathos* »Sand« und *psamathos* »Küstensand, Staub« zu vermuten, vielleicht zu griech. *psēn* »zerreiben« und altind. *bábhasti* »kaut, zerbeißt«. In diesen Zusammenhang gehört auch lat. *sabulum* »Sand, Kies«. Die genauen Bezüge bleiben unklar. Französ. *sable* »Sand« geht auf lat. *sabulum* zurück, span. *arena* auf lat. *(h)arena* »Sand, Sandfläche, Kampfplatz des Amphitheaters«.

Codex Teplensis (14. Jahrh.): »der unzelich sande, der da ist an dem gestat dez merez«.

Alsfelder Passionsspiel (1501): »viel sandes hot des meres grunt«.

Sand war auch Kurzwort für »Sandbank«, etwa in der Contrafaytung der See Mappen (1599): »In mittels jagte die Pinas einem Javanischen Schiff nach, fuhre ohnversehens auff einen Sand, darvor sie mit großer mühe kaum widerumb abstossen kundt.«

→Ballast (1521, 1645), →Düne (1580), Sandbank →Küste (1742), Sanduhr →Glas (1662)

Sardellen, die, »Familie der Heringsartigen, Engraulidae«, **Sardelle**, die, ① »eine Art der Sardellen, die Europäische Sardelle, dt. Handelsname der *Anchovis*, Engraulis encrasicholus«, ② Verkleinerungsform von →*Sardine*, Sardina pilchardus.
Zoologische Einteilung, regionale Bezeichnungen und Handelsnamen decken sich nicht. In Deutschland werden sowohl ① *Anchovis* als auch ② *Sardine* seit langem als »Sardellen« bezeichnet, wohl wegen der ähnlichen Zubereitung (gesalzen, ohne Kopf und ausgenommen, zunächst in Fässchen, bis heute in Dosen). In Italien ist *sardella* nur als

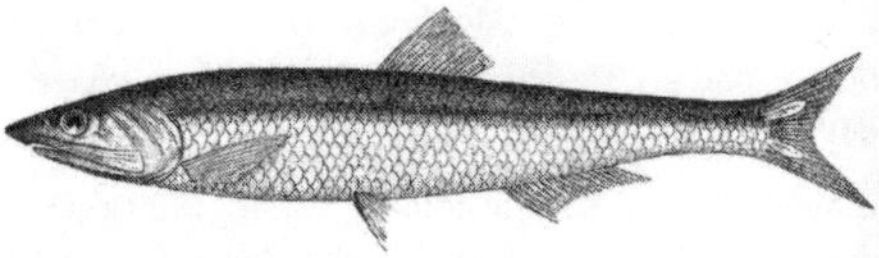

Anchovis *(Engraulis encrasicholus)*, die Europäische Sardelle.

Verkleinerungsform zu ② *sarda* »Sardine« in Gebrauch, während *sardina* meist Tiere in der passenden Größe für die Verwendung als Dosen-/Ölsardinen meint. *Sardone* ist eine Regionalbezeichnung sowohl für ① *acciuga* »Anchovis« als auch für die ② *Sardine*. **Anchovis**, niederländ. *ansjovis*, engl. *anchovy*, geht über französ. *anchois*, span. *anchoa* wohl mit italien. *acciuga*, volkslat. **apiua* auf griech. *aphýe* »Fischbrut, kleine Fische« zurück.

Johann Heinrich Zedlers Universallexikon (1742): »Sardelle, Sarda, Sardina, Sardine, ist ein kleiner Seefisch, den Anchovies nicht ungleich, nur daß er etwas größer und dicker ist. ... Er findet sich gemeiniglich im Mittelmeer ... und werden auch an den Französischen und Italienischen Ufern gefangen und eingesalzen, in kleinen Fäßgen zu uns gebracht ... Die aus Frankreich und Portugall zu uns kommen, sind mehr unter dem Namen der Anchowis bekannt, und von den andern, so aus Italien von Livorno gebracht werden, und eigentlich Sardellen heißen, darinnen unterschieden, daß sie viel kleiner und ihnen die Köpfe abgeschnitten sind.«

Grimms Deutsches Wörterbuch (1893) meint nur die Verkleinerung der Sardine: »Sardelle .... der fisch wurde zunächst in den Gewässern vor Sardinien gefangen« und zitiert in diesem Sinn auch Josua Maaler, Die teütsch spraach (1561): »sardelle ein meerfisch, behalt by den Frantzosen und Italianern noch jren namen, den häringen nit ungleych, sardinia.«

Brockhaus' Konversationslexikon (1895) erklärt: »Nicht zu verwechseln ist mit ihr [der Sardine] der Anchovis oder die [echte] Sardelle«, »Die französischen Anchovis sind die wirklichen Sardellen ...

Die Anchovis … im Mittelmeer, wo sie Sardon heißen … und als Sardellen in großen Mengen [versendet werden].«

Meyers Großes Konversationslexikon (1909): »Sardellen, gesalzene Anchovis …, die, des bitter schmeckenden Kopfes und der Eingeweide beraubt, in den Handel kommen … Bisweilen kommen als Sardellen auch junge Pilcharde [→*Sardine*] in den Handel.«

Meyers Lexikon (1929): »Sardelle, soviel wie Anchovis … auch eingesalzene Sprotten und Sardinen werden als Sardellen bezeichnet.«

→Sprotte (1721), Anchovis (1742)

Sardine, die, »Pilchard«, der kleiner Heringsfisch Sardina pilchardus bzw. Clupea pilchardus.

Im 16. Jahrh. als frühneuhochdt. *sardien* entlehnt aus italien. *sardina* »Sardine mittlerer Größe, die zur Verarbeitung in Fässern oder Dosen taugt« zu *sarda* »Sardine«; zunächst als lat./italien. Fremdwort, dann in gleicher oder ähnlicher Schreibung in viele europäische Sprachen übernommen. Zugrunde liegt lat. *sardina, sardus*, auch griech. *sardinos* »sardischer Fisch«, nach dem einstigen Hauptfang- oder Verarbeitungsgebiet um Sardinien. Der Name der Insel geht sicher nicht auf den Fisch, sondern vielleicht auf das mythische Volk der Schardana bzw. Auswanderer aus der kleinasiatischen Stadt Sardis in der heutigen Türkei zurück. Ein Zusammenhang des Namens für den Pökelfisch mit lat. *sal* »Salz« ist unwahrscheinlich. Die Verkleinerungsform →*Sardelle* kann sowohl »Sardine« als auch »Anchovis« bedeuten.

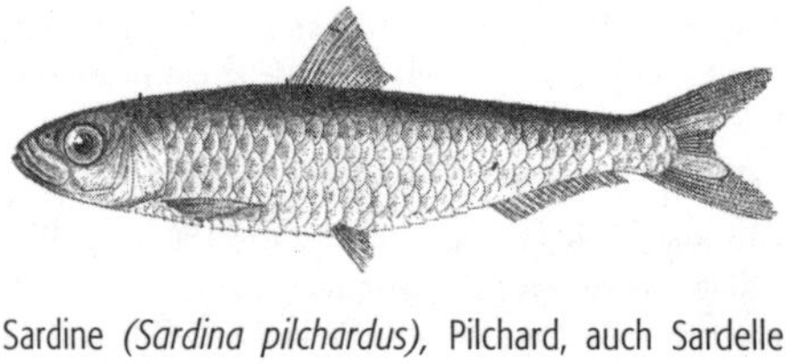

Sardine *(Sardina pilchardus)*, Pilchard, auch Sardelle genannt.

Als erster echter Beleg gilt Columella, Zwölf Bücher über Landwirtschaft (um 50 n. Chr.), über die Fütterung einiger Fische: »Denn da sie keine Zähne haben … gibt man ihnen gemeinhin fauliges Fischragout, mit Salz ausgelaugte Heringe und verfaulte Sardinen.«

Zur Verwirrung trägt Plinius' Naturkunde (nach 77 n. Chr.) bei: »der Sarde, so nennt man den Thunfisch, der aus dem Ozean kommt«; gemeint ist tatsächlich *Bonito*, der Thunfisch Sardo sardo.

Scampo →Hummer

Schäkel, der, »U-förmiger Stahlbügel mit Schließbolzen als Verbindungselement«.

Entlehnt aus niederdt. *schakel* »Verbindungsglied in Ketten«, altengl. *sceacul*, neuengl. *shackle*, niederländ. *schakel*, altnord. *skokull* »Deichsel«, gleichbed. schwed. *skakel*, dän. *skagle*. Die Formen gehen auf german. **skakulo* »etwas zum Befestigen, Anfügen« zurück. Die weitere Herkunft unsicher; die Bedeutung passt nicht zu einem german. **skak-* »schütteln«; zweifelhaft ist auch die Rückführung auf **hæk-* »haken«. Ein einzelnes Kettenglied heißt hochdt., niederdt. *Schake*; alte Wortformen können als Vorlage für eine Verkleinerung zu *Schäkel* gedient haben.

Friedrich Gerstäcker, Die Dschunke der Piraten (ca. 1855): »In der Ankerkette sind in gewissen Zwischenräumen Bügel mit Bolzen oder Schäkeln angebracht, um die Kette, wenn es nöthig sein sollte, an den Stellen zu trennen und wieder zusammenfügen zu können, ohne ihr selber Schaden zu tun.«

Lebensgeschichte des Capitain Carl Wolfgang Petersen (1880): »nun zogen wor mit Anstrengung all unserer Kraft die Ankerketten auf Deck, shakelten sie ein und hängten die Anker klar.«

→Auge (1889)

Schaluppe, die, »Schiffsbeiboot zum Rudern oder Segeln«, auch allgemeiner »einmastiger schneller Segler für Fischfang und Küstenschifffahrt«.

Im 17. Jahrh. entlehnt aus französ. *chaloupe*, daher auch die Übernahme von span. *chalupa*, daher wiederum italien. *cialupa, scialuppa*. Umstritten ist die Herkunft der französ. Stammform, alle wichtigen Belege stammen aus dem 16. Jahrh.: ① von mittelfranzös. *chaloppe* »flaches Transportschiff« zu *chaloppe* »Nussschale«, ② von niederländ. *sloep(e),* vielleicht ursprüngl. »Boot, das an Bord mitgeführt wird«, zu mittelniederländ., -dt. *slūpen* »schleichen, schlüpfen«. Engl. *shallop, sloop* kommen aus der niederländ. Form, dän., schwed., norw. *slup* wohl aus der niederdeutschen Form.

Schaluppe, Ende des 18. Jahrh.

Adolf Decker, Diurnal der Nassawischen [holländischen] Flotta (1629): »Da das Kriegsschiff Ober Isell [Overijssel] zu Segel gangen war, sandte der Vice-Admiral seine Schloupen demselben nach, wodurch das Schiff zurückkehrte und auff die Reede sich niederliesse.«

Adam Olearius, Beschreibung Der Newen Orientalischen Reise / So durch Gelegenheit einer Holsteinischen Delegation an den König in Persien ist geschehen (1647): »als der Tartarische Fürst Mussal sich anmelden ließ, daß er kommen, und die Gesandten auff dem Schiff besuchen wolte, wurde ihm unsere Schlupe mit Tapeten [Teppichen] beleget, sampt unser etlichen entgegen an den Strand geschickt.«

→Bram (1627), →Finne (1771), →Backbord (1835)

schamfielen, »durch Reibung beschädigen«.

Mittelniederdt. *schamferen* »schimpfieren, Unrecht antun, verletzen«, mittelhochdt. seit dem 13. Jahrh. *schumphieren,* ist später fälschlich für mit *Schimpf* »Beleidigung« verwandt gehalten worden. Tatsächlich ist das Wort wie engl. *to shafe* aus altfranzös. *(d)esconfire* »besiegen, des Ansehens berauben« entlehnt, zu *deconfire* »besiegen«, aus lat. *conficere* »erreichen, schaffen«, wörtl. *cum+facere* »zusammen machen«. *Schimpf* bedeutet im Mittelalter noch »Spaß, Posse« und geht auf althochdt. *skimph* unbekannter Herkunft zurück. Engl. *to chafe* »reiben, erwärmen« stammt von altfranzös. *chaufer* »wärmen«

und lat. *calēre* »warm sein« ab. Französisch *raguer* »schamfilen, scheuern« ist eine Form von *ragier* »sich schnell bewegen, wüten« und geht auf lat. *rabies* »Tollwut, Raserei« zurück.

Der geöffnete See-Hafen (1702): »damit die Haupt-Touwen sich nicht an dem Schiff schamphelen oder Schaden bekommen.«

Heinrich Smidt, Meeresstille und hohe See (1861): »die Halbmatrosen, die nach der Schamphilung sahen, kehrten von den Toppen zu Deck.«

→Fender (1899). Schamfilage →Besan (1838)

schanghaien →shanghaien

Schanzkleid, das, »feste Schutzwand um das Oberdeck eines Schiffes«.

Die Zusammensetzung ist seit dem 17. Jahrh. in Deutschland verbreitet, von *Schanze*, mittelniederl. *schanse* und von *Kleid,* mittelhochdt. *kleit,* altfries. *klāth*, altengl. *clāþ*, engl. *cloth.* Das Schanzkleid war ursprünglich ein Tuch außen vor der Reling als Sichtschutz oder zur Zierde, dann aus Holzplanken auch gegen Gewehrfeuer im Nahkampf, später aus Stahlplatten gegen überkommendes Wasser bei starkem Seegang. *→Back*

Johann Georg Aldenburgk, West-Indianische Reiße (1627): »Ingleichen daß alle Schiffer jhre Schiff zum fechten vnd schlagen rüsten, … die rohten Schantzkleyder vmb die Schiffe ziehen.«

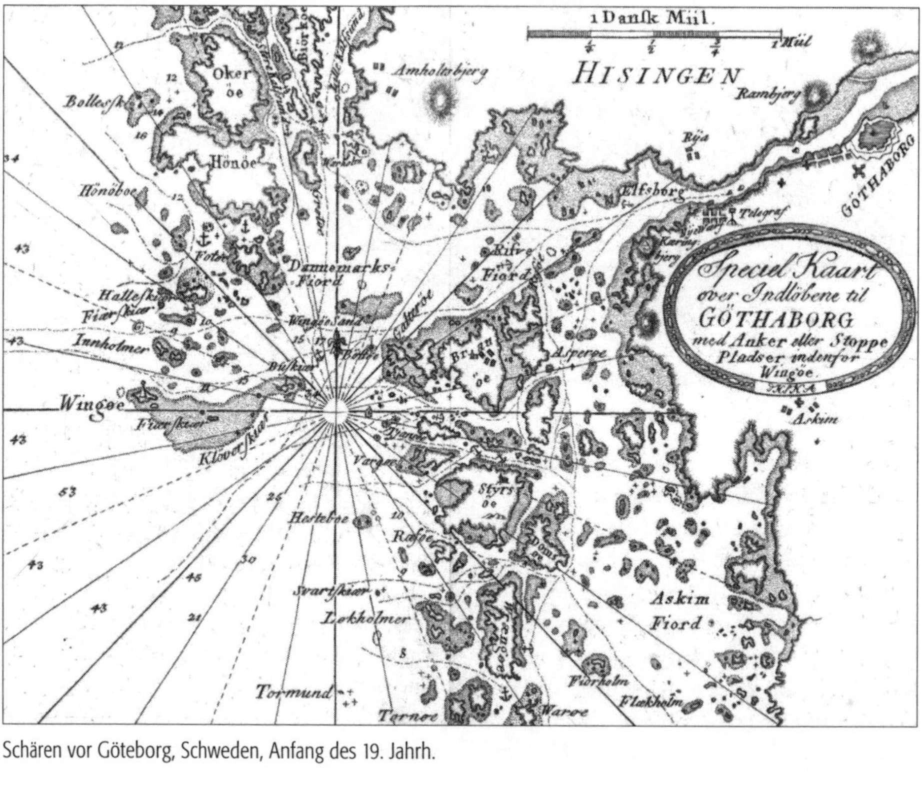

Schären vor Göteborg, Schweden, Anfang des 19. Jahrh.

Adolf Schirmer, Lütt Hannes, Ein Seeroman (1868): »er schwankte hastig zur Schanzkleidung des Schiffes, klammerte sich dort an und hielt den Kopf über Bord.«

Schäre, die, »der Küste vorgelagerte kleine Felseninsel«, besonders in Skandinavien.

Entlehnt aus schwed. *skär*, altnord. *sker* »Schäre, Klippe«. Belegt sind auch mittelniederdt. *schere* »Felszacken, Klippe«, mittelhochdt. *schor(re),* althochdt. *scorro* »steiler Felsen«, auch mittelniederdt. *schōr*, *schār* »festes Land, Ufer«, engl. *shore* »Küste« im Sinne von »Abgeschnittenes, Scharfkantiges« zu indoeurop. **sker-* »scheren«.

Adam Olearius, Beschreibung Der Newen Orientalischen Reise / So durch Gelegenheit einer Holsteinischen Delegation an den König in Persien ist geschehen (1647): »und war kein ander Mittel, als daß wir auff gutachten des Steuermans beylegen und gegen über in die Finnische Scheren oder Klippen lauffen musten.«

Jürgen Andersen, Orientalische Reise-Beschreibungen (1669): »und kamen bald darauf zum Eiland Pule Duru zu rechten, woselbst ein Sandreff abscheust mit viel blinden Scheeren, an welche wir mit unserm Schiffe torneten.«

Schauermann, der, **Schauerleute**, die, »Hafenarbeiter zum Laden und Löschen der Schiffe«.

Entlehnt aus niederländ. *sjouwer, sjouerman*, zu *sjouwen* »schleppen«, fries. *sjouwe*, mundartl. *seeuwe* zu *seeuw* »See, Meer«, also »mit einer Traglast durch das Meer zum Schiff laufen«.

Johann Jacob Saar, Ost-Indianische Funfzehen-Jährige Kriegs-Dienst Beschreibung (1662): »Nach gethaner Versprechung setzt manns zu Land, und kommen andere Schiffsgesellen, die mann die Schauer heiset, auf die Schiff, welche alsobald die Segel abschlagen, die Stücke [Kanonen] lösen und wider laden.«

Johann Wilhelm Vogel, Ost-Indianische Reise-Beschreibung (1716): »Kisten, Kasten und andere Bagage muste ein jeder auff dem Schiff lassen, und eine Num. oder Zeichen drauff machen, worgegen er von den sogenannten Schouwern, welche die Schiffe zu entladen von Amsterdam abgeschickt waren, einen Zettel mit eben dergleichen Num. bezeichnet, empfienge.«

Frankfurter Journal (1873): »der strike in Bremerhaven droht größere dimensionen anzunehmen … den arbeitern der loydwerkstätten sollen sich kohlenzieher und heizer, sowie auch schauer- und arbeitsleute anschließen wollen.«

Scheibe, die, seemänn. »Seilrolle in einem Block«.

In der Seefahrt dt. seit dem 17. Jahrh. belegt, zu mittelhochdt. *schīben* »rollend (durch eine Scheibe) fortbewegen«. Mittelhochdt. *schībe*, althochdt. *skība*, german. **skībo* »Scheibe«, zu indoeurop. **skei* »schneiden, spalten«.

Johann Heinrich Zedler, Universal-Lexikon (1742): »Scheibe, Orbis, heisst … die runden Höltzer über

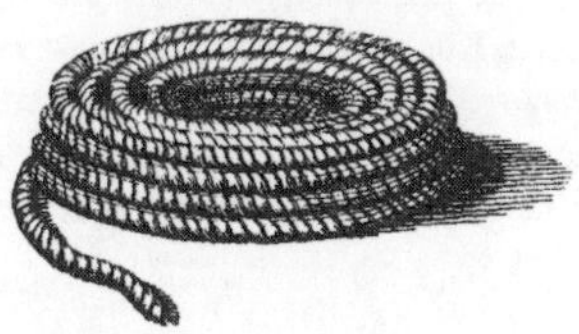

Scheibe als Seilrolle.

den Schacht auf dem Stege, darauf das Seil läufft … Scheibe, Rolle … wird in der Mechanick ein niedriger Cylinder genennet, der aus der Mitte seiner äussern Form halbweit und vertieffet ist, so, daß darinnen eine Schnur oder Seil etwas geraume liegen kann.«

In anderer Bedeutung Albert Berg, Die preußische Expedition nach Ost-Asien (1864): »Um sechs Uhr werden die Decke gefegt und »Enden heruntergelegt«, d. h. alle auf das Verdeck herabhängenden Taue in Schneckenform niedlich aufgerollt, nach Seemannsausdruck in Scheiben aufgeschossen.«

→Fall, →Talje (1702)

Schelf, der oder das, »Festlandsockel«.

Im 20. Jahrh. aus engl. *shelf* »Aufsatz« in viele Sprachen übernommen. Niederdt., -länd. *schelf* »Brett zum Lagern von Gegenständen«, ähnlich engl. *book-shelf* »Bücherbord«, altengl. *scylfe*. Herkunft unbekannt. *Shelf* »Schichtung, Terrasse« wird seit Anfang des 19. Jahrh. verwendet, in der Bedeutung *Kontinentalschelf* seit Ende des 19. Jahrh.

Hugh Robert Mill, Realm of Nature (1892): »In many cases it is possible that the continental shelf is the end of a plain submerged by subsidence; in others a low plain may be an upheaved continental shelf«, »in vielen Fällen ist es möglich, dass der Kontinentalschelf der Rest einer Ebene ist, die durch Senkung untergegangen ist; in anderen mag eine Tiefebene ein angehobener Kontinentalschelf sein.«

Der Spiegel (16.10.1967): »Die Paßform der Kontinente wurde noch plausibler, als die Forscher die sogenannten Kontinental-Schelfs in ihre Betrachtung mit einbezogen; die unter flachem Küstengewässer verborgenen Ausläufer der Kontinente, die erst in späterer Zeit vom Meer überflutet wurden.«

Schellfische, die, »eine weitere Bezeichnung für die Familie der Dorsche, Gadidae«, **Schellfisch**, der, »die Dorsch-Art Melanogrammus aeglefinus«.

Im 16. Jahrh. ins Hochdt. übernommen, mittelniederdt. *schellevisch*, -länd. *schelvisch*, aufgrund seines geschichteten Fleisches zu mittelniederdt. *schelle*, -länd. *scelle*, niederländ. *schel* »Schale, Hülse«, mittelniederdt. *schellen* »schälen«. Damit nicht verwandt: ahochdt. *scala* »Schale«, got. *skalja* »→Schuppe«, altnord. *skel*, altengl. *scill, scell* »→*Muschel*« passt zu altnord. *skelfiskr*, altengl. *scilfisc*, engl. *shell-fish* »Meereslebewesen in Muschelhülle, Schalentier«. Der *Schellfisch* selbst heißt engl. *haddock*, vermutlich mit *-ock* verkleinernd. Herkunft unklar, altfranzös. *hadot* geht wohl auf schott. *haddo'* zurück, gälisch *adag* stammt aus dem Englischen. Französ. *églefin* geht auf altfranzös. *esclevis*, eng verwandt mit der mittelniederländ. Form *scellevisch* zurück, vermischt sich aber mit *aiglefin, eglefin*, dessen Wurzel *aigre* »scharf, spitz« auf spätlat. *acrus*, lat. *acer* »scharf, bitter« zurückgeht. Volksetymologisch könnte *avoir aigre faim* »scharfen Hunger haben« zugrunde liegen, die Bedeutungsgeschichte ist aber im Einzelnen ungeklärt.

Glossaire flamand-latin (1330): »scelvish ofte cabeliau«, »Schellfisch oder Kabeljau«.

Johann Heinrich Zedler, Universal-Lexikon (1742): »Schellfisch, Asellus minor, Merluche, ist eine kleine Art Kabeliau, die in der Nordsee gefangen wird … Der Nahme Schellfisch scheinet ihnen deswegen gegeben zu seyn, weil sich ihr Fleisch, wenn sie noch frisch, gleichsam abscheelet oder blättert; Doch will Elzholz ihre Benennung von dem Worte Asellus herleiten, daß nur der Buchstabe A. ausgelassen und Sellfisch dafür gesetzet worden.«

Schiff, das, »großes, längliches Wasserfahrzeug mit bauchigem Körper«.

Mittelhochdt. *schif, schef,* althochdt. *skif, skef*, altnord. *skip*, schwed. *skepp*, dän. *skib*, isl. *skip*, altengl. *scip*, engl. *ship*, niederländ. *schip*, gotisch *skip* »Schiff«, oft auch mit der Bedeutung »Gefäß«. Die früher vermutete

Entlehnung aus lat. *scyphus* »Becher« geht wohl auf die mögliche gemeinsame Wurzel indoeurop. **skei* »schneiden, trennen« im Sinne von »Ausgeschnittenes, Ausgehöhltes« zurück. *Schiff* ist also zunächst als Einbaum zu verstehen. Das germanische Wort kommt in den romanischen Sprachen über langobard. **skif* als italien. *schifo, schifetto* und daraus französ. *esquif* vor, aus dem wiederum engl. *skiff* »kleines Boot« entlehnt ist. Die Bezeichnungen in den romanischen Sprachen gehen oft auf lat. *navis* »Schiff, Boot« zurück, von indoeurop. **naus* »Schiff«: italien. *nave*, französ. *navire*, port. *navio*; verwandt sind →*Nautik*, →*Navigation*. Die dt. Nebenbedeutung *schiffen* »pinkeln« geht auf *Schiff* »Gefäß« zurück. *Schiffer* »Schiffsführer« ist seit dem 13. Jahrh. belegt aus mittelhochdt. *schifherre*, -niederdt. *schiphēre* »Herr auf dem Schiff«; →*Skipper*. *Schiffskinder, Schiffsvolk* bedeuten »gesamte Mannschaft«.

Ältestes Hamburger Schiffsrecht (1292): »Sowan so ein schip tobricht, so scal de schiphere allererst berghen dhe lude unde dar na dat rede goet«, »wenn so ein Schiff bricht, soll der Schiffer zuallererst die Leute bergen und danach das lose Gut.«

Johann Heinrich Zedlers Universal-Lexikon (1742): »Schiff ... ein Gefäß oder Kasten von Holz und Brettern also zusammengefüget, daß es auf dem Wasser schwimmen, und eine Last, so darein gelegt worden, fortbringen kan. ... Es sind aber die Schiffe unterschiedlicher Gattung, als Kriegs- Transport- Kauffarthey- und Fischerey-Schiffe, welche insgesamt wieder in gewisse Sorten, (nachdem nemlich ihre Bau- und Landes-Art, ihre Grösse und Capacität, die darzu genommene Materie, Forme und Gebrauch ist,) eingetheilet worden. Von den Kauffarthey-Schiffen nur zu gedencken, so werden diejenigen, die solche bauen, Schiffsbauer genannt, die aber, welche solche bauen lassen, Eigenthümer des Schiffs, oder, wie man sie in den See-Städten nennet, Rheeder ...«

Der Schiffmann. Holzschnitt von Jost Amman, 1568.

→Wetter (9. Jahrh.), →Ewer (1252), →Flotte (1392), →Bord (1457), Schiffer →Lotse (1400), →Pilot (1505), Schiffskinder →Bootsmann (1456), Schiffsmannschaft →Crew (1694), Achterschiff →achtern (1681), Buddelschiff →Buddel (1999), Containerschiff →Container (1957), Dampfschiff →Dampfer (1815), Hauptschiff →Admiral (1767), Kriegsschiff →Fregatte (1774), Piratenschiff →entern (1864), Raubschiff →fahren (1668), Spähschiff →Brigantine (1695)

Schlag, der, »schnelle Berührung, kräftiges Auftreffen«, nautisch in vielen Bedeutungen, u. a. »Teil des Schiffes, gegen das die Wellen besonders schlagen«, »der um einen Gegenstand geschlungene Teil eines Taus«, beim Segeln »Strecke zwischen zwei Wenden«, beim Rudern »die Strecke zwischen zwei Einschlägen des Riemens ins Wasser« oder »Taktgeschwindigkeit«.

Für die Seefahrt wohl aus mittelniederdt., -länd. *slach* in den Bedeutungen »Schlag des Wassers gegen das Ufer, gegen Befestigungen« und »Abstand, Tempo« seit dem 16. Jahrh. belegt, für die Seglersprache seit Ende des 18. Jahrh., für das Rudern seit dem 19. Jahrh. Mittelhochdt. *slac*, althochdt. *slag*, got. *slahs*, german. **slagi-* gehen vielleicht auf eine indoeurop. Wurzel **slak-* »schlagen, hämmern« zurück. Verwandt u. a. mit *Schlacht*, *Geschlecht*, *Schlacke*. Sinngemäß auch engl. *beat* »Schlag«.

Schlagseite, die, »stete Schräglage eines Schiffs aus Mangel an Gleichgewicht, ohne Windeinwirkung«, ist seit dem 17. Jahrh. belegt.

Andries Vierlingh, Tractaat van Dyckagie (Deichwesen), ca. 1578: »Deselve Duickeldammen … mogen best houden ende eenen slach van watere ende stroom wederstaen«, »dieselben Vordämme sollten am besten halten und einem Schlag von Wasser und Strom widerstehen.«

Joachim Nettelbeck, Eine Lebensbeschreibung (1821): »Eben machten wir einen Schlag hinter dem Dänischen Wachtschiffe vorüber, als ein harter Stoßwind so plötzlich aufstieg und so ungestüm in unsere Seegel fiel, daß die Schaluppe Wasser schöpfte.«

Johann Ludwig Uhland, Das Schifflein (1810): »Die Rud'rer auch sich regen / mit taktgemäßen Schlägen.«

Schlepper, der, »leistungsstarkes Schiff zum Ziehen und Bugsieren anderer Wasserfahrzeuge«.

Übernahme des 19. Jahrh. aus niederdt. *slepper* »Dampfschiff zum Schleppen«, niederländ. *sleeper*. Das *(Ab-)schleppen* eines Schiffs ist als Bezeichnung seit dem 17. Jahrh. belegt. Die Bezeichnung der Leine als *Schlepptau* ist seit dem 18. Jahrh. verbreitet und war zuvor im Walfang gebräuchlich. Mittelniederdt. *slēpen* »mühsam fortziehen«, mittelhochdt. *sleifen*, althochdt. *sleifen* »(über den Boden) schleifen, schleppen« zu althochdt. *slīfen* »schleifen, schärfen«, wohl zu indoeurop. **slei-* »gleiten«. Engl. *tug (boat)* »Schlepper« geht auf altengl. *téon* »ziehen« zurück, wörtl. »Zug(boot)«. Französ. *remorqueur*, span. *remolcador*, italien. *rimorchiatore* gehen zurück auf lat. *remulcum* »Schlepptau«, griech. **rhumulkos* aus *rhuma* »Zugleine« und *holkos* »das Ziehen«.

Peter van der Horst, Beschriving Van der Kunst der Seefahrt (1673): »So wollte ich ihm eine Linie zu werffen, damit er ein Kabeltau zu sich holen konnte, auff daß er unser Schiff dabey nach dem Flie schleppen möchte … Wie uns nun die Loetzen allda gewahr wurden, kam uns eine Galliot an Bord, die gab uns ein Lotes über, und wir langetem ihm ein Kabeltau, daß er uns schleppen konnte.«

Wigardus à Winschooten, Seeman (1681): »Te scheep werd het gebruikt, voor en schip door behulp van een ander schip voortsleepen«, »zu Schiff wird es [das Wort Schlepper] gebraucht dafür, ein Schiff mithilfe eines anderen Schiffes fortzuschleppen.«

Gustav Frenssen, Hilligenlei (1905): »In der Höhe von Scharhörn erschienen zwei Schlepper, welche der Reeder ihnen entgegenschickte.«

→Auge (1899), schleppen →Trosse (1864)

Schleuse, die, »Anlage für Schiffe zur Überwindung von Höhenunterschieden«.

Übernommen von mittelniederdt. *slūse*, -länd. *sluse, sluise,* niederländ. *sluis*, ist wohl durch die Trockenlegungen holländischer Wasserbauspezialisten im Mittelalter nach Norddeutschland gekommen und geht zurück auf altfranzös. *escluse* und mittellat. *exclusa, sclusa* »Schleuse, Wehr«, seit dem 6. Jahrh. verwendet, zu lat. *excludere* »ausschließen« und *claudere* »schließen«. Französ. *écluse*, span. *esclusa*, port. *eclusa*, italien. *chiusa*, engl. *sluice* (auch: *lock* »Verschlossenes« zu german. **lūk-* »schließen«), schwed. *sluss*, norw. *sluse*. Verwandt mit →*Klüse, exklusiv,* mit *schließen* über *claudere*, nicht direkt über die Variante *Schleuße*.

Siegmund Jakob Apin, Grammatikalisches Lexikon (1728): »die schluysen eröfnen, und das platte land unter wasser setzen.«

Moritz August von Thümmel, Reise in die mittäglichen Provinzen von Frankreich (1791–1805): »ich sah ein postschiff unter meinen füßen anschwimmen, das, um seinen lauf in der höhrern landschaft fortzusetzen, zwei und siebenzig ellen bis zu meinem standpuncte heraufsteigen mußte, welches durch sieben schleußen, die das wasser zu so viel stufen anschwellten, in wenig minuten bewerkstelliget ward.«

→Pegel (1793), schleusen →Galion (1627)

Schlick, der, »feiner Meerschlamm in ruhigen Buchten«, »abgelagerter Schlamm aus und in Flüssen«.

Mittelniederdt. *slik, slīk,* mittelhochdt. *slich, slīch*, althochdt. *slic, slīh,* niederländ. *slik, slijk*, altnord. *slīkr*, engl. *slick, sleek* »glatt«. Alle Formen gehen über die Wortfamilie, zu der auch »schleichen« gehört, auf indoeurop. **lei* »schmierig, ausgleiten« zurück. Engl. *silt* »Schlick«, urspr. »salzhaltige Ablagerung«, in skandinav. Sprachen *sylt(a)* »Salzmarsch«, althochdt. *sulta* »Salzland, -pfanne«, von lat. *sal* »→*Salz*«. Französ. *vase* »Schlick, Ablagerung von Erde« wie althochdt. *waso*, hochdt. *Wasen*, von german. **wasa* »feuchte Erde«.

Rufus, Lübecker Chronik (1430): »also id do ebbe wart in de zee, do bleven de groten schepe besittende uppe deme slike unde en konden sik nicht beweghen.«

Johann Karl Gottfried Jacobsson, Technologisches Wörterbuch (1794): »dergleichen eroberungen, die man wider die Nordsee erhalten hat, werden je länger je [all]gemeiner [bekannt], und die [Wasserbau-] kunst hat eigne regeln erfunden, wie nach und nach der schlick gefangen und endlich zum festen lande gemacht werden kann.«

schlingern, »durch Seegang um die Längsachse pendeln, →*rollen*« (anders: →*stampfen*).

Mittelniederdt. *slingeren, slengeren*, hochdt. *schlenkern* gehen zurück auf die Familie von hochdt. *schlingen*, mittelhochdt. *slingen* »schwingen, flechten«, althochdt., altengl. *slingan* »vergehen, schlängeln, gleiten«, altnord. *slynva* »schwingen, werfen«. Die Formen stammen von german. **slengw-a-*, indoeurop. **slenk* »winden, drehen« ab. Verwandt mit *schlank, Schlange, Schlinge,* vgl. auch engl. *to sling* »mit einer Schlinge werfen, katapultieren«. Engl. *roll*, französ. *rouler* »*schlingern*, →*rollen*«, span. *balancear* (→*Ballast*).

Johann Georg Aldenburgk, West-Indianische Reiße (1627): »lidten unterwegs grossen Sturm, vnd wollten die Masten von wegen deß schlingern, daß vns auch der Ancker nicht hielte, abhawen.«

Christoph Schweitzer, Wurttemb. Journal- und Tage-Buch Seiner Sechs-Jährigen Ost-Indianischen Reise (1688): »der Wind war zwar gut, aber unser Schiff schlingerte so sehr, daß wir uns des Umbfallens beförcht.«

Eberhard Werner Happel, Mundus Teil 1, Von dem Himmel, ... Meer / und dessen Beschaffenheit (1687): »wir fielen auch etliche mal durch das schlingern des schiffs über einen Haufen.«

Friedrich Gerstäcker, Reise um die Welt (1847): »die Segel wurden beschlagen … alles an Deck Befindliche revidirt und, wenn nöthig, bachgeschnürt, um bei dem Stampfen und Schlingern des Schiffes … nicht locker geschüttelt und seinem Halt entrissen zu werden.«

Schlipp, Schlippe →**Slip**

schmuggeln, »gesetzwidrig Waren ein- oder ausführen«.

Das Verb stammt aus dem Nordseeraum und meint das Schmuggeln per Schiff, niederländ. *smokkelen*, -dt. *smuggeln*, mit Entlehnungen im ganzen skandinav. Sprachraum und engl. *to smuckle, to smuggle*. Wohl erst im 17. Jahrh. verbreitet, verwandt mit *schmiegen* im Sinne von »sich verdeckt, schleichend bewegen« (vgl. »Schleichhandel treiben«), mittelhochdt. *smigen*, niederländ. *smeugen*. Die Einzelheiten der Entstehung sind unbekannt. Im süddt. Raum ist *paschen* verbreitet, wohl von romani *pāš* »Teil« im Sinne von »verteilen, mit Waren handeln«. Französ. *smogleur* »kleines Schmuggelschiff auf dem Ärmelkanal« beruht auf Entlehnung aus dem Engl. Französ. *contrebande*, span. *contrabanda* »Schmuggelgut« beruhen auf italien. *contrabando* »Schmuggel« →*Konterbande*. *Überschmuggler* »blinder Passagier« →*Passage*.

Die frühesten Nennungen stammen wohl aus England. Proclamation (9.8.1661): »A sort of leud people called Smuckellors, never heard of before the late disordered times, who make it their trade … to steal and defraud His Majesty of His Customs«, etwa: »eine Sorte liederliche Leute, Schmuggler genannt, von denen bis in die jüngsten verworrenen Zeiten nie gehört war, die damit handeln, Ihrer Majestät Zoll zu stehlen und zu hinterziehen.«

William Petty, Political Arithmetick (1687): »Two Hundred thousand pounds smuckeld by the Merchants«, »200.000 Pfund, von den Kaufleuten geschmuggelt«.

William Dampier, A New Voyage round the World (1697): »The Spaniards can and will Smuggle (as our Seamen call Trading by Stealth) as well as any Nation that I know«, »die Spanier können und werden schmuggeln (wie unsere Seeleute Handeln durch Stehlen nennen) so gut wie jede anderer Nation, die ich kenne.«

Scholle, die, ① »Goldbutt, der Plattfisch Pleuronectes platessa«, ② nautisches Kurzwort für *Eisscholle*.

Scholle (Goldbutt, *Pleuronectes platessa).*

Mittelniederdt. *schulle*, -niederländ. *sc(h)olle*, *sc(h)hulle*, niederländ. *schol*, mittelengl. *schulle*. Herkunft unsicher. ① Wenn die Gestalt den Namen gab, aus *Scholle*, *Eisscholle* »Bodenstück, flaches Stück«, mittelhochdt. *scholle*, althochdt. *scollo* zu indoeurop. **(s)kel-* »schneiden« im Sinne von »Abgeschnittenes«. ② Möglich ist auch ein Zusammenhang mit lat. *solea* »Scholle, Plattfisch«, auch »Zungenfisch, Seezunge«, dann mit *Sohle* verwandt, französ. *sole* »Scholle«. Weitere (nieder)dt. Bezeichnung: *Platteisse*, verwandt mit engl. *plaice*, französ. auch *plie*, altfranzös. *plaïs* »Scholle«. Der runde Plattfisch Pleuronectes rhombus, die Rhombe, war schon in der Antike bekannt und an der griechischen wie römischen Tafel hochgeschätzt. Zur Ordnung der Plattfische gehören auch →*Butt* und →*Flunder*.

Gherard van der Schueren, Teuthonista (1477): »pladdyse, scholle«.

Vocabularius copiosus (1483): »een scolle, pladijs«.

→Eis (1771), Plateisse →Rochen (1545), Eisscholle →Spiere (1880)

Schoner, der, »mehrmastiges Segelschiff, meist mit Gaffelsegeln«.

Erstmals für das frühe 18. Jahrh. als *scooner*, *skooner* in Neuengland belegt, wurde es nach dem Vorbild engl. »school« geschrieben und schnell in die europ. Sprachen entlehnt: engl., niederländ., französ. *schooner*, dt. *Schoner*, dän. *skonnert*, schwed. *skonare*, *skonert*. Der Überlieferung nach soll beim Stapellauf des ersten Schoners 1713 in Gloucester, Massachussetts, ein Schaulustiger über den schnittige Zweimaster (damals mit zwei gleich großen Gaffelsegeln und Stagsegel) ausgerufen haben: »Oh, how she scoons!« Der Reeder Andrew Robinson antwortete: »A scooner let her be!« Die Anekdote entstammt einem Brief von 1790 und beruft sich auf das Hörensagen; die frühen schriftlichen Belege bekräftigen zumindest das Entstehungsdatum. Ein Verb *to scoon* oder *to scun* »über das Wasser schnellen, es eben an der Oberfläche berühren« ist zwar für die Region nicht nachweisbar, aber nahe scheint *to scon* »flache Steine über das Wasser springen lassen« in englischen Dialekten, *to scone* »treffen«.

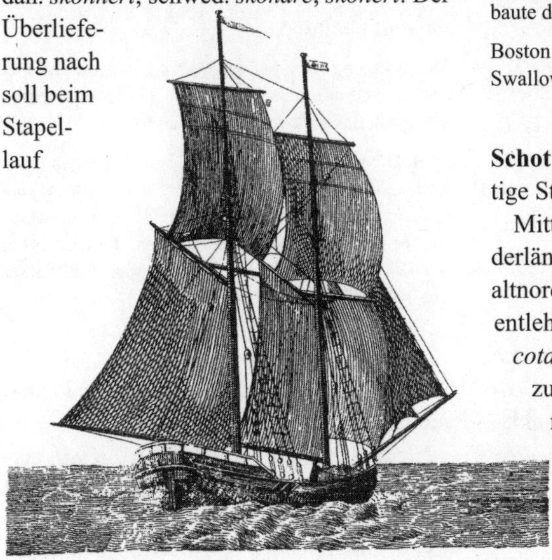

Schoner, Ende des 18. Jahrh.

Archiv Boston (1716): »Skooner Mayflower from North Carolina«.

Moses Prince (Brief von 1721): »This gentleman [Capt. Robinson] was the first contriver of schooners, and built the first of the sort about eight years ago«, »dieser Herr war der erste Erfinder von Schonern und baute den ersten dieser Art vor etwa acht Jahren.«

Boston News-Letter, (16.4.1724): »The Schooner Swallow.«

Schot, die, »Leine, die das Segel in die richtige Stellung zum Wind bringt«.

Mittelniederdt. *schōt*, -länd. *scoot*, niederländ. *schoot*, altengl. *sceata*, engl. *sheet*, altnord. *skaut*, dän. *skjøde* »Segelleine«, entlehnt auch zu französ. *écoute*, span. *escota*, italien. *scotta*. Zugrunde liegt wohl zunächst eine Substantivierung von german. **skeut*-a »schießen, schleudern«, also wie hochdt. *Schuss* »Hervorgeschossenes, Hervorstehendes«. Daraus entstanden Vorformen von dt. *Schoß* »Hervorschießendes, Winkliges, Spitzes,

Eckiges«, wie in altengl. *þrí-scyte*, althochdt. *driscōz* »dreieckig«. Daraus ergaben sich Vorformen von dt. *Schot* »Leine an der Ecke, am Zipfel des Segels«. Aus *Schoß* »Winkel zwischen Oberschenkel und Unterleib« entwickelte sich die Bedeutung »Mutterleib«, die Nebenform *Schößling* bedeutet »junger Trieb«, umgangssprachl. »Kind«.

Daniel Defoe, Robinson Crusoe, übersetzt von Ludwig Friedrich Vischer (1720): »Also ertheilte er seinem Schiffs-Zimmermann ... Befehl, mitten in der Chalouppe ein kleines Zimmerchen oder Kajüte wie auf einer Barque zu bauen, hinter welchem einer am Ruder stehen und die grossen Schooten anholen könnte.«

Joachim Nettelbeck, Eine Lebensbeschreibung (1821): »meine Matrosen drängten sich immer näher an mich, der ich am Ruder saß und die Schote des Segels zugleich in der Hand gefaßt hielt.«

→Klüverschot (1907)

Schott, das, »wasserdichte Trennwand im Schiff«.

Mittelniederdt. *schot* »Verschluss, Absperrung«, niederdt. *Schot* »Schutz-, Sperrwand«, mittelniederländ. *scot*, niederländ. *schot*, schwed. *skott* zu *Schuss* »etwas Eingeschossenes, ein schnell vorschiebbarer Verschluss«. Franz. *cloison* »Schott« nimmt die Bedeutung auf, über spätlat. *clausio* »Verschluss« von lat. *claudere* »schließen«. Span. *mamparo* geht über *mamparar* »schützen« auf spätlat. *manu parare* »mit den Händen verteidigen« zurück, ähnlich italien. *paratia*, port. *paredão*. Engl. *bulkhead* ist unklarer Herkunft, vielleicht zu altengl. *bealca* »Balken«, wohl nicht unmittelbar zu *bulk* »Fracht«.

Schiffsbaukontrakt, Altona (1742): »mit ein Eichen Schodt von 2½ Zoll zugeckleydet«.

Adolf Schirmer, Lütt Hannes, Ein Seeroman (1868): »Der berliner Schiffsjunge und drei Mann waren über Bord geschleudert, unter diesen der Koch, den man einen Augenblick noch, eine der losgerissenen Kombüsenschotten umklammernd, in der rasenden Flut auftauchen sah.«

→Siel (1741)

Schuppe, die, »Hautplättchen«.

Mittelhochdt. *schuop*, althochdt. *scuoba*, mittelniederdt. *schōpe*, *schove*, war zunächst nur auf die Zubereitung von Fischen bezogen und verwandt mit *schaben*, althochdt. *scaban*, german. **scab-a-*, lat. *scabere*, indoeurop. **skāb(h)* zu **(s)kēp-* »(mit scharfem Messer) schneiden, spalten«. Seit dem Mittelalter ist *Schuppe* auch in der Bedeutung »menschliche Hautpartikel« gebräuchlich. Engl. *scale*, französ. *écaille*, italien. *scaglia*, got. *skalja* »Schuppe« geht auf die Bedeutung »Schale, Hülle« zurück (→*Schellfisch*); französ. *squame*, italien. *squama* zu lat. *squama* »Schuppe«.

Gleichsetzung von Schuppe und Fisch bei Johann Christian Günther, Sammlung (ca. 1724): »so viel die erde graß, das welt-meer schuppen trägt.«

Dem Alten Testament (3 Mos. 11, 9–12) ist eine bemerkenswerte Einschränkung der Speisekarte zu verdanken: »alle Tiere mit Flossen und Schuppen, die im Wasser, in Meeren und Flüssen leben, dürft ihr essen ... Alles, was ohne Flossen oder Schuppen im Wasser lebt, haltet für abscheulich!«

Schute, die, »flacher, offener Schleppkahn«, auch mehrere andere Schiffstypen.

Niederdt. *schūte*, mittelniederl. *scute*, niederländ. *schuit*. Die Herkunft ist unklar, wohl nicht zu altnord. *skjōta* »schießen«; vielleicht wegen der Schleppleine mit →*Schot*, altnord. *skaut* »Segelleine« verwandt.

Bezeichnung nach der Ladung bei Stephan Kempe, Lied von Claus Kniphof (nach 1525): »Idt synt men Appescuten«, »es sind meine Apfelschuten«.

Kapitain J. Friedrichson, Schifffahrts-Lexikon (1879): »offenes mit plattem Boden gebautes Fahrzeug, das hinten und vorne spitz zuläuft und dazu dient, um Kaufmannsgüter vom Bord der Schiffe zu holen und auch solche an Bord der Schiffe zu bringen«.

→Plicht (1901)

Schwert, das, »absenkbare Platte unter einem flachbodigen Boot, vor allem, um die Abdrift zu vermindern«.

Die Verwendung bei Schiffern ist seit dem 16. Jahrh. belegt, niederländ. *sweerd*, *zwaard*. Als Waffe althochdt. *swert*, german. **swerda*, griech. *áor* »Gehänge, Schwert«. Vielleicht hat zum Gebrauch in der Schifffahrt beigetragen, dass das Schiffsschwert ursprünglich wie ein Kampfschwert an der Seite befestigt war (üblich beim →*Ewer*); bei manchen Schiffstypen kamen auch zwei Schwerter, auf jeder Seite eines, zum Einsatz. Die engl. Bezeichnung *lee-board* »Schwert« in einer Nebenbedeutung zu *lee-board* »windabgewandte Seite« deutet die Abdriftrichtung an. Französ. *aile de dérive* bedeutet wörtl. »Abdrift-Flügel«.

Johann Sommers See- und Land-Reyse (1665): »machten uns hernach einen Ruder von unserm Schwerdt, oder Seyten Brette, weil wir unsern Ruder am Booth gleich die erste Nacht verlohren hatten«.

Wigardus à Winschooten, Seeman (1681): »de swaarden, die beweegelike houten werktuigen, die tersijde buiten aan het schip werden aangehengt«, »die Schwerter, die beweglichen hölzernen Werkzeuge, die seitens auußen am Schiff angehängt werden«.

Andreas Gryphius, An die Welt (Ausgabe ca. 1689): »mein offt bestürmtes schiff, der grimmen winde spiel … wie schadhafft ist spreu, mast, steur, ruder, schwerdt und kiel.«

Gustav Frenssen, Die drei Getreuen (1903): »Das Boot mußte wenig Tiefgang haben und ein sogenanntes Schwert im Kiel, das gehoben werden konnte, wenn man über Untiefen fuhr.«

→Ewer (1888), →Fender (1899)

schwimmen, »sich im Wasser fortbewegen, vom Wasser getragen werden«.

Mittelhochdt. *swimmen*, althochdt., altengl. *swimman*, engl. *to swim*, niederländ. *zwemmen*, altnord. *svim(m)a*, mittelschwed. *symma*, schwed. *simma*, norw., dän. *svømme*. Verwandt sind got. *swumfsl* »Teich« und altengl. *sund* »→Sund« sowie altnorw. *svamla* »plantschen«. Herkunft unklar, vielleicht aus german. **swemm-a-* und indoeurop. **snā-*, **snem* »schwimmen« oder aus indoeurop. **swem-* »in Bewegung sein«.

Das Verb wurde in den germanischen Sprachen zunächst sehr unregelmäßig flektiert, etwa bei Reinecke Fuchs (Rostock, 1650): »er schwimte frisch immer ohn' eintziger müh«, dort auch: »er gab sich zur abfarth und schwumme daher.«

Hans Sachs, Gedichte (um 1579): »das wasser aber sties jn umb / darinn er lang zabelt und schwum.«

Boccaccio, Decameron (Übersetzung von ca. 1519): »do hat man gesechen die grossen pallen und kasten den winte in dem mer hier und dort werffen deßelben geleichen das holczwercke von dem schiffe segel grosse paume taffeln … in dem grausamen mere hin und her swummen«, etwa: »da hat man gesehen, wie der Wind die großen Ballen und Kästen hier und dort ins Meer warf, ebenso [sah man] das Holzwerk des Schiffes, Segel, große Bäume [→*Baum*], Planken in dem grausamen Meer hin und her schwimmen.«

→Flosse (um 1349/50), →kentern (1821)

See, die, ① »Meer«, ② »große, sich brechende Welle«, ③ »Wellengang«; **See**, der, »größeres stehendes Binnengewässer«.

Mittelhochdt. *sē*, althochdt. altsächs. *seo*, mittelniederländ. *see*, niederländ. *zee*, altengl. *sæ*, engl. *sea*, altnord. *sæ-r*, schwed. *sjö*, dän. *sø*, got. *saiw-s*, german. **saiwi-z, *saiwa-*. Herkunft unklar, keine erkennbare indoeuropäischen Verwandten, vielleicht aus dem Restwortschatz regionaler, vor-indoeuropäischer Sprachen; dies stützt die Ansicht, dass die Indoeuropäer als Steppenbewohner die See nicht kannten und dafür ein neues Wort benötigten. Zunächst hat das Wort wohl ein Binnengewässer, einen Sumpf, eine Marsch bezeichnet. Später ist die Bedeutung auf das Meer übergegangen; oft ist dann die ursprüngliche Bedeutung erloschen. Im dt. Sprachraum werden die beiden Bedeutungen seit dem 16. Jh. durch das Geschlecht gekennzeichnet; Seeleute ziehen (die) *See* dem Ausdruck *Meer* vor. In den roman. Sprachen wird oft nach lat. *mare* »→*Meer*« und *lacus* »stehendes Wasser«, besonders »(der) See, Lache, Trog« unterschieden, allerdings kann auch stehendes Salzwasser in Buchten oder Meeresarmen gemeint sein: italien., span. *lago*, französ. *lac*, auch schott. *loch*, gäl. *lough*, altengl. *luh*, altkirchenslaw. *loky*, auch griech. *lakkos* »Zisterne, Vertiefung, Loch«. Mit See verwandt ist →*Schauermann*.

Thomas Kantzow, Chronik von Pommern (um 1540), über die Ostsee: »das aber unser meer eine sehe heißet, ist die ursach … weil es nirgentz keinen ausgangk hat, und wie ein sehe gestalt ist, hat man es die sehe geheißen.«

Barthold Heinrich Brockes, Irdisches Vergnügen in Gott (1721): »Nun bedenck man und ermesse / nebst der unumschrenckten see / eb'nen fläche, weiten grösse / ihrer fluten tief' und höh.«

Matthias Kramer, nider-hoch-teutsch dictionarium (1719): »auf hoher See, so genannt, weil es den anschein hat, als ob die see vom ufer aus in die höhe ginge.«

Johann Leonhard Frisch, Teutsch-Lateinisches Wörter-Buch (1741): »die offene See, die offenbahre see, da man nichts als himmel und wasser sieht«.

Hohe See als »hoher Wellengang«, Stadtarchiv Altona (1744): »den 4ten Märtz begegnete uns ein sehr schwäre sturm aus Norden, mit ein sehr hoge See«.

Albert Berg, Die preußische Expedition nach Ost-Asien (1864): »Es war der zweite Mann der Arkona, der seit ihrem Auslaufen von Danzig auf diese Weise umkam; das erste Mal geschah es südlich vom Cap, bei so hoher See, dass man für das ausgesetzte Rettungsboot fürchtete.«

→Gaffel (1627), →Boje (1665), →Ebbe (1669). Seerecht →Bord (1590), See [als Terrain] →Admiral (1673), Brechsee, hohe See →Steven (1673), →Brecher (1835), Seeräuber →kapern (1676), →Eiland (1720), Seesoldaten →Badegast (1864)

Seehund, der, »Angehöriger einer Familie der Robben, Phocidae«; der *Gemeine Seehund* (Phoca vitulina) heißt auch »Meerkalb«.

In dieser Form seit dem 15. Jahrh., umgedeutet aus dem alten und noch bis ins 17. Jahrh. verbreiteten neuhochdt. *Seelhund*, mittelniederdt. *sēlhunt*, -länd. *saelhont*, *seelhont*. Diese Form verdeutlichte mittelhochdt. *sele*, althochdt. *selaho*, altengl. *seolh*, engl. *seal*, altnord. *sel-r*, schwed. *säl*, dän. *sæl*, german. **selho-z* »Seehund«. Volksetymologisch auf *Hund* zurückgeführt, weil der Kopf des schwimmenden Tieres hundeähnlich aussieht. Herkunft unklar: ① zu altengl. *sul* »Furche«, lat. *sulcare* »pflügen«, griech. *hélkein* »ziehen, schleppen« zu indoeurop. **sel* »schleichen, kriechen«; dann kann altirisch *selige* »Schildkröte, Schnecke« wegen der gleichfalls mühsam wirkenden Fortbewegung außerhalb des Wassers verwandt sein, eine Bedeutungsanalogie zu →*Robbe*. ② Entlehnung aus finn. *hylje*, estn. *hüljes,* lett. *julga*, litauisch *ilgaz*, frühfinn. **šülkes* zu

Seehund *(Phoca vitulina)* und Sattelrobbe *(Phoca groenlandica)*.

german. **selha*. Die Formen auf *hy-, hü-*, südfinn. *hüling* könnten die lautmalerische Bezeichnung verlassener junger Seehunde als **Heuler** beeinflusst haben.

Adam Lonicerus, Kräuterbuch (Ausgabe um 1557): »seehundt, canis marinus. diß ist ein feyßter fisch, fast wie ein hund geformet, haltet den kopff auß dem wasser.«

Egbert Buys, Woordenboek van konsten (1778): »Deesen zijn zoo groot als een gemeen kalf, maar met een hondskop«, »diese sind so groß wie ein normales Kalb, aber mit einem Hundekopf.«

Lorenz Oken, Allgemeine Naturgeschichte für alle Stände (1833): »es ist beynahe unglaublich, wie zerstörend der mensch auf die thiergeschlechter einwirkt ... um davon nur ein beyspiel zu geben, wollen wir nur der seehund-jagd erwähnen.«

→Tran (1599), →Tümmler (1630, 1773/1847)

Seemeile, die, »ein Längenmaß der Seefahrt, 1852 Meter«.

Milia geht zurück auf lat. *milia*, *milia passuum* »tausend Doppelschritte«, 1479 Meter. In nautischem Gebrauch in uneinheitlicher Länge, auch noch während der Definition »Bogenminute des Äquators« in verschiedenen Ländern mit Werten um 1855 Meter errechnet. Jetzt die Minute eines Meridians (Linie von Pol zu Pol) als »internationale nautische Meile« mit standardisierter Länge von 1852 Metern; Abkürzung: *sm*. Die Geschwindigkeit *sm/h* heißt →*Knoten*. Ein Zehntel Seemeile heißt →*Kabel*.

George Forster, Reise um die Welt (1778): »Nach einer Fahrt von einhundert und zwei und zwanzig Tagen, auf welcher wir ohngefähr dreytausend fünfhundert Seemeilen in ofner See zurückgelegt hatten, kahmen wir endlich am 26sten März zu Mittage in Dusky-Bay an.«

Albert Berg, Die preußische Expedition nach Ost-Asien (1864): »die Thetis ging mit günstigem Winde in See warf nach anderthalbstündiger Fahrt um neun Uhr Anker auf der Rhede von Yeddo, sechs Kabellängen hinter der Arkona, etwa fünf Seemeilen vom Lande.«

Segel, das, »Tuch, das den Wind fängt, um ein Schiff zu bewegen«.

Mittelhochdt. *segel*, althochdt. *segal*, altsächs. *segel*, altengl. *segl*, engl. *sail*, niederl. *zeil*, altnord. *segl*, schwed. *segel*, german.

Rah- und Stagsegel, Bezeichnungen →*Takelage.*

**segla*, Herkunft unsicher, ① aus indoeurop. **sek-* »schneiden« im Sinne von »abgeschnittenes Stück Tuch«, aber diese Bedeutung erschließt sich sachlich nicht, ② aus spätlat. **segullum*, lat. *sagulum* »Mäntelchen, Tüchlein« zu lat. *sagum* »viereckiges Stück groben Wolltuchs als Umwurf, Soldatenmantel«, wohl latinisiert von keltisch *sagon, sagulon* »Männergewand in Pelerinenform«. Dann hätten die Germanen das Wort wegen der Tuchform, die ihnen von den römischen Soldaten bekannt war, auf das Segel übertragen, als sie den Windantrieb von den Römern übernahmen. Französ. *voile*, span. *vela* »Segel« gehen auf lat. *velum* wohl zu indoeurop. **weg* »weben« zurück.

Ältestes Hamburger Schiffrecht (1292): »eir das schip to seghele gheit«, »ehe das Schiff zu Segel geht [abfährt].«

Hans Staden, Warhafftige Historia vnnd beschreibung einer Landtschafft der Wilden, Nacketen, Grimmigen, Menschenfresser Leuthen, in der Newenwelt America gelegen (1556): »Dann in der nacht kamen offtmals grosse donnerwetter mit regen und windt …, das uns dieselbigen nicht, wann wir unter siegel waren, ubereilen sollten, musten wir fleißig wachen.«

Eucharius Eyering, Sprichwörter (1601): »er begibt am segelbaum das seyl, und sucht alleyn beym ruder heil.«

Jürgen Andersen, Orientalische Reise-Beschreibungen (1669): »Wir macheten alsbald unsere Stücken [Geschütze] zum flanquiren bereit, und schossen unterdessen mit Mußqueten lustig auff sie zu, und segelten mit vollem Segel auff die Barcken zu,

Rah- und Stagsegel, Bezeichnungen →*Takelage.*

daß eines von denselben vor unsern Augen zu Grunde gieng.«

Die Segel aufspannen in der Nebenbedeutung »de erectione penis« (wörtl. in Grimms Deutschem Wörterbuch, 1899), nach Friedrich von Logau: »Ist Urania der Himmel? Ja, Ihr Buhler, glaubt es gerne: / Denn die Milchstraß' ist vorhanden, und die zwei Geschwistersterne, / die den Segel spannen auf, und ihn heißen pflügen fort / durch das tiefe nasse Salz, in ein' fürgehabten Port.« Urania: Muse der Astronomie, Helferin der Segler, den Kurs zum nächsten Hafen zu finden.

→Rah (1430), →Besan (1486), →hissen (1548), segeln →Flotte (1392), Segelbaum →Besan (1534/54)

Seil, das, »jede Art Tauwerk«; nautisch wegen der lautlichen Nähe zu dt. →*Segel*, niederländ. *zeil* usw. selten verwendet. Althochdt., altnord. *seil*, altengl. *sāl*, altsächs. *sēl*, niederländ. *zeel*, gotisch *in insailjan* »anseilen«, zu german. **saila-* »Seil«, eine *l*-Bildung wie auch litauisch *seilas* »Eimerschnur, Tragbügel« und altkirchenslaw. *silo* »Seil, Strick, Schlinge« zu indoeurop. **sē-, *si-* »binden, Strick, Riemen«. Verwandt mit *Saite, Sehne*. Engl. *rope* →*Reep*, engl., französ. *cable* →*Kabel.* »Seil, Faserseil« ist eine Normbezeichnung. An Bord lautet die Sammelbezeichnung →*Tau(werk),* nach Stärken unterschieden in →*Trosse*, →*Leine*, *Garn*.

→Harpune (1627), →Leine (1723), Ankerseil →Tau (1638)

Sextant, der, »Gerät zur Navigation, das die Höhe von Himmelskörpern über dem Horizont misst«.

So in vielen Sprachen, von lat. *sextans* »ein Sechstel«, hier eines Kreises. Ein Kreisbogen von 60 Grad fungiert als Skala, von der die Höhe eines Himmelskörpers über dem Horizont oder der Abstand von zwei Himmelskörpern – z. B. Sonne und Mond – abgelesen werden kann; das Spiegelsystem des Geräts verdoppelt den Winkel auf 120 Grad. *Sextans* »ein Sechstel von etwas« war im 16. Jahrh. selten gebraucht; 1602 nahm der dänische Astronom Tycho Brahe die Benennung des Instrumentes für sich in Anspruch. In der 2. Hälfte des 18. Jahrh. wurde der bis dahin gebräuchliche →*Oktant* vom *Sextanten* verdrängt.

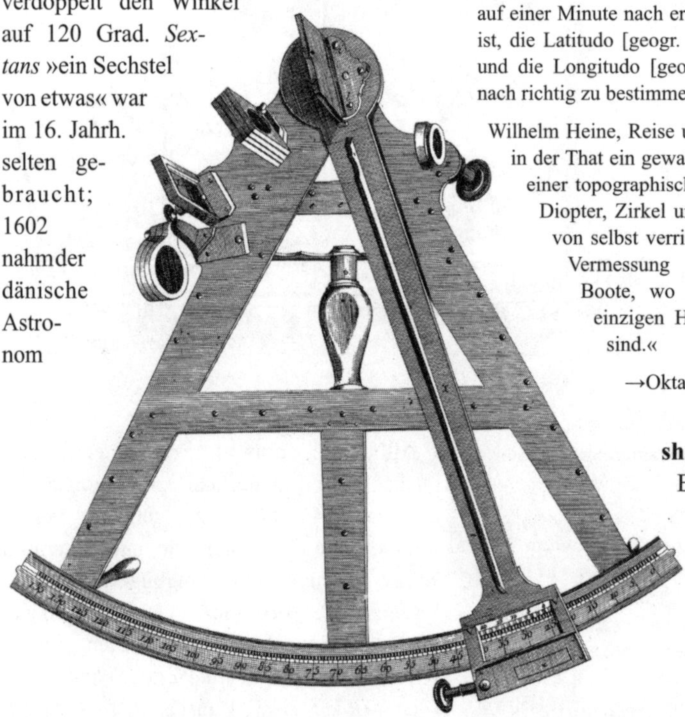

Sextant (Funktionsweise →*Oktant*).

Robert Burton, The anatomy of melancholy (1628): »To examine and calculate the motions of the Planets … by those curious helps of glasses, astrolabes, sextantes«, »Untersuchen und Berechnen der Planetenbewegungen mit der merkwürdigen Hilfe von Gläsern, Astrolabien, Sextanten«.

Johann Hinrich Röding, Allgemeines Wörterbuch der Marine (1794/96): »da der Sextant der 6te Teil eines Cirkels ist, so enthält der Bogen auch 60°, die aber wegen der Reflection 120° ausmachen. Die mehrsten Sextanten haben aber einen Bogen von 135° bis 140° … Mit einem guten Octant oder Sextant … kann man die Höhe der Sonne und dessen Abstand zum Mond auf einer Minute nach erhalten, welches hinreichend ist, die Latitudo [geogr. Breite] auf 1/3 Meile nach und die Longitudo [georgr. Länge] auf 10 Meilen nach richtig zu bestimmen.«

Wilhelm Heine, Reise um die Erde (1856): »Es ist in der That ein gewaltiger Unterschied zwischen einer topographischen Aufnahme, wo Mensel, Diopter, Zirkel und Meßkette die Sache fast von selbst verrichten, und einer nautischen Vermessung in einem schaukelnden Boote, wo Compaß und Sextant die einzigen Handlanger der Mathematik sind.«

→Oktant (1794/96)

shanghaien, »durch List, Einsatz von Alkohol oder Gewalt einen Seemann zum Dienst auf einem Schiff verpflichten«, »zur Zwangsarbeit entführen«.

In der 2. Hälfte des 19. Jahrh. entstanden und aus dem Slang US-amerikanischer Seeleute übernommen, weil in Schanghai besonders viele Schiffe mit Zwangsarbeitern für den Abbau von Guano an der südamerikanischen Küste, für die Farmarbeit in den USA oder für den Bau des Panamakanals ablegten.

New York Tribune, 1.3.1871: »And before that time they would have been drugged, shanghaied, and taken away from all means of making complaints«, »und zuvor wären sie betäubt, shanghait und von allen Mitteln, sich zu beschweren, abgehalten worden.«

Zwangsrekrutierungen für den Schiffsdienst, noch ohne eigene Bezeichnung dafür, waren auch zuvor verbreitet; in Hamburg etwa bei Adolph Freiherr Knigge, Geschichte Peter Clausens (1783): »Sobald mich die Seelenverkäufer in das unterirdische Gefängnis geworfen hatten, banden sie mich los … Mit den ärgsten Drohungen, uns umzubringen, wenn wir Lärm machten, wurden wir zum Stillschweigen verdammt und uns angezeigt, daß man uns in drey Tagen zu Schiffe führen würde.«

Shrimp, der, in Deutschland »Handelsbezeichnung für kleine Garnelen«.

In Großbritannien Bezeichnung der Sandgarnele Crangon vulgaris, auch für ähnliche Schalentiere. Im 20. Jahrh. aus dem Engl. ins Dt. entlehnt, zu mittelengl. *shrimp* »kleines Wesen«, altengl. *scrimman* »erstarrt sein«, mittelhochdt. *schrimpfen*, mittelniederländ., -dt. *schrimpen* »schrumpfen«.

John Russell, Boke of Nurture (ca. 1460): »Shrympes welle pyked þe scales awey«, etwa »Shrimps mit gut abgepflückten Schalen«.

→Garnele (1561)

Sieben Meere, die, »Zahl der Ozeane«.

Aus der Zahlensymbolik abgeleiteter Ausdruck für die Unendlichkeit der Weltmeere. Die vielen Versuche, die Ozeane willkürlich in sieben Meere zu unterteilen, sind immer auf Widerspruch gestoßen.

Brockhaus' Konversationslexikon (1895): »So war namentlich der berühmte Geograph Bernhard Varenius [1622–1650/51] dagegen, Einteilungen vorzunehmen, die in der Natur selbst nicht vorhanden sind.«

Ernst Gagel, Die sieben Meere (1955): »Von den *sieben Meeren* sprechen seit eh und je die Seefahrer, wenn sie das Weltmeer in seiner Gesamtheit meinen, und noch heute wenden die in der Seeschifffahrt führenden angelsächsischen Völker gern diese Bezeichnung an, die sich bis in das Zeitalter der Entdeckungen zurückführen läßt. Damals gliederte man die Weite des Meeres in sieben Teile, indem man den Atlantischen und den Stillen Ozean längs des Äquators in je eine nördliche und eine südliche Hälfte aufteilte und neben dem Indischen Ozean auch die beiden Eismeere bis zu den Polarkreisen als selbständige Meere rechnete. Noch im Jahre 1845 bestätigte eine britische Kommission in London, die zum Studium der Gliederung und Namengebung der Meere eingesetzt worden war, die Einteilung in sieben Meere. Erst seit der Jahrhundertwende haben die beiden Eismeere ihre Gleichberechtigung verloren, weil die mathematische Abgrenzung durch den Polarkreis vom Südlichen Eismeer nur Buchten und Randmeere übrigließ und darum nicht zu befriedigen vermochte. Seither gliedert man das Weltmeer in drei Ozeane, bezieht das Nördliche Eismeer in den Atlantischen Ozean ein und teilt das Südliche Eismeer unter die drei Ozeane auf.«

Siel, das, ① »Deichschleuse zur Entwässerung, die durch Wasserdruck bei Ebbe öffnet und bei Flut schließt«, ② »Abzugskanal«.

Übernommen aus altfries., altsächs., mittelniederdt. *sīl*, mittelniederländ *sijl*, niederländ. *zijl*, altnord., norw., schwed. *sil*, wohl urspr. aus dem Friesischen, zu indoeurop. **sei* »tröpfeln«, verwandt mit dt. *seihen*, altindisch *sincáti* »gießt aus«, litauisch *sijóti* »durchsieben«, auch mit *Sieb*, *sickern*, *seicht*. In Ortsnamen kommt *-sīl* im friesisch-niederdt. Nordseeraum schon seit dem 10. Jahrh. vor.

Rechtsbronnen der stad Gouda (1511): »Dat zy zullen gehouden wesen … zylen ofte watergangen toe te stoppen ofte scotdueren daerin te maecken omt waeter te scutten«, »dass sie gehalten sind, Siele oder

Wasserläufe zuzustopfen oder Schotten hineinzumachen, um das Wasser zu schotten«.

Leonhard Frisch, Teutsch-Lateinisches Wörter-Buch (1741): »siel … ist sonderlich bey den teichen [Deichen] oder see-dämmen gebräuchlich … eine öffnung in der aufgeworfenen teich-erde, wodurch sich das gesammelte wasser in das meer ergiessen kann.«

sinken, »im Wasser untergehen«, allgemein »sich durch die eigene Schwere nach unten bewegen«.

Mittelhochdt., -niederdt., -niederländ. *sinken*, althochdt., altsächs. *sinkan*, niederländ. *zinken*, altengl. *sincan*, engl. *to sink*, altnord. *søkkva*, isländ. *sökkva*, schwed. *sjunka*, got. *sigqan*. Herkunft unklar, unsicher ist eine Verwandtschaft mit armen. *ankanim* »ich falle« und frühgriech. *heáphthē* »fiel, sank«, dann wäre indoeurop. **seng-* »fallen, sinken« möglich. Umstritten ist auch eine Verwandtschaft mit *seicht*.

Hans Sachs, Gedichte (1579?): »allda erst vil griechen ertruncken, und wie die stein zu boden suncken.«

Jean Paul, Hesperus (1795): »in allen gesprächuntiefen, wo man schon halb im sitzen oder sinken ist, gibt's keine herrlichere schiffspumpe, als eine historie, die man zu erzählen hat.«

→Havarie (1731)

Sintflut, die, allgemein »Überschwemmung der Erde«.

Mittelhochdt. *sintvluot*, *sinfluot*, althochdt. meist *sinfluot*, ab 13. Jahrh. oft Formen von *Sündflut*, *Sündfluss*, auch von *Sündguss*, *Sündflucht*. Zugrunde liegt das fast erloschene german. **sin-*/**sim-* »immer, fortwährend« zu indoeurop. **sem-* »einheitlich, mit, in eins« wie in dt. *samt*, *sammeln* und der Nachsilbe *-sam*, lat. *semper* »immer«. Die volksetymologische Umdeutung in *Sündflut* hielt sich auch über den Aufschwung der Philologie im 19. Jahrh. hinweg. Die Vermischung von *Fluss* und →*Flut* geht auf die Ähnlichkeit von Wort und Vorgang zurück.

Zugrunde liegt eine Passage der Bibel, 1. Mos 6, 17-24: »Ich will nämlich die Flut über die Erde bringen, um alle Wesen aus Fleisch unter dem Himmel, alles was Lebensgeist in sich hat, zu verderben. … Die Flut auf der Erde dauerte vierzig Tage. Alles, was auf der Erde durch die Nase Lebensgeist atmete, kam um. … Das Wasser schwoll an und stieg immer mehr auf der Erde, die Arche aber trieb auf dem Wasser dahin. Das Wasser war auf der Erde gewaltig angeschwommen und bedeckte alle hohen Berge, die es unter dem ganzen Himmel gibt. … Das Wasser aber schwoll hundertfünfzig Tage lang auf der Erde an.«

Anmerkung der Bearbeiter der Neuen Jerusalemer Bibel, Einheitsübersetzung (1985): »Wir besitzen mehrere babylonische Sintflutberichte, die auffallende Ähnlichkeiten zum biblischen Bericht zeigen. Dieser ist aber von ihnen nicht abhängig, sondern schöpft aus dem gleichen Erbe wie sie: aus der Erinnerung an eine oder mehrere Überschwemmungskatastrophen im Tal des Tigris und Eufrat, die in der Überlieferung zu einer Katastrophe von universalem Ausmaß ausgeweitet wurde. Nur der biblische Schriftsteller – darin liegt das Wesentliche – hat diese Erinnerung zu einer ewiggültigen Lehre über die Gerechtigkeit und das Erbarmen Gottes, über die Bosheit des Menschen und das dem Gerechten gewährte Heil erhoben.«

Die beiden US-amerikanischen Geologen Walter Pitman und William Ryan führen die *Sintflut* in ihrem gleichnamigen Buch (dt. 1999) auf den Einbruch des Mittelmeeres in das tiefere Becken des Schwarzen Meeres gegen 5500 v. Chr. zurück, das die dort siedelnden Menschen in alle Richtungen vertrieb, auch über die Berge der heutigen Türkei ins Zweistromland. Ihnen zufolge grub sich die Erfahrung tief in das kollektive Gedächtnis ein, blieb durch neue Fluterfahrungen wach und wurde von der Bibel in die Gegenwart übermittelt.

Skipper, der, »Kapitän, Schiffsführer«, besonders einer Yacht.

Aus dem Yacht-Rennsport neu entlehnt von engl. *skipper*, altengl. *scipere*, dt. *Schipper* »Schiffsführer«, mittelniederdt., -länd. *schipper*, fries. *skipper*, altnord. *skipari*, dän. *skipper*, schwed. *skeppare*, altfranzös. *escipre*. In Deutschland meist für Rennsport- und Freizeitkapitäne gebräuchlich. Weiteres →*Schiff*.

Der Spiegel (4.8.1965): »Wichtig für die Freizeit-Skipper ist die Wahl der richtigen Mütze.«

Der Spiegel (3.10.1983): »Bond engagierte einen Skipper, der bei zwei America's-Cup-Endkämpfen vor Newport zur Crew gehört … hatte.«

Skorbut, der, »Blutungserkrankung durch Vitaminmangel, Scharbock«.

Aus mittellat. *scorbutus*, dies wohl eine latinisierte Form zu mittelniederdt. *schorbuk*, hochdt. *Scharbock*, frühneuniederländ. *schorbuyck*, jetzt *scheurbuik*, engl. *scurvy*, dän. *skjørbug*, schwed. *skörbjugg*, altisländ. *skyrbjugur*. Die dt. Form *Skorbut*, engl. *scorbute* und das Wort in den romanischen Sprachen gehen auf die latinisierte Form zurück, französ. *scorbut*, span. *escorbuto*, port. *escorbut*, italien. *scorbuto*. Die genaue Herkunft ist unklar: ① aus Skandinavien in den niederdt. Raum und von da weiter entlehnt, dann zu altnord. *skyrbjúgr* »Skorbut« aus altnord. *skyr* »Sauermilch, Quark« und altnord. *bjúgr* »Geschwulst, Ödem« als Mangelkrankheit, die bei längerem Verzehr dieser Vorratsspeise auf See auftrat; dass der erste schriftliche Beleg erst aus dem 13. Jahrh. stammt, gilt bei einer solch speziellen Wortbildung als akzeptabel; ② vielleicht aus dem niederdt./-länd. Sprachraum mit Entlehnungen in alle Richtungen, zu mittelniederländ., -dt. *schoren*, niederländ. *scheuren* »reißen« und mittelniederdt. *būk*, niederländ. *buik* »Bauch«; der erste Wortteil von indoeurop. **sker-* »schneiden«, zu der auch *Schorf* »Grind, rissige Haut« gehört, der zweite Wortteil von german. **buka-* »Bauchiges« und lautmalerischem indoeurop. **phu-* »blasen«; ③ zu russ. *skrobat'* »kratzen, schaben«, *skorbota* »auszehrende Krankheit«, dies aber wohl Entlehnung aus dem germanischen Sprachgebiet.

Gaspar Ens, West- unnd Ost Indischer Lustgart (1618): »Die Krankheiten namen von Tag zu Tag dermassen zu, daß an einem Tag offt drey oder vier am Scharbock starben.«

George Forster, Reise um die Welt (1778): »Doch kann ich nicht umhin zu sagen, daß es [Sauerkraut] vielleicht das allerbeste Präservativ gegen den Scharbock ist«, zitiert in Grimms Deutschem Wörterbuch: »der erfolg hat gezeigt, daß es [Sauerkraut] eins der besten verwahrungsmittel wieder den scorbut sey.«

Isaac de La Peyrère, Ausführliche Beschreibung des Grönlands (ca. 1679): »Hierzu kam noch die schändliche Seuche des Scorbuts mit dem verbastarten Worte des Schaarbocks benamst; da die Zähne in ihren Munden begunnten zu faulen und zwar so starck, daß sie nichts durchaus mehr essen konten, als ein Brod in geschmoltzen Wasser.«

Skull, der, »einer der beiden Riemen eines Doppelruderers«, **Skulls** »paarweise angeordnete Riemen im Rudersport«.

Im 20. Jahrh. von engl. *scull* übernommen. Herkunft unsicher, wohl nicht zu engl. *skull* »Schale«, weil eine so starke Krümmung für das Ruderblatt nicht kennzeichnend war.

Frühester Beleg für 1345/46, zitiert bei Nicholas H. Nicolas, A History of the Royal Navy (1847): »[four large and long oars called] skulles«, »vier große und lange Riemen, Skulls genannt«.

Johann Hinrich Röding, Allgemeines Wörterbuch der Marine (1794/96): »To Scull. In einem Boot wricken.«

Slip, der, auch **Schlipp**, der, **Schlippe**, die, »schiefe Ebene, auf der Boot und Schiffe zu Wasser gelassen oder an Land geholt werden«, bei Werften »→*Helling*«.

Zunächst künstliche Schräge als Anlandestelle für Boote, ab 18. Jahrh. für den Schiffsbau belegt. Modernes Lehnwort aus gleichbed. engl. *slip*, niederländ. *sleephelling*, schwed., französ. *slip*, auch schon alt-, mittelhochdt. *slipf* von *schlipfen* »rutschen« zu mittelhochdt. *slīfen*, althochdt. *slifan*, german. **sleipan* »schleifen, schärfen«, und indoeurop. **slei-* »schleimig, gleiten«, **lei-* »schleimig, von Nässe glitschig, ausgleiten«. →*Schlick*

English Gilds (1467): »That the slippe and the keye, and the pavyment ther, be ouerseyn and repared«, »dass die Schlippe und der Kai und das Pflaster dort besehen und repariert werden.«

William Falconer, An universal dictionary of the marine (1780): »Slip, a place lying with a gradual decent on the banks of a river convenient for ship building«, »Slip, ein Ort, der mit leichter Neigung am Ufer eines Flusses liegt, für Schiffbau günstig.«

Augsburger Allgemeine Zeitung, 22.5.1854: »in der nächsten minute glitt der leviathan [der Dampfer ›Royal Albert‹] unter dem donnernden Zuruf der Menge … die schlippe hinab.«

Hamburgischer Correspondent (24.8.1907, Abendblatt): »Bernhard hat Plattenschaden und wurde zur Reparatur auf den Slip von H. C. Stülcken Sohn genommen.«

Smutje, der, »Schiffskoch«.

Dt. Neubildung seit etwa 1900 als Scherzwort, weil in der Schiffsküche Sauberkeit verlangt, aber nicht immer vorhanden war. Personalisiert und mit dem niederdt./-länd. Diminutiv *-tje* versehen zu niederdt. *smūt* »Schmutz«, *smuddelig* »schmutzig, unrein«, also insgesamt etwa »Schmuddelchen«. Zugehörig sind auch niederländ. *smoezig* »verrußt, drückend warm«, frühneuhochdt. *smuz* »Fett, Schmiere«, *smuzzen* »beschmutzen«, engl. *to smother* »(ver-)rußen, -qualmen«, *smut* »Schmutz«. Alle Formen sind rückführbar auf indoeurop. **meu-/mū* »feucht, modrig«; über die frühe Stufe sind auch *Moder*, *Moor*, niederl. *mot* »feiner Regen« verwandt.

Andreas Gildemeister, Auf einem Segelschiffe rund um Kap Horn (1901): »Und sogar Steward und Smutje – so nennen die Seeleute den Koch, bei welchem Reinlichkeit die erste Tugend ist – müssen zu Gunsten der Haupt- und Staatsaktion des Wendens ihre mehr weiblichen Pflichten zurückstellen und ihren Platz an irgend einer Brasse einnehmen.«

Gustav Frenssen, Klaus Hinrich Baas (1909): »Zum Matrosen ist er ja nicht kräftig genug; aber er wäre ein guter Smuttje, nett und gemütlich, und kann erzählen.«

Sog, der, ① »die Kraft einer starken, verwirbelten Strömung«; ② »Kielwasser«.

Niederdt. *sog* »saugende Strömung«, mittelniederdt. *soch*, -hochdt. *soc*, *suc* »das Einsaugen«, niederländ. *zog* »Kielwasser«, *suck* »Sog«. Das zugehörige Verb ist hochdt. *saugen*, mittelhochdt., -niederdt. *sūgen*, althochdt. *sūgan*, engl. to *suck*, auch *to soak* »durchtränkt werden«. Alle Formen gehen auf german. **sug-a-* »saugen« zurück und mit lat. *sugere* auf indoeurop. **seu* »saugen, tropfen lassen, schlürfen«. Verwandt mit *Säugling*, *Saft*, *suckeln*.

Johann Hinrich Röding, Allgemeines Wörterbuch der Marine (1794/96): »Das Schiff hat einen guten Sog wenn es hinten scharf gebauet ist und dabey einen guten und zum Segeln tauglichen Belauf hat [wenn es hinten verengt wird].«

Carl Dick, Otto Kretschmer, Handbuch der Seemannschaft (1899): »Es kann keinem Zweifel unterliegen, dass diese Erscheinung auf die Wirkung der Strömung [zurückgeführt werden muss], die zu beiden Seiten des Schiffes unmittelbar hinter dem Heck zusammenschiesst, um das vom Schiffskörper verdrängte Wasser zu ersetzen und den durch diese Wasserverdrängung entstehenden leeren Raum wieder zu füllen.«

des Rades reichen meist rund acht Inches über den Reif oder Kreisumfang hinaus und dienen der Person, die das Schiff steuert, als Griffe.«

Hans Parlow, Die Kaptaube (1902): »Nordwest, wiederholte der Rudermann langsam und eintönig und gab dem Rad einige Speichen.«

Spake, die, »Holzstiel mit Griff, um Spill und Steuerrad zu drehen«.

Wohl von altfriesisch *spēke* »Speiche«, mittelniederl. *speke*, *speec*, niederländ. *spaak*, *speek*, mittelniederdt., niederdt. *spēke*, althochdt. *speicha*, mittelhochdt. *speiche*, altsächs. *spēca*, engl. *spoke*. Zugrunde liegt indoeurop. **spei-* »spitzig«. Verwandt sind lat. *spīca* »Ähre«, engl. *spike* »Nagel«, dt. *spitz*, *Spieß*.

Stadtarchiv Altona, Verklarung (1814): »sie hatten angefangen das Anker mit aller Macht auszuwinden mit 2 Nothspaken und Taljes darauf«.

Carl Reinhardt, Der 5. Mai, ein Lebensbild von der Unterelbe (1888): »dieser ergriff die Handspacke, welche zum Ankerspill gehörte und schlug ihn damit so nachdrücklich und mit solchem guten Willen vor den Kopf, daß er in's Boot zurück taumelte«.

William Falconer, An universal dictionary of the marine (1769): »The spokes of the wheel generally reach about eight inches beyond the rim or circumference, serving as handles to the person who steers the vessel«, »die Speichen

Spant, das, im klassischen Holzschiffbau »eine der Rippen des Schiffsrumpfes, die dem Schiff die Form geben und auf denen die Planken der Außenhaut befestigt sind«, allgemein »Bauteil zur Verstärkung der Außenhaut eines Schiffs- oder Flugzeugrumpfes«.

Im 18. Jahrh. übernommen aus niederdt. *span* »Dachsparren (der über das Haus gespannt wird), Schiffsrippe«, zum Verb *spannen*, dieses aus german. **spann-a* »spannen«, griech. *spán* »ziehen, zerren, reißen«, indoeurop. **spē* »ziehen, spannen«, und erweitert **(s)pēn*, sodass es auch mit *spinnen* verwandt ist, ferner mit (Holz-) *Span*, *abspenstig*, *Spange*.

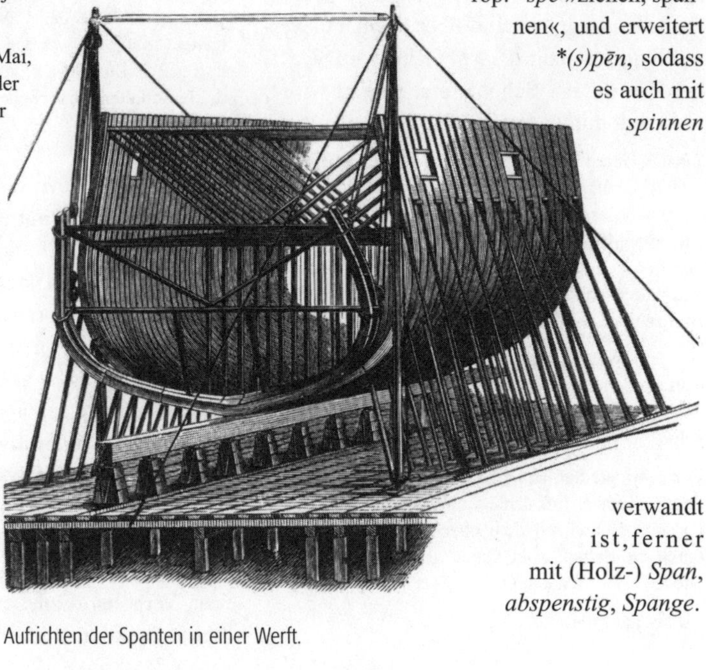

Aufrichten der Spanten in einer Werft.

Jan Ten Doornkaat Koolman, Wörterbuch der ostfriesischen Sprache (1884): »de spanten fan't schip stān up de kīl; 't spant fan't schip steid klār um mit planken bekledt to worden.«

Johann Karl Gottfried Jacobsson, Technologisches Wörterbuch (1794): »jedes spant besteht aus einem lieger, welcher den untern theil des halben kreißes bildet; aus zweyen sitzern, zweyen ersten auflangen; zweyen zweyten auflangen.«

Speigatt, das, »Wasserauslass in der Schiffswand«.

Aus niederdt. *speygat*, niederl. *spuigat*, zu niederdt. *spīen* »speien« und →*Gat* »Loch«. *Speien* »sich übergeben, ausspucken« geht über althochdt. *spīwan* zurück auf lautmalerisches indoeurop. **spei-w-/*spjeu-/*spīu-*. Engl. *scupper* »Speigatt« mit unklarer Herkunft, vielleicht von *to scoop* »(aus-) schöpfen« oder altfranz. *escopir* »speien«. Französ. *dalot* entstand über normann. Vermittlung aus altnord. *dœla* »Rinne am Schiffbord, in die der Schöpfeimer geleert wird«, verwandt mit dt. *Delle*, *Tülle*.

Johann Georg Aldenburgk, West-Indianische Reiße (1627): »Auff vnsern Schiffen war viel Volck darnieder geschossen, dann die Hispanische Armee … vnnachlessig flanckirete, dadurch die Splinter von den Schiffen den vnserigen Arm vnd Bein gequetschet vnd mitten von einander geschlagen haben, daß das Blut zu der Schiffe spoigatter herausser geloffen ist.«

Nicolaas Witsen, Scheepsbouw (1671): »De gaten, daer op den overloop het water door uitgaet«, etwa »das Fenster, durch das der Wasser-Überlauf hinausgeht«.

Der geöffnete See-Hafen (1702): »Ist es aber daß die See über das Schiff schlägt, und also Wasser darein kommt, so sind auf dem obersten Verdeck Löcher durch die Seiten, Spey-Gaten genannt, wodurch es wieder auslauffen kann.«

→Palstek (1904).

Spiere, die, »zur Takelage gehöriges Rundholz, Stange«, heute den Mast nicht inbegriffen.

Mit unklarem Entlehnungsverlauf mittelniederdt., spätmittelhochdt. *spīr*, mittel-, neuniederländ. *spier*, altengl. *spir*, neuengl. *spire*, altnord. *spira*, schwed, norw. *spira*, dän. *spire*, alle in den Bedeutungen »Stange mit Spitze, spitzer Halm«. Ähnlich engl. *spar*, altfranzös. *esparre*, französ. *espar* »Spiere«, niederländ. *spar* »Tannenbaum«, dt. *Sparren*, altnord. *sperra*. Die ganze Gruppe geht vielleicht zurück auf indoeurop. **spei-* »spitz«.

Paul Heyse, Gesammelt Werke (ca. 1872): »von raa'n und spieren, mast und bord / der schlanken schiff' im hafen dort / troff fahler brodem, schwer und dicht.«

Theodor Mügge, Der Vogt von Sylt (1851): »Der Topp der Schlupp war von einem Windstoße gebrochen, die große Spiere war hinunter aufs Deck geschleudert.«

Lebensgeschichte des Capitain Carl Wolfgang Petersen (1880): »… wurden mit Hülfe kleiner Spieren und langer Bootshaken, von mehr als dreißig Mann die Eisschollen abgeschoben«.

Spill, das, »eine Art Winde«.

Niederdt. *spill*, mittelniederdt., -länd. *spille*, niederländ. *spil* »Spill«, engl. *spill* »kleiner Garnzylinder« sind verkürzend entstanden aus frühen Formen von dt., niederländ., schwed. *spindel* »Spindel«, engl. *spindle*, althochdt. *spinula*, altengl. *spinel*, dem Gerätenamen zu dt. *spinnen*, althochdt., altengl. got. *spinnan*, indoeurop. **sper-* drehen oder **(s)pen(d)-* »ziehen, spannen«. Im Gegensatz zu einer Winde wickelt das Spill eine Trosse oder Kette beliebiger Länge nicht auf, sondern sie wird durchgezogen, z. B. zum Ankerhieven, Verholen, Einholen von Schlepptrossen. Spille funktionieren bei Trossen durch Zug

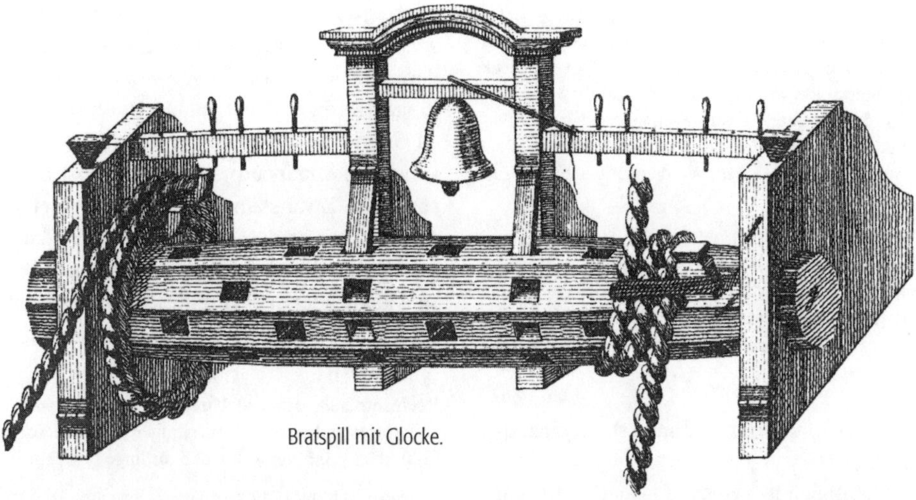

Bratspill mit Glocke.

und Reibung, bei Ketten durch Zug und eine in das Kettenglied greifende Nuss. Als Rücklaufsperre dient eine Sperrklinke, das **Pall**, niederländ. *pal*, engl. *pawl*, wohl aus französ. *pal* »Pfahl«, lat. *palus*, oder vielleicht aus altfranzös. *espaule*, französ. *épaule* »Schulter«. Nach den Funktionsweisen sind bezeichnet das *Gangspill*, Spill mit vertikaler, und das *Brat-* oder *Pumpspill* mit horizontaler Achse. Beim *Gangspill* geht eine →*Gang* Seeleute im Kreis um die aufrecht stehende Winde herum und drückt gegen speichenartige Hebelarme, die *Spillspaken (→Spake)*. Das oft achtkantige *Bratspill*, auch *Bratspieß* genannt, erhielt seinen Namen in Anlehung an das Küchengerät; es trägt meist Löcher, um die Spaken einzustecken. Das *Pumpspill* wird über zwei lange Hebel, die Pumpenschwengel, bei jeder Bewegung auf und nieder ein Stück weitergedreht. Verwandt mit *Spule*. Die engl. Bezeichnung *capstan*, französ. *cabestan*, span., port. *cabestrante*, *cabestro*, italien. *capestro* geht auf lat. *capistrum* »Schlinge zum Halten eines Gegenstandes« zurück, zu *capistrare* »anbinden, halftern«.

Johann Georg Aldenburgk, West-Indianische Reiße (1627): »ziehen [den Wal] mit Seilen vnd grossen Spillen, daran dreissig Mann … winden müssen, an das Land«.

Adam Olearius, Beschreibung Der Newen Orientalischen Reise / So durch Gelegenheit einer Holsteinischen Delegation an den König in Persien ist geschehen (1647): »Bey diesem Fall ward auch die Spielle, das grosse schwere Corpus … zugleich mit außgerissen.«

Ankerspill →Spake (1888)

Spinnaker, der, »auf Segelbooten leichtes, dreieckiges Beisegel für achterlichen Wind«.

In viele europ. Sprachen entlehnt aus engl. *spinnaker*, angeblich nach dem falsch ausgesprochenen Namen der Yacht »*Sphinx*«, die das Segel erstmals eingesetzt haben soll, oder als Zusammensetzung von *to spin* »spinnen, in schneller Bewegung sein« und *maker* »Macher«.

Yachting Calendar & Revue (Aug. 1866): »The Sphinx [set] a ›spinniker‹, a kind of large balloon jib extending from the topmast head to the deck, and before the wind a most powerful drawing sail«, »Die Sphinx setzte einen ›Spinnaker‹, eine Art Ballonklüver, vom Kopf des Vordermastes zum Deck ausgedehnt, und vor dem Wind ein äußerst mächtiges Zugsegel.«

Woche (1905): »Dabei wird auch größte Fahrt gelaufen, mehr noch als bei Wind platt von achtern, obwohl im letzteren Fall neben den festen Schiffssegeln noch der mächtige Spinnaker (Extra-Ballonsegel) gesetzt werden kann, was einen herrlichen Anblick gewährt.«

spleißen, nautisch »Tauwerk ineinanderflechten«.

Mittelhochdt. *splīzen*, -niederdt., -niederländ. *spliten*, altfries. *splīta*, niederländ. *splijten*, auch engl. *to split* aus westgerman. **spleit-a-* »spalten, spleißen« und wohl indoeurop. **(s)plei-* »spalten, spleißen«, **pel-* »spalten, abreißen«. Verwandt mit *splittern, Zwiespalt.*

Der geöffnete See-Hafen (1702): »Oben auf aber liegen … Splitzhörner, welches eiserne spitzig zugehende Instrumenta sind, die Touwen damit zu splissen, oder an statt der Knotten fest zusammen zu setzen.«

Hamburgischer Correspondent (27.3.1908, Morgenblatt): »Da die Verwendung gespleißter Trossen im Hamburger Hafen strenge untersagt ist, wurde gegen den Kapitän und den ersten Steuermann Anklage erhoben.«

→Brasse (1825)

Spriet →Bugspriet

Sprotte, die, »Breitling, der kleine Heringsfisch Sprattus sprattus«.

Mittelniederdt., -länd., niederländ., altengl. *sprot*, engl. *sprat*, dän. *sprot*, *sprøt*, *spryt*, auch übertragen auf verschiedene andere kleine Fische, etwa →*Sardellen* und junge Heringe, daher wohl als »Jungfisch« zu *Sproß*, westgerman. **spreut-a-*/**sprūt-a-* »sprießen«, indoeurop. **(s)p(h)er-* »streuen, sprühen«. Zwar stammen die ältesten Belege für *Sprotte* um das Jahr 1000 aus England, weswegen die Bezeichnung daher entlehnt sein kann, aber das Wort dürfen dem gemeinsamen Sprachgut der Nordseeanrainer angehört haben.

Rechtsbronnen der stad Utrecht (14. Jahrh.): »Een stro sprots sell geven iiii sc[ellingen]«, »ein Packen [500 Stück] Sprotten soll vier Schillinge ergeben«.

Johann T. Jablonski, Lexikon der Künste und Wissenschaften (1721): »eine art sardellen oder anschovis, so geräuchert und aus Engelland zu uns gebracht werden«.

Nach dem dt. Hauptort der Zubereitung dichtete Matthias Claudius, Urians Reise (vor 1786): »Drauf kauft' ich etwas kalte Kost, / und Kieler Sprott und Kuchen.«

Stag, das, »starkes Tau zum Stützen von Masten nach vorn«.

Mittelniederdt. *stach*, niederländ. *stag*, altengl. *stæg*, engl. *stay*, altnord., dän., schwed., norw. *stag* »Stag«, isländ. *stag* »Wäscheleine«, zu german. **stah-/stag-* »stark sein« und indoeurop. **stak-* »stehen, stellen«. Entlehnung aus dem germanischen Sprachraum in französ. *étai*, span., port. *estay*. Verwandt mit *Stahl*, *Ständer*, vielleicht sogar mit hethit. *ištagga-* »Bogensehne«. *Über Stag gehen* »wenden, das Schiff drehen«.

Peter van der Horst, Beschriving Van der Kunst der Seefahrt (1673): »Mast, Kehl, Steng, Rohr, Stag und Wand, / Bewahr uns Herr dorch dine Hand«, »Mast, Kiel, Ruder, Stag und Want / bewahr uns, Herr, durch deine Hand.«

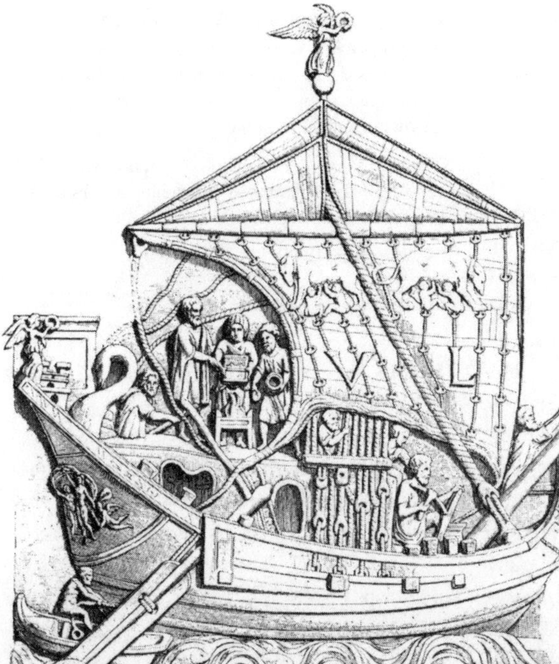

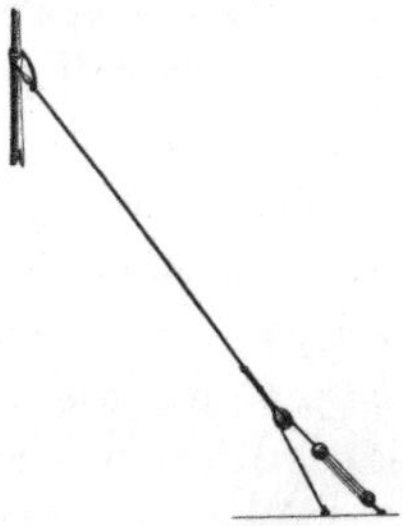

Stag, Schema in einem Stich um 1790 und auf einem römischen Relief. Nachzeichnung des 19. Jahrh.

Jacob von Eggers, Neues Kriegslexicon (1757): »stag, étai, ist auf den schiffen ein dickes tau, welches mit dem einen ende oben an dem maste, über den sahlingen angemacht ist, und mit dem andern ende unten dergestalt angezogen wird, daß es die masten von vorne zu in ihrem stande hält … jeder mast und jede stenge hat ihren besondern schlag.«

Friedrich Gerstäcker, Reisen um die Welt (1847): »Indessen hatte die Flamme auch den Besanmast ergriffen, und die unten durchgebrannte Fockstenge schlug, von den Stagen am Stürzen nach vorn gehindert, zurück.«

staken, ① »ein Boot mit einer Stange vom Grund abstoßen und dadurch fortbewegen«, ② »im Wasser mit Staken markieren«.

Mittelniederdt., -länd. *staken*, engl. *to stake* »mit einer Stake hantieren«, zu *Stake* »Bootsstange, dicker Stock, Knüppel«, althochdt. *stah* »Spießhirsch«, altengl. *staca*, neuengl. *stake* »Stange«, niederländ. *staak* »Stake« (auch *vaarboom,* wörtl. »Fahrbaum«). Die Formen gehen zurück auf indoeurop. **steig-* »stechen, spitz, Stange«, **(s) tei-* »spitzig« und kommen in den german. Sprachen nahe an *stechen* »den Erdboden oder Grund des Wassers berühren«, auch übertragen als *stecken lassen* »aufgeben«.

Johann Hinrich Röding, Allgemeines Wörterbuch der Marine (1794/96): »Staken … Eine hölzerne Stange, deren man sich insonderheit zum Fortschieben kleiner Fahrzeuge bedient, sie hat am oberen Ende eine Krücke und am untern einen gabelförmigen Haken.«

Bildlich bei Friedrich Gottlieb Klopstock, Die deutsche Gelehrtenrepublik (1774): »wer weiß es nicht aus trauriger erfahrung, wie er in manchem buche, wo solche tonnen [zur Warnung] nicht lagen, hat rudern und staken müssen, eh er von den sandbänken abgekommen ist.«

→Kahn (1794/96)

stampfen, ① »sich durch hohen Seegang in Längsrichtung auf und nieder bewegen« (von Schiffen; anders: →*rollen*, →*schlingern*), ② »mit regelmäßigem Stoßen arbeiten« (von Maschinen seit Beginn der Dampfschifffahrt).

Mittelniederdt., -länd. *stampen*, engl. *to stamp*, mittelhochdt. *stampfen*, althochdt *stampfan* gehen zurück auf german. **stamp-ō-*, das wie lat. *temnere* »verachten, mit den Füßen treten« und griech. *stémbein* »schütteln« von indoeurop. **stemb-* »aufstampfen, treten, beschimpfen« zu **stēb(h)-, *step-* »Stab, Pfosten, stützen, treten« stammt.

Daniel Defoe, Robinson Crusoe, übersetzt von Ludwig Friedrich Vischer (1720): »war nur den 26. Sept. … da unser Tag-Ancker vom heftigen Stampfen in einem greßlichen Sturm, aus der Stelle gewichen … gewiß auch nicht lächerlich«.

Thomas Mann, Tristan (1903): »Das Schiff hatte schwere Fahrt, stampfend und schlenkernd und ächzend arbeitete es sich durch den Tumult.«

→schlingern (1847), →Klüse (1890)

Stapel, der, im Schiffbau »Unterlage, auf der ein Schiff während des Baus ruht«.

Mittelniederdt., -länd. *stāpel* »Sockel, Holzstoß, Unterbau«, mittel-, neuhochdt. »Stapel, Stoß Waren, Lager«, altengl. *stapol*, altfries. *stapul*, altsächs. *stapal*, dän. *stabel*, schwed. *stapel*, german. **stapulo-z* zu indoeurop. **stēb(h)-*, **step-* »Stab, Pfosten, stützen, treten«. **Stapellauf**, das Zuwasser-

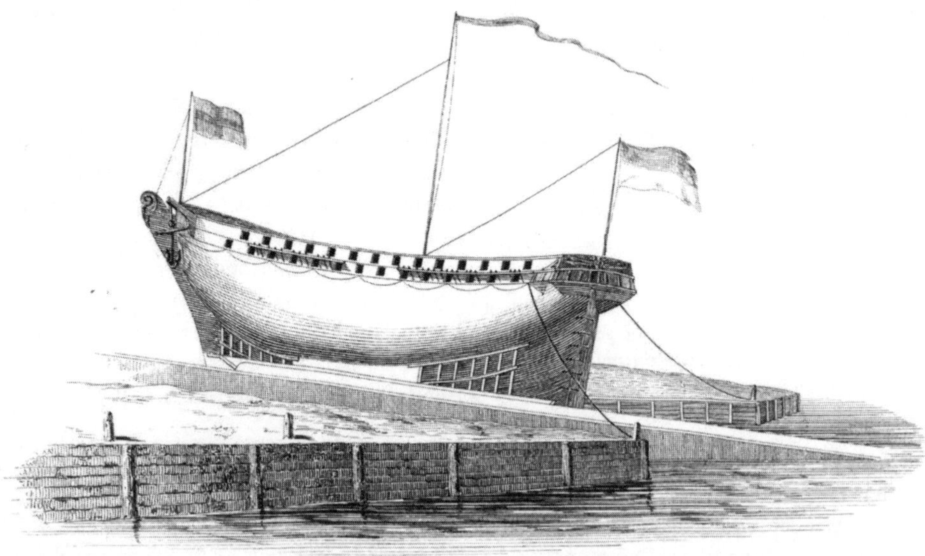

Kriegsschiff, an den Geschützöffnungen erkennbar, vor dem Stapellauf, 1. Hälfte des 19. Jahrh., ohne Schraube, also noch vor Aufkommen des Maschinenantriebs.

lassen eines schwimmfähigen Schiffsrumpfes vom *Stapel* über die →*Helling* bzw. den →*Slip* ist seit dem 17. Jahrh. gebräuchlich. Eng. *launch*, französ. *lancement*, span. *lanzamiento*, port. *lançamento* »Stapellauf« gehen zurück auf altfranz. *lancier* »eine Lanze schleudern, loswerfen« zu lat. *lancea* »Lanze«, dessen Herkunft unsicher ist. Italien. *varo* »Stapellauf« zu lat. *vara* »Querholz«.

Adolf Decker, Diurnal der Nassawischen [holländischen] Flotta (1629): »Diß wissen sie sehr artig zu machen, stellen die Rinden auff Hauffen, gleich wie man die Schiffe auff dem Stapel in Holland thut.«

Jacob von Eggers, Neues Kriegslexicon (1757): »stapel ... heißt auf den schiffbau-höfen und werfen die unterstützung eines zu erbauenden schiffes, welche so angeordnet wird, daß das schiff, wenn es fertig ist, von der stelle ins wasser gebracht werden kann, welches ein schiff vom stapel laufen lassen ... genennet wird.«

→Dock (1774), →Helling (1835)

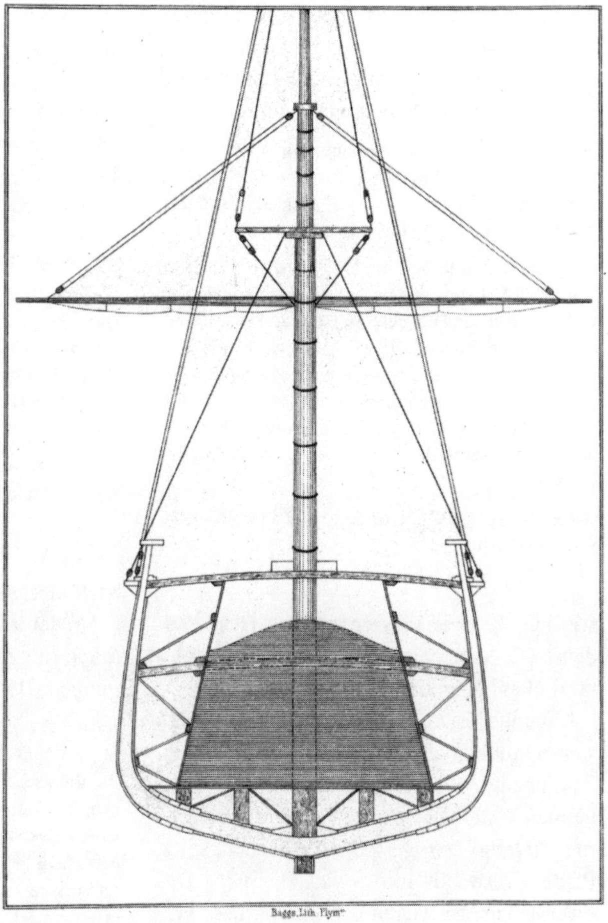

Plan für das Stauen von Schüttgut auf einem englischen Frachtsegler, Mitte 19. Jahrh.

stauen, »Waren sachgemäß in einem Laderaum unterbringen«.

Aus mittelniederdt., -länd. *stouwen*, »(Wasser) zum Stillstand bringen, Dinge zum Stehen bringen, fest verpacken«, zu althochdt. *stouwen* »Einhalt gebieten«, altengl. *stōwian* »zurückhalten«, neuengl. *to stow* »hinstellen«, altnord. **stó*, altkirchenslaw. *staviti* »stellen, zum Stillstand bringen«. Alle Formen gehen zurück auf german. **stowo*, **sto-*, dies aus indoeurop. **stāu-*, **stu-* und dessen Wurzel **stā-*, **stə-* »stehen«. Verwandt mit *staunen*, *Staude*. Engl. *stevedore*, span. *estibador*, niederländ. *stuwadoor* »Stauer« von italien. *stibare* »bevölkern«, lat. *stipare* »dicht umgeben«, kaum zu engl. *stiff*, niederländ., -dt. *stevig* »kräftig, sicher«. Französ. *arrimeur*, span. *arrumador* »Stauer«, wörtl. »Einräumer« über mittelengl. *rimen* »räumen« zu german. **rūma* »geräumig«.

Peter van der Horst, Beschriving Van der Kunst der Seefahrt (1673): »Wir hatten aber zu unserm Glücke wenig Gut in den Boch [Bauch] gestauet, derhalben dürfften wir nur wenig Fässer ins Stücken hauen.«

Der wohl instruirte Schiffer (1723): »Die Gühter im Schiffe wohl stauen und nach Qualität derselben verwahren lassen, und dürffen insonderheit keine Gühter platt auf den Boden geleget, sondern es muß eine Stellung oder Bettung gemacht werden, damit selbe vor dem See-Wasser gesichert, weilen jedes Schiff Wasser ziehet, imgleichen die Stauung auch darum nohtwendig, damit die Gühter fest und unbeweglich liegen.«

→Persenning (1732), →Hängematte (1794/96), →Bunker (1916)

stechen, ① »ins Wasser stoßen« (von Paddeln), ② »mit einem gabelähnlichen Gerät fischen, besonders Aale«.

Mittelniederdt., -länd. *stēken*, niederländ. *steken*, mittelhochdt. *stechen*, althochdt. *stehhan*, altengl. *stician*, neuengl. *to stick*, westgerman. **stek-a*, german. **stik-* zu indoeurop. **(s)teig, *(s)tig, *(s)teg-* »stechen, spitz, Pfahl«, verwandt mit →*staken, Stich*. Das Fischstechen ist wegen der Gefahr, dass verletzte Tiere fliehen, weithin verboten. Die Herkunft des veraltenden Ausdrucks *in See stechen* »mit spitzem Bug ins Meer eindringen, zu einer Seereise aufbrechen« ist unklar. Zugrunde liegen wohl das Abstoßen des Schiffs mit einer Stange vom Ufer. Ungewiss ist der Einfluss durch den Ausdruck »das Pferd mit Sporen stechen«; eine Bewegungsrichtung ins Meer hinein nehmen auch jüngere englische Bildungen wie →*Kutter* und →*Klipper* auf. Selten ist *abstechen* »sich mit einem Boot von einem Schiff, von Land entfernen«, häufiger allgemein »einen Abstecher unternehmen«.

Adolf Decker, Diurnal der Nassawischen [holländischen] Flotta (1629): »also der Admiral nun sinnes war, nach Ost Indien über zu stechen«.

Tommaso Garzoni, Piazza Universale (1659): »ihre Gondolierer Arbeit ist bekand, vnd darff nicht vieler Wort: wann sie abstechen, fortriemen, an vnd abfahren, so haben sie alles verrichtet.«

Wigardus à Winschooten, Seeman (1681): »afsteken, afvaaren, om dat de schipper het schip door behulp van een haak, of boom, van het land, ens. afsteekt«, »abstechen, abfahren, indem der Schiffer das Schiff mithilfe eines Hakens oder Baums von Land usw. absticht.«

Johann Gottfried Seume, Mein Leben (1813): »Sie machen mit diesen Booten große Küstenreisen und stechen damit außerordentlich weit in die See.«

Stek, der, »eine Art Schlinge«.

Niederdt. *stēk*, niederländ. *steek* zu hochdt. *Stich*, in zahlreichen Formen und Benennungen. Herkunft →*Palstek*.

Johann Hinrich Röding, Allgemeines Wörterbuch der Marine (1794/96): »Stich … Die Verwickelung oder Zusammenstechung von dem Ende eines Taues mit dem Tau selbst um etwas worum das Tau fest ist zu halten. Der Stich unterscheidet sich von einem Knoten darin, daß bey letzterm die Verwickelung zusammenschliert, bey ersterer aber nicht, sondern leicht wieder offen gemacht werden kann.«

Grimms Deutsches Wörterbuch (1941): »Stich … eine bestimmte art von knoten, bei dem das tauende durch den ring hindurchgesteckt (gestochen) wird.«

Gottlieb Reinicke, Schiffsjungendienst (1907): »Auch alltäglich an Deck vorkommende Arbeiten, eine Steertalje oder Dardehand und einen Kardeelstropp so aufzuschlagen, daß sie auch an einem ziemlich glatten Tau nicht rutschen, zwei halbe Steeken oder zwei verkehrte halbe Steeken, einen Palsteek oder laufenden Palsteek zu machen, einen Takeling auf ein Tau zu setzen sind Dinge, die den Jungen jetzt geläufig werden müssen.«

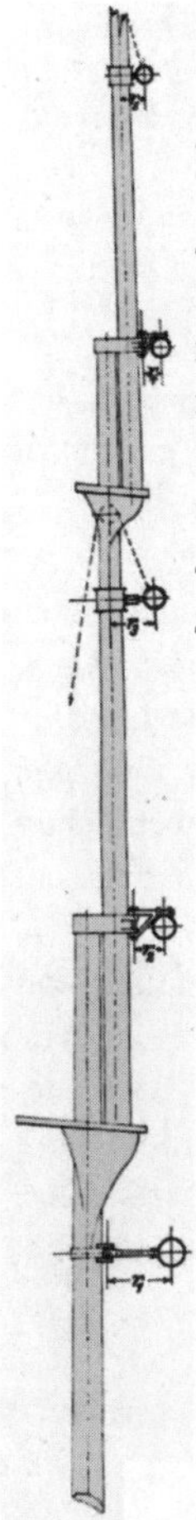

Stenge, die, »Mastverlängerung«.

Niederdt. Form von hochdt. *Stange*, sobald der Schiffbau diese Technik einsetzte. Mittelhochdt. *stange*, althochdt. *stanga*, niederländ., altengl., *steng*, engl. altnord. *stang* gehen zurück auf german. **stango*, dies auf indoeurop. **stengh-*, **stegh* »stechen, scharf, spitzig«. Verwandt mit →*staken*, *stecken*. Entlehnt zu französ. *stangue* »Schaft des Ankers«.

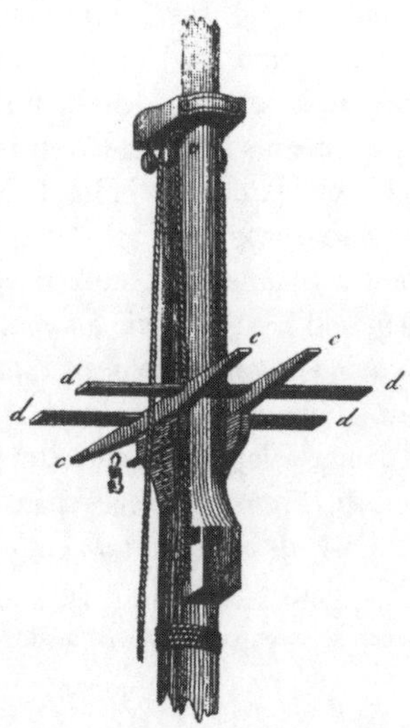

Schema der Stengen (19. Jahrh.) und Teil des Mastes mit aufgesetzter Stenge; auf (c) und (d) ruht die Mars (Ende 18. Jahrh.).

Johann Georg Aldenburgk, West-Indianische Reiße (1627): »bald stvrmen … geschahen, daß wir die Segel musten innemen, und wegen grossen Schlingerens der Schiff die Stengel nieder schiessen.«

Wouter Schouten, Ost-Indische Reyse … durch Walther Schultze (1676): »gegen den Nachmittag, liessen wir auch die grosse Rahe wie auch die Stängen von oben hernieder, damit der Wind weniger Gelegenheit haben möchte, zu fassen.«

→Stag (1673), →Fall (1702), →zurren (1835), →Gut (1907)

Steuer, **Steuerruder**, das, »Vorrichtung zum Lenken eines Schiffs«.

Steuer bedeutet eigentlich →*Ruder*. In dieser Bedeutung seit dem 14. Jahrh. belegt, mittelhochdt. *stiur*, -niederdt. *stür(e)*, niederländ. *stuur*, altengl. *stēor-rōdor*, engl. *stern* (auch »Schiffsheck«), altnord. *styri*. Das zugehörige Verb ist mittel-, althochdt. *stiuren*, altengl. *steoran*, engl. *to steer*, altnord. *stýra*, schwed. *styre* »steuern«, wohl aus german. **steurjo-m-*. Es geht mit altnord. *staurr* »Stange« und griech. *staurós* »Pfahl« zurück auf indoeurop. **st(h)au-*, **st(h)u-*, letztlich **sta-*, **stə-* »stehen, stellen«. Ein unmittelbarer Zusammenhang von *Steuer* »Ruder« und *Steuer* »Geldabgabe« ist sprachlich wahrscheinlich, sachlich vielleicht als »Unterstützung, Hinlenkung, Anordnung«.

Ruder ist sehr häufig belegt, *Steuer* selten. Rufus, Lübecker Chronik (1430):

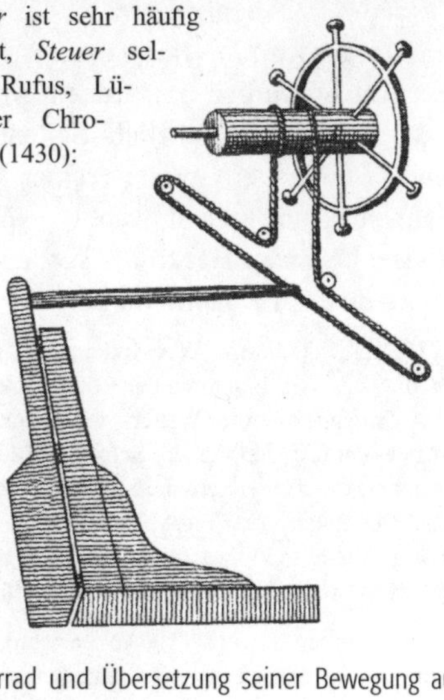

Steuerrad und Übersetzung seiner Bewegung auf das Ruder.

»unde se villen do in der Hollander schepe unde nehmen dar uth alle towe unde takel, sture unde seghel«, etwa »und dann wollen sie in die Schiffe der Holländer und nehmen daraus alle Taue und Takel, Steuer und Segel.«

F.M., Neu entdecktes Norden (1727): »Das Unglück aber wollte uns noch keine Ruhe lassen, daß uns also ein Unfall nach dem anderen aufstieß, dann es zerbrachen etliche Angel am Steuer Ruder.«

→Rah (1430), →Fracht (1720), Steuermann →Bootsmann (1456)

Steuerbord, »rechte Schiffsseite«, vom Heck aus gesehen.

Mittelniederdt. *stūrbort*, -länd. *stuurbort*, niederländ. *stuurbord*, altengl. *stēorbord*, engl. *starboard*, altnord., isländ. *stjōrnborði*, schwed., dän. *styrbord*. Die romanischen Sprachen entlehnten das Wort aus den german. Sprachen: mittelfranzös. *estribord* aus der mittelniederländ. Nebenform *stierboord*, neufranzös. *tribord*, span. *estribor*, port. *estibordo*, italien. *tribordo*. →*Steuer*, →*Bord*, Gegenwort: →*Backbord*. An den Nordseeküsten wurden im frühen Mittelalter als Steuer grundsätzlich Seitenruder verwendet, die achtern an der rechten Seite des Fahrzeugs angebracht waren; →*Ewer*, →*Schwert*. Drehbare Heckruder setzten sich erst im Laufe des 13. Jahrh. durch.

Johann Georg Aldenburgk, West-Indianische Reiße (1627): »Es begab sich auch mit der Roterdamer Jagt [Jacht] wegen vngestümmes Wetters, viel Volcks vnd viel pallastes darauff, daß sich das Schiff halb auff die eine Seite neigete, dannenhero die Stück [Geschütze] durch nachlessigkeit der Constabl, die solche nicht recht fast gemacht, loß wurden, von Packport hinunder an Stewerport, vnd die Schißgatter aufflieffen.«

Seestraßenordnung, Art. 18 (1904): »Sobald zwei Dampffahrzeuge sich in gerade entgegengesetzter oder beinahe gerade entgegengesetzter Richtung so nähern, daß die Annäherung Gefahr des Zusammenstoßens mit sich bringt, muß jedes seinen Kurs nach Steuerbord ändern, damit sie einander an Backbordseite passieren.«

→Pricke (1717), →Brasse (1730), →Backbord (1835)

Steven, der, im Holzschiffbau »Balken, der den Kiel nach oben fortsetzt und ein Schiff nach vorn oder hinten abschließt«.

Mittelhochdt. *stebene*, -niederdt. *steven*, -niederländ. *stevene*, altnord. *stafn*, auch *stamn*, altengl. *stefn*, ferner altsächs. *stamn*, altengl. *stemn*, engl. *stem*, altschwed. *stamn*. Die Herkunft von den Familien von *Stab* oder *Stamm* strittig; das Wort ist aber sicherlich von beiden beeinflusst. *Stab* geht auf die indoeurop. Wurzel **steb(h)-* »Pfosten, Pfeiler, Baumstamm, stützen, versteifen« zurück und lässt sich wie *Stamm*, westgerman. **stamna-*, von indoeurop. **sta-*, **stə-* »stehen, stellen« ableiten. Engl. *stem and stern* bedeutet »Vor- und Achtersteven, das ganze Schiff«. Französ. *étrave*, span. *estrave* »Steven« ist aus altnord. *stafn* entlehnt.

Rufus, Lübecker Chronik (1430): »unde wat en van clenen schepen vor de steven quam, de seghelden se

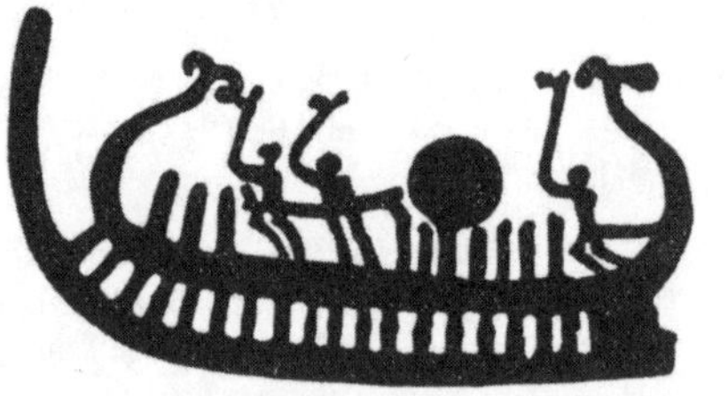

In norwegischen Felszeichnungen der Bronzezeit sind doppelte Vordersteven häufig. Über dem des Kieles ist ein weiterer in der Verlängerung der Reling gebildet. Unter ihr sind Spanten zu erkennen. Die Personen befinden sich vielleicht im Kampf oder im Waffentanz.

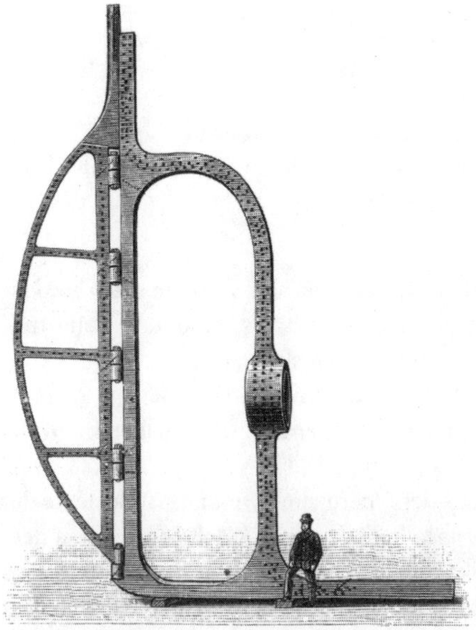

Steven und Ruder eines Schraubendampfers, 19. Jahrh.

dar nedder«, »und was ihnen an kleinen Schiffen vor den Steven kam, segelten sie nieder.«

Peter van der Horst, Beschriving Van der Kunst der Seefahrt (1673): »indem kam eine See und nam daß Bochspret gantz mit sampt der Steve und Pflicht.«

Lebensgeschichte des Capitain Carl Wolfgang Petersen (1880): »Wir kalfaterten die Näthe am Steven, theerten dieselben, belegten den Steven mit Segeltuch und theerten dann nochmals das Ganze.«

Grimm, Deutsches Wörterbuch (1940): »Steven, ein Wort, das in verschiedenen Formen alle seeanwohnenden Germanen kennen«.

Vordersteven →Dolle (1825), Rudersteven →Klüse (1890)

Steward, der, »Betreuer von Passagieren an Bord«.

In viele europ. Sprachen entlehnt aus neuengl. *steward*, altengl. *stīweard*, *stigweard* »Haushofmeister«. Der zweite Wortteil *weard* »Hüter, Wärter, Wart« geht auf indoeurop. **uer-* »gewahren, achtgeben« zurück, die Bedeutung des ersten Wortteils ist umstritten. Deutsche Etymologen führen *stig-* auf altengl. *stig* »Stall, Verschlag, Vorraum«, *stī-* »Gehege, Stall« wie engl. *sty* »Schweinestall« zurück. Das Oxford English Dictionary (1989) räumt die Verwandtschaft ein, meint aber: »Es gibt keinen Grund zu der Annahme, dass *stigweard* usprünglich ›Aufseher des Schweinestalls‹ bedeutet.« Die ursprüngliche nautische Bedeutung der männlichen Form ist Proviantmeister und seit dem 15. Jahrh. belegt. Die weibliche Form *Stewardess* verbreitet sich in der 2. Hälfte des 19. Jahrhunderts mit den großen Passagierdampfern.

Thomas Washington, Nicholay's Nauigations into Turkie (1585): »Their daily prouision … is prepared by a steward & a cooke«, »ihre tägliche Verpflegung wird von einem Steward und einem Koch zubereitet.«

Harriet Martineau, Society in America (1837): »Mrs. F. and I were the only ladies on board, and there was no stewardess«, »Mrs. F. und ich waren die einzigen Damen an Bord, und es gab keine Stewardess.«

Heinrich Smidt, Seegeschichten und Marinebilder (1855): »Dort ist das Buffet und die Art und Weise, wie dasselbe eingerichtet ist, giebt den Beweis, daß der Steward Alles aufgewendet hat, um die Herzen der Passagiere schon in der ersten Stunde für sich zu gewinnen.«

The Times (21.9.1885): »There were five females among the passengers, including the stewardess«, »es waren fünf weibliche Personen unter den Passagieren, einschließlich der Stewardess.«

→Pantry (1899, 1901), →Smutje (1901)

Stich → Palstek

Stockfisch →Kabeljau

Stör, der, namengebend der *Baltische Stör* (Acipenser sturio), im weiteren Sinn »Angehöriger der Ordnung der Störe (Acipenseriformes)«.

Mittelhochdt. *stör(e), stür(e),* -niederdt. *stor(e),* althochdt. *stur(i)o*, altengl. *styria*, altsächs. *sturio*, niederländ. *steur*, altnord., norw. *styrja*, schwed. *stör*, dän. *stør*. Alle Formen gehen auf german. **sturjōn* zurück, entfernter verwandt sind altpreuß. *esketres*, litauisch *asētras*, russ. *osetr*. In die romanischen Sprachen ist das Wort durch Entlehnung aufgenommen, fränk. *sturgeon*, *esturgeoun*, engl. *sturgeon*, altfranzös. *sturg(i)un*, französ. *esturgeon*, span. *esturion*, port. *esturião*, italien. *storione*. Die vorgermanische Herkunft ist unklar. Als Diminutiv gebildet ist der kleinere *Sterlet*, Acipenser ruthenus. In der Antike waren Stör und Sterlet zeitweise die beliebtesten und teuersten Fische und stammten vor allem aus dem östlichen Mittelmeerraum, insbesondere der Ägäis um Rhodos; die Herstellung von →*Kaviar* aus dem Rogen des Stör ist aber erst seit einem frühmittelalterlichen Kochbuch belegt.

Konrad von Megenberg, Buch der Natur (1349/50): »stür dazz ist ein grȫzzer visch.«

Erasmus Alberus, Fabeln (1550): »ich acht aber, das fast dem stür / billich die oberhandt gepür / dieweil er ist der gröste fisch / mit eim speißt man wol zwentzig tisch.«

Emanuel Geibel, Gesammelte Werke (1883): »Vineta schläft / wogenumspült, / wo der silberne stör / durch die hallen zieht.«

Strand, der, »flacher, sandiger oder kiesiger Rand eines Gewässers, besonders Sandstreifen an der Meeresküste«.

Mittelniederdt. *strant*, -länd. *strande*, neuniederländ. *strand*, alt-, neuengl. *strand*, altnord. *strǫnd*, dän., schwed. *strand*. Verlauf der Übernahmen unklar: ① Seeleute der Ostsee haben es im 13. Jahrhundert aus dem Skandinavischen entlehnt. Vom Deutschordensland im Baltikum, wo es zuerst belegt ist, drang es nach Westen vor und überlagerte die deutschen Bezeichnungen →*Gestade* und →*Ufer*; allgemeiner ist →*Küste*. Die altengl. Bezeichnung, bereits um 1000 belegt, müsste dann auf einer deutlich früheren Entlehnung beruhen. ② Das Wort ist zuerst aus dem Altnordischen ins Altenglische übernommen worden und wurde dann weiter ins Deutsche entlehnt. Dies erklärt aber nicht das erste

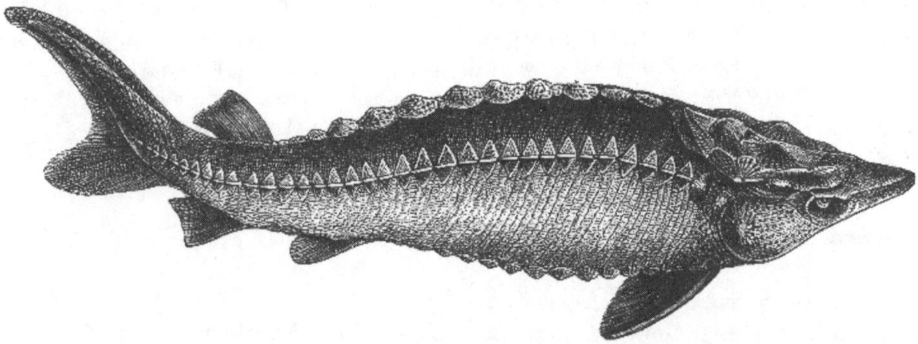

Europäischer Stör *(Acipenser sturio)*.

Auftreten am anderen Ende des deutschen Sprachgebietes. Zugrunde liegt altnord. *strind* »Kante, Seite, Rand«, aus indoeurop. **sterə* »ausbreiten, ausstreuen, Streifen, Strich«. Die Bezeichnungen in anderen Sprachen bezeugen die Vielfalt der Wahrnehmung eines Strandes. Engl. *beach* »Strand, Steinchen« meint übersprünglich den Belag des Strandes, analog französ. *grève* »Kiesstrand«, das entweder von lat. *gravis* »hart, schwer« oder aus einer vorlateinischen Sprache in Frankreich stammt. Engl. *gravel* bedeutet »Sand, Kies«. Französ. *estrand*, *estran* ist aus dem Germanischen entlehnt, französ. *plage* von roman. *plagia* »Seite, Küste«, lat. *plagius* »schief, ungünstig«, *plaga* »Fläche, Netz, Landschaft«. Span. *ribera*, französ. *rivière*, italien. *riviera* gehen zurück auf frühroman. *riparia* zu lat. *ripa* »Ufer eines Gewässers«. Seit dem 15. Jahrh. belegt ist *stranden* »durch Sturm, Zufall oder vorsätzlich zur Gefahrenabwehr auf den Strand geraten«.

Livländische Reimchronik (13. Jahrh.): »da liet bie des meres strant / eine gegende heizet kurland«, »da liegt bei des Meeres Strand eine Gegend namens Kurland.«

Johann Mathesius, Bergpostilla oder Sarepta (1578): »daß … (Bernstein) von der erden oder felsen am strande, so ins meer stechen, anhewachsen würde.«

Adam Olearius, Beschreibung Der Newen Orientalischen Reise / So durch Gelegenheit einer Holsteinischen Delegation an den König in Persien ist geschehen (1647): »Noch gut Ancker und Tau, und wenn die Völcker ferner mit zugreiffen und arbeiten wolten, das Schiff noch wohl zu erhalten, wir dennoch für gut angesehen, daß das Schiff auß folgenden Ursachen auff den Strandt gesetzet wurde.«

→Schaluppe (1647), →Galiot (1644), →Barke (1695), stranden →bergen (1669), Bake (1717)

Straße, die, »Meerenge«.

Entlehnt unter Einfluß von dt. *Straße* aus engl. *strait* »Enge«, doch ist diese Bezeichnung mit altfranzös. *estreit* und italien. *stretto* zurückzuführen auf lat. *strictus* »straff, bündig«, *stringere* »schnüren«. Als Kurzwort oft die Straße von Gibraltar meinend.

Otto Bernhard Verdion, Wunderbare Begebenheit (1748): »Wir schifften also glücklich durch die Strasse, und gelangeten nachhero in kurtzer Zeit zu Malacka an, als wohin nemlich die Ladung unsers Schiffes bestimmet war … wir paßirten auch mit gutem Winde in kurtzer Zeit die Meer-Enge glücklich, welche die Schiffer die Strasse zu nennen pflegen.«

Walter Schultzen, Ost-Indische Reyse (1676): »Der tapfere Schiffer Ruth Maximilian, so aus der Strasse, und von Lissabon [kommend], alhie angelandet, … hatte auch grossen Schaden an seinem Schif.«

Strömung, die, nautisch »ozeanische Wasserbewegung«, allgemein »Wasserbewegung in eine Richtung«. Ebbe und Flut bilden einen →*Gezeitenstrom*. **Strom** »großer breiter Fluss« kommt nautisch noch in der Benennung der ozeanischen Strömungen (Golfstrom, Labradorstrom) zum Ausdruck.

Strömung ist erst seit Ende des 17. Jahrh. belegt, das Grundwort *Strom* ist alt: mittel-, althochdt. *stroum*, mittel-, neuniederländ. *stroom*, altengl. *strēam*, engl. *stream*, altnord. *straumr*, schwed. *ström*, dän. *strøm*. Alle Formen gehen auf german. **strau-ma-* »Strom« zurück, russ. *strúmen*, poln. *strumien* »Bach«, *ostrov* »Insel, Umströmtes«, griech. *rheuma* »das Fließen«, altind. *srávati* »fließt« und letztlich auf indoeurop. **sreu-* mit der Wurzel **ser-* »fließen«. Verwandt ist *Serum*. *Strömung* entspricht engl. *current*, altfranzös. *corant*, französ. *courant*, span. *corriente*, italien. *corrente* zu lat. *currere* »laufen«. →*Mahlstrom*

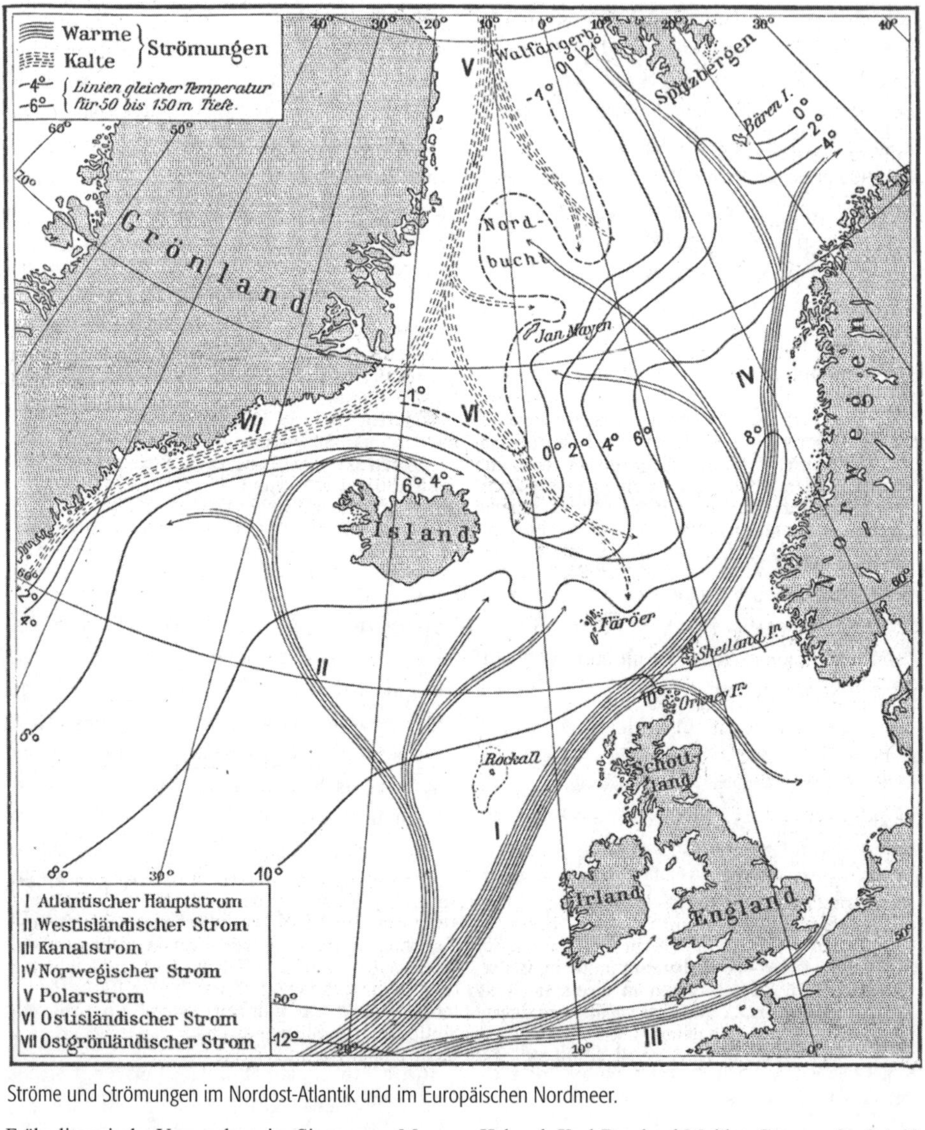

Ströme und Strömungen im Nordost-Atlantik und im Europäischen Nordmeer.

Frühe literarische Verwendung im Sinne von »Meeresströmung« bei Johann Reinhold Forster, Reise um die Welt (1778): »Unter anderem ward heute auch ein Boot ausgesetzt, um die Richtung der Strömung auszumachen und um die Wärme des Seewassers in großer Tiefe zu bestimmen.«

Helmuth Karl Bernhard Moltke, Gesammelte Schriften (1891): »lange kämpften wir gegen die gewaltige strömung, welche hier [bei Gibraltar] stetig in das Mittelmeer fließt.«

Friedrich Gottlieb Welcker, Alte Denkmäler (1850):

»die leiche des achilles [wollten] seine trauernden Rosse über des Okeanos Strömung tragen.«

Stromwind →Ebbe (1598), Strom →Brackwasser (1647), →Gezeit (1720)

Stropp, die, die »Schlinge aus Tau«.

Mittelniederdt., -niederländ. *strop* »gedrehter Strick, Schlinge«, engl. *strop*, *strap*, schwed., norw. *stropp*. Die Formen gehen zurück auf lat. *struppus*, *stroppus* und griech. *stróphos* »Riemen, gedrehtes Band«, französ. *estrope*, *étrope*, katalan. *estrop*, port., *estropo*, italien. *stroppa*. Verwandt sind *Strippe*, *Strophe*, *Straps* von engl. *strap*. Gebräuchlich ist engl. *sling*, französ. *élingue*, span. *eslinga* »Schlinge«, altnord. *slyngja*, *slyngva* »schwingen, schleudern«, das von german. *sleng-wa-* stammt; dies von indoeurop. **slenk-* »winden, drehen, (sich) schlingen, kriechen«.

Der geöffnete See-Hafen (1702): »In dieses Läger nun ist ein Strop oder starckes Touw, so oben mit einem Hacken versehen, eingehacket.«

Jens Jacob Eschels, Lebensbeschreibung eines alten Seemanns (1835): »Wenn dieser Mann gelandet ist, so zieht die Mannschaft im Schiffe das Tau wieder nach sich an Bord und es wird wieder ein anderer Mann an der nämlichen Stelle des Taues, woran der Erste fest war (gewöhnlich eine Bucht oder Strop, die unter den Armen durchläuft, so hat man seine Arme und Hände frei und kann man sich auch an das Tau halten) befestiget und so springt er auch über Bord und wird an Land gezogen.«

Hamburgischer Correspondent (13.1.1906, Morgenblatt): »Zu diesem Zweck war die Obermarsraa so weit heruntergefiert, daß man auf der Untermarsraa stehend und unter Benutzung der auf der Obermarsraa angebrachten Handstroppen, die so groß waren, daß man den Arm hindurchstecken konnte, die Arbeit ohne Gefahr auszuführen vermochte.«

→Talje (1702), →Auge (1889), →Stek (1907)

Strudel, der, »Wasserwirbel mit einem Trichter, der nach unten zieht«.

Frühneuhochdt. *strudel* zu *strudeln* »wallen« und althochdt. *stredan* »geräuschvoll brennen, zischen«. Die Herkunft ist unklar, vielleicht mit griech. *rhóthos* »Rauschen der Ruder«, mittelirisch *srithit* »Strahl von Milch oder Blut« zu indoeurop. **sredh-*, **stret-* »strudeln, rauschen« und der Wurzel **ser-* »fließen«, →*Strömung*. Engl. *vortex* geht zurück auf lat. *vortex*, *vertex* »Wirbel, Scheitel«, *whirl* auf german. **hwerbila-* »Wirbel« und **hwerb*-a- »werben, sich wenden«. Französ. *tourbillon* stammt von spätlat. **turbiculum* zu lat. *turbo* »Wirbel, Wirbelwind« ab, französ. *remous*, span. *remolino* »Strudel, Wirbel, Kielwasser« wohl von lat. *molere* »mahlen«. →*Mahlstrom*

Sebastian Franck, Weltbuch (1542): »der Fisch ging daher gegen unserm schiff mit großem sausen strudeln und wallen, und macht ein groß fortun in dem meer.«

Sebastian Münster, Cosmographei oder beschreibung aller länder (1550): »darnach kompt ein strudel, do laufft das wasser nur in einem creyß umbhär inn ein zwirbel.«

→Mahlstrom (1675)

Stück, das, (nautisch) »Schiffskanone«.

Im 16. Jahrh. verselbständigt aus der Ursprungsbedeutung »Teil eines Ganzen«, hier »Teil einer Batterie«, aus althochdt. *stucki* »Teil, Abschnitt, Brocken«, german. **stukkja-*, mit *Stock* zu indoeurop. **(s)teug-* »Abgeschlagenes«, **(s)teu-* »stoßen, schlagen«. →*Pforte*

Johann Heinrich Zedler, Universal-Lexikon (1744, gekürzt): »Stück, lat. Machina bellica, Frantz. Canon, Ital. Canone, ist ein Gescoß, daraus grosse eiserne,

Panzerfregatte »Kronprinz« im Sturm auf der Nordsee. Holzstich aus der *Illustrirten Zeitung,* 1877.

bleyerne und steinerne Kugeln, durch die Gewalt des Pulvers in die Weite getrieben werden. Die Stücke auf den Schiffen sind schwerer an Metall, als die zu Lande gebraucht werden, wegen des Widerstandes, so sie auf der See empfinden.«

→Pinasse (1598), →Mast (1618), →Steuerbord, klar (1627), →Balje, Pütz (1629), →Schauermann (1662), →achtern (1668), →Segel (1669), →Konterbande (1733), →Salz (1745)

Sturm, der, »Wind ab Stärke 9 der Beaufort-Skala«.

Mittel-, althochdt. *sturm* und ähnlich in anderen germanischen Sprachen aus german. **sturma-* »Sturm, Unruhe, Unwetter« und **þwer-a-* »drehen, rühren«. Die Formen gehen mit altnord. *styrr* »Tumult, Kampf« und lat. *turma* »Schar, Schwadron, Schwarm« zurück auf die indoeurop. Wurzel **tuer-* »drehen, quirlen, wirbeln«. Verwandt mit *Quirl*, frühneuhochdt. *twirl*. Romanische Sprachen bilden die Bezeichnung auf spätlat. **tempestas* »Zeit, schlechte Zeit« zu lat. *tempus* »Zeit«: französ. *tempête*, span. *tempestad*, *temporal*, port. *tempestade*, italien. *tempesta*.

Heinrich Stainhöwel, Äsop (1487, Ausgabe 1873): »es sind gar mangerlay sturm und ungestümy des meres und der vallenden waßer.«

Michael Ignaz Schmidt, Geschichte der Deutschen (1778): »die flotte war auf dem punkt, durch einen heftigen sturm mit der ganzen armee zernichtet zu werden.«

Tägliche Rundschau, Beilage 39 (1908): »Meine koje war in diesem Tagen sturmfest gemacht worden und zwar durch ein festes Brett, das zwischen den inneren Bettrand und die Matratze geschoben wurde und hoch genug war, um auch bei schwerstem Wetter ein Hinausfallen unmöglich zu machen.«

→lichten (1627), →Orkan (1645/47), →kappen (1669), Sturmwind →Ebbe (1598)

Süd, Süden, der, »Richtung, in der die Sonne am Mittag ihren höchsten Stand erreicht«.

Mittelhochdt. *sunt*, *sūd*, althochdt. *sund*, niederländ. *zuid* »Süd«, mittelniederländ. *suut*, altsächs. *sūð* »im Süden«, altengl. *suþ* »südlich«, engl. *south* »Süden«. Aus dem Angelsächsischen stammt mittelfranzös. *suth*, französ. *sud*, span. *sur*, port. *sul*. Herkunft wohl mit german. **sunþa-* »Sonne«, lat. *sol*, altind. *súryah*, griech. *hélios* aus indoeurop. **sauel-*, **sūl-* »Sonne«. Die Bezeichnung *Südsee* ist seit dem Mittelalter als geografische Angabe in Gebrauch, z.B. für den *Ärmelkanal* (von England aus gesehen), für die *Zuiderzee* (das Ijsselmeer, von Friesland aus), für das *Mittelmeer*, seit dem 16. Jh. besonders für den →*Pazifik*.

Johann Heinrich Zedler, Universal-Lexikon (1744): »Sud, Süd … heisset in der See-Fahrt, sowohl die Gegend des Mittags, als der Wind, der daher wehet.«

Johann Hinrich Röding, Allgemeines Wörterbuch der Marine (1794/96): »Der Durchschnittspunct des Mittagskreises mit dem Horizonte an derjenigen Seite des Himmels, welche gegen den Südpol zugekehrt. Er ist einer von den vier Haupt- und Cardinalpuncten, durch welche im Horizont die 4 Weltgegenden bestimmt werden.«

→Kanal (1678), Süder-, Südsee (Zuiderzee) →Untiefe (1664)

Südwester, der, »Schifferhut mit breiter Krempe von geöltem Leinen zum Abhalten von Spritzwasser«.

Niederländ. *zuidwester*, engl. *southwester* seit 1831 nachgewiesen, dt. Belege kurz darauf. Die Herkunft ist trotz vieler Theorien ungeklärt.

Theodor Mügge, Der Vogt von Sylt (1851): »… ich aber sehe Sie immer noch, trotz Ihrer jetzigen Verkleidung, in der Jacke und dem Südwester am Steuer stehen.«

Gustav Frenssen, Hilligenlei (1905): »Die Leute stehn dicht gedrängt an der Reeling, ein Haufe naßblanker Ölröcke und Südwester, und starren nach dem hüpfenden, stürzenden Boot.«

Sund, der, »Meerenge«.

Mittelniederdt. *sunt* »Meerenge (am Ausgang der Ostsee)«, altengl. *sund* »Schwimmen, Meer, Wasser«, engl. *sound*, altnord., schwed., dän. *sund* »Meerenge«, norw. »Meerenge, Schwimmen, Fähre«. Herkunft umstritten: ① wohl zu german. **swmtó-* »schwimmen«, ② zu westgerman. **swend-a-* »schwinden« als Schmalerwerden des Meeres, ③ mit altnord. *sundr* »gesondert, auseinander« zur Bedeutung *sonder* »abgetrennt«, *sund* als »Stelle, an der ein Zusammenhang getrennt ist«.

Zacharias Müntzer, Livius (1596): »bis zum sicilianischen sunde«.

Matthias Quad, Enchiridion Cosmographicvm (1604): »daher es noch heut des name fretum Magellanicum, das ist, der Magellanische sund, genennet wird«.

Michael Heberer, Aegyptiaca Servitus (1610): »Nachdem wir uber das Wasser Troma gesetzt, kamen wir an die Stadt Helsenburg oder Elsingenburg, hart an dem Meer oder Enge des Meeres, so man gemeiniglich den Sundt nennet.«

→Flotte (1392), →Fjord (1589)

surfen, »Wellenreiten auf einem flachen, stromlinienförmigen Brett, dem Surfbrett«,

Surfen in der Brandung vor Hawaii, frühes 19. Jahrhundert.

Windsurfing, »Fortbewegung mit einem Segelbrett«.

Aus engl. *to surf* »surfen« in viele europ. Sprachen übernommen, von *surf* »Brandung«, vor dem 17. Jahrh. nur gleichbed. *suff*, das möglichweise an der Küste Indiens aufgenommen wurde und dorther kommt.

Richard Hakluyt, The prinicipal navigations (1600): »So neere the shore, that the counter-suffe of the sea would rebound against the shippes side«, sachlich »so nah am Ufer, dass der Rücklauf der Welle als Brandung gegen die Seite des Schiffes schlug«.

Als *Surfboarding* erstmals belegt bei Alan Ross, Australia (1955): »The essential art of surfing is timing.«

Wall Street Journal (22.7.1963): »Surfin' music is characterized by a heavy echo guitar sound, supposed to simulate the roar of the surf«, etwa »Kennzeichnend für die Surf-Musik ist das laute Hallen einer Gitarre, das das Rauschen der Brandung vorstellen soll.«

→See (1719)

T

Taifun, der, »tropischer Wirbelsturm im westlichen Pazifik«.

Der europäische Gebrauch des Wortes stammt aus drei Quellen: ① aus südchinesisch dialektal *tai fung* »großer Wind«, zu *ta* »groß« und *fēng* »Wind«, ② über arabische und persische Vermittlung aus dem in Indien gesprochenen Urdu-Wort *tūfān* »Wirbelsturm mit Wind und Regen« zu arab. *tāfa* »drehen«, ③ aus griech. *typhon, typhoeus* »mythisches Ungeheuer, Gott der Vulkanausbrüche und Wirbelstürme«, lat. *typhon*. Die griechische Version des Sohnes von Gaia oder Hera, der Zeus vergeblich zu stürzen versucht, ist von orientalischen, insbesondere äyptischen Vorstellungen beeinflusst und hat wiederum nach Osten ausgestrahlt, sodass die indische auf die griechische Quelle zurückgehen kann. Ein innerer Zusammenhang zwischen der chinesischen und der griechisch-indischen Wortbildung ist nicht nachweisbar. Die chinesische Variante wird als *tay-fun, tyfoong* ins Englische übernommen, ferner als *tuffoon, tiffoon*. Die beiden letzteren Schreibungen sind bereits von der schon länger bekannten indischen Quelle beeinflusst, die, vermittelt über port. *tufão*, als engl. *touffon, tufan* dominiert. Zugleich hielt sich auch die

Raddampfer im Taifun, um 1900.

A. Rundhölzer	1 Besanmast	3 Kreuzmast	7 Mittelmast
a) Masten und Stengen:	2 Besanstenge	4 Kreuzstenge	8 Mittelstenge
		5 Kreuzbramstenge	9 Mittelbramstenge
		6 Kreuzoberbramstenge	10 Mitteloberbramstenge
b) Rahen und Gaffeln:	21 Besansbaum	24 Bagienrahe	30 Mittelrahe
	22 untere Besangaffel	25 untere Kreuzmarsrahe	31 untere Mittelmarsrahe
	23 obere Besangaffel	26 obere Kreuzmarsrahe	32 obere Mittelmarsrahe
		27 untere Kreuzbramrahe	33 untere Mittelbramrahe
		28 obere Kreuzbramrahe	34 obere Mittelbramrahe
		29 Kreuzoberbramrahe	35 Mitteloberbramrahe
B. Segel		a Bagiensegel	g Mittelsegel
a) Rahsegel:		b unteres Kreuzmarssegel	h unteres Mittelmarssegel
		c oberes Kreuzmarssegel	i oberes Mittelmarssegel
		d unteres Kreuzbramsegel	j unteres Mittelbramsegel
		e oberes Kreuzbramsegel	k oberes Mittelbramsegel
		f Kreuzoberbramsegel	l Mitteloberbramsegel
b) Schratsegel:	I untere Besan	IV Besansstagsegel	VI Kreuzstengestagsegel
	II obere Besan	V Besansstengestagsegel	VII Kreuzbramstagsegel
	III Gaffeltoppsegel		
C. Tauwerk	48 Besansbaum	54 Kreuzwanten	63 Mittelwanten
a) Stehendes (festes) Gut:	49 unt. Besansstengepardunen	55 Kreuztoppardunen	64 Mitteltoppardunen
	50 ob. Besansstengepardunen	56 Kreuzstengepardunen	65 Mittelstengepardunen
	51 Besansstag	57 Kreuzbrampardunen	66 Mittelbrampardunen
	52 unteres Besansstengestag	58 Kreuzoberbrampardunen	67 Mitteloberbrampardune
	53 oberes Besansstengestag	59 Kreuzstag	68 Mittelstag
		60 Kreuzstengestag	69 Mittelstengestag
		61 Kreuzbramstag	70 Mittelbramstag
		62 Kreuzoberbramstag	71 Mitteloberbramstag
b) Laufendes (bewegliches) Gut:	95 Besansschot	98 Bagienschot	106 Mittelschot
	96 Gaffelgeeren	99 Bagienhals	107 Mittelhals
	97 Piekfall	100 Bagienbraß	108 Mittelbraß
		101 untere Kreuzmarsbraß	109 untere Mittelmarsbraß
		102 obere Kreuzmarsbraß	110 obere Mittelmarsbraß
		103 untere Kreuzbrambraß	111 untere Mittelbrambraß
		104 obere Kreuzbrambraß	112 obere Mittelbrambraß
		105 Kreuzoberbrambraß	113 Mitteloberbrambraß
		130 Bagientoppnant	132 Mitteltoppnant
		131 Kreuzoberbramtoppnant	133 Mitteloberbramtoppnan

11 Großmast
12 Großstenge
13 Großbramstenge
14 Großoberbramstenge

15 Fockmast
16 Vorstenge
17 Vorbramstenge
18 Voroberbramstenge

19 Bugspriet
20 Klüverbaum

36 Großrahe
37 untere Großmarsrahe
38 obere Großmarsrahe
39 untere Großbramrahe
40 obere Großbramrahe
41 Großoberbramrahe

42 Fockrahe
43 untere Vormarsrahe
44 obere Vormarsrahe
45 untere Vorbramrahe
46 obere Vorbramrahe
47 Voroberbramrahe

94 Stampfstock

m Großsegel
n unteres Großmarssegel
o oberes Großmarssegel
p unteres Großbramsegel
q oberes Großbramsegel
r Großoberbramsegel

s Fock
t unteres Vormarssegel
u oberes Vormarssegel
v unteres Vorbramsegel
w oberes Vorbramsegel
x Voroberbramsegel

VIII Mittelstengestagsegel
IX Mittelbramstagsegel

X Großstengestagsegel
XI Großbramstagsegel

XII Vorstengestagsegel
XIII Klüver
XIV Außenklüver
XV Jager

72 Großwanten
73 Großtoppardunen
74 Großstengepardunen
75 Großbrampardunen
76 Großoberbrampardunen
77 Großstag
78 Großstengestag
79 Großbramstag
80 Großoberbramstag

81 Fockwanten
82 Vortoppardunen
83 Vorstengepardunen
84 Vorbrampardunen
85 Voroberbrampardunen
86 Fockstag
87 Vorstengestag
88 Klüverleiter
89 Außenklüverleiter
90 Vorbramstag
91 Voroberbramstag

92 Wasserstag
93 Klüverstampfstag

114 Großschot
115 Großhals
116 Großbraß
117 untere Großmarsbraß
118 obere Großmarsbraß
119 untere Großbrambraß
120 obere Großbrambraß
121 Großoberbrambraß

122 Fockschot
123 Fockhals
124 Fockbraß
125 untere Vormarsbraß
126 obere Vormarsbraß
127 untere Vorbrambraß
128 obere Vorbrambraß
129 Voroberbrambraß

134 Großtoppnant
135 Großoberbramtoppnant

136 Focktoppnant
137 Voroberbramtoppnant

lateinische Form des mythischen Ungeheuers und des von ihm repräsentierten Wirbelsturms im Mittelmeer, italien. *tifone*, span. *tifon*, französ. *typhon*, mittelniederländ. *tyfoon*, engl. *typhon*. Als Mischform aus allen drei Quellen bildete sich für den pazifischen Sturm im 19. Jahrh. engl. *typhoon* heraus, daraus niederländ. *taifoen*, dt. *Taifun*. Die romanischen Sprachen haben kein besonderes Wort für den Pazifiksturm entwickelt.

Ältester dt. Beleg bei Kaspar Coelius, Jüngste Zeitung aus Jappon (1586): »Dann er uber die verhinderung und ungelegenheyt, so sich in den Japponischen Schiffen zugetragen, auch auff dem Meer sehr große Gefahr außgestanden, under denen sie ein erschröckliche ungestüme, so man Tifon nennet, erlidten, die vier und zweintzig gantzer stund gewehret.«

Kunstblatt (1827): Schiffsuntergang »in einem der fürchterlichen Stürme, welche die Chinesen Tae-Fung nennen«.

Eduard Bobrik, Allgemeines nautisches Wörterbuch (1850): »Das Gebiet des Teifuhns erstreckt sich an der Ostseite Asiens von der Mitte Konchichinas durch die Philippinengruppe bis ins Stille Meer, und bis zur Japanischen Insel Nipon.«

Takelage, die, »Gesamtheit der Vorrichtungen zum Tragen und Handhaben der Segel eines Segelschiffs«.

Französierende Bildung des 18. Jahrh. zum Grundwort **Takel**, das, verstärkt zu *Takelung, Takelwerk*. Im 16. Jahrh. übernommen aus mittelniederdt., -länd. *takel* »Tau(werk), Schiffsausrüstung«, im allgemeineren Sinn »jede Ausrüstung«, auch von Soldaten oder Bauern. Das zugehörige Verb ist engl. *tackle*, neuniederländ. *takel*, schwed. *tackel*, dän. *takkel* zu mittelniederländ. *tacken* »greifen, anfassen«, -dt. *taken* »berühren, betasten«, dies wiederum zu mittelengl. *tack* »das, was befestigt, Nadel, Nagel, Schnalle, Tau«. Die Herkunft ist unklar: ① vielleicht verwandt mit *Zacken*, dessen Herkunft selbst unklar ist, ② mit engl. *to take*, got. *tēkan*, altnord. *taka* »nehmen«, lat. *tangere* »berühren, anfassen«, *tactus* »Berührung«; dann ist indoeurop. **tag-, *teg-* »berühren, angreifen« möglich. Verwendung auch oft verstärkend als *Tau und Takel* oder *Takel und Tau*. Eine besondere Bedeutung *Takel* »schwere →Talje« ist seit dem 16. Jahrh. belegt, ebenso *(auf-)takeln* »das Tauwerk an Bord in Ordnung bringen, ein Schiff zum Abgehen bereit machen«. Das Gegenwort *abtakeln* »das Schiff von Stengen und Rahen, Tau- und Takelwerk entblößen« ist jünger.

Rufus, Lübecker Chronik (1430): »unde se villen do in der Hollander schepe unde nehmen dar uth alle towe unde takel, sture unde seghel«, etwa »und dann wollen sie in die Schiffe der Holländer und nehmen daraus alle Taue und Takel, Steuer und Segel.«

Rezess von 1591: »Würde ein Schipper einen Schiffbruch leiden, seind die Schiffs-Kinder [die Mannschaft] schüldig, das Gut, Takel und Tauw bergen zu helffen.«

Joseph Stöcklein, Der Neue Welt-Bott (1726): »Entsetzlich ware anzusehen, wie daß die Mäst samt ihrem Zugehör zwar in dem Meer lagen, allein weil sie an dem Tackelwerck und Sailen annoch haffeten, von denen Wellen mit gröstem Gewalt an die Seiten des Schiffs angebrellet wurden.«

In der Bedeutung »Talje« in Der wohl instruirte Schiffer (1732): »sollte aber durch Unvorsichtigkeit des Volcks das Guht aus dem Tackel fallen, daß sie es nicht wohl geleget, muss dasselbe den Schaden tragen.«

→Steuer (1430), →Luv (1669), →Reling (1897)

Talje, die, »Flaschenzug«.

Seit dem 15. Jahrh. niederdt. *talje*, -länd. *talie*, aus italien. *taglia* »Flaschenzug« seit dem 13. Jahrh., zu *tagliare* »(eine Last) teilen, trennen«, lat. *taliāre* »spalten, schneiden«. Verwandt mit →*Tallymann, Taille.* → *Block*

Der geöffnete See-Hafen (1702): »wenn man das Boot einsetzet, wird an die Nock der großen Raa noch eine Nock-Talje gemacht, damit das Boot nicht einen zu grossen Schlag in das Schiff thue … solche Talje bestehet nun aus einem zweyscheibichten Block, so an einem Strop befindlich.«

Lebensgeschichte des Capitain Carl Wolfgang Petersen (1880): »wir hakten die Taljen im Boot an und nun wurden wir sammt demselben mit Windesschnelle hoch an den Davids gehißt.«

→Fall, →Moses (1702), →Spake (1814), →Davit (1850)

Tallymann, der, »Kontrolleur beim Ladevorgang, Zählmann«.

Im 19. Jahrh. entlehnt aus gleichbedeutendem engl. *tallyman*, ebenfalls im 19. Jahrh. gebildet nach engl. *tally* »Holzstück, dessen eingeschnitzte Markierungen Schulden oder Zahlungen darstellen«, heute »Strichliste«. Der *Tallymann* hatte ursprünglich jedes be- oder entladene Stück Ware mit einer Kerbe auf einem Holz zu registrieren. *Tallies* galten seit alters als kaufmännische Dokumente, von altfranzös. *tallie*, zu lat. *tālea* »geschnittenes Stück Holz, Pflock« zu *taliāre* »spalten, schneiden«. Verwandt mit →*Talje, Taille.*

Century Magazine (April 1888): »With the voice of a stentor the tally-man shouts out the number and sex of each calf«, »mit Stentorstimme ruft der Tallymann die Nummer und das Geschlecht jedes Kalbes aus.«

August Mey, Bilder aus dem Hamburger Hafen (1899): »Geld hatte er nicht; da versuchte er als Tallymann beim Entlöschen und beim Beladen der Schiffe Beschäftigung zu erhalten.«

Tamp, **Tampen**, der, »Ende eines Taues«.

Niederdt., -länd. *tamp* »Tauende«, dän., norw. »Tauende, grober Kerl«, schwed. »Tauende, grober Klumpen«, norw. und schwed. auch »unordentliches Frauenzimmer«. Die Zusatzbedeutungen stammen vielleicht vom schmutzigen Ende eines herabhängenden Seils. Das Wort könnte ostskandinavischen Ursprungs sein.

Johann Hinrich Röding, Allgemeines Wörterbuch der Marine (1794/96): »Tamp, kurzes Ende eines nicht gar zu dicken Reeps«.

Als Schiffsstrafe bekannt ist *tampen,* nach Johann Friedrich Schütze, Holsteinisches Idiotikon (1806): »mit Tauen, in worin Knoten gemacht sind, prügeln«.

Tang →**Alge**

Tanker, der, »Handelsschiff für den Transport von Flüssiggütern«.

Im 20. Jahrh. von engl. *tanker* entlehnt, zu engl. *tank* »Wasserbehälter, Behälter«. Herkunft unklar: ① über port. *tanque* »Teich, Behälter« aus dem indischen Sprachraum, hindi *tankh* »Wasserbehälter«, Marathi *tanken* »Zisterne, künstlicher Teich«, sanskrit *tadāga* »Teich, See«; ② über port. *tanque*, span. *estanque*, französ. *étang* aus lat. *stagnum* »Stausee, Lache, Teich« zu *stagnare* »unter Wasser stehen«, *stare* »stehen«, zu indoeurop. **sta-, *stə-* »stehen, stellen«. Wahrscheinlich haben die Portugiesen aber ihr Wort für das ähnlich klingende indische genommen. Zunächst war *Tank* ein Wasserbehälter auf Schiffen und ist bereits in dt. Reisebeschreibungen seit dem 17. Jahrh. nachgewiesen. Im ersten Weltkrieg wurde in England die Produktion von Panzern als die von Benzinkanisterteilen getarnt, die den *Tanks* ihren Namen gaben.

Verwendung von *Tank* bei Edward Terry, A Voyage to East India (1655, Quelle von 1616): »Besides their Rivers … they have many Ponds, which they call Tanques … fill'd with water when that abundance of Rain fals«, »neben ihren Flüssen haben sie viele Teiche, die sie Tanks nennen, und die mit Wasser gefüllt werden, wenn das Übermaß von Regen fällt.«

Adam Olearius, Morgenländische Reyse-Beschreibung (1658): »Sie [die Einwohner von Cambodia] hatten auch vier große Wasser Tanken.«

Ebd., von Johann Albrecht Mandelsloh: »Vor dem Lusthause war ein schöner viereckter Tanck oder Brun mit Steinen aufgemauret, fünff Fuß Tieff, in welchem wir uns zu zeiten badeten und abkühleten.«

Frühester Beleg für *Tanker* im Boston Herald (17.1.1900): »The wreck was a tanker«, »das Wrack war ein Tanker.«

Römische Seefahrt: Heck eines Schiffs unter Segeln, mit Tau in ungeklärter Funktion, Nachzeichnung eines Wandgemäldes in Herculaneum.

Deutsche Allgemeine Zeitung (12.9.1935): »Auf der Werft der Howaldtswerke in Kiel wurde in dem neuen Tanker ›Andino‹ das 33. Schiff dieser Art für die ›Standard [Oil Company]‹ vollendet … Das Schiff mußte sehr flach gebaut werden, da dem Golf von Maracaibo eine Barre vorgelagert ist. So entstand eine völlig neue Tankerform.«

Tau, das, **Tauwerk**, das, seemänn. »→Seil«.

Die Herkunft ist unklar. Die Vorläufer des hochdt. Wortes bedeuten »Gerät, Werkzeug, Webstuhl« in unterschiedlichsten Ausprägungen. Entweder ist *Tau* »Seil« dazu ① ein Beispiel oder ② eine Parallelentwicklung mit eigener Wurzel. ① Mittelniederdt. *touwe, tow, tau* »Gerät, Schiffstau«, altsächs. *tou*, altnord. *tō* »Werg«, mittelniederländ. *tou(we)* »Tau«, altengl. *tow-* »Spinn-« in Zusammensetzungen zu mittelniederdt., -länd., neuniederländ. *touwen* »ausrüsten, vonstatten gehen« und altengl. *tawian* »fertig machen«, got. *taujan*, german. **tau-ja-* »machen, tun«. ② Altnord., isländ., norw. *taug*, schwed. *tåg* »Faser, Strick, Tau«, altengl. *teag*, engl. *tie* »Band, Riemen, Fessel«, mittelniederdt., -länd. *tūder, tudder*, hochdt. *Tuder* »Weideseil« zu german. **teag-ja-* »binden«.

Johann Georg Aldenburgk, West-Indianische Reiße (1627): »Wir lagen am bemelter [gemeldeter] Insul auff rehe, clareten, krencketen vnd reinigten das Schiff, machten alle Towe wider gut.«

Johann Amos Comenius, Eröffnete güldene Sprachen-Thür (1638): »Wenn sich ein Sturm erhebt, daß sie alsdenn nicht von den grossen vngehewren Welle weggetrieben werden, so werffen sie das Ancker-Seil (Taw) angebunden, und also schweben sie und werden hin und her getrieben.«

Ernst Christoph Barchewitz, Ost-Indianische Reise-Beschreibung (1730): »Die jungen Matrosen müssen bey dem Boots-Manne den Compaß ansagen und werden von ihm gefraget, wie die Dauen heisen, denn jedes Dau hat seinen eigenen Nahmen.«

→Steuer (1430), →fieren (1564), →Liek (1702), Kabeltau →Kabel (1464)

Tauchen, das, »Aufenthalt von Luft atmenden Lebewesen unter Wasser«.

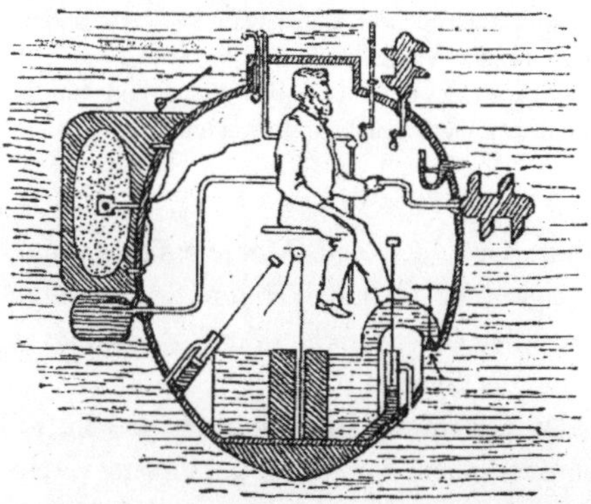

Tauchboot »Turtle« mit Handbetrieb, vom US-Erfinder David Bushnell 1775 entwickelt.

Mittelniederdt., -länd. *dūken*, niederländ. *duik*, mittelhochdt. *tūchen, touchen* »tauchen«, althochdt. *firtūhhan* »in Vergessenheit versinken«, *intūhhan* »eintauchen«, altengl. *duce*, engl. *to duck* »tauchen«, *duck* »Ente«, urspr. »Taucher«, schwed. *dyka*. Die Herkunft ist unsicher, vielleicht zu *taufen*, got. *taupjan* »eintauchen«, und *tief*, got. *diups*; dann liegen german. **deupa-* und indoeurop. **dheub-, *dheup-* »tief, hohl« zugrunde. Verwandt sind →*Untiefe, ducken,* vielleicht *Duckdalbe* →*Dalbe*. Zur Familie gehört auch engl. *to dive*, altengl. *dūfan, dȳfa* sowie italien. *tuffare* »taufen, untertauchen«. Französ. *plonger* stammt von lat. *plumbum* »Blei«, **plumbicare* »tauchen« im Sinne von »mit Blei beschweren, um etwas zu versenken«. Engl. *submerge,* port. *mergulhar* gehen auf lat. *mergere* »tauchen« zurück. *Taucher* waren zunächst Wasservögel, althochdt. *tūhhāri*, mittelhochdt. *tūcher*, mittelniederdt. *dūker*, -länd. *dūkere*, niederländ. *duiker*. Die Übertragung auf Menschen ist seit dem 16. Jahrh. belegt.

Johann Amos Comenius, Eröffnete güldene Sprachen-Thür (1638): »Die Täucher durchschwimmen

Taucher mit Luftregulator, nach den beiden französischen Helmtauchpionieren Benoit Rouquayrol und Auguste Denayrouze benannt, um 1870.

alle Tieffen unnd ersuchen fleissig was zu grunde geangen ist.«

Joseph Stöcklein, Der Neue Welt-Bott (1726): »die Taucher oder Perlen-Fischer stürzten sich allda in das Meer und raffen in Eil etliche tausend Muscheln zusammen, so sie an Bord bringen.«

Bernhard von Wüllerstorf-Urbair, Reise der österreichischen Fregatte Novara (1861): »Die unterseeischen Sprengungen des Fitzroy Trockendocks wurden mittels großer Taucherglocken vorbereitet.«

auftauchen →Hai (1835/65)

Tender, der, »Begleitschiff der Marine zur Versorgung und Unterstützung«.

Im 19. Jahrh. aus gleichbedeutendem engl. *tender* in viele europ. Sprachen entlehnt, sowohl für »Begleitwagen, Anhänger der Dampflokomotive für den Kohle- und Wasservorrat« als auch für »kleines Begleitschiff zur Versorgung eines größeren Schiffes«. Letzteres ist engl. seit dem 17. Jahrh. in Gebrauch, seit dem 15. Jahrh. in der Bedeutung »Wärter, Pfleger«, gekürzt aus *attender* »Begleiter«, *to attend* »begleiten«, zu altfranzös. *atendre* »erwarten, beachten«, lat. *attendere* »beachten« und *tendere* »spannen, ausstrecken«, letztlich zu indoeurop. **ten-d-* »spannen, ziehen«.

London Gazette (1675): »Here are arrived five Dutch Men of War, and four Tenders«, »Hier sind fünf Kriegsschiffe und vier Tender angekommen«.

Paul Maria Baumgarten, Wanderfahrten (1890/1928): »Endlich, als auf das Glockensignal auch der letzte Nichtmitreisende das Schiff verlassen hatte und auf dem Tender wieder nach Bremerhaven zudampfte, hob eine Dampfmaschine den Anker und langsam setzte sich die Schraube in Bewegung.«

Thunfisch, der, »ein Makrelenfisch, Angehöriger der Gattung Thunnus«, namengebend der *Gewöhnliche* oder *Rote Thunfisch*, Thunnus thynnus.

Die gelehrte Entlehnung des 16. Jh. mit verdeutlichendem *-fisch* überlagert vereinzelte Popularübernahmen wie *die thunnen* aus lat. *thunnus*, griech. *thynnos*. Engl. *tuna,*

Roter Thunfisch *(Thunnus thynnus).*

tunny, niederländ. *tonijn* gehen auf die romanischen Verkleinerungsformen zurück, französ. *thon, thonnine*, span. *atún, tonina,* italien. *tonno, tonnino*. Herkunft wohl von hebr. *tannīn*, arab. *tinnīn* »großer Fisch, Drache, Biest« vermutlich vom Zappeln der gefangenen Tiere. Die engl. Bezeichnung *skipjack*, etwa »Springinsfeld«, meint den *tropischen Thunfisch* Katsuwonus pelamis.

Als wichtigster Speisefisch der Antike kam der *Thunfisch* frisch oder gepökelt in den Handel. Plinius, Naturkunde (nach 77 n. Chr.): »Von besonderer Größe sind die Thunfische. Wir haben gefunden, daß einer fünfzehn Talente [fast 400 Kilogramm] gewogen … habe. … Diese schneidet man in Stücke und schätzt Hals und Bauch, auch die Kehle, aber nur so lange sie frisch ist, obgleich sie auch dann heftiges Aufstoßen hervorruft. Die übrigen Teile werden in ganzen Fleischstücken eingesalzen aufbewahrt. … Die schlechtesten Stücke sind die dem Schwanz am nächsten, weil sie nicht fett sind, die besten die am Schlunde.«

Wegen seiner Größe konnte er durchaus mit einem kleinen Wal verwechselt werden, so in einem Bericht von 1594 in Oude Tijd (1870): »aenghedreven Quam 't Sandtvoort, in Holland … Eenen dooden Visch, die men eenen Walvisch waent, Maer Tanijn ghenaemt wordt van de zee-luyden«, »angetrieben kam in Zandvoort, in Holland, ein toter Fisch, den man einen Walfisch wähnte, aber von den Seeleuten Thun genannt wird.«

August Graf von Platen, Die Fischer auf Capri (ca. 1827): »Möge der Thunfisch oft, euch Beute zu sein, … hier anschwimmen!«

Tide, Tidenhub →Gezeit

Tintenfisch →Kalmar

Tonnage, die, »Raumgehalt oder Tragfähigkeit eines Schiffes«.

Bakentonne, Heultonne, Leuchttonne.

Übernahme aus französ., engl. *tonnage* (15. Jahrh.) »Hafenzoll, Gebühr eines Schiffes nach seiner Kapazität«, daraus allgemein »Tragfähigkeit«. Maritime Verwendungen des Grundwortes: **Tonne** als Messgröße für den Zoll, zuerst »großes Fass«, mittelhochdt. *tunne*, althochdt. *tunna*, entlehnt aus spätlat. *tunna, tonna,* das wohl keltischer Herkunft ist; alt- oder mittelirisch *tonn* »Haut« könnte mit den Bedeutungen »Schlauch« und »Gefäß« zusammenhängen. Direkte Entlehnung aus dem Lateinischen liegen bei altfranzös. *tonne,* althochdt. *tunna* vor, andere entstammen der französ. Form, span. *tonel*, italien. *tonna*, wohl auch altengl. *ton, tonne*; *ton* bezeichnet dabei das historische, später *tonne* (aus dem Französ.) das metrische Maß. Die Bedeutungen »Gewicht, Flüssigkeitsmaß, Wasserverdrängung« entwickelten und differenzierten sich bereits im Spätmittelalter. **Tonne** »Fass mit Waren« wird seit der Hansezeit zu normieren versucht. **Tonne** »schwimmende Seezeichen an langen Ketten zur Bezeichnung des Fahrwassers« war seit dem Mittelalter nur an den Nordseeküsten verbreitet; ihr

Schiffbrüchiger erklettert eine Glockentonne. Stich um 1815.

Unterhalt ist in Hamburger Rechnungen seit 1461 *ad usum tunnarum* »für den Gebrauch der Tonnen« belegt und für die Mündung der Maas schon 1358 nachgewiesen. **Tonne** »Fass mit brennbarem Material« diente auf Deichen als Warnzeichen bei Deichbrüchen.

Hanserecesse (vor 1430): »dat men in allen steden by der zee de heringhtunnen make allike grot den tunnen, de men maket to Rostok«, »dass man in allen Städten an der See die Heringstonnen so groß mache wie in Rostock«.

Beschreibung der schiffart Forbißhers (1580): »Solches desto gewisser zuerfaren, hat jre May[estät] befolhen, man solte disem unserm Haubtman ein Schiff von 150 Tonnen und zwo Barken untergeben.«

Michael Heberer, Aegyptiaca Servitus (1610): »Ich sahe hin und wider auff dem Meer Faß schwimmen, das mir seltzam vorkame, dann ich deßgleichen zuvor auff keinem Meer gesehen hatte, Fragte derowegen den Patron des Schiffs, was dieses Faß bedeuteten, Da berichtet er mich, daß sie zur warnung allda weren angehenckt, wegen Gefahr deß Meeres, der heimlich verborgenen Felsen, damit die Schiffsleut, vorzusehen, Mit der ferneren anzeig, Wann etwan Feindschafft oder sonsten Gefahr wegen der Seeräuber vorhanden, theten sie die Faß oder Thunnen hinweg, daß sich also offtermal der Feindt selber in solchen gefährlichen orten müste gefangen geben.«

Friedrich Hebbel (um 1865): »ich bin ja strandwächter und muß in der stunde der noth und gefahr dafür sorgen, daß die theertonnen zur rechten zeit angesteckt werden.«

→Kombüse (1627), →Untiefe (1664), →staken (1774), Tonnenewer →Ewer (1888)

Topp, der, »oberes Ende eines →*Mastes* oder einer →*Stenge*«.

Seemänn. aus mittelniederdt. *top* »Spitze, höchstes Ende, Wipfel, Zopf«, zu althochdt. *zopf* »Ende, Zipfel, Zopf« und in diesen Bedeutungen auch altengl. *top*, fries. *top(p)*, altnord. *toppr*, schwed. *topp*, dän. *top*. Herkunft sehr unsicher, vielleicht ① von german. **tuppo(z)* »Spitze, Büschel« oder ② mit *zupfen* von unbekannter Wurzel zu altirisch *stūpa* »Schopf, Haarbusch« oder ③ von indoeurop. **dub-* zu avest. *duma-* »Schwanz« oder ④von indoeurop. **deub-* »Baumwipfel« zu altnord. *tjuga* »Gabelholz, Deichsel«.

Rufus, Lübecker Chronik (1430): »se wunden myt haste ere segele an den top unde vloghen van dar«, »sie wanden mit Eile ihre Segel hoch an die Spitze und flogen von dannen.«

Der geöffnete See-Hafen (1702): »die Admirals-Flagge, so von dem grossen Top oben auf dem mittelsten Mast wehet.«

Jens Jacob Eschels, Lebensbeschreibung eines alten Seemanns (1835): »der Top von dem großen Mast war von dem Blitz abgeschlagen, so daß nur ein Stück Holz von der Dicke eines Mannsarms, davon übrig war.«

→ Luv (1669), →Fall (1702), →schamfielen (1861), Toppsegel →reffen (1667)

Törn, der, ① »einmaliges Umwickeln einer Leine um einen Gegenstand«, ② »wiederkehrende Zeitspanne oder Reihenfolge«, ③ »Zeitabschnitt oder Entfernung einer Reise«, ④allgem. »kleine Segelreise«.

Entlehnung des 19. Jahrh. aus engl. *turn* »Drehung«, von altfranzös. *to(u)r*, span., port., italien. *torno* zu lat. *tornus*, griech. *tornos* »Dreheisen«. Über *tornare* »mit dem Drechseleisen runden« verwandt mit althochdt. *turnen* »bewegen, drehen«, über französ. *tourner* mit *Turnier, Tournee*.

Gottlieb Reinicke, Schiffsjungendienst (1907): »Für den Jungen ist es ein langer Turn am Ruder gewesen, als er endlich abgelöst wird.«

Hamburgischer Correspondent (17.3.1908, Abendblatt): »Im übrigen wird durch die Zeugenaussagen festgestellt, daß Peters vier Stunden lang auf Ausguck stehen mußte, weil er nicht steuern konnte, sodaß seine Kollegen den Ruderturn für ihn übernehmen mußten.«

Torpedo, der, »zigarrenförmiges, selbstgetriebenes Unterwasserkampfmittel mit Sprengladung zur Bekämpfung von Schiffen und U-Booten«.

Entlehnung Mitte des 19. Jahrh. in viele europ. Sprachen aus engl. *torpedo*, einer 1805 von dem US-amerikanischen Mechaniker Robert Fulton so genannten »Unterwasser-Sprengmine«, die noch nicht angetrieben war. Fulton übernahm die Bezeichnung für solche Art Waffen von spanischen Vorläufermodellen, die mit *torpedo* bereits den spanischen Namen für den Zitterrochen trugen, der seine Feinde durch Stromschläge erstarren lässt, von lat. *torpedo* »Lähmung«, *torpēre* »steif sein, gefühllos sein«, auch zu französ. *torpille* »Torpedo« über *torpil, torpin* und provenz. *torpio*. Die Wurzel indoeurop. **(s)ter(ə)-* »starr, steif sein« zeigt die Verwandtschaft mit *derb, sterben*. Dt. Marinejargon: →*Aal*.

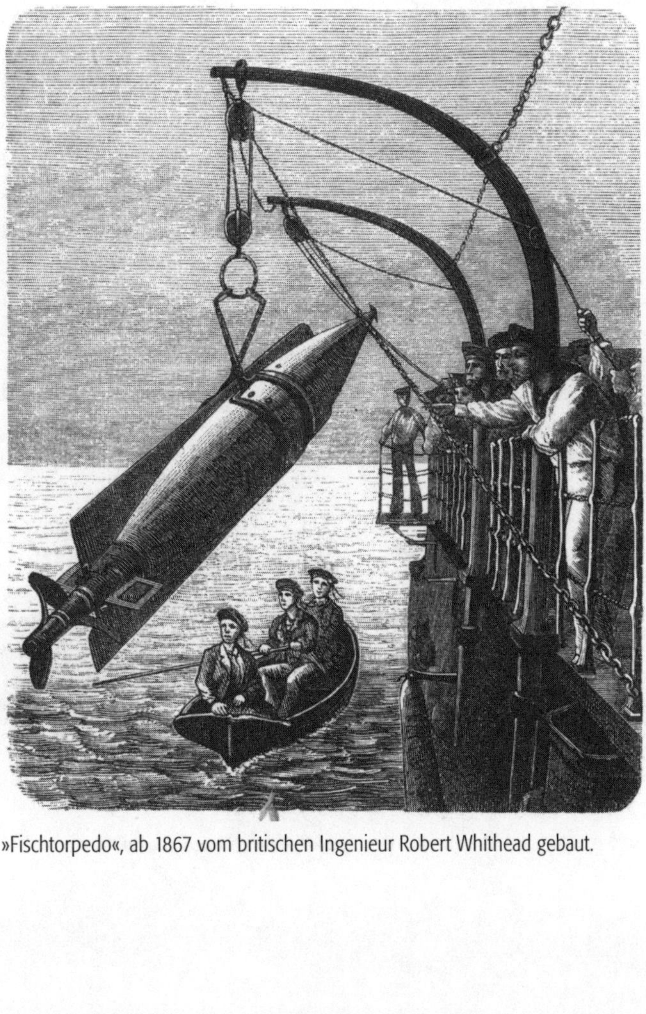

»Fischtorpedo«, ab 1867 vom britischen Ingenieur Robert Whithead gebaut.

James Thacher, A military journal during the American war (1776/1823): »Mr. Bushnell gave to his machine the name of American Turtle or Torpedo«, »Herr Bushnell nannte seine Maschine Amerikanische Schildkröte oder Torpedo.«

Britische Admiralität (1807): »A description of the machine invented by Mr. Robert Fulton for exploding under ship's bottoms and by him called the torpedo«, »eine Beschreibung der von Herrn Robert Fulton erfundenen Maschine, die unter Schiffsböden explodieren soll und von ihm Torpedo genannt wird.«

Moritz von Prittwitz, Lehrbuch der Befestigung (1865): »hat man schon oft Minen im Wasser angelegt (Torpedos), um Schiffe zu zerstören.«

Schon 1620 hatte der Holländer Cornelius van Drebbel ein submarines Ruderboot ersonnen, an dessen Bug sich eine Pulvermine befand, die unter den Boden des feindlichen Fahrzeugs gebracht und dort entzündet werden sollte. Der englische Bühnenautor Ben Jonson hat dies 1623 in einem Dialog verarbeitet und den Automaten als »Aal« bezeichnet: »They write here one Cornelius-Son hath made the Hollanders an invisible eel, to swim the haven at Dunkirk, and sink all the shipping there«, »Sie schreiben hier, dass ein Sohn Cornelius' den Holländern einen unsichtbaren Aal gemacht hat, um in den Hafen von Dünkirchen zu schwimmen und alle Schiffe dort zu versenken.«

Tran, der, »Öl von Walen, Robben oder Fischen«.

Seit dem 16. Jahrh. aus mittelniederdt. *trān*, -länd. *traen*, niederländ. *traan*, im Sinne von »Tropfen« zu hochdt. *Träne*, mittelhochdt. *trahen*, althochdt. *trahen, trān*. Das Wort ist mit litauisch *āšara*, altind. *āsru* »Träne« vielleicht auf indoeurop. **akru* zurückzuführen. *Tran* wurde in anderen Sprachen als »Fischöl« bezeichnet.

Cornelius Kilian, Etymologicum (1599): »Ter welcker plaetsen veelderley visch ghevanghen wordt, ende onder ander groote menichte van Zeehonden, die seer bequaem (zijn) om traen te maken«, »An welchen Plätzen vielerlei Fisch gefangen wird, und unter anderem grosse Mengen Seehunde, aus denen sehr bequem Tran gemacht wird.«

Gottlieb Konrad Pfeffel, Fabeln (1840): »eure fünfzig tonnen thran, die nur zu sehr die last vergrößern … die müssen über bord.«

Trawler, der, »Fangschiff mit Schleppnetz«.

Im 19. Jahrh. übernommen von gleichbedeutendem engl. *trawler*, zu *to trawl* »mit Schleppnetz fischen«. Die Bezeichnung für dieses Netz, *trawelle* (nur eine Quelle von 1481–90), passt vielleicht zu mittelniederländ. *trāgelen* »schleppen, treideln« und *trāgel* »Schleppnetz, Treidelpfad«, aus lat. *tragula* »Schleppnetz« und *trahere* »ziehen«. Über französ. *traille* »Seil zum Ver-

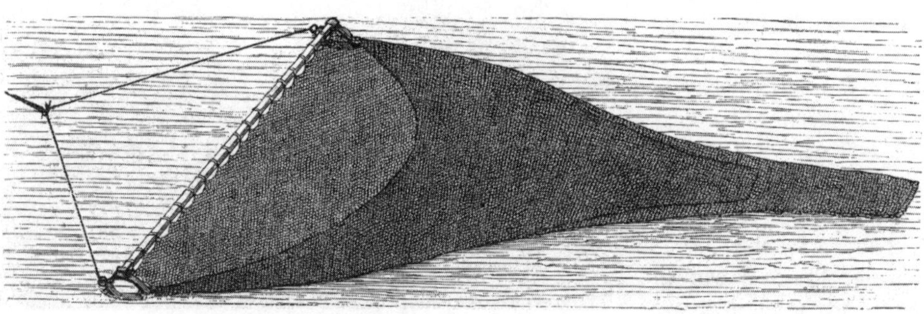

Schleppnetz, engl. »trawl«, das dem *Trawler* seinen Namen gab, hier als Grundschleppnetz. Stich 19. Jahrh.

holen eines Schiffs« liegt Verwandtschaft mit *treideln* vor. Statt der Lesung *trawelle* ist auch *tramelle* möglich, zu engl. *trammel* »Fischnetz mit drei Lagen«, italien. *tramaglio*, spätlat. *tramaculum* aus lat. *tri-* »drei-« und *macula* »Masche im Gewebe«.

William Howard, Selection from the Household Books (1481–90): »My lorde ... had sent home ... a trawelle?/tramelle? of vij fadam«, »Mein Herr hat ein Netz von VII Faden [Länge] heimgeschickt.«

Benjamin Martin, The Natural History of England (1759): »... the Method of using Trawls ... is being found by Experience to destroy the Spawn«, »die Methode, Schleppnetze zu benutzen, zerstört erfahrungsgemäß die Brut.«

Trift →**Drift**

Trimaran →**Katamaran**

trimmen, »die Schwimmlage eines Schiffes in Längsrichtung ändern«, »die Besegelung eines Segelbootes optimieren, um die höchstmögliche Geschwindigkeit zu erreichen«.

In der Bedeutung »durch zweckmäßige Verteilung der Ladung und des Ballastes ein Schiff so in eine Schwimmlage bringen, dass es auf ebenem Kiel fährt« entlehnt aus engl. *to trim* »in Ordnung bringen«, wohl zu altengl. *trymman* »stärken, zurecht machen, sichern« und *trum* »fest, stark, sicher«. Allerdings fehlt für das 12. bis 15. Jahrh. jeder Beleg; Anfang des 16. Jahrh. scheint das Wort wie neu aufzutauchen, gleich mit vielen Belegen.

Tägliche Rundschau, Beilage (22.6.1897): »die kohle muß [auf dem Schiff] mit schaufeln nach den entfernteren ecken der behälter geschafft (getrimmt) werden.«

Andreas Gildemeister, Auf einem Segelschiffe rund um Kap Horn (1901): »die Ladung war übergegangen, und nachdem die Leute vier Stunden die Kohlen nach Steuerbord übergetrimmt hatten, ragten die Masten gerade und aufrecht wie zuvor.«

Tropen, die, »der zwischen den Wendekreisen gelegene Bereich«, »feucht-heiße Gebiete des Äquatorgürtels«.

Neubildung des frühen 19. Jahrhunderts aus griech. *tropē* »(Sonnen-)Wende«, Plural *tropai* zu griech. *trepein* »wenden«, als Wendekreise schon seit dem Ende des 15. Jahrh. mit der Bezeichnung *tropicus circulus*. Der Wendekreis des Krebses hieß *tropicus cancris*, der des Widders *tropicus capricornis*.

Alexander von Humboldt, Ansichten der Natur (1808): »bei dieser vermehrung sind doch jedem erdstriche besondere schönheiten vorbehalten, den tropen mannigfaltigkeit und größe der pflanzenformen.«

Gustav Spieß, Die preußische Expedition nach Ostasien (1864): »für Europäer in den tropen soll die ananas besonders ungesund sein.«

Friedrich Krone, Kapitän (1860): »Wir waren sehr begierig, das Schiff kennen zu lernen, das uns durch endlose Meere in die fernen Tropenlande tragen sollte.«

Trosse, die, »starkes Tau zum Festmachen oder Schleppen von Schiffen«.

Mittelniederdt. *trosse, trotze*, niederdt. *Trosse*, niederländ. *tros* »Schlepptau«, entlehnt aus mittelfranzös. *trousse,* altfranzös. *torse* »Bündel«. Daraus entstand wohl »aufgerolltes Tau«, zu *trousser* »bündeln, umbinden«, über spätlat. **torsare* zu lat. *torquēre* »drehen, winden« und *torquēs* »Halskette, Blumenkette«, ein ferner Bezug zu *Trosse*. Engl. *truss*, span. *troxa*, port. *trouxa* gehen auf die französische Form *torse* zurück.

Trosse aus miteinander verdrillten Seilen, die Kardeelen heißen, Schema um 1790.

Jens Jacob Eschels, Lebensbeschreibung eines alten Seemanns (1835): »Wir hatten mehrenteils contrairen Wind und starken Frost, so daß unsere Lothleine beim Loth-werfen vom Eise so dick als ein Troß wurde.«

Albert Berg, Die preußische Expedition nach Ost-Asien (1864): »Schon war der Frauenlob ausser Sicht, nachdem um drei Uhr bei dem heftigen Seegange die Trosse gerissen, ab der er geschleppt wurde.«

Unfallverhütungsvorschrift für Segelschiffe (1903): »Alle nach den Tabellen erforderlichen Hanftrossen können durch Stahltrossen von 72 oder 144 Drähten ersetzt werden.«

→spleißen (1908), Manilatrosse →Auge (1899)

Tsunami, der, »durch unterseeische Beben und Vulkanausbrüche erzeugte Flutwelle, die an Küsten zu gewaltigen Brechern wird und katastrophale Überschwemmungen hervorrufen kann«.

Ende des 19. Jahrh. ins Englische, im 20. Jahrh. ins Deutsche übernommen von japan. *tsunami*, aus *tsu* »Hafen« und *nami* »Welle«.

Lafcadio Hearn, Gleanings in Buddha-Fields (1897): »›Tsunami!‹ shrieked the people; and then all shrieks and all sounds and all power to hear sounds were annihilated by a nameless shock … as the colossal swell smote the shore with a weight that sent a shudder through the hills«, »›Tsunami!‹ kreischte das Volk, und dann wurden alle Schreie und alle Geräusche und jedes Vermögen, noch Geräusche zu hören, von einem namenlosen Schock ausgelöscht, als der riesige Schwall auf das Ufer traf, mit einer Wucht, die ein Beben durch die Berge sandte.«

Louis Hersent, Tsunami und Erdbeben von Lissabon, 1755.

Tümmler, der, »Art der Delphine«, namengebend der *Große Tümmler*, Tursiops truncatus.

Niederdt. *tūmler*, -länd. *tuimelaar*, engl. *tumbler* ursprünglich »Possenmacher, Akrobat«, zu *taumeln, tummeln* »sich unruhig bewegen, sich auf einem Spiel- oder Kampfplatz aufhalten«. Verwandt mit *Getümmel*, *Tummelplatz*. Hochdt. Belege liegen erst ab dem 18. Jahrh. vor; auch als Scherzname für Seesoldaten gebräuchlich.

Jacobus Revius, Over-Ysselsche Sangen en Dichten (1630): »Menich tuymelaer En modderige seelt Die, liever als int enge kaer, Int ruyme water spelt«, »mancher Tümmler und modriger Seehund, der, lieber als im engen Kar, im raumen Wasser spielt«.

Friedrich Marten, Voyages into Spitzbergen (1694): »They are not Sword-fish, nor of the same kind we call Tumblers«, »sie sind keine Schwertfische und auch nicht solche, die wir Tümmler nennen.«

Georg Christoph Lichtenberg, Vermischte Schriften (1773/1847): »die tümmlers und seehunde begleiteten unser schiff … plötzlich überpurzelte er sich wieder, wie ein tümmler.«

Reinhold Werner, Das Buch von der Deutschen Flotte (1898): »Da suchen sie dann Trost im Schlaf, aber auch dieser wird ihnen oft vergällt, und schon haben einige lose Blaujacken die träumenden Tümmler, wie die Soldaten von den Matrosen genannt werden, mit so kunstgerechten Schlingen aneinander festgebunden, daß sie wenigstens eine halbe Stunde brauchen, um sich wieder loszumachen.«

→Makrele (ca. 1300)

Kleiner Tümmler (Gewöhnlicher Schweinswal, *Phocoena phocoena*).

U

Ufer, das, »Grenzsaum zwischen Land und Wasser«.

Am Meer als →*Küste*, mit Sand oder Steinchen als →*Strand*. Mittelhochdt. *uover*, -niederdt. *ōver*, mittel-, neuniederländ. *oever*, altengl. *ōver*, westgerman. **ōbera-*. Mit griech. *ēpeiros*, dorisch *apeiros* »Festland, Küste« und vielleicht auch armen. *ap'n* »Ufer« ist es auf indoeurop. **āpero* »Ufer« zurückzuführen. Wenn ein Komparativ zu **apo-* »ab, weg« wie altind. *áparah* »hinterer, späterer« vorliegt, müsste das Ufer von Wasser aus gesehen worden sein. Dt. *Ufer* ist ein altes Küstenwort und verdrängte im mittel- und oberdt. Sprachgebiet des Mittelalters nur langsam →*Gestade*. Französ. *rive*, *rivage*, span. *ribera*, port. *(ri-)beira*, italien. *riva* gehen auf lat. *ripa* zurück. Engl. *shore* ist unbekannter Herkunft; →*offshore*.

Sebastian Franck, Germaniae Chronicon (1538): »sie griffen jetzt … zů meer … Brittanniam an und fallen an dem ufer Themesium wider in die insel.«

Johann Spreng, Äneis (1610): »die wällen trieben sie [die Winde] hochauff / von grund deß meeres mit verdrießen, das sie am ufer starck anstießen.«

Johannes Wilhelm von Archenholz, England und Italien (1785): »waaren, welche die see bey schiffbrüchen ans ufer wirft.«

→Gestade (1349/50, 1719), →Barre (1879)

Ultramarin, das, »kornblumenblaues Farbpigment«.

Seit Anfang des 16. Jahrh. über italien. (*azzurro*) *oltramarino* »Ultramarin(-blau)« von mittellat. *ultramarinus* »von jenseits des Meeres kommend« übernommen, aus lat. *ultra* »jenseits« und *marinus* »zum Meer gehörig« zu *mare* »→*Meer*«. Seit der Umfahrbarkeit Afrikas brachten v. a. portugiesische Seekaufleute das Mineral aus Asien nach Europa. Es verdrängte schnell den bis dahin teuren Grundstoff für die blaue Farbe der Maler, den Schmuckstein **Lapislazuli**. Mittellat. *lapis lazuli* »Lazuli-Stein« geht auf *lapis* »Stein« und span. *azul* »blau, Farbe des Himmels« zurück, die Farbe unter Weglassung des als Artikel verstandenen *l-* aus span.-arab. **lāzūrd, lāzaward* zu pers. *lāžuwärd* »Lasur«. *Lasur* meint zunächst nicht eine farblose Lackschicht, sondern den knappen, haltbaren blauen Farbstoff aus *Lapislazuli*, der über arabische Kaufleute nach Europa gelangte. Pers. *lāžuwärd* wird über mittelgriech. *lazūrion* direkt zu »Lasur(stein), Blaustein« entlehnt. Aus Spanien verbreitete sich *azul* »blau« in die romanischen Nachbarsprachen, italien. *azzurro*, französ. *azur*. Von dort wird das Farbwort im 17. Jahrh. ins Deutsche entlehnt, als das *azzurro oltramarino*, das »Ultramarin«, den *Lapislazuli* bereits verdrängt hat.

Valentin Boltz, Illuminierbuch (1559): »Vltra Maryn Blaw. Wirdt für das aller köstlichts geacht / doch in Hoch Teutschlanden wenig vnd selten gesehen.«

Johann Beckmann, Beyträge zur Geschichte der Erfindungen (1790): »Die allerschönste und kostbarste blaue Mineralfarbe, das aus dem Lazursteine fabricirte Ultramarin, ist wahrscheinlich zuerst in Persien verfertigt worden.«

Untiefe, die, »Sandbank, Bank, seichte Stelle innerhalb oder außerhalb des Fahrwassers«.

Als niederdt. *undepe* schon in dt. Seekarten des 16. Jahrh. eingetragen, niederländ. *ondiepte* »Untiefe, besonders zwischen

Watten, Sandbänken und Marschland«, aus der Negierungsvorsilbe *un-* sowie mittelniederdt. *dēp*, niederdt., -länd. *diep*, engl. *deep* »Fahrwasser, Tief«, dt. *tief*, got. *diups*. Zugrunde liegen german. **deupa-* und indoeurop. **dheub-, *dheup-* »tief, hohl«. Verwandt mit →*Taucher*. Engl. *shallow* »Untiefe, flaches Wasser« ist ungeklärter Herkunft.

Filip von Zesen, Beschreibung der Stadt Amsterdam (1664): »Doch solten sie gehalten sein … sechzig Tonnen (welche so wohl die fluht und ebbe, als die untieffe anweisen), oder so viel als nöhtig erachtet würden, vor den See-munden oder aus- und eingängen der Süd-[Zuider-]see, wo das wasser nicht tief genug were, in die see zu legen.«

George Forster, Reise um die Welt (1778): »Am 8ten hatte das Seewasser eine weisliche Farbe, und da diese veränderte Farbe des Meerwassers oft von einer Untiefe, einer Sandbank oder einem Felsen herzurühren pflegt, so warffen wir, Sicherheits halber, das Senkbley aus.«

→Watt (1807), →Schwert (1903), →krängen (1909)

Pelikangruppe auf einer Sandbank, 1891.

V

Verklicker, der, »Windfähnchen, Windstander«.

Wörtl. »Verräter, Angeber (des Windes)« von mittelniederdt. *verklicken* »angeben, verraten«, vielleicht weil der Verklicker einem Verräter gleich nervös flattert. *Klicken* »Verrat üben« ist schon seit dem 16. Jahrh. belegt. Herkunft und lautmalerischer Gehalt sind unklar, niederdt. *verklickern*, *verklackern* bedeutet wertneutral »erzählen, erklären«, aber auch lautmalerisch »klatschen«, daraus *verleumden*, *petzen*, *ausplaudern*.

Theodor Heinsius, Vollständiges Wörterbuch der Deutschen Sprache (1840): »Verklicker … eine Art Flügel, welcher aus einem Stabe besteht, woran oben ein Faden gebunden ist, an welchen in gewissen Entfernungen kleine Korkscheiben aufgezogen und befestigt sind. In den Umkreis dieser Scheiben werden Federn gesteckt, das Ganze auf den Bord eines Schiffes an der Luvseite vor dem Steuerruder gestellt, damit die Rudersteuerer und wachhabenden Offiziere die Richtung des Windes erkennen.«

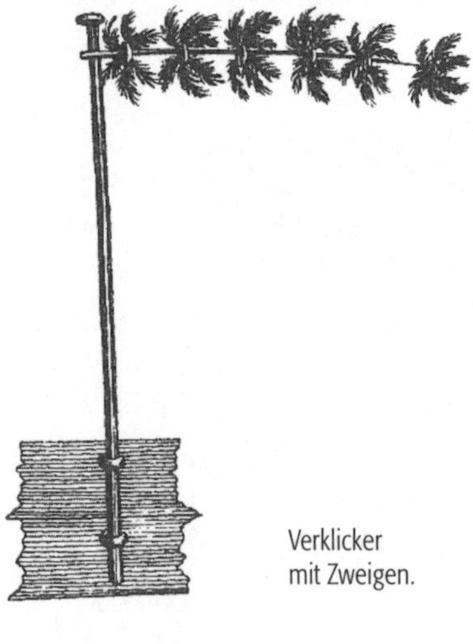

Verklicker mit Zweigen.

W

Wache, die, »die für den laufenden Dienst an Bord eingeteilten Besatzungsmitglieder, der Dienst selbst, die Zeit dafür«.

Niederdt. *wacht*, mittelniederdt., -länd. *wāke* »Wache«, niederländ. *waak*, mittelhochdt. *wache*, althochdt. *wahha*, altengl. *nihtwacu* »Nachtwache«, engl. *wake*, altnord., isländ., schwed. *vaka*, norw. *voka*. Alle Formen gehen auf german. **wakon* »Wache«, **wak-æ-* »wachen« zurück.

Willkühr der Stadt Danzig (1783), über den Wachdienst: »Würde jemand, hiewieder gehandelt zu haben angeklaget und überführet werden, soll derselbe, wie auch derjenige, der einen auf der Wache schlafend gefunden und solches nicht angegeben, nach Verdienst gestrafet werden.«

Über die Wachzeit Joachim Heinrich Campe, Sammlung interessanter … Reisebeschreibungen für die Jugend (1787): »Zur Vergrößerung dieses Unglücks wurde das Schiff jetzt so leck, daß es während jeder Schiffswache, das ist, alle 4 Stunden, mehr als drei Fuß hoch Wasser einließ.«

Johann Gottfried Manski, Leben, Reisen und Schicksale (1803), über das Wachtsvolk: »Des Nachts, vor Ablösung der Wachen, singt einer mit lauter Stimme ein holländisches Lied, und kriecht dabey unter den Koyen herum, um die Schlafenden aufzuwecken.«

wahrschauen, »warnen«.

Niederdt. *warschuwen*, -länd. *waarschuwen*, mittelniederländ. *waerscouwen*, dän., schwed. *varsko*, norw. dialekt. *varskua* »warnen«. Der erster Wortteil *wahr-* stammt aus althochdt. *wara* »Wahrnehmung, Schutz, Obhut«, mittelhochdt. *war*, -niederdt. *wāre*, altengl. *waru*, altnord. *vari*, und geht mit german. **warō* »Aufmerksamkeit«, griech.

ōra »Hut, Sorge« und lat. *verērī* »ängstlich beobachten, scheuen, verehren« auf indoeurop. **werə-* »achten, gewahren« zurück. Der zweiter Wortteil *-schuwen* hat sich aus althochdt. *skiuhen* »sich entsetzen«, mittelhochdt. *schiuhen* »scheuen, erschrecken« entwickelt. Die Gesamtbedeutung lautet etwa »zur Obacht erschrecken«.

Johann Georg Aldenburgk, West-Indianische Reiße (1627): »das Seeländisch Schiff wolte sich nicht in das Gad [Gatt] bringen, noch von den Piloten von vorstehendem Vnglück warschawen lassen.«

Daniel Defoe, Robinson Crusoe, übersetzt von Ludwig Friedrich Vischer (1720): »Jedoch ihnen so gute Wahrschauung zu geben, als nur immer möglich, ließ ich an allen Teilen unsers Schiffes, wo sichs nur schickte, und soweit unsre Lanternen zureichten, Feuer auffhängen.«

Albert Berg, Die preußische Expedition nach Ost-Asien (1864): »Hierauf ertheilt er selbst den auf dem Halbdeck versammelten Cadetten die nöthigen Instructionen, und wahrschaut dem wachthabenden Officier, wann ihm der Commandant die schriftlichen Befehle für die Nacht geben will.«

→Gat (1627)

Wal, der, »großes Meeressäugetier, Angehöriger der Ordnung Cetacea«.

Mittelhochdt. *wal*, althochdt. *(h)wal*, altengl. *hwœl*, engl. *whale*, altnord. *hvalr*, norw. *kval*, schwed. *val*, dän. *hval*, isländ. *hvalur* »Wal«; niederländ. *valfis* »Walfisch« in einer für ein Säugetier zwar sachlich falschen, aber im westgerman. Sprachraum bis heute verbreiteten Zusammensetzung. Die Formen gehen auf german. **hwala-* zurück. Aus der Nebenform **hwalizōn*, althochdt. *(h)wal(i)ra* entwickelt sich *Waller*, *Wels*, dem wohl als größtem Süßwasserfisch eher der Name des Wals übertragen wurde als umgekehrt. Die weitere Herkunft ist unklar; eine Verbindung mit lat. *squalus* »ein größerer Fisch« ist wenig wahrscheinlich. Französ. *baleine* »Wal« geht auf griech. *phallaina* »Wal, monströses Meerestier« zu *phallos* »Glied« und indoeurop. **bhel-* »schwellen« zurück; andere roman. Bezeichnungen basieren auf lat. *ballaena* »Wal«, das über Umwege aus dem Griech. entlehnt ist. Das **Walross** (Odobenus rosmarus) ist eine Robbe und dt.

Pottwal *(Physeter macrocephalus)*.

Walross *(Odobenus rosmarus).*

erst im 16. Jahrh. belegt; das Wort stammt wohl umgestellt ab von altnord. *hrosshvalr*, isländ. *hrosshvalur*, altengl. *horshwæl*, frühneuhochdt. *rosswal*; auch altfranzös. *rohart* »Elfenbein von Walrössern«. Der Bezug zum Ross (Pferd) ist ungeklärt; er könnte auf ähnlich klingenden Lauten beider Tiere beruhen. Jünger sind die Formen engl., niederländ. *walrus*, schwed. *hvalross*, dän. *hvalros*. Die ebenfalls altnordische Form *rosmhvalr* könnte das Walross bezeichnet und sich mit *hrosshvalr*, ursprünglich eine Art Wal, vermischt haben. Verwandt mit →*Bilge*.

Orendel, Ein deutsches Spielmannsgedicht, (1477): »dō kam ein fisch, der hiezz der wale, der versland den roc in sīnem magen«, »da kam ein Fisch, der hieß der Wal, der verschlang den Rock in seinem Magen.«

Albrecht Dürer, Das Tagebuch der niederländischen Reise (1520): »... es ist ein Wahlfisch zu Zürche in Seland [Zierikzee in Zeeland, Niederlande] mit einer großen Fortuna und sturmwind an land kummen, der ist viel mehr dann huntert klaffter lang.«

Wilhelm Heine, Reise um die Erde (1856): »Einen eigenthümlichen Anblick gewähren diese Wallfischfänger, mit ihren gewaltigen Kesseln auf einem gemauerten Heerde auf dem Verdeck.«

→Backbord (1675), →Finne (1689), →Harpune (1747)

Want, das, »Verspannung eines Mastes zu den Seiten«.

Niederdt. *want*, *wand*, wohl entlehnt aus dem Niederländischen, vermutlich wie niederländ. *want* »Netz zum Heringsfang« entweder ① zu *winden* auf »Gewundenes, Geflochtenes« zurückzuführen, zu german. **wenda-* »winden« oder ② als »Laken, Kleid, Netz, Tauwerk eines Schiffes« zu *wenden*, german.

»In die Wanten!« Holzstich nach einer Zeichnung von Carlos Grethe, 1890.

**wand-eja-*. Beide germ. Formen sind auf indoeurop. **uendh-* »drehen, winden, flechten« rückführbar. Verwandt mit *Gewand*, *Gewinde*, →*wenden*.

Johann Jacob Saar, Ost-Indianische Funfzehen-Jährige Kriegs-Dienst Beschreibung (1662): »Den 16. Dito gieng alles vom Land zu Schiff, und wurde wider angefangen Seegel und Rehe aufzuwinden, und die Wände vest angesetzet.«

Willkühr der Stadt Danzig (1783): »Der Bootsmann hingegen ist verpflichtet, die Ausrüstung des Schiffes wohl zu besorgen, damit das Schif, ehe es unter Seegel gehet, mit Tauen, Blocken und Seegeln genugsam versehen sey, hiernächst auf die laufende und stehende Wände und deren Mängel, auch überhaupt auf die ganze Seegelagie gute Acht zu schlagen.«

Albert Berg, Die preußische Expedition nach Ost-Asien (1864): »so gross war die Gewalt des Windes, dass einem Matrosen in den Wanten das wollende Hemd buchstäblich in Fetzen vom Leibe geblasen wurde.«

→Stag (1673), →Backbord (1675), →Bucht (1702)

Wasser, das, chemisch »Verbindung von Wasserstoff und Sauerstoff (H_2O)«, physisch »geruchs-, geschmack-, farblose, in dicker Schicht bläulich schimmernde Flüssigkeit«, in maritimer Einteilung »Inhalt der Hydrosphäre als Ozeane, Eis und Inlandsgewässer, Vorkommen in der Atmosphäre als Wolken, Nebel und Niederschlag«.

Mittelhochdt. *wazzer*, althochdt. *wazzar*, altengl. *wæter*, westgerman. **watar* wie hethit. *watar*, altnord., norw. *vatn*, schwed. *vatten*, dän. *vand*, got. *watō* wie hethit. *weten-*; verwandt sind auch altind. *udán*, griech. *hydōr*, altkirchenslaw. *voda*, litauisch *vanduo*, lat. *unda* »Welle«, auch finn. *vete-*, ungar. *víz* und in weiteren uralischen Sprachen. Zugrunde liegt indoeurop. **aud-*, **uod*, **ūd-* »Wasser« zu **au-* »benetzen, fließen«. Verwandt mit *Otter*, *Auerochse*, *Wodka*. Zwar wird lat. *aqua*, got. *ahwa*, »Wasser als Grundelement neben Feuer und Erde«, mittelhochdt. *ahe* »Gewässer« als Abstraktum und stehendes Wasser von lat. *unda* »bewegtes Wasser« unterschieden, dann aber verallgemeinernd in die romanischen Sprachen entlehnt, frz. *eau*, italien. *acqua*, span. *agua*.

Johannes Friese, Dictionarium (um 1570): »ein fisch, der im wasser nistet.«

Leonhard Rauwolf, Raiß inn die Morgenländer (1582): »Wir … führen unser etliche sampt dem patrono hinauß ans land, da wasser zufassen.«

Johann Rist, Neuer Teutscher Parnass (1652): »daß allerhand schiffe … mit dem ablauffenden wasser häuffig hinunter nach der see, andere aber mit dem wachsenden wasser oder der fluht herauf nach Hamburg segelen«.

Johann Heinrich Mandelslo, Morgenländische Reise-Beschreibung (1696): »in dem aber das eine schiff leck wird, wasser zu schöpffen beginnt«.

Franz von Pocci, Lustiges Komödienbüchlein (1859): »oben blau, unten blau, nix als himmel und wasser und wir mittendrin.«

→Flosse (um 1349/50), →Flut (1521), →Ebbe (1598), →schwimmen (1579?)

Waterkant →Kante

Watt, das, »aus Sand und Schlick bestehender, bei Niedrigwasser trocken werdender Meeresboden flacher Gezeitenküsten«.

Mittel-, althochdt. *wat*, mittelniederdt. *wat* »Furt, durchwatbare Stelle eines Wassers«, altengl. *væd*, engl. regional *wath*, altnord. *vað*, norw., schwed., dän. *vad*. »Furt« zu neuhochdt. *waten*, althochdt. *watan*, german. **wad-a* »waten«. Der Zusammenhang mit lat. *vadum* »Furt«, *vādere* »gehen, schreiten«, armen. *gam* »ich komme«, altind. *gādha(m)* »Furt«,

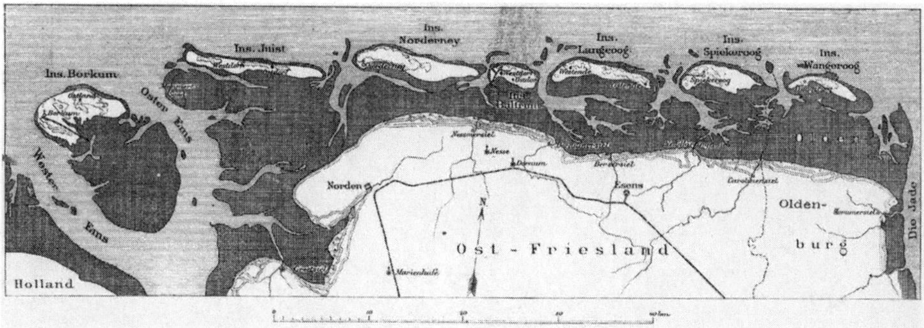

Das Watt der ostfriesischen Inseln, Zustand um 1900.

ist naheliegend, aber umstritten, weil der Anlaut *g-* in germanischen Sprachen sonst nicht in *w-* gewandelt wird. Ohne *g-* wäre die indoeurop. Wurzel **uădh-, *uedh-* »gehen, schreiten«.

Otto Friedrich von der Groeben, Guineische Reise-Beschreibung (1694): »weil ich aber benebenst, meiner Curiosität [Neugier] nach, Verlangen trug, auch eine und andere Städte in Deutschland zu besichtigen, habe ich mich über die Watten nach Hamburg begeben.«

In engl. nicht nachgewiesener Form Christian Ludwig, Teutsch-englisches Lexicon (1716): »Zu wasser über die watten von Hamburg nach Amsterdam fahren, to sail from Hambourgh to Amsterdam over the wads.«

Heinrich Brarens, System der praktischen Steuermannskunde (1807): »Auch ist jedermann ohne Unterschied berechtigt, seetriftige oder auf entfernten Untiefen und Watten gefundene Sachen zu retten.«

Barthold Heinrich Brockes, Irdisches Vergnügen in Gott (1743): »So daß, weil man auf dem Wagen, dadurch ein Schüttern fühlt und hört, / Es auf dem Watt nicht anders läßt, als ob man auf dem Pflaster fährt, / Da doch der Grund so feucht und weich, daß, wo man nur ein wenig stehet, / Und nicht beständig in Bewegung darüber reitet, fährt und gehet, / man durch und in den Triebsand sinkt, so daß, wie sehr sie sich bemüh'n, / Die Pferde den gesunknen Wagen nicht mächtig sind hervor zu zieh'n.«

→Haff (1882), →Priel (1906)

Welle, die, auf See »vom Wind verursachte Bewegung der Meeresoberfläche, Seegang«, an der Küste »brechende Wasserwoge«.

Mittelhochdt. *welle* »Woge, Walze, Reisigbündel«, althochdt. *wella* »stürmische Welle«, *wellan* »wälzen«, litauisch *vilnìs*, altkirchenslaw. *vlina*, altind. *ūrmi* »Welle«, zu neuhochdt. *wallen*, althochdt. *wallan*. Zugrunde liegen die german. Form **wall-a-* »wallen« und indoeurop. **ual-, *uel-* »drehen, winden, wälzen, walken«, hier im Sinne von »eine Flüssigkeit herausdrücken, hervortreten, aufwallen lassen«, wie in altengl. *wollen-tear* »strömende Tränen«, altnord. *vella* »siedende Masse«, dän. *væld* »Quelle«. Engl. *wave* »Welle« geht wie dt. *Wehe* auf german. **wæ-ja-*, indoeurop. **ue-* »wehen, blasen« zurück. Französ. *onde* »Welle« gehört wie mittelhochdt. *unde*, *tunne* »Welle«, lat. *unda* »Welle« zu indoeurop. **uod-, *ŭd-* »→Wasser«. Dt. *Welle* ist verwandt mit *wühlen*, mit *Wall* weitläufig über lat. *vāllus* »runder Schanzpfahl«, altind. *vanah* »Rohrstab (der gewölbt, ausgehöhlt ist)«. Im dt. Sprachraum breitet sich *Welle* aus dem Oberdeutschen nach Norden aus, »gewinnt zu beginn der neuhochdeutschen zeit

Besonders naturalistisch erfasste Welle: Schiff, das in schwerem Sturm vor Ankern und Kabeln treibt. Stich nach einem Schema des Schiffers Trebbe, Bremen 1884.

zu der bedeutung ›stürmische, hochgehende woge‹ die allgemeinere ›wasserwoge‹ … und erweitert dadurch den anfänglich engen anwendungskreis … so sehr, daß es der häufigste ausdruck für die bewegte wasseroberfläche wird« (*Deutsches Wörterbuch*, 1955). Im 15. und 16. Jh. wird in zahlreichen Handschriften, Neuauflagen von Bibeldrucken und Wörterbüchern das gebräuchliche Wort *Unde* durch *Welle* ersetzt. Im Norddeutschen wird auch →*Woge* verdrängt.

Johann Melber, Vocabularius predicantium (1482): »wellen, flus des wassers, so sich das wasser uber sich erhebt und geschwilt«.

Johann Conrad Dannhauer, Katechismusmilch (1657): »du soltest gehen durch ein weites wildes meer zwischen eitel großen welen und wasserwogen.«

Johann Wolfgang von Goethe, Faust 2. Teil (1833): »Und hättest du den Ocean durchschwommen / Das Gränzenlose dort geschaut / So sähst du dort doch Well' auf Welle kommen, / Selbst wenn es dir vor'm Untergange graut.«

→Navigation (1590), →Welle (1610), Unde →Gestade (1349/50), wallen →Sturm (1487)

wenden, beim Segeln »mit dem Bug durch den Wind gehen, über Stag gehen«.

Nautisch ist der Gebrauch des Wortes seit dem 17. Jahrh. belegt; auch niederländ. *wenden*, engl. *to wend* befinden sich in dieser

Bedeutung. Als engl. Begriff ist heute *to tack* »wenden« üblich. Allgemein kommen mittelhochdt. *wenden* »umdrehen, umkehren«, althochdt. *wenten*, altnord. *venda* von german. **wand-eja-* und sind Nebenformen zu *winden* »drehen, wickeln«, german. **wenda*, indoeurop. **uendh* »drehen, winden, flechten«. Verwandt mit →*Want*, →*Wind*.

Jürgen Andersen, Orientalische Reise-Beschreibungen (1669): »Zu unserm grossen Unglück zeriß im einnehmen durch die hefftigkeit des Sturms die Focke, kunten auch in so grossem Sturm keine wieder machen, daß wir uns darmit wieder vor Winde gewendet hätten.«

Andreas Gildemeister, Auf einem Segelschiffe rund um Kap Horn (1901): »Man bringt aber das Schiff aus der einen in die andere Richtung durch eine Wendung, bei der man es entweder mit dem Kopfe (d. i. das vordere Ende) durch den Wind dreht, wobei dieser eine Zeit lang direkt von vorn weht – dies Manöver heisst Wenden – oder man lässt das Schiff vom Winde abgewandt wenden, welches Manöver Halsen genannt wird.«

Werft, die, »Betrieb zur Herstellung, Instandhaltung und Reparatur von Wasserfahrzeugen«.

Im Mittelniederländ. zunächst *werf* »im Kreise sitzende Gerichtsversammlung«, dann »Warft, kreisförmig aufgeworfener Fluchthügel«, auch »erhöhte Ladekaje am Flussufer«, seit dem 16. Jahrh. niederländ. als »Schiffbauplatz« belegt und Anfang des 18. Jahrh. ohne den erklärenden Zusatz *Schiffs-* ins Niederdt., dann ins Hochdt. übergegangen. Direkt aus dem Niederländ. entlehnt ist engl. *wharf*, altengl. *(h)wearf*, als Schiffbauplatz schon seit dem 11. Jahrh. nachgewiesen. Auch eine ostfries. Form *warf* ist bekannt. Das Wort ist über seine frühe rechtliche Bedeutung verwandt mit *werben* »jemanden zu gewinnen suchen« german. **hwerb-a-* »drehen, sich (an jemanden) wenden«, indoeurop. **uer-* »drehen, biegen«. Verwandt mit *Wurf*. Engl. üblich ist *shipyard* »Werft«, *yard* mit dt. *Garten* und lat. *hortus* »Garten, Grundstück, Hof« zu indoeurop. **gorto* »Umzäunung«, **gher-* »umfassen«. Franz. *chantier*, italien. *cantiere* von lat. *cantherius* in den Bedeutungsübergängen »Wallach, Lasttier, Tragegestell, Unterbau, Sparren«. Span. *astillero*, port. *estaleiro* geht mit altfranzös. *astelier* »Atelier, (Zimmermanns-)Werkstatt, Ort mit Spänen« und *astelle* »Splitter, Span« auf gleichbedeutendes lat. *assula* zurück, dies zu *asser* »Balken«, ein Wort ungewisser Herkunft.

Justus Georg Schottel, Ausführliche Arbeit Von der Teutschen HaubtSprache (1663): »werf schifstelle, helling, navale, ubi naves ædificantur aut reparantur«, »Schiffswerft, wo Schiffe gebaut und repariert werden«.

Recueil von allerhöchsten Collectaneis (1720): »Die Schiffe müssen zu Edam gemacht werden; wie können fremde Schiff-Baumeister solche annehmen? Sollen sie zu Edam erst einen Werf Schiffe zu bauen verfertigen, oder von dreyfach Geld einen allda miethen.«

Ernst Christoph Barchewitz, Ost-Indianische Reise-Beschreibung (1730): »Diese Werft ist nichts anders als das See-Magazin der Compagnie, wo alles, was zum Schiff Armement gehöret, praepariret und aufgehoben wird.«

→Gestade (1719), →Dock (1859)

West, **Westen**, der, »Himmelsrichtung zum Sonnenuntergang«.

Mittelhochdt., -niederdt., -niederländ. *westen*, althochdt., altengl. *westan*, altnord. *vestan* stellen zunächst ein Richtungsadverb »von, nach Westen« dar, auch »im Westen«, das substantiviert wird. Verwandt mit griech. *hésperos*, lat. *vesper*, altkirchenslaw. *večeru*, litauisch *vākaras* »Abend«. Der weitere Zusammenhang ist umstritten: ① zu indoeurop. **hwes-* »sein, weilen, leben«, insbesondere »ruhen«, oder ② mit altind. *avás* »herab«, lat. *au-* »fort«, altkirchenslaw. *u-* »ab, weg« zu indoeurop. **au-*, **ue-* »herab, weg von«.

Johann Heinrich Zedler, Universal-Lexikon (1748): »West ... heisset sonderlich in der Seefarth die Gegend nach dem Abend oder Niedergange der Sonnen.«

Johann Hinrich Röding, Allgemeines Wörterbuch der Marine (1794/96): »West, Westen ... Der Durchschnittspunct des Equators mit dem Horizonte an derjenigen Stelle wo die Gestirne untergehen. Er ist einer von den vier Haupt- oder Cardinalpuncten, durch welche im Horizont die Hauptgegenden bestimmt werden und ist 90° von dem Nord- und Südpuncte entfernt. An den Tagen der Nachtgleichen wenn die Sonne im Equator steht, geht sie im Westpunct selbst unter.«

Westsee →Garnele (1741), Hallig (1855)

Wetter, das, »physikalischer Zustand der Atmosphäre zu einer bestimmten Zeit an einem bestimmten Ort«, als **Witterung** »dessen gerade vorherrschender Charakter«, als **Klima** »dessen allgemeiner Charakter«.

Mittelhochdt. *wet(t)er*, althochdt. *wetar*, engl. *weather*, niederländ. *weder*, *weer*, altnord. *veðr*, dän. *veir*. Alle Formen von german. **wedra-* gehen ① mit altkirchenslaw. *vedro* »schönes Wetter«, litauisch *vidras* »Sturm« wohl auf indoeurop. **uedhro-* zurück, oder ② mit litauisch *vetra* »Sturm«, altkirchenslaw. *vetru* »Wind, Luft« auf indoeurop. **uetro-*. Beides ist auf die Wurzel **ue-* »wehen, blasen« zurückzuführen. Verwandt mit →*Wind*, →*Welle*. Vorherrschend ist das Verständnis von *Wetter* als heftigen Witterungsvorgängen, Sturm, Unwetter mit verstärkender Vorsilbe *un-*.

Otfried, Evangelienbuch (9. Jahrh., althochdt.): »so sie in thaz scif gigiangun sie wetar sar bifiangun«, »als die auf das Schiff gingen, hat das Wetter angefangen.«

Friedrich Hagedorn, Versuch einiger Gedichte (1729): »des meeres ebb und fluth, die himmelslufft, der wind / der zeiten witterung, nichts unerforschtes sind.«

Velhagen und Klasings Monatshefte (August 1890): »wenn man für eine anzahl von tagen die sogenannten wetterkarten betrachtet, die jetzt täglich von vielen zeitungen veröffentlicht werden, so erkennt man leicht, daß gebiete hohen und tiefen luftdrucks in unregelmäßiger folge unaufhörlich über unseren erdteil hinwegziehen.«

→Steuerbord (1627), Albatros (1778), Brücke (1897), Ungewitter → Orkan (1678)

Wiek, das, »flache Bucht«.

An Nord- und Ostsee verbreitet, engl. *wick*, altnord., isländ. *vík*, dän. *vig*, norweg., schwed. *vik*, mittelniederdt. *wīk*, fries., niederländ. *wik*. Herkunft unklar; wenn Analogbildung *Wiek/weichen* wegen des zurückgezogenen Landes zu *Bucht/biegen* möglich, dann von german. *wik- oder *weik-a- »weichen«. Als Ortsbezeichnung gelegentlich vermischt mit niederdt. *wīk*, *wike*, *wick*, niederländ. *wijk*, engl. *wick* »Siedlung, Platz«, dt. auch *Weichbild* »Reihe Häuser«, entlehnt aus lat. *vicus* »Dorf, Flecken«.

Thomas Kantzow, Chronik von Pommern (um 1540): »Als Erich in die Sehe kham, ... lies er sieben von seinen Jachten mit grünem Busch und Lawbe umb und umb bestechen und legte sie in eine Wike.«

Ludwig Theobul Kosegarten, Rhapsodieen (1794): »Als wir den Gipfel der Höhe erriecht hatten, that Raddas mit allen seinen Ufern, Binnenwieken, und den entgegen liegenden Küsten sich vor uns auf.«

Wimpel, der, »schmale, spitz auslaufende Flagge an Bord«.
Niederdt. *wimpel* »Flagge«, seit dem 15. Jahrh. gebräuchlich, geht zurück auf die Bedeutung »Schleier«, althochdt. *wimpila*, altsächs. *wimpal*, altengl. *wimpel*, altnord. *vimpill*, auch altnord. *veipa*, *veipr* »Kopftuch«, got. *waips* »Kranz«, altschwed. *vepa* »dünnes Betttuch«. Daraus ist entlehnt finn. *vaippa* »Mantel« und aus *veipa* wohl altengl. *wāpe* »Handtuch«. Zugrunde liegt vielleicht indoeurop. **uimbh-*, **ueibh-* »drehen, sich schwingend bewegen«.

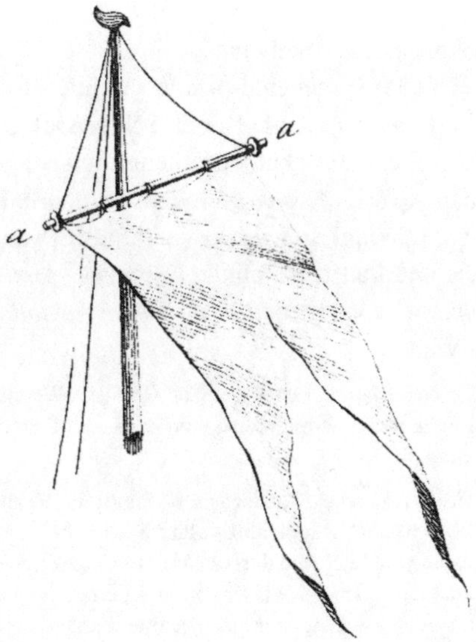

Wimpel.

Johann Georg Aldenburgk, West-Indianische Reiße (1627): »Aber die Admiralität gemeldter Hispanischen Armada fuhre von jhren Gallionen auff vnsere in grund geschossene Schiff zu, besahe dieselbe, nahme vnsere Fahnen vnd Wimpeln herab.«

Johann Hinrich Röding, Allgemeines Wörterbuch der Marine (1794/96): »Der Wimpel ist auf 2/3 seiner Länge von unten zu gespalten und endigt sich in zwei Spitzen; kein Kauffahrer sondern nur der Kapitän eines einzelnen Kriegsschiffes oder Kriegsfahrzeuges darf einen Wimpel führen.«

Johann Wolfgang von Goethe, Philipp Hackert (1811): »Alle die übrigen Schaluppen eilen herbei zu demselben Zweck, aufgefordert durch den rothen Wimpel auf dem Fockmast des Admiralschiffes.«

→hissen (1794)

Wind, der, »Luftbewegung relativ zur Erd- oder Wasseroberfläche, meist in horizontaler Richtung«.

Mittel-, althochdt. *wint*, altsächs., altengl. *wind*, altnord. *vindr*, got. *winds*. Alle diese Formen stammen von german. **wenda-* ab und gehen mit lat. *ventus*, kymr. *gwynt*, altpreuß. *wins*, hethit. *huwant-* zurück auf indoeurop.**hwent-* und **hwe-/*uē-* »wehen, blasen«. Verwand mit →*Want*, →*Wetter*. Die Maßeinheit **Beaufort** für Windstärke und die gleichnamige Skala gehen zurück auf den Admiral Francis Beaufort (1774–1857), Hydrograph der britischen Admiralität, der 1806 eine zwölfteilige Skala entwickelte. Sie wurde 1835 international gültig. Stärken:
0 Windstille →*Kalmen*, →*Flaute*
1 leiser Zug
2 leichte Brise →*Brise*
3 schwache Brise
4 mäßige Brise
5 frische Brise
6 starker Wind
7 steifer Wind
8 stürmischer Wind
9 Sturm →*Sturm*
10 schwerer Sturm
11 orkanartiger Sturm
12 Orkan →*Orkan*

Adam Olearius, Reyse Nach Muscow und Persien (1663): »Mit solchem jetzt erwehnten harten Winde, weil wir unsern rechten Lauff oder Cours, (wie es die Schiffer nennen) halten kunten, seynd wir selbige Nacht 15 Meilen fortgestrichen.«

Johann Wilhelm Vogel, Ost-Indianische Reise-Beschreibung (1716): »aber wir wurden bald darauff gewahr, daß ein frembdes Schiff in unserer Flotte sich befunde, weshalber wir mit unserm Cours auch darnach zusetzten, kunten aber, weiln der Wind immer schärfer wurde, und wir unter dem Winde lagen, die Flotte nicht beseegeln.«

Zwischen Wind und Wasser: Am Wasserspiegel, Magazin der berühmtesten See- und Landreisen (1806): »Nach einem kurzen Gefechte strich der Marquis d'Autin die Segel, nachdem er seinen Kapitain verloren und mehrere Schüsse zwischen Wind und Wasser bekommen hatte.«

→Eis (vor 1022), →Golf (nach 1436), →lavieren (1521), →hissen (1548), Beiswind →Brise (1561)

Windjammer, der, »großes Segelschiff«.

Entlehnung von engl. *wind jammer*, wörtl. »Windquetscher«, im 19. Jahrh. spöttelnde Bezeichnung engl. Seeleute für gaffelgetakelte Schoner aus den USA, die höher an den Wind gehen konnten als Rahsegler. Die Verallgemeinerung für große Segelschiffe geschah schnell. Die Zusammensetzung aus engl. *wind* »→*Wind*« und engl. *to jam* »pressen« ist erstmals zu Beginn des 18. Jahrh. entstanden. Keine Verwandschaft mit dt. *jammern*.

Rudder (Sept. 1892): »The deck-hands on the liners contemptuously refer to [sailing vessels] as ›wind jammers‹«, »die Decksleute auf den Linienschiffen nennen [die Segelschiffe] verachtungsvoll ›Windjammer‹.«

Sprachdienst (1974): »Der *Windjammer* gehört zu den Wörtern, die von uns vor längerem zur Aufnahme in den *Duden* vorgeschlagen wurden, und in der 17. Auflage (1973) ist das Wort nun auch zu finden. Aber erklärt wird es hier verständlicherweise nicht. *Windjammer* sieht wie ein gutes deutsches Wort aus – *Wind* und *Jammer* lassen sich sogar in eine Bedeutungsbeziehung bringen – und ist doch ein Fremdwort, und zwar eines aus dem Englischen. Wir haben es grammatisch (Beugung, Mehrzahlbildung) eingedeutscht, und indem wir auch die deutsche Aussprache vorgezogen haben, wurde eben jene Vorstellung von dem unter der Windgewalt jammenden Schiff heraufbeschworen. Der *Windjammer* ist in Wirklichkeit der *Windpresser*: engl. *to jam* = ›pressen‹. In der Frühzeit der Dampfschiffahrt wurden die Segelschiffe verächtlich als ›Windpresser‹ angesehen und also ›windjammers‹ genannt ... Aber je rarer die großen Segler wurden, desto mehr wurde [das Wort] zum Ehrennamen.«

Winsch, die, »Seilwinde«.

Um 1900 von engl. *winch* »Winde, Rolle, Trommel mit Kurbel oder Schwengel zum Aufrollen« entlehnt, spätaltengl. *wince*, german. **wink-*, **wenk-*, seit dem 16. Jahrh. belegt; mit engl. *to wink* »zwinkern« verwandt. Die Herkunft ist unklar. Französ. *vindas*, *vindau* von niederländ. *windas*, *windaas* »Winde«.

Thomas Blount, Glossographia (1674): »Winch, a pulling or skrewing Engin«, »ein Zug- oder Schraubgerät«.

William Scoresby, An account of the Arctic Regions (1820/50): »An apparatus called a ›winch‹, ... for heaving the lines into the boat after the fish is killed«, »ein Gerät namens Winsch, um die Leinen ins Boot zu hieven, nachdem der Fisch getötet wurde«.

Hans Parlow, Die Kaptaube (1902): »Auch innenbords war alles weiß geschillert; so [auch] die Ladewinsh vor dem Großmast.«

Hamburgischer Correspondent (28.2.1907, Abendblatt): »Verschanzungen und Reling an beiden Seiten sind fortgerissen, die Winschen und Boote zertrümmert.«

Woge, die, hochsprachlich »große Welle«.

Aus dem niederdt. Sprachgebiet stammend, ist das Wort jetzt weitgehend von →*Welle* in die Literatursprache abgedrängt, wo es von Luther etabliert wurde. Mittelniederdt., -länd. *wāge*, mitteldt./frühneuhochdt. zu *wōge* verdumpft, mittelhochdt. *wāc*, althochdt., altsächs. *wāg*, altengl. *wæg* »Woge, Meeresflut«, altnordt. *vāgr* »Meer, See, Bucht, Flüssigkeit, Eiter«, norw. *vaag* »Bucht, Meer, Eiter«, schwed. dialekt. *våg* »kleine Bucht, kleiner See, Eiter«, dän. *vove* »Woge«, got. *wēgs* »Brandung, Bewegung«. Alle Formen gehen zurück auf german. **wæga-*, **wēga-* und indoeurop. **uegh-*, **wēg-* »bewegen, ziehen, fahren«. Verwandt mit *Bewegung*, weitläufig mit *wiegen* sowie vielleicht über altniederdt. **wogon* mit französ. *voguer* »rollen, ein Schiff balancieren« und *en vogue* »(Adverb zu) Modewelle«, falls nicht *voguer* auf altprovenz. *vogar* »rudern« zurückgeht.

Städtechronik Lübeck (1. Hälfte 15. Jahrh.): »de Rosenkrans quam myt groteme storme vor Sweden. do stech de konyngh in en cleyne schip, dar quam he mede to lande myt den uppersten; mer de Rosenkrans wart togeslaghen van der waghe in velen stücken unde vorghink«, wörtl. etwa »die ›Rosenkrans‹ kam in großem Sturm vor Schweden an. Da stieg der König in ein kleines Schiff, in dem er mit den Obersten an Land kam, aber die ›Rosenkrans‹ wurde von den Wogen in viele Stücke zerschlagen und verging.«

Johannes Fischart, Sämtliche Dichtungen (16. Jahrh., Ausgabe von 1866/67): »auff die seefluten und meerwagen / war ihre hoffnungszelt geschlagen, / drumb auch die wagen und die flut / verflötz [weggespült] han ihren hoffnungsmut.«

Gottfried Kinkel, Gedichte (1868): »schau drunten aufs meer, wie kocht es so heiß, wie säumt die wogen schon wieder der schaum!«

Wrack, das, »untauglich gewordenes Schiff, treibend, gestrandet oder gesunken«.

Niederdt. *wrack* »Wrack, Schadhaftes«, kaufmänn. *brack* »Ausschuss«, mittelniederdt. *wrak*, -länd. *wrac* auch »Strandgut«, niederländ. *wrak*, altengl. *wrec* engl. *wreck* »Wrack«, *wrack* »Unrat«, gall. *wrec*, daraus

Wrack mit Rettungsboot, 19. Jahrh.

mittellat. *wreccum*, französ. *varech* »angespülter Tang«, *vrac* »Ausschuss«, altnord. *vrek*, *reka* »Treibholz« zu altnord. *reka* »treiben, jagen, rächen«, altengl. *wrecan*, althochdt. *rehhan*, got. *wrikan* »rächen«. Alle Formen gehen auf german. **wrek-a-* »verfolgen« zurück und stammen mit lat. *urgere* »drängen«, altind. *aivrājayati* »verbannt«, altkirchenslaw. *vragu* »Feind« und altpreuß. *wargs* »schlecht« von indoeurop. **ureg-*, **uerg-* »stoßen, drängen, feindselig verfolgen«.

Johan Neuhof, Die Gesantschaft der Ost-Indischen Gesellschaft in den Vereinigten Niederländern an den … sinischen Kaiser (1669): »Da es aber Tag worden, sahen wir klar vor Augen unterschiedene Schiffe, so die Masten verlohren, hin und wieder treiben, dergleichen etliche Wracke, die in stücken zerstossen und gestrandet, am Ufer ligen, davon auch Mann und Gut mehrentheils umbkommen waren.«

Daniel Defoe, Robinson Crusoe, übersetzt von Ludwig Friedrich Vischer (1720): »Ich konte bey nunmehr völlig auffgeheitertem Wetter zu meinem grossen Leydwesen das Wrack eines Schiffes sehen.«

Jens Jacob Eschels, Lebensbeschreibung eines alten Seemanns (1835): »Es war ein Hamburger Schiff und ein lebendiger Hund war auch noch auf dem Wrack.«

wricken, **wriggen**, »ein Boot mit einem Heckriemen, der hin und her bewegt wird, antreiben«.

Niederdt., -länd. *wrikken*, dän. *vrikke*, schwed. *vricka*, engl. *to wrig*, ursprünglich allgemein »hin- und herdrehen, loswackeln«, altengl. *wrigian* »drehen«, altnord. *riga* »bewegen, wegrucken«, norw. *rigga* »erschüttern«, norw., schwed. *rikka* »schütteln, wackeln«. Alle Formen gehen auf german. **wrig-* zurück, dies auf indoeurop. **ureik-* »drehen«, urspr. **uer-* »drehen, biegen«.

Olfert Dapper, Beschreibung des Keyserthums Sina (1676): »Dan da wissen diese Leute die Ruder nicht anders wie die Fische ihre Schwäntz mit solcher Behändigkeit zu bewegen und fort zu bringen, daß sie dieselben nicht aus dem Wasser heben, welches kein geringer Beweiß der Sinischen Scharffsinnigkeit ist; wie woll auch offt ein Schiff nur mit einem einigen Rüder fort gewrickt wirdm eben wie man bey Unß die Boote fort zu wricken pflegt.«

Friedrich Kries (Übersetzer), William Scoresby's des Jüngern Tagebuch einer Reise auf den Wallfischfang (1825): »Eine langsame Bewegung aber kann [der Walfisch] glaub ich füglich dadurch hervorbringen, daß er das Wasser seitwärts und schief hinunterwärts schlägt auf ähnliche Art wie ein Boot mit einem einzelnen Ruder durch das sogenannte Wricken.«

Zeitschrift »daheim« (4.4.1935): »eine noch reizvollere art, ein gefährt durch die fluten zu treiben, ist das wricken, es unterscheidet sich vom rudern dadurch, daß man nur einen riemen dazu braucht und noch mehr blasen an den händen bekommt.«

→Skull (1794/96)

Y

Yacht, **Jacht**, die, »Schiff für Sport, Vergnügen oder zur Repräsentation«, früher »schnelles Kampfboot«.

Verkürzt aus hochdt. *Jachtschiff*, *Jagschiff*, mittelniederländ. *jageschip*, -dt. *jāgeschip* zu *jāgen* »eilen« sowie mittelniederdt., -länd. *jacht* »Jagd«. Aus dem Niederländ. stammt die engl. Entlehnung *yacht*, die im 19. Jahrh. ins Deutsche rückentlehnt wurde und sich weitgehend durchgesetzt hat, auch gegen den Einspruch von Sprachreinigern als »eine ungehörige Anlehnung an die englische Schreibung« (Friedrich Kluge, *Seemannssprache* 1911). Das Wort *jagen* ist nur dt. und niederländ. belegt, die Herkunft ist unklar.

Thomas Kantzow, Chronik von Pommern (um 1540): »Derselbe schickte jegen der Pomern und Wende Schiffe seinen Hauptman Erichen mit achte Jachten«, Randglosse: »Jacht ist ein Rennschiff.«

Johann Georg Aldenburgk, West-Indianische Reiße (1627): »[Im Monat Juni] sind widerumb dreyhundert Mann die oben erwehnte Insul zu gewinnen mit zwo Jagten vnd etlichen Schloupen … abgesegelt.«

Hans Parlow, Die Kaptaube (1902): »Das eine Schiff … war eine weiß angestrichene sehr schlanke und sehr elegante Dampfjacht.«

→Steuerbord (1627), →Geschwader (1672), →Kutter (1869), →Marina (1934)

Die Yacht »Osprey« auf dem Brisbane River, ca. 1890.

Z

zurren, »Gegenstände seefest zusammenbinden, auf Deck festbinden«.

Auch *surren*, *sorren*, entlehnt aus niederländ. *sjorren*, fries. *tsoartje*, altfries. *tiāder* »→Tau«. Die genauen Herkunftsverhältnisse sind unklar; zugehörig sind auch mittelniederländ. *tudder*, niederdt. *tüddern* »anseilen«, engl. *to tether*, wohl aus altnord. *tjoþr* »Fußfessel für Tiere«, isländ. *tjoður*, schwed. *tjuder*, dän. *töjr*. Alle Formen gehen auf german. **teudra* zurück, dies zu indoeurop. **deu-* »befestigen«. Eine Herleitung von *surren, sorren* »befestigen« aus der Lautmalerei ist unwahrscheinlich.

Jens Jacob Eschels, Lebensbeschreibung eines alten Seemanns (1835): »nun ließ ich eine Jagtroß kappen, womit wir die Stenge an den Mast fest sorrten.«

Lebensgeschichte des Capitain Carl Wolfgang Petersen (1880): »Jedes Schiffsboot, welches mit einem verhältnißmäßig großen Wasserfäßchen … im Bug und Heck gut fest gesurrt, versehen wird, ist dadurch zu einem sich selbstaufrichtenden Rettungsboote gemacht.«

Victor Laverrenz, Eine Winterfahrt nach Amerika (1902): »die Luken wurden verschalkt, und alle Gegenstände auf und unter Deck seefest gezurrt, id est so befestigt, daß sie einen Sturm aushalten konnten, ohne loszubrechen.«

Zyklon, der, »tropischer Wirbelsturm im Golf von Bengalen«, allg. »Luftwirbel«.

Entlehnt aus gleichbedeut. engl. *cyclone*, in ähnlicher Schreibung auch in vielen anderen europäischen Sprachen. Dt. Plural: die *Zyklone*. Nicht zu verwechseln mit **Zyklone**, die, Plur. die *Zyklonen*, meteorologisch für »Tiefdruckgebiet«.

Beide Begriffe gehen auf den Naturforscher Henry Piddington, The Sailor's Horn-book for the Law of Storms (1848) zurück: »I suggest … that we might, for all … circular or highly curved winds, adopt the term ›Cyclone‹ from the greek kuklos (which signifies amongst other things the coil of a snake) as expressing sufficiently the tendency to circular motion in these meteors«, »Ich schlage vor, dass wir für alle kreisförmigen oder stark gekrümmten Winde the Ausdruck ›Zyklon‹ von griechisch kuklos annehmen (was neben anderen Dingen den Kringel einer Schlange bedeutet), um hinreichend die Tendenz zur kreisförmigen Bewegung in diesen Winden auszudrücken.«

Daily News (27.5.1893): »A severe cyclone has been raging for the last three days at the head of the Bay of Bengal«, »ein starker Zyklon hat die letzten drei Tage lang an der Spitze der Bengalischen Bucht gewütet.«

Quellennachweis

Zur schnelleren Orientierung bei den Quellennachweisen sind die **Stichwörter** hervorgehoben. Den Absätzen im Hauptteil entsprechen hier die Unterteilungen mit langen Gedankenstrichen. Die Abkürzungen für die verwendeten Quellen sind in der abschließenden Liste der mehrfach verwendeten Literatur erklärt. Quellen, die nur einmal benutzt wurden und keinen Nachschlagecharakter haben, sind bei den Stichwörtern aufgeführt. Die Quellenangaben für die Zitate sind dank der im Zweifelsfall beigegebenen Jahreszahlen eindeutig.
Trägt das Kurzwort in den Quellennachweisen keinen Zusatz, ist in der Quelle das gleiche Stichwort gemeint. Abweichende Stichwörter sind ohne Komma direkt nachfolgend aufgeführt. Soll bei einer Quelle auf dasselbe und ein weiteres Stichwort verwiesen werden, ist ein Komma eingeschoben. Gilt dies für zwei Quellen, ist der Punkt zwischen ihnen weggelassen. Beispiele:

Stichwort:	**Quellenangabe:**	**Quelle:**
Schiff	– K. –	bei Kluge unter »Schiff«.
Schiff	– K. R bateau. –	bei Kluge unter »Schiff«, bei Rey unter »bateau«.
Schiff	– K. Pf, Kanu. –	bei Kluge unter »Schiff«, bei Pfeifer unter »Schiff« und »Kanu«.
Schiff	– K Pf, Kanu. –	bei Kluge und bei Pfeifer unter »Schiff« und »Kanu«

Aak Cl. wp nl. – Pf K Nachen – KS. **Aal** BW. – K. Pf. LS āl. Krzystof Tomasz Witczak, The Pre-Germanic Substrata and Germanic Maritime Vocabulary, in: JB, 175. Joshua T. Katz, Hittite illuyankaš, in: Mir Curad, Studies in honor of Calvert Watkins, Innsbruck 1998, 317ff. R anguille. WH anguis. – HI XXI 203. D2. Goe I 37, 160. **Aap** wp. – K Affe. OED monkey. brassmonkey.quickseek.com – KS. **achtern** BW. – K. Pf. LS after. D. – KS. Rö. **Admiral** BW. – K. Pf. D. DF. Tazi 184-188. – KS. D2. Ad. **Ahm** Cl. – K Ohm, Eimer. Pf nachahmen. – KS. **ahoi** BW. – K. D2. wp. O ahoy. Dietmar Bartz, Wie das Ahoj nach Böhmen kam, in: mare 21, 33-37. – O hoy. D2. KS. **Albatros** B. – K. Pf. D2. O albatross. Tazi 302. Cl. – D2. **Alge** B. – K Pf, Tang. O alga, tang, kelp. dVNo þang. WH alga, fucus. – D2. D Tangwiese. **Alte** KS. – OED old. K alt. – KS; Gerstäcker (1840) nicht nachgewiesen. **anfahren** KS. D. – D. – KS. **Anker** Cl. BW. – KS. Pf. K. – D2 (1170). KS. **Antenne** Cl. – K Pf. wp Marconi. – Z antenna, Nock. **Äquator** BW. – DF2. Pf. K. – DF2. D2 (1606). **Arche** BW. – Pf. K. Bibel-Lexikon, hg v. Herbert Haag, Einsiedeln 1968. – F. Z. D2. **Archipel** Pf. – Pf. K. DF2. – D2. Rö. **Arktis** BW. – K. Pf. D2. WH arcticus. – D2. O Antarctic (1366). **Armada** BW. – K. WH arma. Co. EBMi. – D2 (1444). KS. **Arsenal**

KS.- Pf. K. – KS; Apherdianus nur für 1581 nachgewiesen. **Atlantik** Cl. – Pf. D2. DNP Okeanos. – F atlantisch. D2. KS. **Atoll** BW. – FEW 20 atolu. O. – FEW ebd. O. **Auge** Cl. – K. Pf. D2. R cosse. WH concha. – F (1409). D2. KS (1899). **Ausguck** KS. – Pf K gucken, kieken. – KS. **Auster** B. – Pf. K. LS aostorskāla. Ke I 567. – HI XVI, 317. op cit, hg. v. Franz Pfeiffer, Aue 1861, 256. Dürer, op cit, ed. Brüssel 1970, 80. D (1744). F. **Baare** KS. – KS. Pf K empor, Berg. – KS. **Baas** Cl. – K, Base, Basis. WNT. dVNi. O boss. R base, baron. – F bas (1616). KS. **back** Cl. – K, Pf Backe. O. dVNo bak. – KS. **Back** KS. D. – K, Becken. O bac, back. R bac. Cl. – KS. **Backbord** Cl. KS. D bakbord. – K. Pf. O baburd, back-board, larboard. R bâbord. C babor. EP. – KS. **Badegast** KS, Cl. – K Pf Bad, Gast. – KS. **Bai** BW. – Pf K Bai. O bay. R baie. F, baie. – KS. **Bake** BW. – K Pf, Pauke. O beacon. – F (1428). KS. **Balje** Cl. – KS. R baille.WH baiulus. – KS. **Ballast** D. Cl. KS. – K Pf, bar, Last. WNT, bal, baldaad. O. R lest. C zahorra. WH sabulum. – KS. **Bambuse** KS. – KS. K Pf Bambus. O bamboo. WNT bamboes. R bamboche. – KS. **Baratterie** KS. – O barrat – KS. **Bark** Cl. – Cl. O bark, barge. – KS, Viermaster. **Barkasse** Cl. – K. Pf. DF2. – EG. KS. DF2. **Barke** Cl. – K. Pf. O bark, barge. LS barka. R barque. – F. DF2. Goe I 2, 39. **Barkun** KS. – KS. WNT barkoen. O bracket. – KS. **Barre** Cl. – Pf K, Bar. Rey. O bar. – KS. **Barsch** GWB. – K. Pf, Forelle LS bars, ag. O bass, barse. WH porcus. R perche, bar. – Pli XXXV 162, IX 169. F bersich. Z. **Baum** Cl. KS. – D Segelbaum. K. Pf. – F. KS. D. **bedaren** KS. – KS. Pk dher-2. K tarnen. – KS. **Begienrah** KS. – wp nl Begijn. KS. Cl.- KS. **beiliegen** Cl. KS. – D, beilegen.- KS. **belegen** KS. – K Pf, liegen. – KS. **belemmern** KS. – D, K, Pf lahm. – KS. **benepen sein** KS. – KS. D, K, Pf nippen, Nippel. O nipple. – KS. **bergen** Cl. KS. – K. Pf. EP salvage. – KS. **Besan** Cl. – Pf. WH medius. O3 mizzen. – KS. **Betinge** KS. – O bitt. K beißen. – KS. **Beuling** KS. – wp nl. D Zündwurst. – KS. **Bilge** BW. – K. O. R bouge. WH bulga. – O. KS. **Binnackel** KS. – O binnacle. Pf haben. – KS. **Binne** KS. – K Pf Bühne. – KS. **binnen** KS. – K Pf, be-, innen. – KS. **binnenbords** KS. **blank** D. – KS. **Blanker Hans** KS. – wp. – wp. KS. **Blauer** KS. – K Pf bleuen. O blow. – KS. **Blauer Peter** KS. – KS. Dieter Vierus, Seesignale, Hamburg 2001. – KS. **Blinde** KS.- D. K, Pf blenden, blind, Blende. O blend, blind. – KS. **Block** Cl. Pf. – O. Pf. K. – KS. **blockieren** KS. – B Pf. – KS. **Blüse** KS. – D. O blaze. K Pf blass, Blesse. – KS. **Bö** BW. – Pf. K, Bausch. O squall. R grain. C llover. Ba burrasca. – KS. **Bodden** BW. KS. – Pf, Boden. K Boden. O bottom. dVNo botn. – EG. **Boje** Cl. – Pf. R bouée. O buoy. dVNi boei. – KS. **Boot** Cl. – K. Pf. O boat. R bateau. dVNo bátr, bíta. – KS. **Bootsmann** KS. – Pf. – KS. **Bord** Cl. – K. Pf. O board. LS bort. – KS. **Bott** KS. – WNT bot. R bout, bouter. LS bōzen – KS. **Brackwasser** BW. – K. Pf. dVNi brak. O brack. – KS. **Bram** BW.– dVNi bramzeil. KS, brandsegel. – KS. **Brander** KS. – D. K Brand, brennen. – KS. **Brandung** BW. – Pf. WNT branden. WH aestus. – KS. **Brasse** Cl. – O brace. R bras. WH bracchium. – KS. **Brecher** Cl. – K. O breaker. – O ebd. KS. **Brigantine** KS. – K. Pf. Rey. O. DF2 Brigant. CZ briga. – DF2 ebd. KS (1858). **Brise** BW. – K. Pf. O breeze. – F beiswind. KS. **Brücke** Cl. – K. Pf. O bridge. – KS. **Bucht** Cl. BW. – K Pf, biegen, beugen. O bight. WNT bocht. – KS. **Buddel**

BW. – K Pf, Flasche, flach. R bouteille. O bottle. – Z Bouteille. op cit 197. **Bug** Cl. – Pf. K. O bow. dVNo bógr. – KS. **bugsieren** BW. – Pf. K. WNT boegseeren. – KS. **Bugspriet** Cl. – K Pf Bug, Spriet, sprießen. – KS. **Buhne** BW. Cl. – K Pf, Bühne. WNT bun. – KS. **Bukanier** Cl. – Gam. boucanier. O buccan, buccaneer. – TLF boucan, boucanier. O buccaneer. **Bulge** KS. – D. O billow. – KS. **bulk** Cl. – O. dVNo bulki. Cl. – O. gu. **Bullauge** Cl. – K. O bull's-eye. TLL œil de bœuf. DF Bulle. – O ebd. KS, Ochsenauge. **Bunker** BW. – Pf. O. dVNo bunki. DF. – O. DF. **Büse** KS.- D. O buss. – KS. **Busen** BW. – Pf. D. LS buosum. KS buserun. – Schi 10, 226. KS ebd. **Buster** KS. – Pf pusten. – KS. **Butt** BW. – K. Pf. LS agabūz. O halibut. Ke I 366ff. – F but. **Butterland** KS.

Charter BW. – K Pf DF chartern. O. – KS chartepartie. DF ebd. **Container** BW. – DF. O. – DF. **Crew** BW. – Pf. K. WH creo. – O. DF (1844). AWB.

Daak KS. – KS. SL dāk. FT þuk. Pf K düster. – KS. **Dalbe** D2. – K Duckdalbe. Me Dukdalben. WNT daljen, dukdalf. – KS. **Dampfer** Cl. – K. D2. – D2 Dampfboot, Dampfschiff. gu. **Davit** KS. BW. – KS. TLF davier. – O davit. KS. **Deck** KS. BW. – KS. K. O. dVNi. EN. TLF pont. C conbés. – KS (1600). D2. **Deich** BW. – K Pf, Teich. dVNo díki. – D2. **Delfin** BW. – K. Pf. Ke I 409. – D2. **Delta** BW. – K. Pf. DF2. WNT. – DF2. **Dhau** KS. – O dhow. – KS. **diesig** KS. – KS. Pf K diesig. SL disinge. – KS. **Dingi** Cl. – KS Dinga. O dinghy. SL. – O KS ebd. **dippen** BW. – KS. O dip. K tief. – KS. Cl. **Dock** Cl. BW. – K. Pf. O dock. WNT dok. EP. – KS. D2 (1774). **Doldrums** Cl. – D2. O doldrum. – O ebd. KS. **Dolle** Cl. BW. – K. O thole. Pk teu- KS. – KS. **Dorsch** BW. – K. Pf. dVNo þorskr. D2. – D2. Z. **Drift** Cl. – K Pf, Trift, triefen. D2. O drift, drip. dVNo drift. – KS, abtreiben. **Dschunke** KS. – K Pf Dschunke. WNT jonk. O junk. – D2. **Ducht** BW. – K. WNT doft. D2. dVNo þopta. – D2 (1638). KS. **dümpeln** Cl. – KS dumpeln. dVNi dompelen. – KS. **Düne** BW. Cl. – K. Pf. R O dune. dVNo dyja. – D2 (1580). KS. **Dünung** BW. Cl. – K. Pf. D2. – KS. **dwars** KS. – K Pf quer. – KS.

Ebbe BW. Cl. – K. Pf. Saus 137. O ebb. dVNo efja. EN. R jusant. – KS, ebben. D2 (1836). **Echolot** BW. Cl. – K. Pf. DF2 Echo. DNP Echo. EN. **Eiland** BW. KS. – K. Pf. WH aqua. dVNo ey. O island. – D2 (1508). KS. **Eis** BW. Cl. – K. Pf. D2. dVNo íss. O ice, iceberg. – D2 (vor 1022). KS. **Elmsfeuer** BW. Cl. – D2. – KS. **Embargo** Cl. BW. – K. Pf. O. – DF. Rö. **entern** Cl. – K. Pf. WH intro. – KS. **Eselshaupt** KS. – KS. Win esselhoofd. – KS. **Etmal** Cl. – KS. WNT etmaal. – KS. **Ewer** BW. – K. WNT ever. Hans Szymanski, Der Ewer der Niederelbe, 1932, NDr. 1985, 1. – Szymanski ebd. (1252). KS.

Faden BW. Cl. – K. Pf. O fathom. dVNo faðmr. – KS. Goe I 20, 212. **Fähre** BW. – K Pf, fahren. O ferry. – KS. **fahren** BW. – K. Pf. dVNo fara. O fare. GED faran. WH portus. – D2 (1231). KS -fahrer, Fahrt, Fahrwasser, Fahrzeug. **Fall** Cl. – K. Pf. O fall, hale. – KS. **Feeder** Cl. – O feeder, feed. K Pf Futter. **Fender** BW. – O fender. WNT wrijvhout. – KS. **Festland**, KS. – KS. K. Pf fest. – gu. **Feudel** KS. – KS. WNT falie. K. – KS. **fieren** KS. – K, Feier. O veer. WNT vieren. WH feriae. – KS. **Filibuster** BW. – O. R flibustier. **Finne**

BW. – K. Pf. O fin. D2. – D2. **Fisch** BW. – K. Pf. dVNo. – D2, Fischer, Fischfang. **Fittings** SL. – O fitting. **Fjord** BW. – K Förde. dVNo fjorðr. O firth. – D2 Förde. **Flage** KS. – FT plagga. O flag, flaw, flay. – KS. **flappen** KS. – K Flappe. O flap. – KS. **Flaute** BW. – K Pf flau, lau, blau. R flou. WNT flauw. – KS. **Fleet** KS. – O fleet. K Flotte. – KS. **flensen** KS. – D flinsen, flensen. KS. O to flench. – KS. **Flosse** BW. – K Pf, fließen. – D2. **flott** BW. D2. – K Pf, Floß, fließen. KS. O afloat. dVNo flot. – KS. **Flotte** BW. Cl. – K. Pf. DF. O fleet. R flotte. dVNo. WH fluo. – DF. **Flunder** BW. – K. Pf. dVNo. – D2. **Flut** BW. Cl. – K. Pf. Saus 137. – D2. KS (1730). **Fock** BW. – Pf. K, ficken. O fuck. – KS. **Fracht** BW. – Pf K, eigen, ver-. WNT vracht. – KS. D2 (1629). **Fregatte** BW. KS. – K. PF. DF. SK 48. – DF. **Freibeuter** BW. – K. Pf. WNT vrijbuiter. O freebooter. – D2 (1571). KS.

Gaden KS. – FT gadma, gad. D gaden. K Gadem. – KS. **Gaffel** BW. – Pf K, Gabel. LM Gabel. F. – KS. **Galeasse** BW. – KS. O galliass. WH galea. – KS. **Galeere** BW. – K. Pf. O galley. – F galee, galere. **Galion** BW. Cl. – K Pf. R galion. O galleon. Hans-Jürgen Hansen, Galionsfiguren, Gräfeling 1990. – KS. **Galiot** BW. KS. – O galliot. – KS. **Gangway** BW. – K. Pf, Gang, gehen. O, gang, ging. – op cit. gu. Joseph Conrad, Spiegel der See, Frankfurt am Main 1973, 176. AWB. **gapen** KS. – K Pf gaffen, gähnen. O to gape. FT gapa. – KS. **Garnele** BW. – K, Granne. Pf, hart. WNT garnaal. Félicien de Tollenaere, Etymologica: Garnaal, in: Tijdschrift voor Nederlandse Taal- en Letterkunde 116 (2000) 212-221. – F garnat (1561). D granat. **Gast** KS. – K. Pf. KS. – KS. **Gat** BW. KS. Cl. – Jozef van Loon, Gat. In: Lingua Theodisca, Festschrift Jan Goossens, Münster 1995, 37-42. K. WNT gat. wp. – KS. **Genua** Cl. – Cl. SL, Kreuzballon. **Gesangbuch** KS. – KS. O holy stone. – KS. **Geschirr** Cl. – K. Pf, scheren. – KS. **Geschwader** Cl. KS. – K. Pf. WH quadro. R escadre. – KS. **Gestade** BW. – Pf. K. D. – D. **Gewässer** wp. – K Pf ge-. – KS. **Gezeit** Cl. – K Pf, heben, springen, nippen. Saus 137. Cl. – KS. **Gien** SL. – KS. O gin. K Pf Ingenieur. – KS. **gieren** KS. – O gyre. – KS. **Gig** Cl. – K. Pf. O gig. – KS. **Gischt** Cl. – K Pf, gären. – Schi 1, 374. D. **Glas** Cl. – K. Pf. Anton Lübke, Das große Uhrenbuch, Tübingen 1977, S. 112ff. – KS. **Golf** Cl. – K. Pf. O gulf. R golfe. – D (1436). KS. **Gording** D. – D. K Pf gürten. – Z. KS. **Gösch** KS. – KS. wp nl Geus (vlag). wp. – KS. **Gräte** Pf. – K. Pf, Grat. O grate. – D. KS. **Grog** Cl. – K. Pf. O. – DF. **Grund** BW. – Pf. K. O ground. WH frendo. dVNo grunnr, grandi. – KS. **Gut** Cl. – K. Pf. O good. KS. – KS.

Hafen Cl. – Pf. K. O haven. WH capio. dVNo höfn. R havre. – KS. **Haff** Cl. – K Pf, heben. dVNo haf. WH capio. Saus 137. – KS. **Hai** BW. – K. Pf. O hoe. dVNo hár. – D2 Fisch. Schi 1, 375. gu. **Hallig** BW. – K Pf, Holm. O hole, hill. – KS. gu (1855). **Halse** BW. – K Pf Hals. dVNo halsa. – KS. **Hand** KS. – O hand. – KS. **Hängematte** BW. – K. Pf. FEW 20 hamaca. Heike Olschansky, Volksetymologie, Tübingen 1996, 133 Anm. 85. – KS. Rö. **Hanse** BW. – K. Pf. – Z. Ad. **Harpune** BW. – K. Pf. – KS. **Havarie** Cl. – BW. FEW 19, awārīya. Tazi 294. – KS. **Heck** BW. – K. Pf. O hatch, stern. WNT hek, wulf. dVNo stjórn. R poupe. WH puppis. – KS. **heiig** KS. – KS. FT hit. O hazy. Pf K heiß.- Mi hei. **Helle** KS. – D Hölle. – KS. **Helling** BW. – K Pf, Halde. dVNo hallr. – KS. **Hering** BW. – K

Pf, Bückling, Matjeshering. Hioki. dVNo sīld. O herring. wp. – D. **Heuer** Cl. – K. Pf. dVNi huren. O hire. SK 60. – KS. **hieven** BW. – K. Pf. O heave. – KS. **Himmelsbesen** KS. **hissen** Cl. – K. PF. O hoise, hoist. – KS. **Höft** KS. – KS. K Pf Haupt. – KS. **hohl Wasser** KS. – KS. D hohl. – KS. **Holm** KS. – KS. K Pf, Holm. O hole, hill. – KS. **Hörn** KS. – D Horn. – D. **Huk** KS. – KS. K Haken. – KS. **Hulk** KS. – KS. O hulk. – KS. **Hummer** B. – K. Pf. O homarine, lobster. WH locusta. R homard. TLL campa. – D. Z. **Hütte** KS.

Insel BW. – K. Pf. WH insula. – D, Inselfinder.

Jakobsleiter SL. – NJB Gen. 28,12. Görg Himmelsleiter. O jacob's ladder. WNT jakobsladder. – KS. **Jolle** SL. Cl. – K. Pf. R yole. dVNo kjōll. Frisk gaulos. – KS.

kabbeln D. – Rö. K. Pf. – Rö. KS. **Kabel** K. – K. Pf. WH capulus, capio. FEW capulum. Ad. KS Länge. – KS, Kabeltau. **Kabeljau** Grz IV, 437. – K, Pf, C bacalao. GWB Kabliau. O cod. – K Laberdan, Stockfisch, Klippfisch. Pf Stockfisch. D Klippfisch. O klipfish. – F. Z. **Kabine** BW. – K. Pf. Pk pān-. – KS. **Kadett** KS. – K Pf. – KS. **Kahn** BW. – K. Pf. – Z. Rö. **Kai** BW. – D. K. Pf. R quaie. – KS. **Kajak** KS. – Olearius, op cit 171. Rö Piroge. gu. **Kajüte** Cl. – Pf. K. KS. – KS. **kalfatern** wp. KS. – K. Pf. Tazi 294. – KS. **Kalmar** wp. – Du. O calamary. WH calamus, culmus. – gu. **Kalmen** wp. – KS Kalm. K. Cl. – KS ebd. **Kampanje** KS. **Kanal** wp. – Pf. K. O canal, channel. – KS. **Kante** KS. – K Pf Kante. – KS. **Kanu** wp. C Canoe. – Pf. K. R canoë. wp. – DF. Rö Piroge. **Kap** wp. – Pf. K. Corippus op cit 3. – TLL 3, 414, 16 u. 3, 427, 36ff. Pf. KS. – KS. **kapern** Pf. wp. D Kaper. – Pf. K. WNT deVNi kapen. – KS. **Kapitän** wp. – K. Pf. – wp. KS. – KS. **kappen** KS. – KS. D kappen. K Pf Coup. – KS. **Karavelle** wp. – K. Cl Kraveel. O carvel. Freire caravela, caravo. – KS. **Kargo** wp. – O cargo. WH carrus. wp. Cl. KS, superkargo. – KS. **Kasko** wp. – C casco. Pf. K. WH quatio. KS. wp. WAS skutten. K Pf schütteln, diskutieren. – KS. **Katamaran** Cl. – O catamaran. – O ebd. **kentern** wp D. – K Pf, Kante. – KS. **Kiel** wp. – Pf. K. KS. – Pf. wp. Wolfgang Laur, Historisches Ortsnamenlexikon von Schleswig-Holstein, 2. Aufl. Neumünster 1992. – KS. **Kieme** wp. – A kiuuua. K Pf, Kiefer, Kimm(e), Kamm. D, Fischohr. – Z Lachs. Ad. **Kink** KS. – O kink. – KS. **Klabautermann** wp. – K. Pf. – KS. **Klampe** wp. – K Pf, Klammer, Klemme. KS. – KS. **klar** Du. – K. Pf. – KS. **Kliff** wp. D Klippe. – Pf. K. O cliff. Saus 138. – gu. **Klippe** wp – Pf. K. Saus 138. – KS. **Klipper** Cl. – KS. O clipper. wp. – O ebd. KS. AWB clipper. **Klüse** wp. – K. – KS. **Klüver** wp. – WNT kluiver. Pf, K Klüver, klieben. A klioban. Roxane Vandenberghe, Woordenboek van de Vlaamse Dialecten, T. 2 Lf. 7: De zeevisser, Gent 2000, Gaffel. Cl. – KS. **Knoten** wp. – K. Pf. – KS. Cl. K Log. – KS. **Kogge** wp. – Pf K Kogge, Kugel. FEW 2 caudica. WH caudex, cudo. – Ostfriesisches Urkundenbuch II, hg. v. Ernst Friedlaender, Emden 1881, 704. **Koje** wp. K, Pf., KS. Cl. – KS. **Kollision** KS. – O collision, to collide. – KS. **Kombüse** wp. – K, Pf. WNT kombuis. – KS. **Kommandant** wp. – K. Pf. WH mando. FEW 2 commendare. R commander. – op cit. **Kommodore** wp. – O commodore. WNT commandeur. – O ebd. **Kompass** wp. – K. Pf. DMA compass. KS. EBMa Navigation. – O compass. KS. **Kon-**

terbande wp. Cl. – Pf. K. – DF. Z Contrabande. **Kontinent** KS. – K Pf. – DF. **Konvoi** wp. – K. Pf. – O convoy. KS Convoi. **Koralle** wp.- K. Pf. Cha korallion. – Dürer, op cit, ed. Brüssel 1970, 83. Z corallen. Ad. **Korb** wp. – K Pf, Kurve, krumm. WH corbis. Pk ger-. Cl. – KS. **Korsar** wp. – K Pf. WH curro. Ml cursarius. Pk kers-. Cl. – KS. **Korvette** wp. – Pf. R corvette. WH corbita. – Goe I 31, 75. KS. **Krabbe** wp. – Pf K, pulen. WH carabus. Frisk karabos. WNT pullen, peul. O crab, pull. – Ar V 7. Z. **Krähennest** Cl. – O crow's nest. Pf K Krähe, Kranich, krachen, Nest. D Krähennest. – KS. **Krake** wp. – K. Pf. – gu. **krängen** wp. – WNT krengen, kreng. O to cringe. dVNi krengen. A krankalon. K Pf krank. Cl. – KS krengen. **Krebs** wp. – K. Pf. R crevette. – Z. Ad. **kreuzen** wp. – K. Pf. Cl. – KS. **Kugelfisch** wp. – wp. – wp Shanghaier Kugelfisch-Abkommen. **Kurs** wp. – K. Pf. Pk kers-. – KS. **Küste** wp. D. – K. Pf. KS. R côte. – KS. **Kutter** wp. – K. Pf. O cutter, to cut. – KS.

Labskaus W. Cl. – KS. K. – O lobscouse. KS. **Lachs** B. W. – Pf. K. R saumon. O salmon. WH salmo WAS lahs. Pk lak-. Richard Diebold, The evolution of Indo-European nomenclature for salmonid fish, Washington D.C. 1985. Johann Knobloch, Kratylos 39 (1994), 185f. – F. Z. Goe I 2, 266. **Ladung** W. – K laden, Last. Pf. F laden. – KS. **Lagune** W. – K. Pf. Lagune, Lache. Pk laku-, leg-. – Pf. CZ laguna – DF. **Landhai** KS. – KS. O shark. – KS. Gerstäcker nicht nachgewiesen. **Landratte** KS. – KS.- KS. D (1853). **Languste** W. – K. Pf. TLL locusta. Pli XI 152. W. – gu. **laschen** KS. – KS. K Pf Lasche, lasch. – KS. **lavieren** W. – K. Pf. – KS. F. **leck** W. – K. Pf. – KS Leck, lecken. **Lee** W.- K Pf, lau. O. WNT lij. – KS. **Leichter** W. – K. V lichter. O lighter. – KS. **Leine** W. – K Pf, Lein. Cl. – F. KS. **lenzen** W. – K. Mi lensen, lentliken, lentsake. WNT lens. dVNi lens. WH lentus. KS lens, lensen. Cl. – KS lens, lenspumpe. **Leuchtturm** W. – Pf. K leuchten, Licht, Haus. KS. [Der älteste Leuchtturm], in: mare 23, 100. – KS. **lichten** Cl. – K, Pf leicht. V lichten. O levy, weigh. – KS. **Liek** W. Cl. – KS. WNT lijk. WH ligo. Pk leig-. – KS. Ha (Kinau). **Linie** Cl. – K. Pf. – KS Linie, Linientaufe. Z. **Linienschiff** W. Cl. – WBMil. KS. – KS. Rö. **Log** Cl. – K. O log. – O ebd. KS. **Logbuch** W. – O log-book. KS Log. – KS. **Logger** W. – KS Logger, Luggersegel. O lug, lugger, lug-sail. V luggen. WNT. – KS. **löschen** W. – K. Pf. – KS. **Lot** W. – K. Pf. Lx. – KS. **Lotse** W. – K. Pf. O lodesman, lodeman. KS. – KS. O lodeman. **Luk** W. – K. Pf. O look. Pk leuk-. – KS. **Luv** W. – K. Pf. – Gotthard V. von Hövel, Chronik, hg. v. A. Fahne, Köln 1856 (1564). KS.

Maat W. Cl. – K. Pf. O3 mate. WNT maat. Pk mad-. – O3 ebd. KS. **Mahlstrom** W. – WNT maalstroom. K Pf mahlen. – O3 maelstrom. KS. **Makrele** W. – K. Pf. R maquereau. O3 mackerel. V makereel. WNT makreel. Hioki. – O ebd. Gesner 81. Z. **Mallemucke** KS. wp Schwarzbrauenalbatros. – Gerd Wegner, Johann Anderson, Diss. Lübeck 2004. – KS. Wegner (ebd.). KS. **manövrieren** W. Cl. – K. Pf. – R manœvre. – Rö Schiffsmanoeuver. DF Manöver. **Marina** Cl. – O3. Ba. – O. **Marine** W. Cl. – Pf. K. TLL marinus. R – KS. O3. **maritim** W. – Pf. WH mare. TLL maritimus. Rey. – Plautus III (Bacch.) 342, übers. v. Wilhelm Binder, Berlin o. J. O3 maritime. **Mars** W. Cl. – K. V merse. O3 mercy, merchant. R merci, mercier. – KS. **Mast** W.

Cl. KS. – K. Pf. O3. – KS. **Matrose** Cl. – K. Pf. R matelot. – KS. **Meer** W. – K. Pf. – K. Pf. Saus 136. HdA. TLL Aremoracea. O3 mere, meerkat, mermaid. **Messe** KS. – Pf. K. O3 mess. – KS. **Meuterei** W. – K. Pf. WH moveo. Pk meu-. R meute. DRW. – WNT muiten. Ad Meuterey. O3 mutine. **Mist** Cl. – O3 mist. Pk meigh-. – KS. **Mole** W. – K. Pf. WH mōlēs. Pk mo-. – KS. **Monsun** W. – 24 K. Pf. Ma monçao. Tazi 303. – op cit, Ausgabe Paris 1848, S. 479f. **Mooring** Cl. – KS vermooren, mehren. O3 to moor, to mar, mooring, moorage. V merren. – KS vermooren. **Moses** W. Cl. – KS. **Möwe** W. – K. Pf. O mew. V meeuwe. – Ke II 243. O3 ebd. **Muschel** W. 20Br. – K Pf, Miesmuschel. V mosscele. O3 mussel. – D. LIMC Aphrodite Nr. 1183-1188. Z. **Musterung** Cl. – K. Pf. KS Musterrolle, anmustern. – KS ebd.

Nautik BW – K. Pf, Navigation. R nautique, nef. – R nautique. O3 nautical. Batt nautico. Cl. **Navigation** Cl. BW. – K. Pf. KS. Cl. – KS. **Nehrung** Cl. BW. – K. Pf. – Z Curisch-Haff, Frisch-Nehrung. **Netz** BW. – K. Pf. EN. R rétine. K, nähen. WH rarus. – Z. KS. **Nixe** BW. – K, necken, Nock. Pf. HdA Wassergeister, Wäsche. – Z. **Nock** Cl. – V nocke. K. Pf. – KS. **Nord** BW. – K. Pf. EN. WH septem. – Z. Rö.

offshore Cl. – O3 offshore. – AWB. **Oktant** Cl. – Rö. – KS. Rö Spiegeloctant. **Ölzeug** KS. **Orkan** Cl. – K. Pf. R ouragan. EP. – KS. **ösen** BW. – K. EN. – KS. **Ost** BW. – K. Pf. WH. EN. – Z. Rö. **Ozean**, BW. – Pf. K. EN. Lorenz Diefenbach, Glossarium latino-germanicum mediae et infimae aetatis, Frankfurt am Main 1857, occeanum. R océan. DNP Okeanos. EBMi Thetis, Tethys.

Paddel BW. – Pf. O3 paddle, pad, spaddle.– O3 paddle, to paddle. KS. **Palstek** BW. – K Pf Stich, stechen. KS Pfahlstich. – Rö Stich. KS ebd. **Panne** BW. – Pf. K, Finne. Rey. FEW pinna. **Pantry** BW. KS. – O3. WH. EN. – KS. **Pardune** KS. **Passage** BW. Cl. – Pf. K. R passer. – Sp. D. O blind. Goe I 33, 182f. KS. Cl Überschmuggler. EN. **Passat** Pf. BW. – Pf. WNT passaat, passaatwind. – WNT passaatwind (1638). KS. **Pazifik** BW. – Pf. O3 Pacific. DF. – op cit. O3 ebd. DF. **Pegel** Pf. – K. Pf. WH. – KS. Rö Peil. **peilen** BW. Cl. – Pf. K. WNT pegelen. – KS. **Perle** BW. Pf. – K. Pf. TLL perna. Pli XXXII 154. FEW perle. O3 pearl. – Pli IX 109. **Persenning** BW. – KS. WNT presenning. TLF perceinte. O precinct. – WNT ebd. KS. **Pforte** KS. – K Pf. – KS. **Pier** BW. K. – K. Pf. O. R appuyer. WH podium. – KS. **Pilot** BW. – Pf. K. R pilote. O pilot. WH pēs. – DF. Z. **Pinasse** KS. – KS. R pin. WNT pinas. O pinnace. – DF. KS. **Pinguin** BW. – K. Pf. O3 penguin. D. dV alka, elgr. – N. M. Penzer, The World Encompassed, London 1926, 128. Ad. Samuel Johnson, A Dictionary of the English Language, Bd. 2, London 1755. **Pinne** BW. – K. O pin. WH pinna, penna. – KS. **Pirat** BW. Cl. – Pf. K. – DF. **Piroge** BW. – DF. O pirogue. – Z Pirogue. Rö. **Planke** BW. Cl. – Pf. K. – KS. **Plankton** BW. – K. DF. – DF. **Plate** KS. – K Pf platt. – KS. **Plicht** BW. Cl. – KS. WNT plecht. – KS. **Pol** BW. – K. Pf. – DF. **Polder** BW. – K. WNT. O. Pf. – Z. **Poller** BW. Cl. – KS. WNT bolder, bol. K Bohle, Balken – KS. **Polyp** Pf. – Pf. K. O. R polype. WNT poliep. – RE Polypen. HO V 432. Ar IV 1. O. D. **Portolan** BW. Cl. – O. Rey. Kah. – Rey. **Prahm** BW. – K, fahren. KS Farm. Pf. Gü. – KS. **Pricke** BW. – K prickeln. Pf prickeln. O prick. O3 perch. R perche. WH pertica. – KS. **Priel** BW. – K. WNT priel. – KS. **Prise** BW. – K. Pf. EN. O prize. R prendre. – KS. DF (1727). **Proviant** Pf. – K. Pf. DF. – DF. **pullen** Cl. – K. O pull. – O ebd. KS. **Pütz** BW. – KS. WNT puts, poesje. Frans Debrabandere, West-vlaams etymologisch woordenboek, Antwerpen 2002, putse. R poche. WH puteus, puto. O pit. K Pfütze, putzen. – KS Pütze.

Qualle B. – Pf. K, Qualster. WNT. O jelly-fish. Pf Gallerte. R méduse. DNP Gorgo. – Ke II 576. **Quarantäne** BW. – Pf. K. KS. Lexikon zur Bibel, hg. v. Fritz Rienecker, neu bearb. v. Gerhard Maier, Wuppertal 2003, Zahl. – KS.

Radar BW. – O. EBMa. – O. **Rah** BW. – Pf K, Reck. EN. O yard. R vergue. – KS. **Ration** KS. – KS. K Pf. – KS. **Ree!** Cl. – KS. O ready. K Pf bereit. WH re-. – KS. **Reede** BW. KS. – Pf. K. KS, reiten. EN. O raid, road. R rade. – KS. **Reeder** Cl. BW. – Pf. K. KS. EP. – V reder (1409). KS. **Reep** BW. – K, Pf Reif. KS. EN. O rope. R corde. K Korde. – KS. **reffen**, Pf. – K Reff. Pf. KS. EN. R ris. – O to reef. KS. **Regatta** BW. – K. Pf. Cl. O. R régate. – Ba regata. DF. **Reling** BW. – Pf K, Riegel. Cl. O rail. WH regula. EN. R lice. – KS. **Reuse** Cl. – K. Pf. R ruche, nasse. O rush. WNT ruis, ruis. WH nassa. – D. **Riemen** BW. – K Pf, Ruder. R rame. EN. WH remus. O3 oar. Cl. – KS. **Riff** BW. KS. – Pf. K. V WNT rif. O reef. R récif. – KS. O ebd. (1584). **Rigg** BW. – Cl. O rig, rigging. – O rig. KS. **Robbe** B. – K Pf, Raub, rubbeln. EN. R phoque. – RE. HO IV 403ff. Tacitus, Germania 17, übers. Alfons Städele, München, Zürich 1991. gu. **Rochen** B. – Pf. K. O ray. O3 manta. R raie. – V rochge. D. O3 ebd. **rollen** KS. – Pf. K. WH rota. – KS. **Rossbreiten** Cl. BW. – O horse latitudes. – O ebd. KS. **Ruder** BW. Cl. – K, rojen, Blatt. Pf, Blatt. O rudder, row, blade. EN. WH temo, folium. LS blat. – KS. rojen.

Salz B. – K. Pf. EN. – HO V 322. Pli XXXI 74. D. **Sand** B. – K. Pf. WH sabulum, arena. – D. KS (1599). **Sardellen** B. – Ba sarda, sardina, sardella, sardone. K Sardine, Anchovis. Rey, Ga anchois. – Z. D. op cit. **Sardine** BW. – Ba sarda, sardina, sardella. K. Pf. – Columella VIII, 17, 11f. Pli XXXII 151. **Schäkel** Cl. – O shackle. D Schäkel, Schake. – KS Schake, schäkeln. **Schaluppe** KS. – Pf. K. O sloop, shallop. R chaloupe. WNT sloep. – KS. **schamfielen** KS. – K schimpfieren, Schimpf. SK 110f. R confire, rage. – KS. **Schanzkleid** BW. – K Pf Schanze, Kleid. KS. – KS. **Schäre** BW. – Pf. K. – KS. **Schauermann** Cl. – K. Pf. – KS. D (1873). **Scheibe** Cl. – Pf. K. – Z. KS. **Schelf** BW. – O shelf. V schelve. – O ebd. AWB. **Schellfische** B. – K. Pf. O shell-fish. V schelvisch. O haddock. R TLF eglefin, aiglefin. – V ebd. Z. **Schiff** BW. – K. Pf. KS, Schiffskinder. O ship, skiff. R esquif. – KS Schiffer. Z. **Schlag** BW. Cl. – KS. WNT slag. V slach. K. Pf. – WNT ebd. KS. gu. **Schlepper** BW. Cl. – Pf K, schleppen, ziehen. KS. WNT sleeptouw. EP. O tug. R remorquer. WH remulcum. – KS. WNT sleep (1681). **Schleuse** BW. – K. Pf. EP. TLL exclusa. – D. **Schlick** BW. – K. Pf. O sleek, silt. EP. R vase. – D. **schlingern** BW. Cl. – K Pf, schlenkern, schlingen. O to sling. EP. – KS. **schmuggeln** BW. – K Pf, paschen. D. EP. TLF smogleur. – O to smuggle, smuggler. **Scholle** BW. – K. Pf. D, platteisse. WH solea. Keller 2, 366ff. – V scholle. **Schoner** BW. – O schooner, scone. – O schooner.

Schot BW. Cl. – K Pf, Schoß, schießen. O sheet. R écoute. – KS. **Schott** BW. – K. Pf. R cloison. Gomez da Silva, Elsevier's Concise Spanish Etymologic dictionary, Amsterdam London 1985, mamparar. O bulkhead. EN. – KS. **Schuppe** BW. – Pf. K. R écaille, squame. O scale. – D. NJB. **Schute** BW. – K. WNT schuit. KS. – KS. **Schwert** BW. Cl. – K. KS. O lee-board. – KS. WNT zwaard. D. KS. **schwimmen** BW. – K. Pf. O to swim. – D. **See** BW. – K. Pf. D. R lac. Saus 134f., 142. – D. KS (1744, 1864). **Seehund** B. – K. Pf. O seal. – D, seehundsjagd. WNT zeehond (1778). **Seemeile** BW. – LM Meile. Cl. KS Länge. – KS Meile. **Segel** BW. – Pf. K. WH RE DKP sagum. – D. KS (1669). **Seil** Cl. – K. Pf. EN. Cl, Tau(werk). **Sextant** BW. – O sextant. Cl. EBMi – O ebd. Rö Spiegeloctant. KS. **shanghaien** Cl. – O to shanghai. Cl. – O ebd. gu. **Shrimp** B. – O. K schrumpfen. – O. **Sieben Meere** Cl. – B Ocean. Ernst Gagel, Die sieben Meere, Braunschweig 1955, 7. **Siel** BW. – K. Pf. V sijl. WNT zijl. – WNT ebd. D. **sinken** BW. – K. Pf. O sink. – D. **Sintflut** BW. – K. Pf. – NJB. William Ryan/ Walter Pitman, Sintflut (1999). Zum Stand der Debatte darum: Sonntagszeitung, Zürich, 26.12.2005. **Skipper** Cl. – O. dVNo skipari. – AWB. **Skorbut** Cl. – K Pf Skorbut, Schorf, Bauch. dVNo skyrbjúgr. O scorbute, scurvy. WNT scheuren. – KS Scharbock. D Skorbut (1778). **Skull** BW. Cl. – O scull. – O ebd. Rö. **Slip** BW. Cl. – O slip. K Pf schleifen. – O ebd. D Schlippe (1854). KS Schlipp (1907). **Smutje** BW. – WNT smoezig. O smother. K Pf Schmutz. – KS. **Sog** BW. KS. – K Pf saugen. O suck. – Rö. KS. **Spake** KS. – O spoke. K, Pf Speiche. WNT spaak. – KS. O ebd. KS. **Spant** KS. BW. – K Pf, spannen. – KS. D. **Speigatt** KS. – WNT spuigat. O gate. D gat. K Pf speien. R dalot. dVNo dæle. – KS. WNT ebd. KS. **Spiere** BW. – O spire, spar. K. WNT spier. – D (1872). KS. **Spill** KS. Cl. – K. O spill, spindle, capstan. O3 pawl. WNT spil. R pal, cabestan. WH capistrum. – KS. **Spinnaker** KS. – O spinnaker. Cl. – O ebd. KS. **spleißen** K. – K Pf spleißen, spalten. – KS. **Sprotte** BW. – K. Pf. O sprat, sprot. – V sprot. gu. **Stag** Cl. KS. – O stay. K. – KS (1673). D. **staken** BW. – K Pf. Stake. V staken. O stake. – Rö. D. **stampfen** BW. – K. Pf. O to stamp. – KS. D. **Stapel** BW. – K. Pf. O staple. BW. R lancer. WH varus. – KS. D. **stauen** BW. – K. Pf. O stow, stevedore, to steeve. R arrimer. – KS. **stechen** Du. – K. Pf. O stick. D. KS. – KS, abstechen. **Stek** Du. – K. WNT steek. D Stich. – Rö, D, KS Stich. **Stenge** Cl. – K Pf Stange. O stang. – KS. **Steuer** KS. – K. Pf. O steer, stern. – KS. **Steuerbord** Du. – K. Pf. O starboard. EP. Rey. Dieter Gägermann, Technik im frühen Mittelater zwischen 500 und 1000. In: Propyläen Technikgeschichte Berlin 1997, Bd. S. 473ff. – KS. **Steven** Du. – K Pf, Stamm, Stab. O stem, steeve. R étrave. – KS. D. **Steward** Du. Pf. K, Wart. O. – O, stewardess. KS (1855). **Stör** B. – K. Pf. O sturgeon. R esturgeon. Ke II 338, 374f. – D. **Strand** Du. – Pf. K. O, beach. Saus 137f. R grève, plage, rivière. WH plaga, ripa. – D. KS (1647). **Straße** KS. – K. O strait. KS. – KS. **Strömung** Cl. – K. Pf. O stream, current. WH curro. – KS (1778). D. **Stropp** KS. – K, schlingen. O strop, sling. WH stroppus. – KS. **Strudel** Du. – K Pf, Wirbel. EN. R vortex, vertex, remous, tourbillon. WH turbo. – D. **Stück** KS. – Pf K. – Z. **Sturm** Cl. – K Pf, Quirl. WH turma. R tempête. – D. KS (1908). **Süd** Du. – Pf K, Sonne. R sud. O south. – Z Sud. Rö. **Südwester** KS. – KS. O southwester. – KS.

Sund Cl. – Pf K, schwinden, sonder(n). O sound. – D. KS (1610). **Surfen** Du. Cl. - O surf, suff. – O to surf.

Taifun B. – K. Pf. O typhoon, typhon. R typhon. dVNi tyfoon. DNP Typhoeus. – KS. DF (1827). **Takelage** B. – Pf. K. O tackle, tack. WNT takel. V tacken. WH tango. KS takeln. – KS ebd., Takelwerk. **Talje** Cl. – KS. Batt taglia. WNT talie. WH talea. – KS. **Tallymann** Cl. – O tally, tallyman. – O tallyman. KS. **Tamp** Cl. – WNT tamp. dVNo tampi. KS. – KS. **Tanker** B. – Pf K Tank. O tanker, tank. – O ebd (1655, 1900). DF, Tank. **Tau** B. – Pf. K, Tüder. Pf dVNo taug, tjōðr, tō. O tie. – KS. **Tauchen** B. – K Pf, taufen, tief. O dive. Ba tuffare. R plonger. WH plumbum, mergo. – KS. **Tender** Cl. – K. Pf. O tender, to tend. R attendre. WH tendo. – O tender. DF. **Thunfisch** B. – Pf. K. O tuna, tunny. R thon. Ke II 382ff. RE thynnus. – Pli XIX 44ff. WNT tonijn. gu. **Tonnage** B. Cl. – K. Pf. O ton, tonne. R tonne. D. – D (1430, 1865). KS. **Topp** B. – K Pf, Zopf, zupfen. O top. dVNo toppr, tjōðr. – KS. **Törn** B. Cl. – K. Pf, turnen. WH tornus. – KS. **Torpedo** B. – K Pf, derb. DF. O torpedo. WH torpeo. R torpille. – O. DF (1865). The Times, London, 15.2.1905. **Tran** B. – K Pf, Träne. – WNT traan. D thran. **Trawler** K. – K. Pf. V tragel, tragelen. O trawl, trammel. – O trawl. **trimmen** B. Cl. – DF. K. Pf. O trim, to trim. – D. KS. **Tropen** B. Cl. – K. Pf. DF. – D. DF (1860). **Trosse** B. – K. Pf. O truss. R trousser. WH torqueo. – KS. **Tsunami** B. Cl. – O tsunami. – O ebd. **Tümmler** B. – K. Pf. – WNT tuimelaar. O tumbler. D. KS.

Ufer B. – K. Pf. R rive. WH ripa. – D. **Ultramarin** B. – K Pf, Lapislazuli, azur, Lasur. Tazi 146-148, 194. – DF. **Untiefe** Pf. Cl. – KS. WNT ondiepte. O deep, shallow. K, Pf tief. – KS.

Verklicker KS. – KS. D Klick. Ha klicken. Ni klicken, klacken. – Heinsius.

Wache B. Cl. KS. – Pf. dVNo vaka. K wachen. O wake. – KS. **wahrschauen** Cl. – KS. dVNi waarschuwen. K, Pf wahren, wahr, scheuen. – KS. **Wal** B. – K Pf dVNo hvalr. dVNi valfis. – D. Dürer op cit, Brüssel 1970, 80. KS Walfischfänger. **Want** Cl. – K Pf winden, wenden. KS. dVNi. – KS. **Wasser** B. – K. Pf. dVNi. WH aqua. – D. **Watt** B. – K. Pf. O wath. dVNo vað. WH vado. – KS. D/ gu. **Welle** Pf. – K Pf wallen. WH valles, vallus. dVNo vella. O wave. D. R onde. – D. Goe I 15, 71. **wenden** Cl. – K Pf, winden. O wend. – KS. **Werft** B. – V WNT werf. K Pf, werben. D. EN. R chantier. FEW cantherius. WH assula, asser. – D (1663). KS. **West** Du. – K. Pf. O west. R ouest. – Z. Rö. **Wetter** B. – K. Pf. O weather. dVNo veðr. – D. **Wiek** KS. – D. O wick. K Wiek. K Pf weichen. KS. – KS. **Wimpel** B. – K. Pf. dVNo vimpill. – KS. Rö. Goe I 46, 342. **Wind** B. – K. Pf. O wind. – KS. **Windjammer** B. – Cl. O wind, jam. – O wind. AWB. **Winsch** Cl. – O winch, wink. – O winch. KS. **Woge** B. – D. Pf. K. dVNo vāgr. R voguer. – D. **Wrack** B. – K Pf, rächen. dVNo rek. O wreck. R varech. – KS. **wricken** B. Cl. – K. D. O to wrig, to wrick. dVNo riga. – KS. D (1935).

Yacht Cl. – K. Pf. KS Jacht – KS ebd.

zurren B. – K. Pf. O tether. dVNo tjoþr. – KS. **Zyklon** Cl. B. – O cyclone. – O ebd.

Literaturnachweis
Mehrfach verwendete Literatur

A Althochdeutsches Wörterbuch, begr. v. Elisabeth Karg-Gasterstädt u. Theodor Frings, Berlin 1952/1968ff.

Ad Johann Christoph Adelung, Versuch eines vollständigen grammatisch-kritischen Wörterbuches der hochdeutschen Mundart, Leipzig 1774–86.

Ar Aristoteles, Tierkunde, übertr. v. Paul Gohlke, Paderborn 1949.

AWB Anglizismen-Wörterbuch, begr. v. Broder Carstensen, fortgef. v. Ulrich Busse, Berlin, New York 1993–1996.

B Brockhaus – die Enzyklopädie. 20. Auflage, Leipzig, Mannheim 1996–99.

Ba Salvatore Battaglia, Grande dizionario de la lingua italiana, Torino 1961–2002, Nachträge 2004.

Batt Carlo Battisti, Giovanni Alessio, Dizionario etimologico italiano, Firenze 1950–57.

BW Brockhaus-Wahrig, Deutsches Wörterbuch, Wiesbaden, Stuttgart 1980–84.

C Joan Corominas, Diccionario crítico etimológico de la lengua castellana, Bern 1954–57.

Cha Pierre Chantraine, Dictionnaire etymologique de la langue grecque, Paris 1968–80.

Cl Wolfram Claviez, Seemännisches Wörterbuch, Bielefeld, Berlin 1973.

CZ Manlio Cortelazzi, Paolo Zolli, Dizionario etimologico della lingua italiana, Bologna 1979–88.

D, D2 Jacob und Wilhelm Grimm, Deutsches Wörterbuch, Leipzig 1854–1971 (zit. D), Neubearb. Leipzig, Stuttgart 1983ff. (zit. D2).

DF, DF2 Hans Schulz, Otto Basler, Deutsches Fremdwörterbuch, Straßburg, Berlin, New York 1913–1983 (zit. DF),
Neubearbeitung Berlin, New York 1995ff. (zit DF2).

DKP Der kleine Pauly, Lexikon der Antike, Stuttgart 1964–75.

DMA Joseph A. Strayer, Dictionary of the Middle Ages, New York 1982–89.

DNP Der neue Pauly, Enzyklopädie der Antike, Stuttgart, Weimar 1996–2003.

DRW Deutsches Rechtswörterbuch, Wörterbuch der älteren deutschen Rechtssprache, Weimar 1914ff.

Du Duden. Das große Wörterbuch der deutschen Sprache, hg. v. Wissenschaftlichen Rat der Dudenredaktion, Mannheim 1999.

dVNi Jan de Vries, Nederlands etymologisch woordenboek, Leiden, New York, Köln 1992.

dVNo Jan de Vries, Altnordisches etymologisches Wörterbuch. Leiden 1977.

EBMa The New Encyclopaedia Britannica, Macropaedia, 15. Aufl., Chicago, Ausgabe 2003.

EBMi The New Encyclopaedia Britannica, Micropaedia, 15. Aufl., Chicago, Ausgabe 2003.

EG Johann Samuel Ersch, Johann Gottfried Gruber, Allgemeine Encyclopädie der Wissenschaften und Künste, Leipzig 1818–1850.

EN Elsevier's Nautical Dictionary, Amsterdam, London, 3. Aufl. 1994.

EP Elsevier's Dictionary of Port and Shipping, Amsterdam, London 1993.

F Ulrich Goebel, Oskar Reichmann, Frühneuhochdeutsches Wörterbuch, Berlin 1989ff.

FEW Walther von Wartburg, Französisches etymologisches Wörterbuch, Bonn, Leipzig, Basel 1928ff., Neubearbeitung Basel 1969ff.

Freire Laudelino Freire, Grande e novíssimo diccionário da língua portuguesa, Rio de Janeiro 1957.

Frisk Hjalmar Frisk, Griechisches etymologisches Wörterbuch, Heidelberg 1954–1979.

FT August Fick, Alf Torp, Wörterbuch der Indogermanischen Sprachen, dritter Teil: Wortschatz der Germanischen Spracheinheit , Göttingen 1909, 5. Aufl. 1979.

Ga Ernst Gamillschegg, Etymologisches Wörterbuch der französischen Sprache, 2. Aufl., Heidelberg 1969.

GED Winfred P. Lehmann, A Gothic Etymological Dictionary, Leiden 1968.

Goe Johann Wolfgang von Goethe, Goethes Werke (Weimarer Ausgabe), Weimar 1887–1912.

Goerg Manfred Görg, Neues Bibel-Lexikon, Zürich 1991–2001.

Grz Bernhard Grzimek, Grzimeks Tierleben, Enzyklopädie des Tierreichs, Zürich 1967–72, Erg. 1973/74

Gü Karin Günther, Wort- und Sachgeschichte der Schiffahrt in Mittel- und Nordeuropa von den Anfängen bis zum späten Mittelalter, Frankfurt am Main, Bern 1987.

H Terry F. Hoad, The concise Oxford dictionary of English etymology, Oxford 1986.

Ha Hamburgisches Wörterbuch, hg. v. Beate Hennig u. Jürgen Rose, Neumünster 1956/1985ff.

HdA Handwörterbuch des deutschen Aberglaubens, hg. v. Hanns Bächtold-Stäubli, Berlin 1927–41.

HI Homer, Ilias, übers. v. Dietrich Ebener, Berlin, Weimar 1992.

Hioki Kojiro Hioki, Über die Etymologie der Wortsippe von Hering und Haar, in: Wege zur universalen Forschung (Festschrift Seiler), Tübingen 1980, 473–478.

HO Homer, Odyssee, übertr. v. Anton Weiher, München, Zürich 1990.

JB Karlene Jones-Bley, Martin E. Huld, The Indo-Europeanization of Northern Europe, Washington D.C. 1996.

K Friedrich Kluge, Etymologisches Wörterbuch der deutschen Sprache, 24. Auflage bearb. von Elmar Seebold, Berlin, New York 2002.

Kah Henry u. Renée Kahane, Die Seemannssprache. In: Reallexikon der Byzantinistik, Amsterdam 1968ff, Bd. 1, 571–580.

Ke Otto Keller, Die antike Tierwelt, Leipzig 1909–1913.

KS Friedrich Kluge, Seemannssprache, Halle 1911.

LIMC Lexicon iconographicum mythologiae classicae, Zürich 1981–99.

LM Lexikon des Mittelalters, hg. v. Robert-Henri Bautier, München, Stuttgart 1980–99.

LS Albert L. Lloyd, Otto Springer, Etymologisches Wörterbuch des Althochdeutschen, Göttingen 1988ff.

Lx Matthias Lexer, Mittelhochdeutsches Handwörterbuch, Nachdr. Stuttgart 1992.

Ma José Pedro Machado, Dicionário Etimológico da Língua Portuguesa, Lisboa 1952/1956-1959.

mare mare, Die Zeitschrift der Meere, Hamburg 1996ff.

Me Mecklenburgisches Wörterbuch, hg. v. Richard Wossidlo und Hermann Teuchert, Neumünster 1942–1998.

Mi Karl Christian Schiller, August Lübben, Mittelniederdeutsches Wörterbuch, Bremen 1875–81, Nachdr. Münster 1931.

Ml Mittellateinisches Wörterbuch, München 1959ff.

Ni Niedersächsisches Wörterbuch, Neumünster 1953ff.

NJB Neue Jerusalemer Bibel, Freiburg, Basel, Wien 1985.

nl.wp Wikipedia, Online-Enzyklopädie, niederländ. nl.wikipedia.org

O, O3 John A. Simpson, The Oxford English Dictionary, 2. Aufl., Oxford 1989 (zit.: O), Revisionen für eine 3. Auflage als Online-Ressource www.oed.com (zit. O3).

Pf Wilhelm Pfeifer, Etymologisches Wörterbuch des Deutschen, München 1995 (= 2. Aufl., Berlin 1993).

Pli Plinius, Naturkunde, hg. u. übers. v. Roderich König, München 1973–1995.

Pk Julius Pokorny, Indogermanisches etymologisches Wörterbuch, Bern, München 1959–69.

R Alan Rey, Dictionaire historique de la langue française, Paris 1994.

RE Paulys Realencyclopädie der classischen Altertumswissenschaft, neue Bearbeitung, Stuttgart 1890–1978.

Rö Johann Hinrich Röding, Allgemeines Wörterbuch der Marine, Hamburg 1793–98 (= 1794/96), Nachdr. Amsterdam 1969.

Saus Erika Sausverde, Seewörter and Substratum in Germanic, Baltic and Baltic Finno-Ugric Languages. In: JB (s.d.), S.133–147.

Schi Friedrich Schiller, Schillers Werke (Nationalausgabe), Weimar 1943ff.

SK Marlies Schaper, Peter Koll, Bord-Jargon, Dem Seemann auf's Maul geschaut, Hamburg 1991.

SL Joachim Schult, Segler-Lexikon, 9. Aufl., Bielefeld 1994.

Sm Francisco J. Santamaria, Diccionario general de Americanismos, Méjico 1942.

Sp Keith Spalding, An Historical Dictionary of German Figurative Usage, Oxford 1959–2000.

Tazi Raja Tazi, Arabismen im Deutschen, Berlin, New York 1998.

TLF Trésor de la langue francaise, hg. v. Paul Imbs, Paris 1971–94.

TLL Thesaurus Linguae Latinae, Leipzig 1900/05ff.

V Eelco Verwijs, Jacob Verdam, Middelnederlandsch woordenboek, 's-Gravenhage 1885–1929, Nachträge 1941.

W Gerhard Wahrig, Deutsches Wörterbuch, hg. v. Renate Wahrig-Burfeind, 7. Aufl., Gütersloh 2000.

WAS Gerhard Köbler, Wörterbuch des althochdeutschen Sprachschatzes, Paderborn 1993.

WBMil Wörterbuch zur deutschen Militärgeschichte, 2. Aufl., Berlin 1987.

WH Alois Walde, Johann Baptist Hofmann, Lateinisches etymologisches Wörterbuch, 3. Aufl., Heidelberg 1938–56.

Win Wigardus à Winschooten, Seeman, Leiden 1681.

WNT Woordenboek der Nederlandse Taal, 's-Gravenhage 1882–1998, Nachträge 2001.

wp Wikipedia, Online-Enzyklopädie, deutsch de.wikipedia.org.

Z Johann Heinrich Zedler, Universallexikon, Halle, Leipzig 1732–1754.

Abbildungsnachweis

British Library: 269

Creative Commons: 139 (https://commons.wikimedia.org/wiki/File:N.T._Hill_-_William_P._Stubbs.jpg, Fotograf: Roy Winkelman), unter Lizenz CC BY-SA 3.0 DE: 181 (https://commons.wikimedia.org/wiki/File:Compass_Card_B+W.svg, Bearbeiter: smial), 187 (https://commons.wikimedia.org/wiki/File:Bundesarchiv_Bild_183-R66988,_Magdeburg,_Hafen_,_Passagiere_verlassen_Schiff.jpg, Fotograf: Bittner, Bundesarchiv: Bild 183-R66988) 250 (http://commons.wikimedia.org/wiki/File:Kronprinz_im_Sturm_auf_der_Nordsee-Illustrirte_Zeitung.jpg)

Deutsche Fotothek: 39, 219

Johann Heinrich Döll Verlag: 212

John Oxley Library, State Library of Queensland: 283

U.S. National Oceanic and Atmospheric Administration: 177

Yale Center for British Art, New Haven (Connecticut): 89

Restliche Abbildungen: privat.

Statt eines Nachwortes:

Ahoi! Ein Wort geht um die Welt

Die Anrufung »ahoi« hat eine kurze, aber abwechslungsreiche Geschichte, wie die nächsten Seiten zeigen. Meine Beschäftigung mit dem Wörtchen ebenso. Als ich in den 1990ern einige Jahre in der Slowakei lebte, begann ich, Erklärungen für den in Tschechien und der Slowakei verbreiteten Gruß *ahoj* zu sammeln. Im Jahr 2000 erschien dann in der Meereszeitschrift *mare* mein Beitrag *Wie das Ahoj nach Böhmen kam.*

Dass der Text einen Fehler enthielt – die Herkunft des Wortes sei nicht nur aus dem Englischen möglich, sondern auch aus dem Niederländischen –, beruhte auf einem falsch gelesenen Wörterbucheintrag. Darüber wäre die Vergesslichkeit der Zeit gnädig hinweg gegangen, wenn nicht Teile jenes *mare*-Artikels auf die Webseite des Magazins gestellt worden wären. Offenbar war das Interesse an der Wortherkunft von *ahoi* groß – die »holländische Theorie« jedenfalls begann sich im Internet zu verbreiten. Und auch die erste Auflage der hier vorliegenden »Seemannssprache« von 2007 enthielt den Fehler noch. Als im Jahr darauf allerdings die zweite Auflage erscheinen sollte, fiel bei der nochmaligen Durchsicht der Quellenangaben plötzlich auf, dass Korrekturbedarf herrschte.

Zugleich stand zu befürchten, dass die kleine, ärgerliche Falschinformation sogar die Wikipedia entert, die in diesen Jahren allmählich populär wurde. Nun musste eingegriffen werden. Weil jeder, der sich an die Spielregeln hält, bei der Online-Enzyklopädie mitmachen kann, war der Weg klar: Eine Richtigstellung hatte genau hier zu erfolgen. Das Ahoi-Artikelchen bestand 2008 nur aus wenigen Sätzen und sollte doch schnell umzuformulieren sein ... Und wo man schon einmal dran saß, konnten auch die anderen, korrekten Inhalte des *mare*-Artikels eingepflegt werden ... Und auch das, was man in *Google Books*, im *Karlsruher Virtuellen Katalog* und anderen seriösen Quellen sonst noch so findet ... kurzum: Die Recherche wurde zum Selbstläufer. Monate des Stöberns im Internet und in den Bibliotheken förderten eine gewaltige Menge an Informationen zu Tage, die sorgfältig auf Plausibilität überprüft, eingeordnet und gestrafft werden musste.

Der neue Wikipedia-Artikel wurde länger und immer länger, von anderen Wikipedianern teils helfend unterstützt, teils misstrauisch beäugt. Die Arbeit hat sich gelohnt: Am Ende, im Dezember 2008, erhielt das Werk den begehrten Status »Exzellenter Artikel«.

Wichtiger: Er wurde zur Vorlage ähnlicher Artikel auch in anderen Sprachversionen der Wikipedia. Am wichtigsten aber: Seither lesen Jahr für Jahr rund 50.000 Interessierte diesen Text.

Im Laufe der letzten Jahre haben sich die Recherchemöglichkeiten weiter verbessert. Der Beitrag auf den folgenden Seiten beruht auf dem Wikipedia-Artikel, in den nun auch die gesammelten Funde der letzten fünf Jahre eingearbeitet sind. Ansonsten sei noch angemerkt: Die Mission des Autors ist erfüllt – die »holländische Theorie« ist aus dem Internet verschwunden.

D. B.

Gliederung

Überblick

Ahoi [a'hɔi] ist ein Signalwort, um ein Schiff oder Boot anzurufen, und entstammt der deutschen Seemannssprache. Der Ruf galt als veraltet, ist aber mit zunehmender Beliebtheit des Segelsports wieder gebräuchlicher geworden. In Nebenbedeutungen dient *ahoi* als Gruß, Warnung oder Abschiedsformel. Im deutschen Brauchtum wird *ahoi* als regionaler Karnevals- beziehungsweise Fastnachtsgruß verwendet.

Ursprungswort ist das englische *ahoy*. Die maritime Bezeichnung kommt in ähnlicher Aussprache und Schreibung in mehreren Sprachen vor. Als Gruß ist *ahoj* in Tschechien und der Slowakei alltäglich. Im Telefonverkehr in den USA setzte sich das von Erfinder Alexander Graham Bell vorgeschlagene *ahoy* nicht gegen Thomas Alva Edisons *hello* durch.

Vorformen und Entstehung

»a, hoy, hoay«

Der Ausdruck ist aus den beiden Bestandteilen *a* und *hoy* zusammengewachsen. Die Partikel *a* wurde vorangestellt, um mehr Aufmerksamkeit hervorzurufen. Sie trete in ähnlichen Formen in verschiedenen indogermanischen Sprachen auf, ohne dass unbedingt etymologische Verwandtschaft anzunehmen sei, befanden Sprachforscher.

Hoy geht auf einen gleichnamigen Ruf zurück, der in England gebräuchlich war, um Vieh anzutreiben. Der früheste bekannte Beleg stammt von William Langland, der um 1393 in seinem mittelenglischen Versepos *Piers Plowman* (»Piers der Pflüger«) schrieb: »And holpen to erie þis half acre with 'hoy! troly! lolly!«, auf Deutsch sinngemäß: »Und half, diesen halben Acre mit Juchhe, Tirili und Tirila zu pflügen.«

Seeleute benutzten *hoy* in der Nebenform *hoay*. Der schottische Dichter William Falconer, Autor eines nautischen Wörterbuchs, schrieb 1769: »If the master intends to give any order to the people in the maintop, he calls, Main-top, hoay! To which they answer, Holloa!«, deutsch sinngemäß: »Wenn der Kapitän den Matrosen oben im Großmast Befehle zu geben beabsichtigt, ruft er: ›Main-top, hoay!‹ Worauf sie antworten: ›Holloa!‹« Noch in zwei Fachwörterbüchern von 1805 wird wie bei Falconer als Ruf *hoay*, als Antwort *holloa* angeführt. *Ahoy* ist darin nicht erhalten.

Funktional mit *hoy* verwandt ist eine ähnlich lautende Gruppe von Ausrufen und Grüßen im germanischen Sprachraum: mittel- und neuenglisch *hey*, dessen Parallelform *hi*, deutsch und niederländisch *hei*, schwedisch *hej*, ferner die niederländische Grußform *hoi* und die gleichlautende alemannische Anrede. Die Vorformen des deutschen *ahoi* sind *ah* und *hoi*. Dabei verleiht *ah* einem Wunsch oder einer Aufforderung Nachdruck. *hei* und *hoia* haben aufmunternde Bedeutung.

Die einfachste Ansicht über *ahoi* hat der deutsche Sprachforscher Gustav Goedel formuliert: »Man muss sich hüten, tiefere Bedeutungen suchen zu wollen, wo keine sind. Das Wort ist eine einfache Interjektion, weiter nichts, gebildet und gewählt von dem Bedürfnis weithin gehört zu werden.«

»ahiu, â hui«

Zwei Fundstellen in der mittelhochdeutschen Literatur zeigen *ahoi*-ähnliche Interjektionen. Ihre Formen weisen keine Verbindung zum mittelenglischen *hoy* auf, ihre Bedeutungen bieten wenig Anschluss an einen Ruf zur Kontaktaufnahme.

Heinrich von Freiberg verwendete um 1290 in seiner Tristan-Bearbeitung zwei Mal *ahiu* zur Begrüßung: »ahiu, Parmenois Tristan!«, etwa »ahiu, Tristan von Parmenien!«, sowie »ahiu, wie schône sie het sich ûz gefêgetieret«, neuhochdeutsch »ahiu, wie schön sie sich herausgeputzt hat«. *Ahiu* ist bedeutungsgleich mit den ebenfalls hier auftretenden Interjektionen *ahiv, ahiw* und *hiu*. Als Teil einer Wortgruppe mit *ahî, ay* und *ahei*, die Schmerz, Verlangen und Bewunderung ausdrückt, steht *ahiu* vor Ausrufe- und Wunschsätzen und in emphatischer Anrede.

Zwischen 1331 und 1341 formulierte Nikolaus von Jeroschin in seiner *Kronike von Pruzinlant*, der *Chronik des Preussenlandes*: »â hui! sô wêr ich hôchgemût / sô ich ir stirne sêhe blôz«, neuhochdeutsch etwa »ach, was wär' ich frohen Muts, säh' ich ihre Stirne nackt«. *Ahui* gehört mit *aheia, ahi* und *ahu* zu einer Gruppe von Ausdrücken hochgemuter Freude, Hochachtung und ähnlicher positiver Haltungen.

Verbreitung und Verwendung

Allgemeines

Seeleute benutzten das Wort sicherlich länger, als es gedruckt nachweisbar ist. Mündliche Quellen sind nur als Liedertexte erhalten. Zu handschriftlichen Belegen etwa in Aufzeichnungen oder Briefen von Seefahrern fehlen Untersuchungen. Druckwerke haben deshalb hinsichtlich der zeitlichen und räumlichen Verbreitung der *Ahoy*-Wortfamilie nur begrenzte Aussagekraft.

Das englische *ahoy* stellt die Ursprungsform dar und ist, in maritimer Verwendung zuerst für 1751 nachgewiesen, als Wort der Seemannssprache recht jung. Der früheste Beleg für das deutsche *ahoi* stammt von 1828. Im Nord- und Ostseeraum ist die Gruppe um *ahoy* dicht belegt. Semantisch drückt sie eine Distanzänderung aus oder setzt sie voraus. Im ganzen Verbreitungsgebiet als Interjektion benutzt, kommen in einzelnen Sprachen außerdem Verwendungen als Verb (z. B. englisch »to ahoy«, deutsch »ahoi sagen«) und als Substantiv (z. B. schwedisch »ohoj«, deutsch »das Ahoi«) vor. Nicht erforscht ist, wie sich das Wort in Hafenstädten und auf Schiffen mit internationaler Besatzung ausgebreitet hat, insbesondere wie ähnlich lautende Interjektionen in einer Nachbarsprache die Übernahme dorthin behindert oder begünstigt haben.

Im Deutschen wird der Adressat vor- oder nachgestellt, z. B. »›Pfeil‹ ahoi!« oder »Ahoi ›Pfeil‹!« Im schriftlichen Deutsch steht zwischen Anruf und Angerufenem kein Komma. In anderen Sprachen ist dies uneinheitlich.

Englisch

Frühe Belege. Als frühester englischer Beleg gilt ein Ausruf in Tobias Smolletts *The Adventures of Peregrine Pickle* (1751): »Ho! the house a hoy!«, deutsch zeitgenössisch mit »Holla, he da, Wirtshaus!« übersetzt. Der Rufer war Seemann. Eine frühe fachsprachliche Erwähnung stammt aus William Falconers Marine-Wörterbuch von 1780: »The usual expression is, Hoa, the ship ahoay!«, deutsch: »Der übliche Ausdruck ist: ›Hoa, Schiff ahoi!‹« Die Erstausgabe des Wörterbuchs hatte 1769 noch die Vorform *hoay* genannt.

In den 1780er Jahren wurde *ahoy* in London bereits auf der Bühne als Kolorit für maritime Themen eingesetzt und erreichte damit ein breiteres Publikum. In der Komödie *The Walloons*, deutsch: *Die Wallonen*, 1782 vom Dramatiker Richard Cumberland inszeniert, leitete der Ruf eine Anrede ein: »Ahoy! you Bumboat, bring yourself this way«, deutsch etwa: »Ahoi! Du Bumboat, komm einmal her.« Der Text wurde 1813 posthum veröffentlicht.

In einer anderen, ebenfalls später belegten frühen Quelle drückte *ahoy* ein Heranrufen aus. Im Text eines Shanties, eines Arbeitsliedes der Matrosen, war *ahoy* wahrscheinlich 1789 öffentlich zu hören, als der englische Komponist und Schriftsteller Charles Dibdin sein Varieté-Programm *The Oddities* in London aufführte. Es enthielt sein Lied *Ben Backstay* über einen Bootsmann mit der Beschreibung: »And none as he so merrily / Could pipe all hands ahoy«, deutsch sinngemäß: »Und niemand sonst konnte so fröhlich alle Matrosen an die Arbeit pfeifen.« Gedruckt erschien der Text erst 1826.

Konsolidierung. Im Wörterbuch von Samuel Johnson, Ausgabe von 1799, fehlt ahoy (gesprochen [ə'hɔi]) noch, wurde aber in der Ausgabe von 1824 als »fast so wichtig wie holla« bezeichnet und mit dem Zitat von Cumberland 1813 belegt. Der erste Eintrag in dieses weit verbreitete Nachschlagewerk kann als Aufnahme in den etablierten Wortschatz des Englischen gelten. Noch in der ersten Hälfte des 19. Jahrhunderts begann das Wort in viele Nachbarsprachen abzustrahlen. Eine Spekulation von 1835 über die Herkunft aus französisch »oyez!«, deutsch »hört!«, zeigt die frühe philologische Beschäftigung mit dem Wort an.

Schon zuvor trat es in metaphorischem Zusammenhang auf. In der US-amerikanischen Handelsstadt Philadelphia begann 1819 der Prediger Joseph Eastburn, eine Seemannskirche aufzubauen. Seinen Memoiren zufolge grüßten ihn die Matrosen mit »Schiff ahoi« und fragten, wohin die

Fahrt gehe. Der Prediger antwortete: »Zum Hafen von Neu-Jerusalem. Wir segeln unter dem Admiral Jesus, einem guten Kommandanten. Wir brauchen Männer.« Wie bei einem Heuergespräch sagten die Matrosen: »Nun, wir kommen herein und hören uns Eure Bedingungen an.«

Die Nebenform *ohoy*. Als Synonym für *ahoy* ist die Nebenform *ohoy* früh bezeugt. In einer Anekdote, abgedruckt 1791, lautete der ironische Gruß eines Kapitäns, der seinen neu eingekleideten und nun wie ein stämmiges Romney-Schaf aussehenden Bootsmann im Theater traf: »Ohoa, the boatswain, the Romney, Ohoy!« Dieser antwortete »Holloa« und verschwand. Der schottische Dichter Thomas Campbell veröffentlichte 1821 ein Spottgedicht, in dem ein Reiter rief: »Murderer, stop, ohoy, oh!« 1836 schrieb der schottische Romancier Allan Cunningham: »Ohoy, Johnnie Martin! Ohoy, Tom Dempster! be busy my merry lads, and take me on board«, deutsch etwa: »… eilt euch, gute Kerls, und nehmt mich an Bord.«

Die Form »ohoy« wurde in mehrere nordische Sprachen entlehnt. Deren Wörterbücher geben englisch *ohoy* als einziges Ausgangswort, als erstes vor *ahoy* oder als zweites nach ahoy an.

Deutsch

Erforschung. Der Begriff blieb deutschen Lesern bis in die 1840er Jahre weitgehend unbekannt, weil ihn Übersetzer der beliebten maritimen Literatur oftmals vermieden. 1843 lautete das deutsche Pendant für *å-hoj* in einem aus dem Schwedischen übersetzten Roman noch »hiaho«. 1847 wurden das englische *ahoy* mit »holla!« und die Wendungen *all hands ahoy!, all hands (a-)hoay!* mit »Alles auf's Verdeck! Überall! Überall!« ins Deutsche übersetzt.

Die frühesten Belege in deutscher Sprache stammen nicht aus seemännischen Sachtexten, sondern aus der Prosa, die aus Nachbarsprachen ins Deutsche übersetzt wurde. Die Umstände bezeugen anfangs noch Unsicherheiten in der Anwendung des Wortes. Seit Ende der 1820er Jahre ist *ahoi* mit dem Schlussvokal *-i*, der die Eindeutschung von *ahoy* kennzeichnet, in Übersetzungen erst englischer, später auch skandinavischer Romane und Erzählungen nachweisbar. Ab Mitte der 1830er Jahre benutzten es deutschsprachige Schriftsteller. Ab Mitte der 1840er Jahre verwendeten es mehrere vielgelesene Autoren, so dass *ahoi* um 1850 als etabliert gelten kann.

Wörterbucheinträge blieben im 19. Jahrhundert selten. Im »Urduden« von 1880 ist es nicht aufgenommen. Grimms *Deutsches Wörterbuch* (DWB) kannte das Wort noch nicht; der erste Bogen mit Einträgen bis zum Stichwort *allverein* erschien 1852. Die zweite Auflage des DWB von 1998 nennt als früheste Belege Heinrich Smidts Roman *Michael de Ruiter* von 1846 und Gerstäckers *Flusspiraten des Mississippi* von 1848. Auch die Zettelkartei für das Wörterbuch, in der Berlin-Brandenburgischen Akademie der Wissenschaften aufbewahrt, enthält keine früheren Nennungen. Das Standardwerk *Etymologisches Wörterbuch der deutschen Sprache* von Friedrich Kluge nennt *ahoi* gar erst seit der Ausgabe von 1999 mit eigenem Stichwort.

Das automatische Durchsuchen digitalisierter Bücher im Internet und in Offline-Datenbanken nach passenden Stichwörtern führt nur zu wenigen brauchbaren Ergebnissen. Die deutsche Unterhaltungsliteratur war in der ersten Hälfte des 19. Jahrhunderts so schlecht gedruckt, dass auch gute Erkennungssoftware heute noch eine große Zahl von Lesefehlern produziert, so dass Belege nicht gefunden werden. Katalogrecherche ist bei systematischer Suche weiterhin unumgänglich.

Frühe Belege. Die derzeit feststellbare früheste Verwendung des Wortes *ahoi* datiert von 1828. Im Jahr 1827 hatte der US-amerikanische Erzähler James Fenimore Cooper seinen Piratenroman *The Red Rover* veröffentlicht, schon im Folgejahr erschien *Der rothe Freibeuter* in Frankfurt am Main. Der Übersetzer Karl Meurer hat zwar nicht alle Nennungen wörtlich genommen. So wurde aus dem Befehl »All hands make sail, ahoy!« ein »Alle zu Hauf! Die Segel hißt!«, an anderer Stelle geriet *ahoy* zu *aho*, vielleicht eine Unaufmerksamkeit. Aber Meurer übersetzte auch genau: Aus »All hands to mischief, ahoy!«, der Genehmigung für ein Bordvergnügen, entstand »Alle zu Hauf! zu Possen, ahoi!« Die Wendung »Good humour, ahoy!« übersetzte Meurer mit »Bei den Possen gehalten, ahoi!«

In einer Erzählung, der ein Schiff namens *Water Witch* (»Wassernixe«) ihren Titel gab, gebrauchte Cooper 1830 fünf Mal das *ahoy*-Wort. Noch im gleichen Jahr erschien eine Übersetzung von Gottfried Friedenberg, der vier Mal *ahoi* wählte. Nur beim ersten Auftreten von *ahoy* im Text rutschte Friedenberg noch das originale *ahoy* durch. Möglicherweise war ihm 1830 das deutsche Wort noch recht neu. In späteren Auflagen wurde der Fehler korrigiert. Friedrich Knickerbocker, der 1831 die zweite Übersetzung veröffentlichte, überging oder umschrieb *ahoy*, auch falsch mit »Holüber!«

Das von ihm einmal eingesetzte »Wer da« war nicht neu. 1824 und 1827 erschienen deutsche Ausgaben von Coopers Roman *The pilot,* in denen *ahoi* durch die ähnlichen Anrufungen »Wer da!«, »Wer da?«, »heda« oder »He! He!« übersetzt waren. Erst 1842 erhielt *Der Lotse* durch eine weitere Übersetzung von Eduard Mauch eine interjektivische Vereinheitlichung, allerdings mit viermal *ahoy* und einem Mal *ahoi.*

Mit *ahoy* als Fremdwort belässt es 1835 und 1836 auch der ungenannte Übersetzer der zweibändigen Erzählung *Trelawney's Abentheuer in Ostindien*, die der Seemann und spätere Schriftsteller Edward John Trelawny 1832 veröffentlichte. Auch der Österreicher Charles Sealsfield benutzte zunächst die Ausgangsform. Sealsfield, der mit bürgerlichem Namen Karl Anton Postl hieß, lebte zeitweilig in New Orleans und hatte viel Kontakt mit Seeleuten. In seinem 1835 in Zürich erstveröffentlichten Roman *Morton oder die große Tour* lässt er eine erregte Menge am Piccadilly Circus in London »Gare! Gare! take care! Hallo ho! A hoy!« rufen; so auch in Ausgaben von 1844 und 1846. Im Apparat eines Nachdrucks wird zwar zutreffend *Gare* zu *Care*, deutsch Vorsicht, korrigiert, aber fälschlich angegeben, in allen drei Ausgaben habe die Menge »Gare! Gare! take care! Hallo ho! Ahoi!« gerufen. Korrekt ist die englische Schreibung in der damals durchaus üblichen getrennten Variante.

In Sealsfields Roman *Pflanzerleben*, Zürich 1836, lautet ein Befehl, als hoher Besuch eintrifft: »Ahoi! Ahoi! (...) Hört ihr nicht? die Pferde dem Herrn Grafen abnehmen.« Das Buch erschien 1844 in den USA in englischer Übersetzung. In ihr behielt das *ahoi* seine deutsche Form. Auch in Sealsfields letztem Roman, *Süden und Norden* von 1843, verwendet er den englischen Ruf noch einmal in getrennter Schreibung: »Sail a hoy – an ennemys sail!« Die selbst am Fuß der Seite vermerkte Übersetzung lautet: »Kapitän, ein fremdes (feindliches) Segel.«

1837 erschien in dänischer und vom Autor Carl Bernhard selbst übersetzter deutscher Fassung die Novelle *Lykkens Yndling/Das Glückskind*. Bernhard war das Pseudonym des dänischen Romanciers Andreas Nikolai de Saint-Aubain. Mit der Wendung »Ahoi, ein Segler!« für »Ahoi, en Sejler!« liegt hier der wohl früheste Import aus einer skandinavischen Sprache vor.

Im Jahr 1838 ließ der Schriftsteller Ernst Willkomm seinen Lotsen Jans mit Donnerstimme »Schiff ahoi!« von den Helgoländer Klippen herabrufen. Die *Zeitung für die elegante Welt*, in der Willkomms *Lootsenerzählungen* zuerst erschienen, verdruckte den Ruf zu »Schiff ahni!«, in der Buchausgabe von 1842 korrigiert. Offenbar ohne die Bedeutung des Wortes zu kennen, zitiert im gleichen Jahrgang 1838 der *Zeitung für die elegante Welt* ein ungenannter Verfasser in der Erzählung *Johann Pol. Ein Lebensbild auf den Antillen* einige Matrosen, die beim Beladen eines Schiffes »ihr eintöniges Ahoi, ohe! sangen, welches die Seeleute aller Völker und Erdtheile anstimmen, wenn sie arbeiten«.

Von 1844 datiert der Schwank *Politik an einer Wirthstafel* von Friedrich Giehne, bei der die Bedienung eines Wirtshauses mit »Kellner! Ahoi!!« gerufen wurde. Das Buch, in dem Giehnes Text erschien, versammelt meist Nachdrucke von Texten aus den Jahren 1836 bis 1843, doch ist dem Vorwort nicht zu entnehmen, wann die *Politik an einer Wirthstafel* erstmals erschien und ob sie überhaupt ein Nachdruck ist. Erstaunlich ist der »Landgang« der Interjektion. Er erinnert an die Verwendung in Smolletts Roman *The Adventures of Peregrine Pickle* von 1751. »Ho! the house a hoy!« ruft dort Commodore Trunnion. Verdeutscht wurde er etwas später, 1789, als »Holla, he da, Wirtshaus!«, ähnlich auch 1827 und 1841. Ein Zusammenhang von Smollett und Giehne ist dennoch vorstellbar. Giehne könnte Smollett in Georg Nikolaus Bärmanns

Übersetzung von 1840 gelesen haben, in der Trunnion ausruft: »Halloh, Wirtshaus, ahoi!«

Der Schriftsteller Heinrich Smidt verwendete *ahoi* 1844 in einem Teilvorabdruck seines 1846 in Buchform erschienenen Romans *Michael de Ruiter. Bilder aus Holland's Marine* im *Magazin für die Literatur des Auslandes*, dessen Redakteur er war. Ebenfalls 1844 kam *ahoi* in seiner Erzählung *Hexen-Bootsmann* vor. In mittlerweile digitalisierten Büchern, die Smidt zwischen 1837 und 1842 veröffentlichte, hat er *ahoi* nicht verwendet, gebrauchte es aber dann stetig von 1844 bis zu seinem letzten Roman, der 1866 erschien. Das Wort dürfte also um 1843 in Smidts Wortschatz gelangt sein.

Friedrich Gerstäcker gehörte im 19. Jahrhundert zu den erfolgreichsten und bekanntesten deutschen Autoren von Abenteuerromanen. Ebenso wie bei Smidt ab 1844 trat bei Gerstäcker, der viel aus dem Englischen übersetzte, ab 1847 *ahoi* schlagartig auf. »Ahoi – ho – ahoi! meine braven Burschen«, heißt es in den *Mississippi-Bildern*. 1848 folgt in den *Flusspiraten des Mississippi* der Satz: »Boot ahoi! schrie da plötzlich der gebundene Steuermann.«

Vereinzelt ist die Nebenform *ohoi* nachweisbar. 1846 schrieb die schwedische Autorin Emilie Flygare-Carlén in einem Roman: »›Båt, ohoj – hvarifrån, hvathän?‹« »›Boot, ohoi – woher, wohin?‹«, übersetzte Gottlieb von Rosen die Stelle in der deutschen Ausgabe *Der Einsiedler auf der Johannis-Klippe* von 1847. In der *Novellen-Zeitung* vom 18. August 1847 verwendete ein Autor in der Kurzgeschichte *Ein Contrast* das Wort *ohoi,* 1869 auch der Schriftsteller Friedrich Spielhagen im Roman *Hammer und Amboß*.

Die zunehmende Popularität von *ahoi* ist auch daran zu erkennen, dass es im Nachhinein in Werke eingefügt wurde. Karl Meurer übertrug 1828 die Liedzeile »The cry's: A sail! a sail!« aus Coopers *Red Rover* mit »Ein Segel! Ein Segel! hoho«. 1841 machte Gottfried Friedenberg daraus »Ein Segel dort! ahoi!«, was 1845 der österreichische Dichter Wilhelm Gärtner in seiner Novelle *Die Fledermaus* verbreitete. Weiter reichte ein Eingriff in das Werk des schottischen Schriftstellers Walter Scott. Er hatte 1816 in seinem Roman *The Antiquary* den Ausruf »hilli hilloa, hilli-ho-a!« verwendet, in den folgenden Jahrzehnten korrekt von seinen deutschen Übersetzern rezitiert. Benno Tschischwitz erdichtete daraus bei seiner Edition von 1876, 1888 auch illustriert aufgelegt, »ahoi ahoi! hoi hoi hoi!«

Konsolidierung. Für den Weltreisenden Wilhelm Heine war der Ruf 1859 bereits »üblich«. Heine war allerdings mit amerikanischen Seeleuten unterwegs, die die bereits gebräuchliche englische Form benutzten. Für Deutsche in Livland an der Ostsee erklärte 1864 ein Wörterbuch noch den Gebrauch: »ahoi […], zweisylbig, und die zweite betont.« In Deutschland im 19. Jahrhundert »insgesamt noch selten«, um 1910 eine »moderne Nachahmung« des englischen *ahoy*, ist der Begriff dann ungebräuchlich geworden. Im nichtmaritimen Bereich wird *ahoi* auch zur Verabschiedung gebraucht. In literarischer Verwendung, meist mit maritimer Thematik, erscheint *ahoi* etwa bei:

- Paul Heyse (1900): »Er sah mit übermütig herausforderndem Blick zu den drohenden Wolken empor und ließ ein helles Ahoi! ertönen.«
- Carl Sternheim (1909) als Mitteilung an die Crew: »Eine Stimme vom Mast: Land ahoi!«
- Anna Seghers (1928): »Ein paar Burschen von vorn liefen auf eine Höhe, schrien Ahoi, winkten mit den Armen.«
- Hans Fallada (1934) als Warnruf: »Ahoi! Ahoi! Mann über Bord!«
- Friedrich Dürrenmatt (1951): »Ahoi! Die Segel gelichtet [sic!], weg, zu anderen Küsten, zu anderen Bräuten!«
- Günter Grass (1959): »Warum aber Matzerath winkte und solch einen Blödsinn wie ›Schiff ahoi!‹ brüllte, blieb mir schleierhaft. Denn der verstand als gebürtiger Rheinländer überhaupt nichts von der Marine«.
- Hermann Kant (1972): »Da ging dieser Mensch aus dem Haus, sagte ahoi, Franziska, küßte einen auf die Nase, alles wie immer …«
- Ulrich Plenzdorf (1973): »Ahoi! Hast auch schon besser gehustet, no?«

In Liedern, die nach der Großseglerzeit komponiert wurden, stellte das Wort maritime Atmosphäre her, ohne noch dem traditionellen Gebrauch zu folgen. *Wir lagen vor Madagaskar* mit dem Refrainbeginn »Ahoi Kameraden« entstand 1934 und kann als Fahrtenlied gelten. Der Schlager *Schön ist die Liebe im Hafen* mit den Ausgangszeilen im Refrain »Auch nicht mit Fürsten und Grafen / Tauschen wir Jungens, ahoi!« beruht auf einem Walzerlied, ebenfalls von 1934. Bei den Edelweißpiraten wurde *ahoi* wohl von tschechischen Jugendlichen übernommen und auch nach ihrem Verbot 1933 als Gruß gebraucht.

Wassersport. Hobbysegler haben *ahoi* von den Berufsschiffern übernommen. Von 1884 bis 1887 erschien das Blatt *Ahoi!*, zunächst als *Zeitschrift für deutsche Segler*, dann *für den Wassersport.* Der Berliner *Segel-Club Ahoi* wurde 1892 gegründet. Als »Ruf der Segler« ist *ahoi* in den 1920er Jahren für den Bodensee belegt. Mit zunehmender Beliebtheit des Wassersports kam er seit den 1960er Jahren wieder auf. Seither wird *ahoi!* auch als Formelgruß an einen Funktionsträger an Bord benutzt, z. B. »Käptn ahoi!«, oder ganz ohne Zusatz. Die Verwendung gilt unter Professionellen als unseemännisch, und »diesen Aufschrei [›ahoi!‹] vermeiden Sie lieber ganz. Sein Gebrauch wird an Bord übel vermerkt und kann die ganze Sphäre des mühsam geschaffenen Vertrauens zerstören. Dieses schon gestorbene Wort haben die Schlagerdichter wieder aufpoliert«, bedauerte der Schriftsteller Arnold Rehm. Eine Schlauchbootwerft verbreitete von 1964 bis 1992 ihre Kundenzeitschrift *Wiking ahoi.*

Karneval/Fastnacht. *Ahoi* ist wie *helau* und *alaaf* ein Narrenruf zu Karneval beziehungsweise Fastnacht. Nachdem Schiffer, Hafenarbeiter und Fischer des Binnenlandes den Ausdruck von der Küste übernommen hatten, popularisierten ihn die Karnevalsvereine. In den Umzügen grüßt die Besatzung eines Narrenschiffs das Volk am Straßenrand mit *Ahoi!* und erhält denselben Gruß zurück. Traditionell ist er in der Kurpfalz verbreitet, etwa in Mannheim mit »Monnem ahoi!« oder »Mannem ahoi!« und in Ludwigshafen, aber auch in angrenzenden Gebieten wie dem nordbadischen Altlußheim sowie im südthüringischen Wasungen, dort mit »Woesinge ahoi!« Auf dem Backfischfest der Fischerzunft in Worms wird ebenfalls mit »ahoi« gegrüßt. Auch jüngere Karnevalsaktivitäten, etwa die Kölner Neugründung *Statt-Garde Colonia Ahoj* von 2003, verweisen auf den Ruf.

Militär. In der deutschen und der österreichischen Marine wurden vor dem Ersten Weltkrieg Boote, die sich einem vor Anker liegenden Kriegsschiff näherten, mit »Boot ahoi!« angerufen, um festzustellen, wer darin ist. Die Antworten von den Kriegsschiffbooten hingen von der höchstgestellten Person an Bord ab: »Standarte!« beim Herannahen mit einer »Fürstlichkeit« an Bord, »Flagge!« mit einem Admiral, »Ja, ja!« mit Offizier und »Nein, nein!« ohne Offizier. Ähnliches galt mit »boat ahoy« in der U.S. Navy, wo das Verfahren 1893 erstmals geregelt wurde, und in der Royal Navy.

Von den deutschen Kriegsschiffen zwischen 1815 und 1945 hieß nur ein Motorboot der Kriegsmarine *Ahoi*. Es wurde 1940 übernommen, trug den Namen also vermutlich bereits vorher, und fuhr auf dem Kaiser-Wilhelm-Kanal. Im Juni 1945 erhielt es der Eigner J. Pieper & Co. zurück. Das 1942 in Dienst gestellte deutsche Schleuderschiff *Bussard* wurde als Kriegsbeute der USA 1947 an die belgische Reederei Heygen in Gent verkauft und in *Ahoy* umbenannt.

In Zittau stellten die Phänomen-Werke Gustav Hiller von 1940 bis 1943 unter der Bezeichnung *Phänomen Ahoi* 125-Kubikzentimeter-Motorräder für die deutsche Wehrmacht her.

»Nebel – ahoi!« ist der Ruf der ABC-Abwehrtruppe der Bundeswehr und gehört offiziell zum militärischen Brauchtum des Heeres. Der Ruf geht auf die *Nebeltruppe* zurück, eine Kampfgruppe der Wehrmacht ab 1935, die das Gefechtsfeld chemisch einzunebeln und schlagartig mit Massenfeuer Flächenziele zu vernichten hatte, und »entstand aus Freude über einen gelungenen Nebeleinsatz, wenn also der Nebel ›gut im Ziel lag‹«.

Brausepulver. *Ahoj* heißt ein 1925 in Stuttgart entwickeltes Brausepulver. Nach dem Ruf *ahoi* benannt, wird es seit 1930 mit der Abbildung eines Matrosen und einer mit »Ahoj« beschrifteten Flagge beworben. Zur Entstehungszeit waren Matrosenanzüge als Kinderkleidung in Mode. Auch in den USA ist die Markenbezeichnung im Süßwarensegment bekannt. *Chips Ahoy!*

ist dort eine populäre Keksmarke des Lebensmittelkonzerns Nabisco, deren Name mit dem Anruf »ship ahoy!« spielt.

Viehtrieb. Einen Einzelfall stellt *åhoi* als Ruf an das Zugvieh zum Langsamgehen an. Er ist vor dem Ersten Weltkrieg für das Erzgebirge bezeugt und wurde wie *eha* und *oha, ooha(a)* verwendet. Hier kann eine Kombination aus zwei Interjektionen wie im Mittelenglischen vorliegen, jedoch stammt die erste möglicherweise von erzgebirgisch *eh* »ein, inne« wie *ee halten* »an-, ein-, innehalten«. Ein Lemma *åhoi, ahoi* oder *ohoi* fehlt im neuen Standard-Wörterbuch für diese Sprachregion von 1998. In einem Tal des Triglav-Gebirges in Slowenien unterhielten sich Hirten mit *Ohoi!*-Rufen über weitere Strecken, wie ein Bericht von 1838 erwähnt.

***Ahoi*-Wörter in Titeln.** *Ahoi*, *Ahoy* und *Ahoj* sind populäre Bestandteile von Medientiteln. Dazu gehören die Filme *Schiff ahoi* (schwed. *Skepp ohoj!*, mit Gunnar Björnstrand, 1932), *Ship Ahoy* (mit Eleanor Powell, 1942) und *Mörder ahoi!* (engl. *Murder ahoy,* ein *Miss Marple*-Film, 1964), die Bücher *Galaxis ahoi!* (Jesco von Puttkamer, 1958) und *Feuerland ahoi!* (Eberhard Hilscher, 1961) und die Bühnenstücke *Tobias ahoi!* (Theater Junge Generation, Dresden 1949) sowie *Käptän Ahoi* (Ruth Megary, München 1955). Der Künstler Jonathan Meese nannte 1998 eine Arbeit *Ahoi der Angst.* Musikalische Werke, ebenfalls in Auswahl: *Mädel ahoi* (Walter Kollo, 1936), *Ahoy* (The Beach Boys, 1962), *Ahoi, ay ay Capt'n* (Ricky King, 1982), *Ahoi* (Die Raketen, 2004).

Niederländisch

Herkunftstheorien. Wenn der Ursprung von *ahoi* im Niederländischen liegen sollte, kommt *hoy* von *hoie*, dem Namen eines Seglers, der heute unter der Bezeichnung *Hoie* oder *Heude* bekannt ist. Dieser verbreitete Schiffstyp beförderte Passagiere und Fracht längs der Nordseeküste und über den Ärmelkanal. »An Hoye of Dorderyght«, aus der holländischen Handelsstadt Dordrecht, wird 1495 in einem Brief erwähnt; zwei Jahre später taucht »an hoye of Andwarpe« in den Akten des englischen Königs Heinrich VII. auf. In einer Reisebeschreibung von 1624 kommt der allerdings zu Übertreibungen neigende Kapitän John Smith für die Region zwischen Vlissingen und dem IJsselmeer auf eine gewaltige Zahl von Segeln: »Holland and Zeeland hath twenty thousand saile of Ships and Hoies.«

Direkte Belege für eine Herkunft von *ahoi* aus der Partikel *a* und dem Substantiv *hoie* fehlen jedoch. Der Ruf gilt in der niederländischen und deutschen Sprachforschung als Übernahme aus dem Englischen. Dafür sprechen die Dichte der Belege im Englischen und deren Fehlen im Niederländischen sowie Zweifel an der Vermutung, dass in der Frühneuzeit eine einzelne Schiffsbezeichnung wortbildend gewesen sein konnte, selbst wenn sie verbreitet war.

Der Zusammenhang von *ahoi* und *hoi*, einer im Niederländischen verbreiteten Anredeform, ist unklar. *Hoi*, bereits 1552 als Jauchzer belegt, kann eine Kurzform von *ahoi* sein oder *ahoi* eine Erweiterung von *hoi*. Wahrscheinlich gehört *hoi* aber zu einer Gruppe von Rufen wie *hó, hé* und ist mit *ahoi* nicht enger verwandt.

Quellenlage. Im Niederländischen kommen *aho(o)i, ahoy* und *ehoi* eher selten vor und sind in zahlreiche Fachwörterbücher nicht aufgenommen. Möglicherweise liegt dies an der Verbreitung des ähnlichen, schnelleren Anrufs *hoi*.

Die Quellenlage zur frühen Verwendung des Wortes ist mangelhaft, weil *ahoi* im *Woordenboek der Nederlandsche Taal* (WNT) kein eigenes Lemma erhielt, obwohl dieses Großwörterbuch auch Interjektionen erfasste. Auch in den Ergänzungslieferungen der letzten Jahrzehnte zum WNT fehlt dieser Eintrag. Innerhalb der Einträge im WNT stammen die frühesten Belege, die Formen von *ahoi* enthalten, aus der Zeit um 1900. In einem 1897 erschienenen Mädchenbuch schrieb die Schriftstellerin Tine van Berken: »A-hoi! A-hoi! riep Beer onvermoeid, de hand trechters gewijze aan de mond«, deutsch »… rief Beer unermüdlich, die Hand trichterförmig am Mund«. 1908 ließ der Schriftsteller George Frans Haspels Sturmgewalten »met donderend ahoei«, deutsch »mit donnerndem Ahoi«, auf die Küste prallen. Hier ist die Bedeutung zu Lärm oder Begrüßung erweitert. Die Schreibung *ahoei*, [a ˈhuːi] gesprochen, enthält zudem ein lautmalerisches Element, falls Haspels mit [huːi] auf das Geräusch des Windes anspielte.

In den 1950er Jahren galt *ahoi* als veraltet. Der Ausdruck ist aber noch allgemein bekannt. Belege für einen Gebrauch von *ahoy* im Friesischen fehlen in Großwörterbüchern für diese Sprache.

***Ahoy* in Rotterdam.** *Ahoy* lautet die Kurzform für das Ahoy Rotterdam, ein großes Veranstaltungszentrum in den Niederlanden. Es bestand zunächst aus einer Halle der 1950 veranstalteten Ausstellung *Rotterdam Ahoy!* zum Wiederaufbau der kriegszerstörten Stadt und hieß anfangs *Ahoy'*. Der Akzent sollte an das Ausrufezeichen der Ausstellung erinnern. 1968 siedelte es in den Stadtteil Charlois um, wo mit der Zeit ein ausgedehnter Gebäudekomplex entstand.

Aus Charlois stammte das 1955 gegründete *Tamboer- en Trompetterkorps Ahoy*, deutsch *Tambour- und Trompeterkorps Ahoy*. Ob es so benannt wurde, weil das maritim inzwischen als veraltet geltende *ahoy* in Rotterdam seinerzeit Aufbaugeist ausdrückte, ist nicht erforscht. Der Spielmannszug trat erstmals am Koninginnedag 1956 auf und wurde mit seinem innovativen Figurenlaufen, zuvor unüblichen Wechselgesängen und schneller Marschmusik bekannt. 1962 gewann er einen 1. Preis im Wereld Muziek Concours in Kerkrade und spielte später auf dem Sanremo-Festival. Aus Mangel an Nachwuchs löste sich das Korps 2003 auf. In Hamburg entstand 1975 das *Show-Musikkorps Ahoy-Hamburg*.

Nordische Sprachen

Formen. Skandinavische Sprachen haben Abkömmlinge der englischen Formen *ahoy* und *ohoy* in vielen Schreibungen aufgenommen. Im Dänischen sind es *ahoj* und *ohoj*, auch *ohjø, aahøj* oder *ohej*, im Norwegischen *ohoi*, im Schwedischen *ohoj* und *å-hoj*. Im Isländischen kann *ohoj* mit vorgestelltem englisch *ship* kombiniert sein; als Anrufung tritt die Form *Sjipp og hoj* auf.

Frühe Belege. 1837 benutzte der dänische Romancier Andreas Nikolai de Saint-Aubain, der unter dem Pseudonym Carl Bernhard veröffentlichte, die Wendung: »›Ahoi, en Sejler!‹ raabte Matrosen fra Mærset.« Saint-Aubins Übersetzung ins Deutsche aus demselben Jahr, »›Ahoi, ein Segler!‹, rief der Matrose vom Mers«, ist zugleich ein früher deutscher Beleg.

Die schwedische Autorin Emilie Flygare-Carlén schrieb 1842: »Örnungen reddes till en ny färd på den klarnade böljan; manskabet skrek sitt muntra ›å-hoj!‹« Der deutsche Übersetzer von 1843 vermied *å-hoj* und formulierte: »Der junge Adler ward zu einer neuen Fahrt durch die klaren Wellen in Bereitschaft gesetzt; die Mannschaft ließ ihr munteres Hiaho erschallen.« In der englischen Übersetzung von 1844 heißt es hingegen: »The crew of the young Eagle […] shouted their cheerful ahoys.« 1846 schrieb Flygare-Carlén: »Båt, ohoj – hvarifrån, hvathän?«, deutsch »Boot, ohoi – woher, wohin?«

Noch in zwei englisch-dänischen Wörterbüchern von 1863 ist *ahoy* mit »Hey! Holla!« und »holla! heida!« übersetzt.

Finnisch. Im nicht zur germanischen Sprachfamilie gehörenden Finnischen ist die Interjektion aus schwedisch *ohoj* zur Form *ohoi* entlehnt. In einem deutsch-finnischen Wörterbuch wurde deutsch *ahoi* mit finnisch *hoi* angegeben. Eine Übersetzung von englisch *ahoy* ins verwandte Estnische nennt *ahoi*.

Tschechisch und Slowakisch

Herkunftstheorien. In den beiden Binnenländern Tschechien und Slowakei, 1918 zur Tschechoslowakei vereint und 1992 verselbständigt, ist *ahoj* als Gruß alltäglich. Zu den vielen im Verbreitungsgebiet kursierenden Erklärungen dafür gehört:

- Tschechische Seeleute brachten den Ruf aus Hamburg mit. Die Spedition *Tschechoslowakische Elbe-Schifffahrt* betrieb den dortigen Moldauhafen, 1929 an die Tschechoslowakei verpachtet, als Terminal für den Frachtverkehr, komplett mit Wohnschiff *Praha*.
- Wenn der Landgang tschechischer Matrosen in den Industriehäfen an Moldau und Oberelbe endete, warnten die Mädchen aus den Hafenbars ihre Freier zum Abschied vor ihrer Berufskrankheit Syphilis mit dem Wortspiel *hoj/(ne)hojit*: »A hoj! Kdo nehojil, tomu upad«, deutsch »Und holla! Wer

ihn nicht geheilt hat, dem ist er abgefallen!«

- Seeleute der tschechoslowakischen Handelsmarine mit ihren zeitweilig 13 Hochseeschiffen brachten das Wort in den Sommerurlauben mit.

- Über die ursprünglich aus Böhmen und Mähren stammenden evangelischen Herrnhuter Brüder, die im 18. Jahrhundert nach Amerika zogen, floss maritimes Wissen, auch um diese Anrufung, zurück in die alte Heimat.

Ein im Internet verbreiteter Fake ist die Rückführung des internationalen Rufs auf einen böhmischen Seemann des 17. Jahrhunderts.

nazdar, ahoy, čau. Tatsächlich geht die Verbreitung von *ahoj* auf die 1920er Jahre zurück, als tschechische Jugendliche und Studenten das Kanufahren auf den südmährischen und -böhmischen Flüssen popularisierten. Die Kanuten bildeten eine Art Wandervogelbewegung; manche nannten sich *trampové*, »Tramps«, oder *skauti*, »Scouts, Pfadfinder«. Schon in den 1930er Jahren sahen tschechische Sprachforscher in diesen *skauti* Träger und Verbreiter des *ahoj*.

Die Gruppen bildeten eine romantische Opposition gegen das als nationalistisch empfundene tschechische Bürgertum. Dessen *Sokol*-Sportvereine mit ihrer Vorliebe für die traditionelle Gymnastik passten nicht zur Aufbruchsstimmung der Jugendlichen, die deswegen einen als international und schick empfundenen Sport mit eigenem Gruß kultivierten. Sie stellten ihr aus der Seemannssprache stammendes *ahoj*, möglicherweise aus dem Niederdeutschen übernommen, gegen den Sokol-Ruf *nazdar*, deutsch etwa *Heil* wie in *Ski Heil*. *Nazdar* war in der tschechischen und tschechoslowakischen Gesellschaft allgemein gebräuchlich, doch innerhalb weniger Jahrzehnte legte sich das modernere *ahoj* über den dadurch ältlich werdenden Ausdruck.

Zur Verbreitung des *ahoj* hat die ironisierende tschechische und slowakische Sprachlust beigetragen. In der Slowakei kursieren *ahoj*-Abkömmlinge wie das verniedlichende *ahojček*, deutsch etwa »Ahoichen«, das zum Trinkergruß taugende *ahojka*, »Prösterchen«, ferner die Plural-Anrede *ahojťe*, »ahoi, Ihr!« sowie die grammatisch korrekte Wir-Form *ahojme sa,* »wir ahoien, wir sagen ahoi«. Im Tschechischen wie im Slowakischen wird *ahoj* langsam vom wiederum als moderner empfundenen *čau* verdrängt, das vom italienischen Gruß *ciao* stammt. Dies soll bemerkbar gewesen sein, seit die tschechoslowakische Regierung in den 1960er Jahren die Aufführung von italienischen Kinofilmen zuließ.

Jugendkulturelle Benennungen. Die zum Verlag Melantrich in Prag gehörende Tageszeitung *České slovo* (deutsch »Tschechisches Wort«) nannte eine von 1933 bis 1943 erschienene humoristische Beilage *Ahoj na neděli* (»Ahoi am Sonntag«). Sie wurde freitags verbreitet, »um die Tramps rechtzeitig mit ihrer Wochenendlektüre zu versehen«, erinnerte sich 1957 die Kulturwissenschaftlerin Svatava Pirkova Jakobson. Von 1969 bis 1997 erschien im *České slovo*-Nachfolger *Svobodné slovo* (»Freies Wort«) die Freizeitbeilage *Ahoj na sobotu* (»Ahoj am Samstag«).

Mit amtlichem Namen *Ahoj* heißt ein Distrikt im Stadtteil Nové Mesto der slowakischen Hauptstadt Bratislava. Dort trafen sich vor dem Zweiten Weltkrieg, als die Gegend noch kaum bebaut war, Jugendliche.

Der Autohersteller Škoda benannte 2001 seine Konzeptstudie für einen Kleinwagen *Škoda Ahoj!*

Spottwort in Theresienstadt. Im Konzentrationslager Theresienstadt nannten tschechisch sprechende Juden einen an die tschechische Gesellschaft assimilierten, nicht mehr gläubigen Insassen spöttisch *Ahojista*, deutsch etwa »Ahojist«. Ein jüdisch-tschechischer Assimilant, der sich gegenüber den jüdischen Verwaltungsstellen im Lager aus Opportunismus als Zionist ausgab, hieß *Šahojista*, das aus den Grüßen *Schalom* und *Ahoj* zusammengesetzt war.

Akronyme. Im von Deutschland besetzten Tschechien, dem Reichsprotektorat Böhmen und Mähren, konnte *ahoj* als Akronym für die Parole »Adolfa Hitlera oběsíme jistě«, deutsch: »Klar, wir hängen Adolf Hitler«, verstanden werden. Unter kommunistischer Regierung entwickelte sich *ahoj* auch im slowakischen Landesteil zum Initialwort. Seit dem Kirchenkampf von 1950 galt es als Abkürzung für die Trostformel *Aj hriešnych ochraňuje ježiš*, deutsch *Jesus schützt auch die Sündigen*, oder für das lateinische *ad honorem jesu*, deutsch *Jesus zur Ehre*. Demonstrativ benutzten es katholische Jugendliche untereinander. Selbst Pfarrer sprachen die Gläubigen von der Kanzel herab damit an.

USA, Telefonverkehr

In den USA konkurrierten die beiden Erfinder Alexander Graham Bell und Thomas Alva Edison nicht nur um die Technik der Telefonie, sondern auch um das Wort, mit dem ein Telefonat eröffnet werden sollte. Bell favorisierte *ahoy*, benutzte den Ruf bis an sein Lebensende und gab an, niemals »hello« gesagt zu haben. Edison forderte *hello* und entschied diese Auseinandersetzung innerhalb weniger Jahre für sich. Angaben über die Dichotomie von *ahoy* und *hello* in der Frühphase der Telefongeschichte sind widersprüchlich.

Bells *ahoy*. Die nach Bells Tod verbreitete Überlieferung, dass *Ahoy! Ahoy!* die ersten Worte gewesen seien, die durch ein Telefon gesprochen wurden, trifft nicht zu. Eine Übertragung von Sprache gelang bereits früheren Erfindern von Telefonen. Zudem waren Bells erste Worte, am 10. März 1876 über Draht an seinen Mechaniker Thomas A. Watson im Nebenraum gerichtet: »Mr. Watson – Come here – I want to see you.«

Belegt ist Bells Wortgebrauch, seit das frühe Telefon Wechselsprache und nicht nur Einwegnachrichten übertragen konnte. Beim ersten öffentlich geführten Telefonat in beide Richtungen, mit einer Leitung zwischen Boston und dem zwei Meilen entfernten East Cambridge am 9. Oktober 1876, benutzte er die maritime Anrufung. Watson, den ein technisches Problem aufgehalten hatte, erinnerte sich: »Lauter und vernehmlicher, als ich sie je zwischen zwei Räumen vernommen hatte, vibrierte Bells Stimme [vom Relais] und rief: ›Ahoy! Ahoy! Sind Sie da? Was ist los?‹ Ich konnte sogar hören, dass er heiser wurde, weil er die ganze Zeit gerufen hatte, während ich durch das Fabrikgebäude lief. Ich ahoite zurück und konnte seinen Stoßseufzer hören, als er mich fragte: ›Wo waren Sie denn die ganze Zeit?‹«

Ende Oktober 1876 eröffnete Bell regelmäßig seine Telefonate mit Watson innerhalb Cambridges mit der Frage: »Ahoy, Watson, are you there?« Am 3. Dezember 1876 benutzte Bell den vertrauten Ausdruck wieder, als er mit Watson vor Publikum ein Ferngespräch über 143 Meilen Telegrafendraht der Eastern Railroad nach North Conway in New Hampshire mit den Worten eröffnete: »Ahoy! Ahoy! Watson, are you there?« Am 12. Februar 1877, als sich Watson in Salem aufhielt und Bell in Boston, begann Watson das öffentliche Gespräch mit »Ahoy! Ahoy!« Für eine von Bell verwendete Form *ahoy-hoy* als Verschleifung seines üblich gewordenen doppelten *ahoy ahoy* fehlen Belege.

Ahoy-ahoy soll ferner der erste Testruf eines Telefonisten gewesen sein und datiert dann vermutlich aus dem Jahr 1878. Als Sprecher in Betracht kommen George Willard Coy, der am 28. Januar 1878 in New Haven, Connecticut eine kommerzielle Telefonvermittlung eröffnete und zum ersten hauptberuflich arbeitenden *operator* wurde, oder der junge Louis Herrick Frost, der erste regulär angestellte *boy operator*.

Edisons *hello*. Edison befürwortete die Verwendung des Rufs *hello*. Am 18. Juli 1877, als ihm die erste Tonaufzeichnung glückte, rief er noch das verbreitete *halloo* in das Mundstück seines Phonographen. Frühester Beleg für die Verwendung von *hello* am Telefon ist ein Brief Edisons vom 5. August 1877 an einen Geschäftsfreund: »I do not think we shall need a call bell as Hello! can be heard 10 to 20 feet away«, deutsch: »Ich glaube nicht, dass wir eine Rufglocke brauchen werden, weil Hello! 10 bis 20 Fuß weit gehört werden kann.«

Späteren Erinnerungen zufolge war der Gebrauch von *hello* 1878 in Edisons Laboratorium üblich, wenngleich Edison entgegen ersten Nachforschungen *hello* nicht entwickelt hatte. Die Anrede ist in den USA bereits in der ersten Hälfte des 19. Jahrhunderts nachweisbar und geht mit Formen wie *hullo*, *hallo* und *halloa* auf das seit dem 16. Jahrhundert belegte *hollo* zurück. Dessen im maritimen Bereich gebräuchliche Nebenform *holloa* wurde ab etwa 1800 teilweise von *ahoy* ersetzt.

Unterlegenes *ahoy*. Wie sich Edison gegen Bell durchsetzte, ist bisher nicht untersucht. In der Literatur werden soziale und technische Gründe genannt.

Der gesellschaftliche Bedarf nach einem Kurzwort war groß, denn zunächst wurden

Anreden wie »What is wanted?« oder »Are you ready to talk?«, deutsch: »Was wird gewünscht?«, »Sind Sie gesprächsbereit?« benutzt. Eines Tages soll Edison einfach »hello« gerufen haben, anstatt das Telefonat mit »unamerikanischen« Umständlichkeiten zu beginnen. *Hello*, noch nicht mit Konventionen belegt, erlaubte, schnell zur Sache zu kommen. Zudem verlangte *ahoy* traditionell die Beifügung eines Namens, was zu Beginn eines anonym eingehenden Telefonats nicht möglich war. Als Seemannsausdruck galt es zudem als zu männlich, seit Frauen als Telefonvermittlerinnen eingestellt wurden. *Ahoy* war, wie der US-Kolumnist William Safire zusammenfasste, »für Land- und Telefonratten« zu maritim und als Formel zu wenig auf Konversation ausgerichtet.

Technisch verfolgten Bell und Edison bei ihren Entwicklungsarbeiten verschiedene Konzepte. Während Bell den Kunden bei Gesprächsbedarf je neue Gesprächsverbindungen anzubieten plante, favorisierte Edison zunächst Standleitungen, die zwischen den Teilnehmern ständig offen blieben. Um einen Angerufenen ans Telefon zu bekommen, hielt Edison 1877 ein lautes Rufwort, das über längere Distanz gehört werden konnte, für nötig. In Betracht kam eine durch die Telefonleitung hörbare Glocke, deren englische Bezeichnung *bell* Edison aber an seinen Konkurrenten erinnerte. Als sich Bells Konzept der Einzelverbindungen durchsetzte, begann Edison zwar die dafür nötigen Vermittlungsschränke zu bauen, soll in der Gebrauchsanleitung für die Vermittlerinnen aber seine Meldung *hello* vorgeschrieben haben.

Hello setzte sich in New York schon 1880 durch. Die Teilnehmer der ersten Konferenz der Telefongesellschaften im November 1880 in Niagara Falls trugen eine Plakette mit dem Aufdruck *Hello* zur Begrüßung. *Hello girl* als Bezeichnung für die jungen Frauen in den Rufvermittlungen ist seit 1883 belegt und vom US-amerikanischen Schriftsteller Mark Twain 1889 popularisiert.

Rezeption. Der US-Telefonmonopolist AT&T ging aus Bells 1877 gegründeter Telefongesellschaft hervor und wurde 1984 zerlegt. William Safire kommentierte: »... thus, Ahoy! became A.T.&T.'s first divestiture«, deutsch etwa: »So führte Ahoy! zu AT&Ts erster Entflechtung.«

Das Spannungsfeld von *ahoy* und *hello* wurde in verschiedenen Medien genutzt und literaturtheoretisch betrachtet:

- Der englischsprachige Schriftsteller Oswald Kendall setzte es 1916 in einem Roman ein: »›Amerikanisches Schiff ahoy!‹, kam die Stimme. [...] ›Hello!‹ schrie Captain Hawks zurück, und aus seinem Ton konnte ich Gelächter heraushören, das Gelächter des Vergnügens.«

- Montgomery Burns, Atomkraftwerksbesitzer in der Zeichentrick-Fernsehserie *Die Simpsons*, benutzt am Telefon den Gruß *ahoy! hoy!*, der in einer Episode von seinem unfähigen Angestellten Homer Simpson mit *hello* beantwortet wird.

- Ein Literaturwissenschaftler sah eine semantische Übereinstimmung der wasserhaften Elektrizitätsterminologie *(Welle, Fluss, Strom)* im Fernsprechwesen mit dem nautischen *ahoy* als Anrede am Telefon sowie dem zu *hello* entwickelten *hallo*, das im Gleichklang mit französisch *à l'eau*, deutsch »zum Wasser« stehe.

Quellenangaben

Alle Angaben dieser systematischen Darstellung sind ausführlich im »Ahoi«-Artikel der deutschsprachigen Wikipedia belegt. Dort führen Links auch zu weitergehenden Erläuterungen. Korrekturen und Ergänzungen können im Internet auf der Diskussionsseite des Artikels (de.wikipedia.org/wiki/Diskussion:Ahoi) hinterlassen werden.